中伦文德
律师文库

『一带一路』下
中国企业走出去的法律保障

陈 文／主编

YIDAIYILU XIA
ZHONGGUO QIYE ZOUCHUQU DE
FALV BAOZHANG

法律出版社 | LAW PRESS

编委会

前言

任何一个国家,当它的政治、经济和文化发展水平进入腾飞阶段时,它都要重新考虑和制定新的发展战略。这个发展战略决不仅限于国内的发展,而是要涉及全球发展的大战略。在全球范围内整合资源,不仅谋求在国内的经济发展,而且还要广泛占领国际市场,在向外输出本国的政治文化与价值观的同时,也将境外的先进科技文化和资源引入国内,这就是走出去战略。

从广义上说,世界上最早走出去的国家当属中国。1405 年明朝永乐年间郑和开始七次下西洋,前后历经 28 年,把中国的文化传播到东南亚和非洲,甚至到澳洲和美洲。前英国海军军官、海洋历史学家孟席斯(Gavin Menzies)出版的《1421 年中国发现世界》表明,中国才是最早走出去的国家,是中国最早发现了非洲、美洲大陆,要比哥伦布早八十年,比麦哲伦和达·伽马早上百年。明朝初年,正是国势向上发展的时期,国力日趋强盛,使当时国家有可能向海外发展。只可惜的是自明成祖与郑和死后,中国的舰船便在印度洋和太平洋里消失了。所以说,虽然中国是世界上最早走出去的国家,但并没有向国外输出自己的文化和扩大自己的影响。郑和下西洋只是在时间上早于哥伦布发现美洲大陆、麦哲伦和达·伽马的环球航行,真正走出去并在国际上宣传和扩大自己影响的却是 15 世纪的葡萄牙和西班牙。1492 年意大利人哥伦布在西班牙的资助下发现了所谓美洲新大陆,随后葡萄牙人麦哲伦在西班牙的资助下开始首次环球航海,使西班牙的文化与经济在国内和国际上得到大发展。

1602 年荷兰经济发展处于领先地位,荷兰建立了具有国家职能、向东方进行殖民掠夺并垄断东方贸易的商业公司——荷兰东印度公司，该公司成立于1602年3月20日，于1799年解散。荷兰东印度公司成立的近二百年间，总共向海外派出1772只舰船，约有100万人次的欧洲人搭乘4789船次的航班前往亚洲地区。荷兰东印度公司是建立于17世纪欧洲的大海航时代，荷兰当时的国家议会授权荷兰东印度公司东起好望角，西至南美洲南段麦哲伦海峡具有贸易垄断权，东印度公司也是世界上第一个股份有限公司。

随着英法百年战争的胜利和红白玫瑰战争的胜利，英国国力鼎盛。16世纪中叶，英国在荷兰的协助下大败西班牙无敌舰队，从此英国取代了西班牙在全球的海上霸权地位。英国的商人成立了东印度公司。1600年12月31日，英国女皇伊丽莎白一世授予该公司皇家特许状，授予它在印度贸易的特权。以后英国打败荷兰、法国等国家，英国的东印度公司在海外范围内得到大发展。随着英国的工业革命，国内经济和科技快速发展，英国迅速在北美、东南亚、澳大利亚、印度等地建立了殖民地，掠夺当地资源，推广英国文化，在全世界建立起英联邦日不落帝国。

两次世界大战，虽然英国都是战胜国，但毕竟大伤元气。第二次世界大战之后，美国代替了英国，成为向全世界输出经济文化和价值观最多的国家。美国借助两次世界大战，迅速发展了自己的经济、科技与文化势力，并在苏联解体后成为世界上唯一的超级大国。美国在全世界推广其经济、文化、价值观，在军事、科技、金融、法律、财务会计、文化和艺术、资本市场等方面居于领先地位。特别是美国的跨国公司，无论是互联网业，还是咨询业，都走在世界前列。

朝鲜战争时期，战败的日本借助为美国提供战略物资的机遇又发展起来。“文革”的十年间，日本及亚洲四小龙乘机发展，尤其是日本，其跨国企业生产的汽车、电器等产品畅销世界。每当一个大国崛起时，它总是首先考虑到向海外走出去，占领国际市场。

斗转星移，风水轮流转，到20世纪80年代，中国实行改革开放。截至2014年，我国改革开放已有35年，已具备雄厚的经济基础和物质基础，国内政治经济形势相对稳定。在2000年3月的全国人大九届三次会议期间，“走出去”战略正式提出，中国共产党的十五届五中全会上，再次明确提出“走出去”战略。2013年，习近平主席分别在访问哈萨克斯坦和出席APEC领导人非正式会议期间提出了构建“丝绸之路经济带”的设想和共同建设“21世纪海上丝绸之路”的倡议，由此形成了“一带一路”的宏大新格局。在这一格局下，“走出去”战略的内涵得到了极大的丰富。其中，“丝绸之路经济带”以我国中西部省份为起点建立经济走廊联通欧亚非大陆，而“21 世纪海上丝绸之路”则更是突破了古代海上丝绸之路所覆盖的范围，旨在建立起一个从东亚太平洋地区连接中亚、南亚、中东、非洲、欧洲，直至美洲的全球交通运输网络和经济贸易金融合作安排。这些都为国内企业走出中国指明了方向。

当然我国今天的“走出去”战略和西方国家输出本国价值观掠夺他国资源的战略是有本质的不同。我们是在践行一个文明大国的国际责任。在郑和下西洋 500 多年后的今天，上天又一次把机会赐给了我们中华民族。无论天时、地利、人和，我们都具备了再次大规模长久性走出去的条件，我们要抓住上天赐予我们的机遇。

最近十余年中国企业虽然走出去，到全世界 190 多个国家和地区进行投资、贸易、并购、收购，但是在收购领域成功率并不高。据麦肯锡的统计数据，我国海外收购失败率高达 67%。我国企业和公民到境外投资常遇到各种各样难以想象的问题。究其原因，大多数是因为我们的企业或公民对外国及国际上的各类法律问题不重视或根本不了解法律。很多人在境外投资遇到法律问题时并不求助律师，结果造成巨大经济损失，不仅浪费了金钱、浪费了时间，同时也丧失了投资的机会。

这说明我国企业和公民到境外投资在思想上还不成熟。因此我们中伦文德律师事务所决定编写《“一带一路”下中国企业走出去的法律保障》一书，希望对中国企业在“一带一路”的大背景下走到世界各国去投资给予参考和指导，参与本书撰写的律师大都在美国、英国、比利时、瑞士、法国和德国学习或工作过，并且他们在不同时期都参与过中国企业走出去的法律服务。他们不仅具有法学理论知识，而且还有多年的国内和国际法律服务实践经验。他们从中国企业境外金融领域的投资；中国企业境外工程领域的投资；中国企业境外能源和矿产资源领域的投资；中国企业境外装备和制造业领域的投资；中国企业境外文化教育领域的投资；中国企业和个人在境外不动产领域的投资和中国企业在境外中介咨询服务领域的投资等方面展开分析。并从这些专业领域的角度去剖析和研究中国企业海外投资所面临的种种法律问题，揭示造成这些法律问题的原因，并提出解决这些问题的各种建议和方法。

一方面，作者们既对跨国投资的国际法律保护和如何解决跨国投资纠纷以及解决国际投资问题的法律及机制进行介绍和分析，同时也对目前中国促进境外投资的金融及保险机制进行分析和评价。另一方面，作者们还比较了西方发达国家对于如何避免国际双重税收的法律、政策及机制，并指出当前我国政府如何应对中国企业走出去所面临的各类税收问题。最后作者们特别强调中国律师在中国企业和公民境外投资中的作用，尤其指出中国律师在增值服务和各类资源配置服务中的巨大作用。

《“一带一路”下中国企业走出去的法律保障》一书以不同的专业领域投资的视角，向读者分析和阐述了我国企业在走出去过程中所遇到的种种法律问题和各类困境，并告诉读者应如何面对这些问题，而且还给出如何解决这些问题的方法和途径。这本书的创新之处在于它揭示了每一个不同专业领域对外投资时所面临的不同的问题，并且提供了典型的案例。我们希望本书能够或多或少地对中国企业和公民到全世界各地进行投资活动时起到一定的参考与帮助作用。同时也希望广大读者在阅读本书时能够对我们在写作中的不足之处给予批评和指正。

北京市中伦文德律师事务所
陈文　律师
2015年7月25日

目录

第一章

中国企业境外投资的现状

中国企业境外投资，顾名思义，指在中国合法设立且有效存续的企业，投资于中国境外的企业或项目，将取得的投资收益调回境内或在境外再投资。

改革开放以来，中国企业无论是在数量还是质量上，都有了很大的发展，投资行为渐趋活跃。具有投资实力的中国企业已经看到了国际市场的商业机会，从 20 世纪 80 年代开始，已有中国企业开始走出去，在境外投资、上市或收购国外企业。截至 2008 年年底，中国 8500 多家境内投资者在全球 174 个国家（地区）设立境外直接投资企业 12000 家，对外直接投资累计净额 1839.7 亿美元，境外企业资产总额超过 1 万亿美元。[1]

2013 年中国对外直接投资流量首次突破千亿美元大关，蝉联全球第三大对外投资国。中国对外直接投资流量创下 1078.4 亿美元的历史新高，同比增长 22.8%，连续两年位列全球三大对外投资国，境外投资存量全球排名前进两位，投资覆盖国家地区更为广泛。[2]。

2014 年，我国境内投资者共对全球 156 个国家和地区的 6128 家境外企业进行了直接投资，累计实现投资 6320.5 亿元人民币（折合 1028.9 亿美

〔1〕 熊慧贞：《中国企业境外投资发展现状，特点与对策建议》，载《经济研究导刊》2011 年第 25 期。

〔2〕 商务部网站：http://fec.mofcom.gov.cn/article/tjzl/jwtz/201409/1838257_1.html，最后访问日期：2014 年 9 月 30 日。

元），同比增长 14.1%。其中股本投资和其他投资 5288.5 亿元人民币（折合 860.9 亿美元），占 83.7%；利润再投资 1032 亿元人民币（折合 168 亿美元），占 16.3%。截至 2014 年年底，我国累计非金融类对外直接投资 3.97 万亿元人民币（折合 6463 亿美元）[3]。

2015 年 1 月，我国境内投资者共对全球 131 个国家和地区的 1105 家境外企业进行了直接投资，累计实现投资 622.8 亿元人民币（折合 101.7 亿美元），同比增长 40.6%。其中股本投资和其他投资 537 亿元人民币（折合 87.7 亿美元），占 86.2%；利润再投资 85.8 亿元人民币（折合 14 亿美元），占 13.8%[4]。

“十五”期间，中国开始实施鼓励“走出去”战略，支持和鼓励有条件的各种所有制企业对外进行直接投资和跨国经营，主动参与各种形式的国际经济技术合作[5]。“走出去”战略是中国共产党领导下的中国深化改革开放和对外投资发展的重大国家战略。

为推进“走出去”战略加速实施，《中国共产党第十八次全国代表大会上的报告》进一步提出，“加快走出去步伐，增强企业国际化经营能力，培育一批世界水平的跨国公司。统筹双边、多边、区域次区域开放合作，加快实施自由贸易区战略，推动同周边国家互联互通。提高抵御国际经济风险能力”。[6]

以习近平同志为总书记的党中央，主动应对全球形势深刻变化、统筹国内国际两个大局，作出“一带一路”的重大战略决策。

2013 年 9 月 7 日，习近平在哈萨克斯坦纳扎尔巴耶夫大学发表演讲时表示，“为了使各国经济联系更加紧密、相互合作更加深入、发展空间更加广阔，我们可以用创新的合作模式，共同建设‘丝绸之路经济带’，以点带面，从线到片，逐步形成区域大合作”。[7] 2013 年 10 月 3 日，习近平在印度尼西

---

〔3〕 商务部网站：http://fec.mofcom.gov.cn/article/tjzl/jwtz/201501/1853462_1.html，最后访问日期：2015 年 1 月 31 日。

〔4〕 商务部网站：http://fec.mofcom.gov.cn/article/tjzl/jwtz/201502/1856780_1.html，最后访问日期：2015 年 2 月 27 日。

〔5〕 熊慧贞：《中国企业境外投资发展现状，特点与对策建议》，载《经济研究导刊》2011 年第 25 期。

〔6〕 《中国共产党第十八次全国代表大会上的报告》，载人民网：http://cpc.people.com.cn/n/2012/1118/c64094-19612151-4.html，最后访问日期：2012 年 11 月 29 日。

〔7〕 新华网：http://news.xinhuanet.com/fortune/2014-08/11/c_1112013039.htm，最后访问日期：2014 年 8 月 28 日。

亚国会发表演讲时表示，中国愿同东盟国家加强海上合作，使用好中国政府设立的中国—东盟海上合作基金，发展好海洋合作伙伴关系，共同建设21世纪“海上丝绸之路”。

从“走出去”战略的提出，到“一带一路”战略的发展，彰显了党和国家对于境外投资的鼓励和指导。在“走出去”战略的指导下，全国人民代表大会、国务院及国家各部委均出台了鼓励国内企业“走出去”的法律、法规、规章制度及政策，极大地促进了中国企业的境外投资，开创了中国企业境外投资的新局面。

第一节　中国鼓励境外投资的法律、法规

为了鼓励中国企业赴境外投资，我国政府就企业境外投资的监督管理，经历了从严格管理到事中、事后监管。国家和政府对企业境外投资从严格监管到逐步放开的导向，从法律法规的变化中，可以窥见一斑。

中国企业赴境外投资，通常会经过三个主要主管机关的监督和管理。国家发展与改革主管机关对境外投资项目进行核准、备案，国家商务主管机关对境外投资企业主体进行审批，国家外汇管理机关（或其授权商业银行）对境外投资人民币汇出与调入事宜进行审核。

2004年7月16日，国务院发布了《国务院关于投资体制改革的决定》（国发[2004]20号）。该《决定》指出，转变政府管理职能，确立企业的投资主体地位，要：（一）改革项目审批制度，落实企业投资自主权；（二）规范政府核准制；（三）健全备案制；（四）扩大大型企业集团的投资决策权等。

在前述政策的指导下，上述三个国家机关的监督管理，正在经历着由严格到宽松，由事前监管至事中、事后监管的变化。这一发展趋势本身就彰显了我国对于境外投资的鼓励和支持。

一、境外投资项目核准与备案：国家发展和改革机关

（一）《境外投资项目核准暂行管理办法》

2004年，我国国家发展和改革委员会根据《国务院关于投资体制改革的决定》出台了《境外投资项目核准暂行管理办法》（国家发展和改革委员会令第21号，以下简称《项目核准暂行办法》），该办法对中国企业境外投资项目

的审批权限及项目核准程序进行了系统规定。

1. 审批权限

根据《项目核准暂行办法》，国家发展和改革委员会（以下简称国家发展改革委）与地方发展和改革委员会（以下简称地方发展改革委）在项目审批权限上有明确的划分：

（1）国家发展改革委审批权限

资源开发类项目是指在境外投资勘探开发原油、矿山等资源的项目。此类项目中方投资额3000万美元及以上的，由国家发展改革委核准，其中中方投资额2亿美元及以上的，由国家发展改革委审核后报国务院核准。

大额用汇类项目是指在前款所列领域之外中方投资用汇额1000万美元及以上的境外投资项目，此类项目由国家发展改革委核准，其中中方投资用汇额5000万美元及以上的，由国家发展改革委审核后报国务院核准。

（2）省级发展和改革委员会（以下简称省级发展改革委）审批权限

中方投资额3000万美元以下的资源开发类境外投资项目和中方投资用汇额1000万美元以下的其他境外投资项目，由各省、自治区、直辖市及计划单列市和新疆生产建设兵团等省级发展改革委核准，项目核准权不得下放。为及时掌握核准项目信息，省级发展改革委在核准之日起20个工作日内，将项目核准文件报国家发展和改革委员会备案。

（3）对央企项目备案的特殊规定

中央管理企业投资的中方投资额3000万美元以下的资源开发类境外投资项目和中方投资用汇额1000万美元以下的其他境外投资项目，由其自主决策并在决策后将相关文件报国家发展和改革委员会备案。国家发展改革委在收到上述备案材料之日起7个工作日内出具备案证明。

（4）台湾地区及未建交国家投资

前往台湾地区投资的项目和前往未建交国家投资的项目，不分限额，由国家发展改革委核准或经国家发展和改革委员会审核后报国务院核准。

（5）进一步便利央企境外投资

2007年5月30日，国家发展改革委办公厅发布了《国家发展和改革委员会办公厅关于境外投资项目备案证明的通知》（发改办外资［2007］1239号）。根据该《通知》，为了让央企的备案更为规范便利，央企报备境外投资项目，只需填报境将外投资项目备案证明。

(6)对境外收购项目和境外竞标项目的特殊规定

2009 年 6 月 8 日,国家发展改革委发布了《国家发展改革委关于完善境外投资项目管理有关问题的通知》(发改外资[2009]1479 号),该《通知》对于境外收购项目和境外竞标项目有特殊约定,其中对提供《项目信息报告》和《确认函》进行了详细约定。

(7)国家发展改革委下放境外投资项目核准权限

2011 年 2 月 14 日,国家发展改革委发布了《国家发展和改革委员会关于做好境外投资项目下放核准权限工作的通知》(发改外资[2011]235 号),下放核准权限,具体如下:

地方企业实施的中方投资额 3 亿美元以下的资源开发类、中方投资额 1 亿美元以下的非资源开发类境外投资项目(特殊项目除外),由所在省、自治区、直辖市及计划单列市和新疆生产建设兵团等省级发展改革委核准;中央管理企业实施的上述境外投资项目,由企业自主决策并报国家发展改革委备案。中方投资额 3 亿美元及以上的资源开发类、中方投资额 1 亿美元及以上的非资源开发类境外投资项目,由国家发展改革委核准。

对中方投资额 3000 万美元以上至 3 亿美元以下的资源开发类、中方投资额 1000 万美元以上至 1 亿美元以下的非资源开发类境外投资项目,省级发展改革部门在下发核准文件前,需报国家发展改革委登记,国家发展改革委将在收到核准文件的 5 个工作日内出具《地方重大境外投资项目核准登记单》。经登记的项目核准文件是办理相关手续和享受相关政策的依据。

中央管理企业的中方投资额 3000 万美元以上至 3 亿美元以下的资源开发类、中方投资额 1000 万美元以上至 1 亿美元以下的非资源开发类境外投资项目的备案办法,参照《国家发展改革委办公厅关于境外投资项目备案证明的通知》(发改办外资[2007]1239 号)执行。

2. 核准与备案程序

(1)报送《项目信息报告》及下发《确认函》[8]

有关企业在并购和竞标对外开展实质性工作之前,即境外收购项目在对外签署约束性协议、提出约束性报价及向对方国家(地区)政府审查部门提出申请之前、境外竞标项目在对外正式投标之前,应向国家发展改革委报

---

[8] 《国家发展改革委关于完善境外投资项目管理有关问题的通知》第 3 ~9 条。

送项目信息报告,并抄报国务院行业管理部门。

项目信息报告应说明投资主体基本情况、投资项目背景情况、收购或竞标目标情况、对外工作和尽职调查情况、收购或竞标的基本方案和时间安排等。

中央管理企业可直接向国家发展改革委报送项目信息报告并抄报国务院行业管理部门,地方企业通过省级发展改革委报送项目信息报告。

国家发展改革委收到项目信息报告后,对于报告内容要求的项目,在7个工作日内向报送单位出具确认函,并抄送有关部门和机构;对于报告内容不符合要求的项目,将及时通知报送单位补充和完善。

确认函将标明一定的有效期。有关企业可在有效期内对外开展实质性工作,如在此期间未能完成,应根据情况办理确认函延期,或者重新报送项目信息报告。

确认函是有关企业向国家发展改革委报送《项目申请报告》的必备附件。

(2)提交《项目申请报告》

《项目申请报告》应包括以下内容:

①项目名称、投资方基本情况;

②项目背景情况及投资环境情况;

③项目建设规模,主要建设内容、产品、目标市场,以及项目效益、风险情况;

④项目总投资、各方出资额、出资方式、融资方案及用汇金额;

⑤购并或参股项目,应说明拟购并或参股公司的具体情况。[9]

《项目申请报告》应附以下文件:

①公司董事会决议或相关的出资决议;

②证明中方及合作外方资产、经营和资信情况的文件;

③银行出具的融资意向书;

④以有价证券、实物、知识产权或技术、股权、债权等资产权益出资的,按资产权益的评估价值或公允价值核定出资额。应提交具备相应资质的会计师、资产评估机构等中介机构出具的资产评估报告,或其他可证明有关资

---

〔9〕《境外投资项目核准暂行管理办法》第16条。

产权益价值的第三方文件；

⑤投标、购并或合资合作项目，中外方签署的意向书或框架协议等文件；

⑥境外竞标或收购项目，应按本办法第 13 条规定报送信息报告，并附国家发展改革委出具的有关确认函件。[10]

(3)省级发展改革委初审及上报

根据《境外投资项目核准暂行管理办法》的规定，应由省级发展改革委管辖的，由省级发展改革委审核核准；应由国家发展改革委审核核准的，则由省级发展改革委初审后上报国家发展改革委。

省级发展改革委初审时间为 20 个工作日。故省级发展改革委自收到《项目申请报告》直至出具“审核文件”转报国家发展改革委的审核时间总共约为 20 个工作日。

(4)国家发展改革委核准和批复

国家发展改革委按照《境外投资项目核准暂行管理办法》对申请项目进行核准，或向国务院提出审核意见。如 20 个工作日不能作出核准决定或提出审核意见，由国家发展改革委负责人批准延长 10 个工作日，并将延长期限的理由告知项目申请人。[11]

因此，国家发展改革委自收到《项目申请报告》直至出具“批复文件”给省级发展改革委的核准时间约为 20 至 30 个工作日。

如遇重大投资项目，须经国家发展改革委商国务院台办审核后报国务院核准的，审核期限将更长。

(5)国家发展改革委备案

央企中方投资用汇额 1000 万美元以下的其他境外投资项目，由其自主决策并在决策后将相关文件报国家发展改革委备案。国家发展改革委在收到上述备案材料之日起 7 个工作日内出具备案证明。[12]

(二)《境外投资项目核准和备案管理办法》

14 年后《项目核准暂行办法》已经不能满足中国企业“走出去”的步伐，

---

〔10〕《境外投资项目核准暂行管理办法》第 17 条。

〔11〕《境外投资项目核准暂行管理办法》第 11 条。

〔12〕《境外投资项目核准暂行管理办法》第 6 条。

形势迫切需要对于境外投资审批采取更为宽松的核准与备案相结合的监督管理措施。

2014年4月8日,国家发展改革委发布了《境外投资项目核准和备案管理办法》[以下简称《项目核准和备案办法》(国家发展改革委令第9号)],于2014年5月8日起实施。

《项目核准和备案办法》取代了《项目核准暂行办法》,将大部分项目的管理从核准变为了备案,并极大地简化了企业需要办理的相关核准与备案手续。

1. 审批权限

(1)项目核准机关及权限

涉及敏感国家和地区、敏感行业的境外投资项目,由国家发展改革委核准。其中,中方投资额20亿美元及以上的,由国家发展改革委提出审核意见报国务院核准。〔13〕

此处敏感国家和地区包括:未建交和接受国际制裁的国家,发生战争、内乱等的国家和地区。敏感行业包括:基础电信运营,跨境水资源开发利用,大规模土地开发,输电干线、电网,新闻传媒等行业。〔14〕

(2)项目备案机关及权限

除前述须经核准的项目外,其他境外投资项目实行备案管理。其中,中央管理企业实施的境外投资项目、地方企业实施的中方投资额3亿美元及以上境外投资项目,由国家发展改革委备案;地方企业实施的中方投资额3亿美元以下境外投资项目,由各省、自治区、直辖市及计划单列市和新疆生产建设兵团等省级政府投资主管部门备案。〔15〕

(3)信息报告制度

中方投资额3亿美元及以上的境外收购或竞标项目,投资主体在对外开展实质性工作〔16〕之前,应向国家发展改革委报送项目信息报告。国家发展

---

〔13〕 2014年12月27日,《国家发展改革委关于修改〈境外投资项目核准和备案管理办法〉和〈外商投资项目核准和备案管理办法〉有关条款的决定》(国家发展改革委令第20号)。

〔14〕 《境外投资项目核准和备案管理办法》第7条。

〔15〕 《境外投资项目核准和备案管理办法》第8条。

〔16〕 对外开展实质性工作,境外收购项目是指对外签署约束性协议、提出约束性报价及向对方国家或地区政府审查部门提出申请,境外竞标项目是指对外正式投标。

改革委收到项目信息报告后，对符合国家境外投资政策的项目，在 7 个工作日内出具确认函。项目信息报告格式文本由国家发展改革委发布。[17]

2. 核准和备案程序

由国家发展改革委核准或由国家发展改革委提出审核意见报国务院核准的境外投资项目，地方企业直接向所在地的省级政府发展改革委提交项目申请报告，由省级政府发展改革委提出审核意见后报送国家发展改革委；中央管理企业由集团公司或总公司向国家发展改革委报送项目申请报告。

(1)提交项目核准申请报告

境外投资企业，应当向国家发展改革委报送的项目申请报告主要包括项目名称、投资主体情况、项目必要性分析、背景及投资环境情况、项目实施内容、投融资方案、风险分析等内容。项目申请报告示范大纲由国家发展改革委发布。

项目核准申请报告应附以下附件：

①公司董事会决议或相关的出资决议；

②投资主体及外方资产、经营和资信情况的文件；

③银行出具的融资意向书；

④以有价证券、实物、知识产权或技术、股权、债权等资产权益出资的，按资产权益的评估价值或公允价值核定出资额，并应提交具备相应资质的会计师事务所、资产评估机构等中介机构出具的审计报告、资产评估报告及有权机构的确认函，或其他可证明有关资产权益价值的第三方文件；

⑤投标、并购或合资合作项目，应提交中外方签署的意向书或框架协议等文件。[18]

对于项目申请报告及附件不齐全或内容不符合规定要求的，国家发展改革委在 5 个工作日内一次性告知申报单位予以补正。[19]

涉及敏感国家和地区、敏感行业的境外投资项目，国家发展改革委在受理项目申请报告之日起 3 个工作日内征求有关部门意见，有关部门应当自收到征求意见函之日起 7 个工作日内出具书面意见。[20]

国家发展改革委在受理项目申请报告后，若确有必要，应在 5 个工作日

---

〔17〕《境外投资项目核准和备案管理办法》第 10 条。

〔18〕《境外投资项目核准和备案管理办法》第 12 条。

〔19〕《境外投资项目核准和备案管理办法》第 13 条。

〔20〕《境外投资项目核准和备案管理办法》第 14 条。

内委托有资质的咨询机构进行评估。接受委托的咨询机构在规定时限内提出评估报告,并对评估结论承担责任。评估时限原则上不超过40个工作日。

评估费用由国家发展改革委承担,咨询机构及其工作人员不得收取申报单位或投资主体的任何费用。[21]

(2)项目核准期限

国家发展改革委自受理项目申请报告之日起,对于符合核准条件的境外投资项目在20个工作日内完成核准,或提出审核意见报国务院核准。如20个工作日不能作出核准决定或提出审核意见的,由国家发展改革委负责人批准延长10个工作日,并将延长期限的理由告知申报单位。

前款规定的核准期限,不包括委托咨询机构评估的时间。[22]

(3)不予核准应说明理由

国家发展改革委对核准的项目将向申报单位出具书面核准文件;对不予核准的项目,将以书面决定的方式通知申报单位并说明理由,投资主体享有依法申请行政复议或者提起行政诉讼的权利。[23]

(4)国家发展改革委核准项目的条件

①符合国家法律法规和产业政策、境外投资政策;

②符合互利共赢、共同发展的原则,不危害国家主权、安全和公共利益,不违反我国缔结或参加的国际条约;

③符合国家资本项目管理相关规定;

④投资主体具备相应的投资实力。[24]

(5)项目备案申请表

属于国家发展改革委备案的项目,地方企业应填报境外投资项目备案申请表并附有关附件,直接提交所在地的省级政府发展改革委,由省级政府发展改革委报送国家发展改革委;中央管理企业由集团公司或总公司向国家发展改革委报送备案申请表及有关附件。

境外投资项目备案申请表格式文本及附件的相关要求由国家发展改革委发布。

---

〔21〕《境外投资项目核准和备案管理办法》第15条。
〔22〕《境外投资项目核准和备案管理办法》第16条。
〔23〕《境外投资项目核准和备案管理办法》第17条。
〔24〕《境外投资项目核准和备案管理办法》第18条。

对于备案申请表及附件不齐全或内容不符合规定的，国家发展改革委在5个工作日内一次性告知申报单位予以补正。[25]

(6)项目备案时间

国家发展改革委在受理备案申请表之日起7个工作日内，对符合备案条件的境外投资项目出具备案通知书。对不予备案的境外投资项目，国家发展改革委将以书面决定的方式通知申报单位并说明理由，投资主体享有依法申请行政复议或者提起行政诉讼的权利。

(7)项目备案条件

国家发展改革委对申请备案的境外投资项目，主要从是否属于备案管理范围，是否符合相关法律法规、产业政策和境外投资政策，是否符合国家资本项目管理的相关规定，是否危害国家主权、安全、公共利益，以及投资主体是否具备相应投资实力等方面进行审核。[26]

(8)项目核准和备案的变更

对于已经核准或备案的境外投资项目，如出现下列情况之一的，应按照该办法向国家发展改革委申请变更：

①项目规模和主要内容发生变化；

②投资主体或股权结构发生变化；

③中方投资额超过原核准或备案的20%及以上。[27]

(9)核准和备案文件效力

投资主体凭核准文件或备案通知书，依法办理外汇、海关、出入境管理和税收等相关手续。对于未按规定权限和程序核准或者备案的项目，有关部门不得办理相关手续，金融机构不得发放贷款。[28]

投资主体实施需国家发展改革委核准或备案的境外投资项目，在对外签署具有最终法律约束效力的文件前，应当取得国家发展改革委出具的核准文件或备案通知书；或可在签署的文件中明确文件生效条件为依法取得国家发展改革委出具的核准文件或备案通知书。[29]

---

〔25〕《境外投资项目核准和备案管理办法》第19条和第20条。

〔26〕《境外投资项目核准和备案管理办法》第22条。

〔27〕《境外投资项目核准和备案管理办法》第23条。

〔28〕《境外投资项目核准和备案管理办法》第24条。

〔29〕《境外投资项目核准和备案管理办法》第25条。

核准文件和备案通知书应规定有效期，其中建设类项目核准文件和备案通知书有效期二年，其他项目核准文件和备案通知书有效期一年。

在有效期内投资主体未能完成办理该办法第24条所述相关手续的，应在有效期届满前30个工作日内申请延长有效期。[30]

二、境外投资主体审批：商务部门

在中国企业境外投资审批的环节中，商务主管机关负责审批境外投资主体。换言之，中国企业赴境外投资需设立公司，而该行为需根据不同情况取得中国商务主管机关的核准或向其办理备案手续。

2009年3月16日，国家商务部发布了《境外投资管理办法》，并明确于2009年5月1日起生效。该办法规定，境外投资主体的设立，须经商务主管机关的核准。但是，随着国家进一步放开境外投资的管理力度，2014年9月6日国家商务部发布了新版《境外投资管理办法》（商务部令2014年第3号），将事前管理进一步改革为境外投资备案为主的事中和事后管理。本章向读者简要介绍前后两部管理办法的主要内容及变更情况。

（一）《境外投资管理办法》（商务部令2009年第5号）

《境外投资管理办法》（商务部令2009年第5号）（以下简称2009《投资办法》）规定，商务部和省级商务主管部门对企业境外投资实行核准。商务部建立“境外投资管理系统”（以下简称“系统”）。对予以核准的企业，颁发《企业境外投资证书》。该《证书》由商务部统一印制，实行统一编码管理。[31]

1. 核准程序

（1）2009《投资办法》第6条投资申报与审批程序

2009《投资办法》第6条规定的投资类型

①在与我国未建交国家的境外投资；

②特定国家或地区的境外投资（具体名单由商务部会同外交部等有关部门确定）；

③中方投资额1亿美元及以上的境外投资；

---

〔30〕《境外投资项目核准和备案管理办法》第26条。

〔31〕《境外投资管理办法》第5条。

④涉及多国（地区）利益的境外投资；

⑤设立境外特殊目的公司。[32]

材料申报

企业就2009《投资办法》第6条规定的类型进行投资的须提交以下材料：

①申请书，主要内容包括境外企业的名称、注册资本、投资金额、经营范围、经营期限、投资资金来源情况的说明、投资的具体内容、股权结构、投资环境分析评价以及对不涉及本办法第9条所列情形的说明等；

②企业营业执照复印件；

③境外企业章程及相关协议或者合同；

④国家有关部门的核准或备案文件；

⑤并购类境外投资须提交《境外并购事项前期报告表》；

⑥主管部门要求的其他文件。[33]

核准

企业开展2009《投资办法》第6条规定的境外投资，中央企业向商务部提出申请，地方企业通过所在地省级商务主管部门向商务部提出申请。

收到申请后，省级商务主管部门应当于10个工作日内［不含征求驻外使（领）馆（经商处室）的时间］对企业申报材料真实性及是否涉及本办法第9条所列情形进行初审，同意后将初审意见和全部申请材料报送商务部。

商务部收到省级商务主管部门或中央企业的申请后，于5个工作日内决定是否受理。申请材料不齐全或者不符合法定形式的，应当在5个工作日内一次告知申请人；受理后，应当于15个工作日内［不含征求驻外使（领）馆（经商处室）的时间］作出是否予以核准的决定。[34]

发证

对予已核准的境外投资，商务部和省级商务主管部门应当出具书面核准决定并颁发《企业境外投资证书》（以下简称为《证书》）；不予核准的，应当书面通知申请企业并说明理由，告知其享有依法申请行政复议或者提起行政诉讼的权利。[35]

---

〔32〕《境外投资管理办法》第6条。

〔33〕《境外投资管理办法》第12条。

〔34〕《境外投资管理办法》第13条。

〔35〕《境外投资管理办法》第15条。

(2)2009《投资办法》第 7 条投资申报与审批程序

2009《投资办法》第 7 条规定的投资类型

地方企业开展以下情形的境外投资应根据规定报送材料并经核准:

①中方投资额 1000 万美元及以上、1 亿美元以下的境外投资;

②能源、矿产类境外投资;

③需在国内招商的境外投资。[36]

材料申报

申报材料比照前述 2009《投资办法》第 6 条的材料申报类型申报。

核准

企业开展上述规定的境外投资,向省级商务主管部门提出申请。

收到申请后,省级商务主管部门应当于 5 个工作日内决定是否受理。申请材料不齐全或者不符合法定形式的,应当在 5 个工作日内一次告知申请人;受理后,应当于 15 个工作日内[不含征求驻外使(领)馆(经商处室)意见的时间]作出是否予以核准的决定。[37]

发证

对予已核准的境外投资,商务部和省级商务主管部门应当出具书面核准决定并颁发《证书》;不予核准的,应当书面通知申请企业并说明理由,告知其享有依法申请行政复议或者提起行政诉讼的权利。[38]

(3)2009《投资办法》第 8 条投资与审批程序

2009《投资办法》第 8 条规定的投资类型

企业开展 2009《投资办法》第 6 条、第 7 条规定情形以外的境外投资,须提交《境外投资申请表》,并按规定申请核准。[39]

核准与发证

商务部建立“境外投资管理系统”(以下简称为“管理系统”)。中央企业总部通过“管理系统”按要求填写打印申请表,报商务部核准。地方企业通过“管理系统”按要求填写打印申请表,报省级商务主管部门核准。

商务部和省级商务主管部门收到申请表后,于 3 个工作日内进行审查,

---

[36] 《境外投资管理办法》第 7 条。

[37] 《境外投资管理办法》第 12 条。

[38] 《境外投资管理办法》第 15 条。

[39] 《境外投资管理办法》第 8 条。

申请表填写完整且符合法定形式的即予颁发《证书》。[40]

（二）《境外投资管理办法》（商务部令2014年第3号）

为了进一步放宽境外投资的政府管理，激发市场活力，2014年9月6日，商务部发布了《境外投资管理办法》（商务部令2014年第3号）（以下简称2014《投资办法》）。

1. 备案和核准

商务部和省级商务主管部门按照企业境外投资的不同情形，分别实行备案和核准管理。企业境外投资涉及敏感国家和地区、敏感行业的，实行核准管理。企业其他情形的境外投资，实行备案管理。

实行核准管理的国家是指与中华人民共和国未建交的国家、受联合国制裁的国家。必要时，商务部可另行公布其他实行核准管理的国家和地区名单。

实行核准管理的行业是指涉及出口中华人民共和国限制出口的产品和技术的行业、影响一国（地区）以上利益的行业。

商务部和省级商务主管部门通过"管理系统"对企业境外投资进行管理，并向获得备案或核准的企业颁发《企业境外投资证书》（以下简称《证书》，样式见附件1）。《证书》由商务部和省级商务主管部门分别印制并盖章，实行统一编码管理。

《证书》是企业境外投资获得备案或核准的凭证，按照境外投资最终目的地颁发。[41]

2. 备案程序

对属于备案情形的境外投资，中央企业报商务部备案；地方企业报所在地省级商务主管部门备案。

中央企业和地方企业通过"管理系统"按要求填写并打印《境外投资备案表》，加盖印章后，连同企业营业执照复印件分别报商务部或省级商务主管部门备案。

《备案表》填写如实、完整、符合法定形式，且企业在《备案表》中声明其境外投资无本办法第4条所列情形的，商务部或省级商务主管部门应当自收

---

〔40〕 2014《投资办法》第16条。

〔41〕 2014《投资办法》第6～8条。

到《备案表》之日起3个工作日内予以备案并颁发《证书》。企业不如实、完整填报《备案表》的，商务部或省级商务主管部门不予备案。[42]

3.核准程序

（1）核准申请

对属于核准情形的境外投资，中央企业向商务部提出申请，地方企业通过所在地省级商务主管部门向商务部提出申请。

企业申请境外投资核准需提交以下材料：

①申请书，主要包括投资主体情况、境外企业名称、股权结构、投资金额、经营范围、经营期限、投资资金来源、投资具体内容等；

②《境外投资申请表》（样式见附件3），企业应当通过“管理系统”按要求填写打印，并加盖印章；

③境外投资相关合同或协议；

④有关部门对境外投资所涉及的属于中华人民共和国限制出口的产品或技术准予出口的材料；

⑤企业营业执照复印件。

核准境外投资应当征求我驻外使（领）馆（经商处室）意见。涉及中央企业的，由商务部征求意见；涉及地方企业的，由省级商务主管部门征求意见。征求意见时，商务部和省级商务主管部门应当提供投资事项基本情况等相关信息。驻外使（领）馆（经商处室）应当自接到征求意见要求之日起7个工作日内回复。[43]

（2）核准期限

商务部应当在受理中央企业核准申请后20个工作日内［包含征求驻外使（领）馆（经商处室）意见的时间］作出是否予以核准的决定。申请材料不齐全或者不符合法定形式的，商务部应当在3个工作日内一次性告知申请企业需要补正的全部内容。逾期不告知的，自收到申请材料之日起即为受理。中央企业按照商务部的要求提交全部补正申请材料的，商务部应当受理该申请。

省级商务主管部门应当在受理地方企业核准申请后对申请是否涉及该

〔42〕 2014《投资办法》第9条。

〔43〕 2014《投资办法》第10～11条。

办法第4条所列情形进行初步审查,并在15个工作日内[包含征求驻外使(领)馆(经商处室)意见的时间]将初步审查意见和全部申请材料报送商务部。申请材料不齐全或者不符合法定形式的,省级商务主管部门应当在3个工作日内一次性告知申请企业需要补正的全部内容。逾期不告知的,自收到申请材料之日起即为受理。地方企业按照省级商务主管部门的要求提交全部补正申请材料的,省级商务主管部门应当受理该申请。商务部收到省级商务主管部门的初步审查意见后,应当在15个工作日内作出是否予以核准的决定。[44]

(3)颁发核准证书

予以核准的境外投资,商务部出具书面核准决定并颁发《证书》;因存在本办法第4条所列情形而不予核准的,应当书面通知申请企业并说明理由,告知其享有依法申请行政复议或者提起行政诉讼的权利。企业提供虚假材料申请核准的,商务部不予核准。[45]

(4)核准事项的变更

企业境外投资经备案或核准后,原《证书》载明的境外投资事项发生变更的,企业应当按照本章程序向原备案或核准的商务部或省级商务主管部门办理变更手续。自领取《证书》之日起2年内,企业未在境外开展投资的,《证书》自动失效。如需再开展境外投资,应当按照本章程序重新办理备案或申请核准。企业终止已备案或核准的境外投资,应当在依投资目的地法律办理注销等手续后,向原备案或核准的商务部或省级商务主管部门报告。原备案或核准的商务部或省级商务主管部门根据报告出具注销确认函。[46]

三、境外投资外汇审核:外汇管理机关

《境内机构境外直接投资外汇管理规定》(汇发[2009]30号)

2009年7月13日,国家外汇管理局公布了《境内机构境外直接投资外汇管理规定》(汇发[2009]30号),该规定于2009年8月1日起生效。

---

〔44〕 2014《投资办法》第12条。

〔45〕 2014《投资办法》第13条。

〔46〕 2014《投资办法》第15~17条。

1. 审批要求

该规定在一定时期，作为外汇管理局对境外直接投资外汇管理的具体规范。根据该规定：

中方投资额3亿美元及以上的资源开发类、中方投资额1亿美元及以上的非资源开发类境外投资项目，应要求提交国家发展改革委核准文件。

前往未建交、受国际制裁国家，或前往发生战争、动乱等国家和地区的投资项目，以及涉及基础电信运营、跨界水资源开发利用、大规模土地开发、干线电网、新闻传媒等特殊敏感行业的境外投资项目，无论金额多少，应要求提交国家发展改革委核准文件。

地方企业实施的中方投资额在3000万美元以上至3亿美元以下的资源开发类、中方投资额在1000万美元以上至1亿美元以下的非资源开发类境外投资项目，应要求提交省级发展改革委的核准文件及国家发展改革委利用外资和境外投资司出具并盖章的《地方重大境外投资项目核准登记单》。

地方企业实施的中方投资额在3000万美元以下的资源开发类、中方投资额在1000万美元以下的非资源开发类境外投资项目，应要求提交省级发展改革委的核准文件。

中央企业实施的中方投资额在3亿美元以下的资源开发类、中方投资额在1亿美元以下的非资源开发类境外投资项目，应要求提交国家发展改革委办公厅出具并盖章的备案证明。

2. 审批程序

(1) 申请《境外投资外汇登记证》

向国家外汇管理局提交下发《境外直接投资外汇登记证》的申请，申请时一并提交商务部颁发的《证书》原件和复印件、国家发展改革委对项目的核准文件原件和复印件等相关资料。[47]

境内机构到境外直接投资的，获得境外直接投资主管部门核准后，持下列材料到所在地外汇局办理境外直接投资外汇登记：

①书面申请并填写《境外直接投资外汇登记申请表》(格式见附件1)；

②外汇资金来源情况的说明材料；

③境内机构有效的营业执照或注册登记证明及组织机构代码证；

〔47〕《境内机构境外直接投资外汇管理规定》第7条。

④境外直接投资主管部门对该项投资的核准文件或证书;

⑤如果发生前期费用汇出的,提供相关说明文件及汇出凭证;

⑥外汇局要求的其他材料。

外汇局审核上述材料无误后,在相关业务系统中登记有关情况,并向境内机构颁发境外直接投资外汇登记证。境内机构凭其办理境外直接投资项下的外汇收支业务。

多个境内机构共同实施一项境外直接投资的,由境内机构所在地外汇局分别向相关境内机构颁发境外直接投资外汇登记证,并在相关业务系统中登记有关情况。

(2)审批时间

外管局审核并颁发《境外直接投资外汇登记证》期限为20个工作日。

(3)购汇汇出

凭境外直接投资主管部门的核准文件和境外直接投资外汇登记证,在外汇指定银行办理境外直接投资资金汇出手续。外汇指定银行进行真实性审核后为其办理。[48] 购汇汇出程序期限为7个工作日。

(4)外汇管理最新规范

2015年2月13日,国家外汇管理局公布了《国家外汇管理局关于进一步简化和改进直接投资外汇管理政策的通知》(汇发[2015]13号),该通知于2015年6月1日起生效。

该通知规定:取消直接投资项下外汇登记核准两项行政审批事项,改由银行按照本通知及所附《直接投资外汇业务操作指引》直接审核办理境外直接投资项下外汇登记,国家外汇管理局及其分支机构通过银行对直接投资外汇登记实施间接监管。

取消境外再投资外汇备案。境内投资主体设立或控制的境外企业在境外再投资设立或控制新的境外企业无须办理外汇备案手续。

---

〔48〕《境内机构境外直接投资外汇管理规定》第8条。

第二节　政府鼓励企业境外投资的政策

《中国共产党第十六次全国代表大会上的报告》首次提出,"实施'走出去'战略是对外开放新阶段的重大举措。鼓励和支持有比较优势的各种所有制企业对外投资,带动商品和劳务出口,形成一批有实力的跨国企业和著名品牌。积极参与区域经济交流和合作"。[49]

《中国共产党第十七次全国代表大会上的报告》在总结以往"走出去"实践的基础上提出,"坚持对外开放的基本国策,把'引进来'和'走出去'更好结合起来,扩大开放领域,优化开放结构,提高开放质量,完善内外联动、互利共赢、安全高效的开放型经济体系,形成经济全球化条件下参与国际经济合作和竞争新优势"。[50]

为了进一步推动"走出去"战略加速实施,《中国共产党第十八次全国代表大会上的报告》进一步提出,"加快走出去步伐,增强企业国际化经营能力,培育一批世界水平的跨国公司。统筹双边、多边、区域次区域开放合作,加快实施自由贸易区战略,推动同周边国家互联互通。提高抵御国际经济风险能力"。[51]

以习近平同志为总书记的党中央,主动应对全球形势深刻变化、统筹国内国际两个大局,作出了建设"一带一路"的重大战略决策。

2013 年 9 月 7 日,习近平在哈萨克斯坦纳扎尔巴耶夫大学发表演讲时表示,"为了使各国经济联系更加紧密、相互合作更加深入、发展空间更加广阔,我们可以用创新的合作模式,共同建设'丝绸之路经济带',以点带面,从线到片,逐步形成区域大合作"。[52] 2013 年 10 月 3 日,习近平在印度尼西

---

〔49〕《中国共产党第十六次全国代表大会上的报告》,载人民网:http://cpc.people.com.cn/GB/64162/64168/64569/65444/4429120.html,最后访问日期:2015 年 4 月 28 日。

〔50〕《中国共产党第十七次全国代表大会上的报告》,载人民网:http://cpc.people.com.cn/GB/64093/67507/6429847.html,最后访问日期:2015 年 4 月 28 日。

〔51〕《中国共产党第十八次全国代表大会上的报告》,载人民网:http://cpc.people.com.cn/n/2012/1118/c64094-19612151-4.html,最后访问日期:2012 年 11 月 29 日。

〔52〕新华网:http://news.xinhuanet.com/fortune/2014-08/11/c_1112013039.htm,最后访问日期:2014 年 8 月 31 日。

亚国会发表演讲时表示,中国愿同东盟国家加强海上合作,使用好中国政府设立的中国—东盟海上合作基金,发展好海洋合作伙伴关系,共同建设21世纪"海上丝绸之路"。

从"走出去"战略的提出,到"一带一路"战略的发展,彰显了党和国家对于境外投资的鼓励和指导。在"走出去"战略的指导下,全国人民代表大会、国务院及国家各部委均出台了鼓励国内企业"走出去"的法律、法规和规章制度及政策,极大地促进了中国企业的境外投资,开创了中国企业境外投资的新局面。

2015年3月,李克强总理在人民代表大会上做2015年政府工作报告时指出:

在2014年,我国应以开放促改革促发展。扩展上海自由贸易试验区范围,新设广东、天津、福建自由贸易试验区。稳定出口,增加进口,出口占国际市场份额继续提升。实际使用外商直接投资1196亿美元,居世界首位。对外直接投资1029亿美元,与利用外资并驾齐驱。中国与冰岛、瑞士自贸区启动实施,中韩、中澳自贸区完成实质性谈判。铁路、电力、油气、通信等领域对外合作取得重要成果,中国装备正大步走向世界。

开放也是改革。必须实施新一轮高水平对外开放,加快构建开放型经济新体制,以开放的主动赢得发展的主动、国际竞争的主动。

2015年,要加快实施走出去战略。鼓励企业参与境外基础设施建设和产能合作,推动铁路、电力、通信、工程机械以及汽车、飞机、电子等中国装备走向世界,促进冶金、建材等产业对外投资。实行以备案制为主的对外投资管理方式。扩大出口信用保险规模,对大型成套设备出口融资应保尽保。拓宽外汇储备运用渠道,健全金融、信息、法律、领事保护服务。注重风险防范,提高海外权益保障能力。让中国企业走得出、走得稳,在国际竞争中强筋健骨、发展壮大。

构建全方位对外开放新格局。推进"丝绸之路经济带"和21世纪"海上丝绸之路"合作建设。加快互联互通、大通关和国际物流大通道建设。构建中巴、孟中、印缅等经济走廊。扩大内陆和沿边开放,促进经济技术开发区创新发展,提高边境经济合作区、跨境经济合作区发展水平。积极推动上海、广东、天津、福建自贸试验区建设,在全国推广成熟经验,形成各具特色的改革开放高地。

统筹多双边和区域开放合作。维护多边贸易体制，推动信息技术协定扩围，积极参与环境产品、政府采购等国际谈判。加快实施自贸区战略，尽早签署中韩、中澳自贸协定，加快中日韩自贸区谈判，推动与海合会、以色列等自贸区谈判，力争完成中国—东盟自贸区升级谈判和区域全面经济伙伴关系协定谈判，建设亚太自贸区。推进中美、中欧投资协定谈判。中国是负责任、敢担当的国家，我们愿做互利共赢发展理念的践行者、全球经济体系的建设者、经济全球化的推动者。

第三节 中国企业境外投资现状

近年来，在国家"走出去"战略的大背景下，我国的海外投资无论在数量上还是金额上，都实现了重大跨越。根据中国社会科学院世界经济与政治研究所于2013年11月26日发布的《2013年第三季度中国对外投资报告》："仅2013年第三季度，中国完成海外兼并收购186.87亿美元，另有145.4亿美元投资意向。根据商务部的最新数据，2013年1~7月，我国境内投资者共对全球156个国家和地区的3275家境外企业进行了直接投资，累计实现非金融类直接投资505.5亿美元，同比增长19.7%。"[53]

2013年9月9日，商务部、国家统计局、国家外汇管理局联合发布了《2013年度中国对外直接投资统计公报》，正式公布2013年中国对外直接投资的年度数据。

该《公报》显示：

一是投资流量首次突破千亿美元大关，蝉联全球第三大对外投资国。2013年，在全球外国直接投资流出流量较上年增长1.4%的背景下，中国对外直接投资流量创下1078.4亿美元的历史新高，同比增长22.8%，连续两年位列全球第三大对外投资国。

二是存量全球排名前进两位，投资覆盖国家地区更为广泛。截至2013年年底，中国1.53万家境内投资者在国（境）外设立2.54万家对外直接投资企业，分布在全球184个国家（地区），较上年增加5个；中国对外直接投

[53] 中国社会科学院世界经济与政治研究所：《2013年第三季度中国对外投资报告》，2013年1~2月。

资累计净额(存量)达 6604.8 亿美元,较上年排名前进两位,位居全球第 11 位。

三是除对欧洲地区投资下滑外,对其他地区均呈不同程度的增长。2013 年,中国对欧洲地区的投资 59.5 亿美元,同比下降 15.4%;对拉丁美洲、大洋洲、非洲、亚洲分别实现了 132.7%、51.6%、33.9%、16.7% 的较快增长;对北美洲投资较上年实现 0.4% 的微增长。

四是投资涉及国民经济各行业,其中五大行业集中度超八成。截至 2013 年年底,中国对外直接投资覆盖了国民经济所有行业类别,租赁和商务服务业、金融业、采矿业、批发和零售业、制造业,五大行业累计投资存量达 5486 亿美元,占我国对外直接投资存量总额的 83%,当年流量占比也超过八成。

五是并购领域多元,单项交易金额创历史之最。2013 年,中国企业共实施对外投资并购项目 424 个,实际交易金额 529 亿美元,其中直接投资 337.9 亿美元,占 63.9%;境外融资 191.1 亿美元,占 36.1%。并购领域涉及采矿业、制造业、房地产业等 16 个行业大类。中国海洋石油总公司 148 亿美元收购加拿大尼克森公司 100% 股权项目,创迄今中国企业海外并购金额之最。

六是地方企业对外投资稳步增长,非金融类投资存量地方企业占比首破三成。2013 年,地方企业非金融类对外直接投资流量达 364.15 亿美元,同比增长 6.5%,占全国非金融类对外直接投资流量的 39.3%,其中广东、山东、北京位列前三。截至 2013 年年底,地方企业非金融类对外直接投资存量为 1649 亿美元,在全国占比首次突破三成,达到 30.3%。

七是非国有企业占比不断扩大,国有企业流量占比降至四成。截至 2013 年年底,在非金融类对外直接投资 5434 亿美元存量中,国有企业占 55.2%,非国有企业占比 44.8%,较上年提升 4.6 个百分点。2013 年,非金融类对外直接投资流量 927.4 亿美元,其中国有企业占 43.9%;有限责任公司占 42.2%,股份有限公司占 6.2%,股份合作企业占 2.2%,私营企业占 2%,外商投资企业占 1.3%,其他占 2.2%。

八是境外企业销售收入实现两位数增长,对东道国贡献突出。2013 年,中国非金融类境外企业实现销售收入 14268 亿美元,较上年增长 14.5%;2013 年中国境外企业(含金融类)向投资所在国缴纳的各种税金总额达 370

亿美元,同比增长 67%。2013 年年末境外企业员工总数达 196.7 万人,其中直接雇用外方员工 96.7 万人,占 49.2%;来自发达国家的雇员有 10.2 万人,较上年增加 1.3 万人[54]。

2014 年,我国境内投资者共对全球 156 个国家和地区的 6128 家境外企业进行了直接投资,累计实现投资 6320.5 亿元人民币(折合 1028.9 亿美元),同比增长 14.1%。其中股本投资和其他投资 5288.5 亿元人民币(折合 860.9 亿美元),占 83.7%;利润再投资 1032 亿元人民币(折合 168 亿美元),占 16.3%。截至 2014 年年底,我国累计非金融类对外直接投资 3.97 万亿元人民币(折合 6463 亿美元)[55]。

2015 年 1 月,我国境内投资者共对全球 131 个国家和地区的 1105 家境外企业进行了直接投资,累计实现投资 622.8 亿元人民币(折合 101.7 亿美元),同比增长 40.6%。其中股本投资和其他投资 537 亿元人民币(折合 87.7 亿美元),占 86.2%;利润再投资 85.8 亿元人民币(折合 14 亿美元),占 13.8%[56]。

第四节　中国企业境外投资目前普遍遇到的问题

中国企业境外投资无论是在规模上还是在覆盖的产业范围上,均取得了令人瞩目的成绩。但是,不可否认,中国企业赴境外投资还存在很多“水土不服”的问题,有些是自身局限性造成的,也有些是客观环境造成的。

一、法律政策问题

中国企业赴境外投资,就是到投资目标国去做生意,开展商业行为。该商业行为必须在目标国法律、政策的框架下进行。不仅该商业投资不能违

---

〔54〕 商务部网站:http://fec.mofcom.gov.cn/article/tjzl/jwtz/201409/1838257_1.html,最后访问日期:2015 年 9 月 30 日。

〔55〕 商务部网站:http://fec.mofcom.gov.cn/article/tjzl/jwtz/201501/1853462_1.html,最后访问日期:2015 年 1 月 31 日。

〔56〕 商务部网站:http://fec.mofcom.gov.cn/article/tjzl/jwtz/201502/1856780_1.html,最后访问日期:2015 年 2 月 27 日。

法,其投资的具体交易结构也必须符合法律、政策的规定。很多中国企业对我国国内的法律、政策比较了解,但不了解目标国的法律、政策,想当然地在境外投资中套用中国的法律规则去处理相关事务,必然遇到“水土不服”的问题。

因此,中国企业在境外投资前,应当委托具有境外投资实践经验的律师和会计师等第三方服务机构,就目标国的相关法律政策进行尽职调查,并结合企业自身情况,设计境外投资法律和财务结构,特别应对融资方式和税务筹划问题进行关注,避免因不了解目标国法律政策,付出不必要的“学费”。

二、文化差异问题

很多中国企业在投资西方企业时,会遇到文化差异问题。中国企业长期以来形成了“官本位”的管理习惯和惯性,但这与西方企业普遍存在的平等理念相违背。有些中国企业以“征服者”心态自居,无法与当地企业文化、人文环境相融合,导致投资人与当地本土化人才形成隔膜,无法融合发展。

三、政治环境问题

有些目标国属于正处于政治动荡的敏感地带,或者虽然不属于政治敏感地带,但在野党和执政党的更替,也会对中国企业投资形成不同的影响。有些国家和政党对中国友好,对中国企业的投资也持欢迎的态度,有些国家和政党对中国不友好,可能对中国企业采取限制、抑制的政策。特别是还有些国家和地区,害怕中国投资人的涌入会剥夺本国人的就业机会、抬高当地房价,就会对中国企业的投资设置壁垒。

四、劳工制度问题

欧洲等西方国家,对于劳工的保护达到了很高水平,当地工会的力量往往非常强,体现在工会与资方的议价能力和法律对工会的保护上。中国企业往往对此估计不足,在国内经营过程中存在一些违反劳动者权益的情况并不麻烦,但在国外却可能惹出轩然大波,劳动者可能因此提出罢工或对侵权行为主张高额赔偿的问题。

五、管理人才缺乏问题

中国企业赴境外投资,先看中的是目标国的投资机会和可观的回报,但往往缺乏能够派驻目标国的管理人才。这不仅体现在缺乏掌握管理知识和具备实践经验的人员,还体现在不了解当地企业管理方式、两种管理理念无法有效融合上。

六、境外投资缺乏融资支持

目前,中国国内的金融机构,比较缺乏对走出去企业的金融支持,除政策性的贷款外,很多企业都在使用自有资本进行境外投资。后续融资手段和方式都比较缺乏。这就需要中国政府进一步拓宽中国企业融资方式和渠道,允许通过多样化的融资方式,取得境外投资资金,支持中国企业境外的可持续发展。

第二章 中国企业境外金融领域的投资

第一节 中国金融机构境外投资的回顾

近几十年来,世界各国之间的经济联系日益增强,区域经济合作不断扩大,国际投资作为全球化发展进程中一国参与国际经济的重要手段,已经成为衡量一国经济发展的重要指标,不但影响一国的国际竞争力,还在一定程度上影响其国内经济的发展。自 20 世纪 80 年代以来,我国高度重视经济的发展,改革开放三十多年以来积累的资本与经济实力促使对外投资飞速扩张。在商务部公布的《2013 年度中国对外直接投资统计公报》中,中国对外直接投资流量突破千亿美元大关,为 1078. 4 亿美元,同比增长 22. 8% ,成为全球三大对外投资国之一,中国 1. 53 万境内投资者在全球设立 2. 54 万家企业,分布在全球 184 个国家(地区)。中国对外直接投资覆盖所有行业类别,其中租赁和商务服务业、金融业、采矿业、批发和零售业、制造业累计投资存量达 5486 亿美元,占我国对外直接投资存量总额的 83% 。金融业的对外投资有利于中国经济向成熟经济体转变。2006 年,中国金融机构的新产品 QDⅡ引领金融业走出国门,面向全球寻找投资机会;2007 年,中国对外投资的脚步迈得更大、更坚定,中国投资有限责任公司,作为中国的主权财富基金投资了美国黑石集团,自此中国金融业对外投资规模开始持续大幅增长。虽然近几年来全球经济低迷的环境为中国金融业“走出去”提供了投资机会,但全球金融行业存在的汇率风险、市场风险、信用风险都加大了中国金融机构对外投资的难度，而中国金融机构对外投资经验的欠缺势必导致其与全球成熟的投资机构在竞争时处于被动地位；另外，由于相关法律法规的不健全，国家发展改革委或商务部亦未制定各国投资策略的指导性文献，中国金融机构面临如何在全球资本市场的激烈竞争中升值保值的巨大挑战。

本书仅结合笔者参与的“走出去”项目的经验，对中国金融机构对外投资的过去、现状与未来进行研究，通过简要介绍对外投资、金融业对外直接投资等概念，对中国金融业对外投资的形式、具体情况及其存在的问题作出分析，并尝试从笔者积累的国际项目实际操作经验上给出一些建议。

第二节　中国金融机构境外投资的现状

对外投资是企业以现金、实物、无形资产或以购买股票、证券等有价证券方式向其他机构进行投资并期盼在未来获得收益的经济行为。对外直接投资是对外投资的一种。国际货币基金组织对对外投资的定义是“在投资者以外的经济（国家）所经营的企业中拥有持续受益的一种投资，其目的在于对该企业的经营管理具有有效的发言权”。[1] 中国商务部颁布的《2006年度中国对外直接投资统计公报》中认为，对外直接投资是指境内投资主体通过直接投资方式在境外拥有或控制10%或以上投票权或其他等价利益的各类公司型和非公司型企业。本书将以中国商务部颁布的标准来分析、解释金融业对外投资相关信息。

金融业对外投资是指以银行、保险、证券及基金为代表的投资主体所进行的对外投资，其包括在境外设立分公司及进行股权投资等。按照当前的中国监管体制，中国金融机构分为银行类、保险类、证券类及财务公司等，同时也是中国金融业对外投资的主体。根据商务部对对外投资标准的定义，中国金融业对外投资可以分为金融业对外直接投资和其他投资方式。

根据前文对金融业对外投资的界定，中国金融业对外投资可分为对外直接投资和以QDⅡ、中国主权财富基金——中国投资有限责任公司在内的

---

〔1〕 *IMF Balance of Payments Manual.* Washington D. C. ,1997, p. 405.

其他投资形式。中国金融业对外投资目前有几大特点:一是对外直接投资增长加快。这从中国各个商业银行加快海外业务拓展、增设海外分支机构可以看得出来。《2012～2013 年中国银行业发展报告》中披露中资银行通过自设、并购和参股等形式加快“走出去”的步伐。截至 2012 年年底,16 家中资银行业金融机构已经设立了 1050 家海外分支机构,覆盖全球 49 个国家和地区。迅速发展与扩张使银行业规模扩大、业务增多,但同时信用风险、市场风险、流动性风险、操作风险等在内的潜在风险都可能累积增大,银行业需要强化全面风险管理,特别需要注意各项业务中出现的潜在法律风险,实现全球一体化的金融投资能力。二是金融业对外投资主要以股权投资为主流形式。三是 QDⅡ规模持续扩大,成为金融业对外投资的主要力量。四是中国主权财富基金——中国投资管理有限公司于 2007 年 9 月 29 日成立后即开启海外投资的步伐。

一、金融机构对外直接投资

金融机构对外直接投资主要指金融机构通过在境外设立分支机构提供产品和服务,或者通过股权投资、现金收购等方式拥有 10% 以上股权的投资行为。中国金融机构泛指银行、证券公司、保险公司、基金公司等。

全球经济的融合使中国企业面临扩大市场和规避国外贸易壁垒的压力和机遇。中国经济的飞速发展,需要中国金融行业提升其国际服务质量与竞争力。中国金融机构的对外投资扩张是中国经济发展与中国境内金融环境变化的必然。同时,人民币近年来的持续升值使中国金融机构,特别是银行可以较小成本将人民币资金换成外币资金,从而为其提供了股权置换即股权并购的好机会。而外币资金的增加也使中国金融机构面临规避外币资本贬值的风险,迫使中国金融机构加快其国际化投资规模与进程。而一般来看,金融业对外直接投资存量越多,在本国金融业的追加投资量就越多。有相当多的研究已经证明银行规模与其对外直接投资之间具有关联。大的银行更倾向于对外投资扩张。在中国银行业对外投资中,中国国有商业银行占主体,除了政府与相关政策的扶持和指导外,国有银行巨大的资本实力和积累多年的跨国经验也促使其不断拓展海外投资。另外,海外扩张所带来的丰富跨国商业经验又会促使其继续向海外扩张。金融业加大对外投资规模与资本的逐利性不可分割。中国金融机构的对外投资给予了中国一个分享全球经济增长,并合理配置资源的机遇。同时也有助于缓解中国外汇储备过大的压力、缩小境内股市泡沫、规范境内证券市场。

然而,机遇总是伴随着风险。中国金融机构对外投资呈现其独有的特征。跨国并购成为中国金融机构对外直接投资的重要形式。中国金融机构的并购始于银行业并购。20 世纪 80 年代,中信实业银行收购了香港嘉华银行 61.38% 的股份,开始了中国银行业的海外并购。近年来,不仅商业银行,其他金融机构也在不断加大其海外扩张的业务。2014 年 12 月的第一周,海通证券斥资 3.79 亿欧元收购了葡萄牙圣灵银行的投资银行业务。该笔交易是 2014 年中国金融机构海外并购的第三十宗。至此,2014 年中国金融机构海外并购的总投资额已经达到 48 亿美元。同时在 2014 年,中国工商银行斥资 7.65 亿美元,收购了标准银行伦敦交易业务的多数股份。中国监管机构也批准了中国建设银行以 7.3 亿美元收购巴西工商银行 72% 的股份交易。虽然 2014 年的全年并购金额比 2013 年的 51 亿美元的全年并购金额要低(2013 年是 2008 年全球金融危机以来金融并购规模最大的一年),但交易宗数将近翻了一倍。这进一步说明,银行业等金融机构积极参与海外并购,并将更加理智与冷静。

金融机构除了积极扩张其自身业务外,也越来越多地参与到国际并购项目中。仅就 2013 年上半年来说,中国企业海外并购合计 98 宗,涉及资金 353 亿美元,基本上全部由中国商业银行及其海外分支机构合力完成并购。因为全球范围内人民币不能自由兑换,跨国交易无法实现 A 股股票交付,股市募集资金时间又过长,在当前中资企业海外并购过程中,企业很难依靠资本市场,而只能依靠中资银行。2013 年 11 月 30 日,洛阳钼业澳洲矿产有限公司完成了 8.2 亿美元的澳大利亚铜金矿收购项目,而为项目提供资金的是中国银行与国家开发银行。具体操作中,中国银行河南分行发起授信,悉尼分行做现场调查,中国银行总行最终核定。悉尼分行、东京分行筹措资金,纽约分行负责清算。中国银行的全球服务体系为中资企业在澳大利亚的并购提供了所需资金与后续服务,达到了“双赢”。然而成熟市场国家的企业在并购过程中需要更多的金融支持渠道,所以如果中国金融机构希望在未来获得更多机会,则中国金融机构需要搭建可以支持企业海外并购所需的强大开放金融市场体系与具有国家水平的操作机构。仅仅通过并购增强资本实力是远远不够的,竞争力的提高、盈利能力的增强才能使中国金融机构最大限度地获取利润。同时通过并购，迅速学到发达国家先进技术和管理经验，借鉴海外金融机构的创新成果，提高自身经营水平，也为中国非金融机构“走出去”提高更好的资金与信息支持。

二、QDⅡ海外投资

QDⅡ是指在人民币不可自由兑换、资本市场没有开放情况下，有控制的允许境内机构投资境外的一项制度安排。QDⅡ制度于2006年4月18日正式出台，分为基金系QDⅡ、券商系QDⅡ、银行系QDⅡ和保险系QDⅡ。QDⅡ的推出在一定程度上起到缓解中国外汇储备压力、促进资本双向流动、稳定香港资本市场的作用。同时QDⅡ也有利于中国投资机构拓宽其投资渠道，熟悉海外资本市场，提升风险管控能力、人才培养机制与内部控制管理等金融管理水平，毕竟合理的资源配置才能获得全球经济增长带来的利益。

三、主权财富基金海外投资

主权财富基金出现于1953年，并在近几十年间获得飞速发展。这些政府掌控下的基金对全球金融市场的影响力持续增大：加大对新兴市场股市和债市的投资；投资到对冲基金和私募股权中；促进国家间的战略联系；在发达国家敏感行业持有更多战略性股份。中国主权财富基金——中国投资有限责任公司是唯一一家由财政部通过发债方式成立的主权基金。其主要业务是利用超出储备规模的外汇进行境外投资和金融产品组合投资，提高外汇经营收益，并对国有企业对外投融资提供资金支持。但是中国投资有限责任公司（以下简称中投）属于中国主权财富基金，其未来的发展也面临不同挑战，如政治风险、组织管理风险、市场风险等。中投应该提高其透明度，如公司治理结构与投资策略，坚持商业化运作原则，避免其他国家政府的干涉。

境外投资对金融机构而言，是机遇也是挑战。金融业的海外投资从蹒跚起步到不断攀升的整个过程都面临着各式各样的挑战。但是中国已经成为全球最大经济体，中国经济的发展势必离不开海外投资。只有通过海外投资合理配置各种资源，才能最大化保证中国的长期国家利益。金融机构海外投资所面临的困难、问题、解决办法，从广义上讲，将为更多中国金融机构及企业提供“走出去”的成功经验。

四、金融机构的多极化趋势

在全球国际性金融机构中，亚投行无疑是个后起之秀。从 2014 年 10 月国家主席习近平发出倡议，成立新的亚洲基础设施投资银行（AIIB），以整合在亚太地区的基础建设投资，预计将在 2015 年内正式开始运作。亚洲基础设施投资银行（Asian Infrastructure Investment Bank，以下简称亚投行，AIIB）是一个政府间性质的亚洲区域多边开发机构，重点支持基础设施建设，总部设在北京。亚投行法定资本 1000 亿美元。在北京举行亚太经济合作组织（APEC）峰会期间，21 个成员共同正式推出亚投行，并计划于 2015 年年底前投入运作。根据《筹建亚投行备忘录》，中国初始认缴资本目标为 500 亿美元左右，中国出资 50%，为最大股东。各意向创始成员同意将以国内生产总值（GDP）衡量的经济权重作为各国股份分配的基础。2015 年试运营的一期实缴资本金为初始认缴目标的 10%，即 50 亿美元，其中中国出资 25 亿美元。亚投行未来在国际金融中的地位，还需要一段时间的验证方能展现出其发展空间。毕竟治理结构、安全体系的完善，需要经验的总结和积累。

2014 年 10 月 24 日，中国、印度、新加坡等首批 21 个意向创始成员国在北京签署了筹建亚投行备忘录，随后印度尼西亚、新西兰等国家陆续加入。3 月 31 日，亚洲基础设施投资银行意向创始成员国的申请将截止。亚投行将采用股份制银行的治理模式，组织框架由理事会、董事会和银行总部组成。其中，由所有成员国代表组成的理事会是其最高权力机构和决策机构；董事会由理事会选举的总裁主持，负责对日常事务的管理决策；银行总部下设银行各主要职能部门，包括综合业务部、风险管理部等，分别负责亚投行日常业务的开展。运行后的亚投行将是一个政府间性质的亚洲区域多边开发机构，按照多边开发银行的模式和原则运营，重点支持亚洲地区基础设施建设。亚投行业务定位为准商业性，针对不能提供主权信用担保的项目，引入公私合作伙伴关系模式。亚投行也会通过成立一些专门的基金进行投融资进而保证资金规模。亚投行也将考虑设立信托基金，通过亚投行和所在国政府出资，与私营部门合理分担风险和回报，动员主权财富基金、养老金以及私营部门等更多社会资本投入亚洲发展中国家的基础设施建设。2015 年 4 月 5 日，阿联酋正式成为亚投行第 34 个意向创始成员国。尽管本书定稿时，亚投行开创成员国数量尚未最终确定，但其地域化、综合性格局已经形成，未来发展必将给亚洲的金融市场乃至世界金融格局带来惊人的创新。

作为由中国提出创建的区域性金融机构，亚洲基础设施投资银行主要业务范围是援助亚太地区国家的基础设施建设。在全面投入运营后，亚洲基础设施投资银行将运用多种方式为亚洲各国的基础设施项目提供融资支持，包括贷款、股权投资以及提供担保等，以振兴包括交通、能源、电信、农业和城市发展在内的各个行业投资。截至 2015 年 4 月 2 日，中国倡议推动的亚洲基础设施投资银行“朋友圈”已达 53 个亚投行创始成员国、国家和地区（含我国台湾地区）。创建亚洲基础设施投资银行，通过公共部门与私人部门的合作，有效弥补亚洲地区基础设施建设的资金缺口，推进了亚洲区域经济一体化建设，这一切是世界对中国外交的认可。亚投行不仅有利于亚洲地区的基础设施建设、助力经济发展，更加体现了一种大局思维，让新兴市场国家不再受限，也把中国在世界经济舞台的地位再次提升了一个档次，带动中国产业升级，推动中国金融服务业的改革发展和国际化接轨，这亦是中国金融机构参与世界金融的一个新的起点。

◇ 第三节　中国金融机构境外投资的困难和问题

虽然金融业对外投资多集中于金融业发达的国家和地区，但面对海外成熟的投资市场，中国金融机构从整体上而言投资水平还不高，在“走出去”的过程中仍然显得缺乏足够的经验、碰到了不同的困难与问题。随着中国经济与全球经济的进一步融合，中国金融机构对新兴发展中国家也加大了投资力度，然而发展中国家不完善的法律与投资环境对中国金融机构的海外拓展进程也是一大挑战。

从上一节中可以了解，中国金融机构境外投资主要途径有对外直接投资、QDⅡ海外投资、主权财富基金海外投资。虽然各式各样境外投资方式的发展如火如荼，并且其规模和数量都在不停攀升，但针对不同的投资方式与渠道，金融机构仍然面对大小不一、程度不同的困难与问题。总体上而言，这些困难与问题都与海外投资的各种不确定风险相关：汇率风险、市场风险、信用风险、全球化风险及其他可控风险。要更好地解决这些风险所造成的困难和难题，就必须了解中国金融业对外投资的各种风险。

一、汇率风险

汇率风险，是指经济主体持有或运用外汇的经济活动中，因汇率变动而蒙受损失的可能。中国金融机构在境外投资过程中，无时无刻不面临巨大的汇率风险，而 QDⅡ的汇率风险更加明显。中国外贸顺差的扩大使人民币面临升值通道，在此背景下，金融业的汇率风险也变大。截至 2014 年 8 月 26 日，QDⅡ产品投资额度累计总计 824.93 亿美元。[2] QDⅡ产品的规模很大，但收益常常不尽如人意，特别是 2008 年金融危机期间及此后几年，大多数产品处于亏损状态。中国银行 2007 年 10 月成立的第三款代客境外理财产品主要通过投资开放式基金投资新兴市场国家股票。同时间成立的兴业银行产品在成立之初的第一个月就下跌 11%，亏损严重。这些亏损一方面受到全球股票市场回落的影响，另一方面人民币汇率的加速升值也是原因。如何规避汇率风险、避免损失是金融机构对外投资时必须充分考虑的问题。

选择合理的避险工具产品来规避汇率风险，包括与交易对手通过协议方式直接锁定汇率风险，或选用银行的衍生避险工具如远期结售汇及人民币掉期业务，使用贸易融资、衍生交易或定期存款等方式都可以在一定范围内降低汇率风险。

二、市场风险

市场风险，是指由于证券市场和经济形式变化给投资人带来损失的可能性。[3] 经济衰退、证券价格下跌会使得证券持有人资产缩水，从而遭受损失。市场风险很难预测，但是中国金融机构必须面对市场的系统性风险。境外经济基本面的变化直接关系到中国金融机构在境外资本市场投资对象的收益（如股票收益等）。中国主权投资基金于 2007 年 5 月 20 日以 30 亿美元外汇投资美国私募基金巨头黑石集团。中投迈出了其海外投资的第一步。之后的 2007 年 12 月 19 日，中投与美国摩根士丹利达成一项交易协议。

---

〔2〕《合格境内机构投资者投资额度审批情况表》，载中国外汇网：http://www2.chinaforex.com.cn/index.php/cms/item-view-id-35840.shtml，最后访问日期：2015 年 4 月 30 日。

〔3〕参见庄毓敏、朱毅峰：《商业银行业务与经营》，中国人民大学出版社 2002 年版。

中投购买约50亿美元摩根士丹利可转换股权。中投看中摩根士丹利的长期增长潜力,特别是其投资银行、资产管理等方面的全球化先进经验。然而中投仍然面临全球金融市场的市场风险。如何在全球范围内分散市场风险,取得投资成功是中国金融机构需要思考解决的难题。

三、信用风险

信用风险是银行贷款或投资债券中发生的一种风险,即借款者违约风险。借款人未能及时足额偿还贷款时,债权人或银行将会损失一部分预期收益,比如2008年美国次级债危机。美国次级抵押市场的借款人无法按期偿还借款,导致次级贷款公司向投资银行出售资产来抵押债券。为分散风险,投资银行又向一些保险公司、对冲基金兜售这些担保债券换取流动资金。然而一旦抵押资产价值缩水,危机就会波及整个金融链条。中国银行业作为中国首批QDⅡ,就遭受巨大损失。这种风险传递性也是国际金融市场在全球化中所暴露的问题。

四、政治风险

这里的政治风险是指东道国的歧视性和非歧视性干预。事实上一些国家会以国家安全为理由排斥战略投资者的进入。当中投参股黑石时,德国政府曾表示要设立一个类似美国外国投资委员会的机构,负责为政府提供阻止外国直接投资的建议。这也提醒中国的金融机构,因为中国银行业、QDⅡ、中投,不可避免都有着中国政府的背景,在对外投资过程中,更应当建立相应的风险防范机制。

五、全球化风险

全球化也带来了世界金融市场的一体化,各国金融市场间相互依存度日益提高,但同时也提供了国家投机活动的效率,加大了危机程度,使一国金融危机蔓延到其他国家和地区。1998年的东南亚金融危机与2008年美国次级债危机都对东南亚及全球产生了长久的负面影响。

六、其他可控风险

除上述不可控风险外,因为中国金融机构经验欠缺,从境内层面看,监管机构的监管模式和力度还需加强。另外，监管机构，甚至政府，如何从制度上保证金融机构的投资渠道安全也是一个难题。中国金融机构，如何正确选择投资对象、强化风险意识、正确运用风险规避工具是实现成功“走出去”的必经之路。

第四节　中国金融机构境外投资所需要完善的条件

金融机构境外投资的风险规避，与建立有效的国际金融风险防范机制分不开，它直接关系到中国金融机构境外投资的持续发展。金融机构需要知道如何从法律上规避投资风险，前期的准备工作，整个投资及后续过程中，重视不同国家与地区的法律法规的差异，才能提升境外投资的整体成功率。中国金融机构境外投资，应当深刻了解投资所在国、投资项目及其投资方式，并采取适当的方法以确保投资的成功。美国经济学家曼昆主张，“要成为像科学家一样的经济学家”。[4]

一、关于金融机构对外投资的趋势分析

截至2010年年底，5家大型商业银行（中国银行、中国工商银行、中国建设银行、中国农业银行、中国交通银行）在亚洲、欧洲、美洲、非洲和大洋洲共设有89家一级境外营业性机构，收购（或）参股10家境外机构，6家股份制商业银行在境外设立5家分行、5家代表处，2家城市商业银行在境外设立2家代表处。中国银行作为我国国际化程度较高的银行，1929年起就在伦敦设立经理处，迈出了中国金融机构走向世界金融市场的第一步，到2011年年底，海外机构网点已覆盖32个国家和地区，拥有586家海外分支机构，在阿曼、阿联酋、加纳和秘鲁还设有中国业务柜台，与180个国家和地区的1500家外国银行建立了代理关系。截至2011年年底，商业银行对外直接投资的存量为476.3亿美元，占整个金融类的84%，五家大型商业银行共有106家

［4］　参见［美］曼昆著：《经济学原理》（第3版），梁小民译，清华大学出版社2006年版。

一级境外营业性机构，就业人数达 11.3 万人，其中雇佣外方员工 9.2 万人；共收购（或参股）五家境外机构，涉及收购的金额约为 87.2 亿美元。

外管局相关数据显示，截至 2013 年年末，信托行业只有上海信托、中信信托、中诚信托、平安信托等 8 家公司有 QDII 业务资格，获批总额度为 56 亿美元。根据作者了解，目前 QDII 业务主要还是专户理财，为高净值客户或者机构提供定制级的投资服务，而投向特定的海外金融市场的产品较少。信托公司海外投资比国内业务面临更大的挑战。信托公司海外投资对专业性和综合能力要求更高，不同的文化、政策、法律、税收等因素都可能影响投资收益和安全；另外，我国实行外汇管制，资金出入境渠道受限。目前，比较常用的有如下几个渠道包括：第一，投资二级市场的 QDII 和 QDLP，QDII 较为成熟，而 QDLP 模式"事先结汇，事后备案"的便捷结汇模式，资金回流环节的结汇审批风险较小，但需要通过信托公司、基金子公司等境内金融机构合作，实现境内资金募集。由于银监会的监管要求，信托公司为 QDLP 产品募资尚存障碍，因此基金子公司成为了 QDLP 基金合作的首选机构。第二，内保外贷，境内基金无须向外管局申请境外投资换汇审批，而是直接占用银行的外债额度，但银行每年可用额度、投资收益结汇需经外管局审批。第三，本外币平行基金，即在中国境内外分别募集资金规模相等的基金，在全球寻找投资机会。

目前多家银行的金融租赁公司正在筹备设立专业项目子公司，向银监会申报，计划通过在海外设立分支机构的方法，扩宽国内企业境外融资的渠道。金融租赁子公司开展的业务大都以单船、单机和大型设备的租赁业务为主，其中涉及进出口环节的租赁业务，金融租赁公司需要获得一定的外债指标进行境外融资。根据市场公开数据，工银租赁获得了中长期外债指标，在 2011 年就已首次成功发行 7.5 亿美元的境外美元债券。目前针对航空领域，正在尝试推动飞机融资中的境外人民币发债、境外人民币借款、资产证券化等项目，拓展飞机融资新模式和新渠道，这在一定程度上也将缓解国内企业外汇融资的窘境。2013 年央行颁布了《关于金融支持中国（上海）自由贸易试验区建设的意见》，明确取消了金融类租赁公司境外租赁等境外债权业务的逐笔审批，实行登记管理。同时，放开了非银行的境外融资，相关部门在自贸区内的金融租赁境外融资方面将不设障碍。这意味着，在自贸区内将尝试大幅放开金融租赁公司外债管理。2014 年银监会发布了《金融租赁公司专业子公司管理暂行规定》,正式放行金融租赁公司在飞机、船舶等特定业务领域设立专业化租赁子公司,并允许专业子公司在境外设立项目公司开展融资租赁业务。

中国保监会发布了《保险资金境外投资管理暂行办法》,放宽保险公司投资海外市场,允许其运用自有外汇或购汇进行境外投资。该办法允许保险机构运用不超过上年年末总资产 15% 的资金投资境外,并将境外投资范围从固定收益类拓宽到股票、股权等权益类产品,支持保险机构自主配置、提高收益,抵御人民币升值风险。2013 年 7 月,中国平安保险集团购得伦敦金融城的标志性建筑劳合社大楼。2014 年 6 月 23 日,与位于金丝雀码头附近的 30 层 Upper Bank Street 大楼完成交易,中国人寿和卡塔尔控股联合获得这栋大楼的股权,交易金额高达 7.95 亿英镑(约合 84 亿元人民币),中国人寿获得 70% 股权。随着中国人寿保险公司(China Life Insurance Co.,LFC)、中国人民保险公司(China People's Insurance Co.)以及平安保险公司(Ping An Insurance Co.)纷纷将其主要资产拿到海外市场上市,中国的保险业的硬通货数量也在不断增加。中国保险监督管理委员会和中国人民银行联合发布的这份通知称,截至 2014 年 6 月底,中国的保险公司所持有的外汇资金总额达 97.75 亿美元,而同期中国的外汇储备总额为 4706 亿美元。目前保险公司可以购买中国及外国政府发行的主权债券以及公司债券。中国保险监督管理委员会表示,该机构今后将进一步放宽投资范围。

二、关于金融机构境外融资的案例分析

笔者仅就中国金融机构到老挝投资举例说明如何从不同角度完善海外投资。对于到老挝投资的中国金融机构(以注册在北京的企业为例),中国金融机构到老挝进行投资在境内外都需要办理大量审批手续。笔者认为,如何规避对外投资的法律风险是企业首先需要考虑的问题。除了应当具备一些必要的条件和获得审批手续外,一般都应当委托律师审核相关并购对象的合法性,只有经过律师的尽职调查,才能保证老挝并购对象的合法性和保证交易的安全性。

如果国内金融公司向老挝项目公司提供融资贷款,或者中国企业到老挝收购当地的企业,则无论贷款方还是收购方首先应了解老挝项目公司是否已经提交了破产申请,或者签署了任何破产文件,以保证其贷款安全或者

收购安全。老挝公司法与中国法律截然不同,按老挝法律其分公司具有独立的诉讼主体地位,所以如果老挝项目公司在首都万象设立总公司及管理机构,在项目运营地尚有其他分公司,则需要委托律师对其存在的诉讼情况进行调查,一般应当确认老挝项目公司总部所在地的法院以及项目所在地法院是否存在诉讼的情形。如果律师仅查询其总公司所在地的诉讼情况,可能遗漏项目所在地的诉讼风险,因为施工合同纠纷或者用工纠纷,在分公司管理的项目所在地或者施工地的法院就可以提起诉讼。在宏观方面,老挝政治稳定,老挝不在欧盟委员会官方网站公布的个人和实体经济制裁电子名单中,也不属于世界银行官方网站公布的"重债穷国",所以笔者认为到老挝投资的安全性相对较高。根据老挝法律,老挝项目公司的融资或者并购等行为,是一种私人和商业目的行为,老挝项目公司及其资产都不享有诉讼、执行、查封和其他法律行为的豁免权,因此为了保障交易安全,根据经验,笔者会建议在《并购协议》或者《贷款协议》中交易文件中增加老挝项目公司放弃主权豁免权的条款,以规避公司资产申请主权豁免的情形发生。需要提示的是,根据老挝 2008 年 3 月 17 日颁发的第 01/P 号总统令第 22 条规定,任何国外贷款必须经得老挝银行(the Bank of Lao PDR,"Central Bank")的同意。因此,老挝项目公司欲从境外银行获得贷款必须得经中央银行的同意。如果借款人借款超过其投资总额,应当获得颁发国外投资许可证的老挝计划和投资部(Ministry of Planning and Investment)审批。在该种情形下,一般律师会建议老挝项目公司为了满足融资要求应当取得老挝计划和投资部新颁发的投资许可证,该证照中的总投资额度应当超过对外融资的额度。

老挝项目公司的管理,具有一些特殊之处,如法定代表人变更。根据老挝法律规定,公司可以随时变更其法定代表人。公司最重要的证照包括:境外投资许可证、营业执照、纳税证明和采矿证。一般该更新的法定代表人应当同时体现到了上述重要的证照上如营业执照纳税证明和采矿证。境外投资许可证上体现的是股东的名字,而不需要体现法定代表人的名字,因此在境外投资许可证上不需要体现法定代表人的姓名。项目公司还应向投资和促进部(Investment Promotion Department,IPD)提出变更法定代表人的申请,获得 IPD 的同意,借款人更换法定代表人就是合法有效的。在老挝进行公司收购或者对外融资,其担保结构的安排具有一定的特殊性。如果老挝公司从境外获得融资贷款,该公司的中国控股公司为贷款提供的担保行为,老挝在法律没有禁止性规定。根据老挝2005年颁布的《担保交易法》第26条规定,一个独立的法律实体可以成为保证人,因此老挝项目公司的中国控股公司可以为借款人提供担保。但如果老挝公司以其股权、采矿权、固定资产等融资或为收购提供担保,了解老挝公司的资产抵押、担保等是否存在优先权的信息是非常困难的、因为老挝没有规范的网络登记系统,项目公司如果已经将其股权质押,则公司的部分权益可能已经属于第三方。根据老挝2009年11月26日颁布的第11/NA号《公证法》第15条第2款规定,抵押或质押协议在公证处公证后具有法律效力并被法院认可;根据2005年5月20日颁布的第06/NA号《安全交易法》第31条规定,抵押或质押协议在金融中心(the Branch of State Assets Management Department, Finance Office)登记备案后相对于其他普通债权人,具有优先效力,因此提供权利担保的股权质押、资产抵押、应收账款质押设立后,相对于一般债权,其具有优先效力。

老挝的税法制度相对比较规范,如果老挝项目公司从境内金融机构获得投资或融资,当项目公司还本付息时应当扣缴所得税。根据老挝2011年《税法》第47条第3款规定,贷款人应当对其利息所得支付10%的所得税。然而,由于贷款人未在老挝注册,借款人有义务代扣该所得税,并支付给税务机关。根据《中华人民共和国政府和老挝人民民主共和国政府关于对所得避免双重征税和防止偷漏税的协定》,如果投资机构在中国缴纳了利息的所得税,则在老挝不需要缴纳该税费,但是需要向老挝税务机关出示缴纳该税费的证据(如在中国的完税证明等文件)。如果是中国人民银行、中国进出口银行、国家开发银行或者农业发展银行等金融机构提供贷款,则根据《中华人民共和国政府和老挝人民民主共和国政府关于对所得避免双重征税和防止偷漏税的协定》,投资人无须缴纳所得税。为了规避税费风险,作者建议在融资协议中约定,由融资方承担在老挝境内根据老挝法律需要缴纳的所有税费,包括需要由贷款行需要承担的任何税费,如果融资文件在老挝中央银行备案,这意味着这种约定受老挝法律保护。目前老挝外汇管制没有法律限制,任何人都可以从商业银行换取外币,只需写明换取外币的用途即可。根据老挝2009年《公证法》第11条和第15条,以及2008年《合同和侵权法》第15条第5款之规定,融资文件需要在公证机关登记,以确保其合法、有效,并作为认可的证据使用。需要提示的是,融资文件的公证必须是老挝项目公司主要营业地的公证处。在老挝,公证处归政府所有,隶属于老挝司法部,老挝各省或者地区都有公证处的分支机构。另外,需要公证的融资文件,必须翻译成老挝文字,由融资文件或交易文件签署的双方授权代表一起到公证处对融资文件进行公证,公证程序大约在3~5天完成,公证处需要留存一份融资文件的原件,公证费用目前为10美元,融资文件每页0.6美元的服务费。

三、金融机构境外投资的主要风险及预防机制

(一)投资决策风险

投资决策风险是指境内公司因缺乏对境外投资环境、投资项目的有效风险评估,致使境外投资可能会存在一定的盲目性,从而给投资主体带来损失可能。2008年中国平安亏损的直接原因就是对富通集团的约157亿元的投资损失。境外投资决策的正确与否,已成为影响境内企业境外投资的最大因素。为了预防投资失败,提前向投资目的国委派工作组,并且组织律师团队开展前期包括政策、法律、市场、税收、外汇、财产征收等的尽职调查是非常必要的。从语言沟通、降低成本等角度考量,我国的金融机构最好委托国内的律师事务所开展此项工作,通过国内的律师事务所与目标国的律师事务所或相关机构沟通,全程跟进投资进程可以极大地降低境外投资风险。

(二)市场风险

市场风险主要包括市场条件如利率、市场流动性、投资者的心理预期以及投机行为等因素引起的风险。例如,美国次级债严重冲击了具有百年历史的日本大和生命保险公司。该公司投资美国的次级房地产债券和其他债券达到其投资总量的20%左右,2008年10月10日宣布经营失败,进入破产程序。为了规避市场风险,国内外的投资咨询机构的作用不容忽视。中国的金融机构可以通过国内律师全程根据与各中介机构的合作,从项目风险防范和权利义务认定等方面为金融机构提供建议以降低市场风险。

(三)汇率风险

汇率风险指金融机构在境外投资中,由于汇率变动引起的投资收益的变化,影响汇率变动的因素包括货币政策、财政政策、汇率政策以及国际市场上供给与需求的平衡等因素。中国人寿2008年3月斥资2.6亿美元,以

44 美元的发行价购买 680 万股 VISA 股票,此项交易为中国人寿带来的直接收益超过 1.3 亿美元。因此,金融机构在进行境外投资时,要关注和防范因汇率变动所带来的投资收益风险。

(四)政治或政策风险

政治风险或政策风险主要指由于有关政策或政府行为的变化而带来的投资回报率的不确定性,如战争、内乱等投资国政治环境的动荡、权力阶层的更迭及恐怖主义危险等。从国际投资的角度看,金融政策的改变、对外资鼓励条件和优惠措施的调整等都可能对保险公司境外投资收益带来不确定性。笔者参与过一起投资利比里亚的项目,由于政府军叛乱导致总统变更,给投资带来了很大的风险和不确定性。

(五)利率风险

利率风险是指由于市场利率的波动所带来的金融机构境外投资收益变动的风险。例如,保险公司境外投资的债券、股票以及其他各种固定收益的资产等都会遇到利率风险。

根据笔者的项目经验,中国金融机构可以在境内外律师的帮助下降低到境外投资的法律及整体投资风险。从笔者参与过的境外投资项目来看,中国金融机构境外投资风险防范需要投资主体的正确投资策略、政府的政策扶持及正确的监管,以及境内强大金融市场的支持。中国金融机构只有在分散其不同的投资风险的情况下,才能保证投资的前期安全,从而得以对投资对象和投资市场进行深入了解,逐步完善自己的风险规避机制。海外投资方向的选择直接关系到投资成功与否,中国金融机构需要借鉴其他国家的发展经验,丰富自己的投资范围。中国政府各部门间关系的协调也有助于金融机构的海外投资成功,因此如何更加有效管理不同国家部门对海外投资的审批及监管、如何建立一个有效的循序渐进的监管模式也是极其重要的。同时,中国政府还应当积极为金融机构的海外投资创造良好环境,如与外国签订投资保护协议、避免双重征税的协定等。强大的国内金融市场也是境外投资的基础,因此增强境内金融市场的效率与活力有助于扩大中国金融机构的境外投资。所有这一切的实现都离不开规范的配套法律系统、相对应的配套政策与法律工作者的全程参与。

第三章 中国企业境外工程领域的投资

国际工程是指一个工程项目寿命周期的各阶段或各阶段要完成的工作,包括咨询、融资、采购、承包、实施管理等在内的参与者来自不止一个国家,并且按照国际上通用的工程项目管理模式进行管理的工程[1]。境外工程项目是国际工程的一个分支,是指我国在境外承揽的、按照当地法律制度经营的、遵循国际工程惯例进行承包、管理或施工的工程项目。

2000年3月,我国人大九届三次会议正式把"走出去"战略提高到国家战略层面,并将其写入了我国《国民经济和社会发展第十个五年计划纲要》。2014年,APEC会议上习近平主席力推"一带一路"的建设,加快了"走出去"步伐。因此,研究了解我国境外工程领域的投资状况以及所面临的法律风险,对我国建筑企业走出国门,加大利用境外资源,开拓境外市场空间,突破贸易壁垒及增强自身在国际市场中的竞争力,均具有深刻的意义。

第一节 建筑工程境外投资的先导作用

一、我国建筑工程境外投资的优势

我国建筑施工企业进行境外工程承包和对外投资,主要具有以下几个

[1] 孙文峰、王鹏宇:《加强公路工程质量监督 提高公路工程建设质量》,载《科技咨询》2006年第30期。

优势：

第一，境外工程承包是我国对外经济合作领域中发展较为成熟的业务。自改革开放以来，境外工程承包业务不断深入发展，逐渐壮大，取得了令人瞩目的成绩。截至 2013 年年底，我国境外工程承包合同额累计达到 1716.29 亿美元，累计完成营业额 1371.43 亿美元[2]，其中签订了 393 个项目金额超过 1 亿美元的项目合同，占合同总额的 66%。在境外工程承包领域，我国已经发展得较为成熟，因而将其作为境外投资的先导有一定借鉴意义。

第二，我国日渐增强的综合国力成为“走出去”的强大后盾，境外工程起步早，具有很强的实力和很高的地位。自改革开放以来，我国一直保持着 9% 的经济增长速度，根据世界银行数据中心的统计，2014 年，我国 GDP 总值已经超过日本，位居世界第二。受益于高速增长的经济速度，我国建筑企业也累计了雄厚的实力。2014 年 9 月，全球工程建设领域最权威的学术杂志——《工程新闻记录》(Engineering News Record，ENR) 发布了 2014 年度国际承包商 250 强榜单，2014 年，共计 62 家中国企业入选全球最大国际承包商 250 强排行榜，比 2013 年的 55 家增加了 7 家企业。其中，进入前 225 强的有 56 家，进入前 100 强的有 21 家[3]。

第三，当前特殊的国际环境为中国企业工程承包创造了机遇与条件。受国际金融危机和欧债危机的影响，各行各业都受到了不同程度的冲击，对国际建筑业也造成了一定程度的影响，投资主体受到金融危机的打击，市场对经济增长预期的急速下降，部分投资主体开始叫停正在开展的境外工程项目。银行贷款缩紧，对工程项目融资也造成了一定困难。当前的国际环境对工程境外承包而言，不得不说是一个挑战。然而，挑战的出现也意味着机会的到来。由于经济持续不景气，政府必然会增加基础设施等公共支出，建筑业作为劳动密集型行业的代表，对解决项目当地人群的就业问题能够发挥重要的作用。加之基础设施建设投资产生的乘数效应，大多数国家常常采取加大对基础设施和大工程项目的投入，以此促进本国经济的复苏和

[2] 中国经济统计年鉴：http://www.stats.gov.cn/tjsj/ndsj/2014/indexch.htm，最后访问日期：2015 年 4 月 4 日。

[3] 张宇：《2014 年度 ENR 国际承包商 250 强探析》，载《工程管理学报》2014 年第 5 期。

发展。世界银行也增加了对发展中国家的资金支持。这些特殊的外部条件为劳动力资源丰富、在非洲等不发达国家和地区占据优势市场份额的中国境外工程承包企业提供了极大便利。

二、发挥我国建筑工程境外投资先导作用的意义

当前，无论是对经济全球化的必然回应，还是作为我国国家宏观经济发展战略的重要组成部分，进行境外投资谋求进一步发展已经成为我国企业发展进步的必然之路。然而，区域性的市场垄断却是我国境外投资企业的“不能承受之重”。在这种条件下，发挥建筑工程境外投资的先导作用，具有重要的意义。

首先，对于我国企业来说，劳动力与自然资源是独有的两大重要比较优势[4]，如何将这种比较优势转化为竞争优势，是当前国际经济环境对我国经济发展走向提出的挑战。境外建筑工程投资企业选择“走出去”，发挥其先导作用，可以借助东道国的有利条件，实现要素的全球化优化配置，以此提高我国企业的国际竞争力。

其次，近年来，我国外汇储备激增，根据国家统计局公布的数据，2014 年年末国家外汇储备已达到 38430 亿美元，比上年年末增加 217 亿美元[5]。外汇储备的大量增加，一方面体现了我国的经济实力的增强，另一方面也说明了我国外汇资本的严重过剩。境外工程投资具有单体造价高的特点，在国内经济增长和持续多年的超大规模基础设施投资减速之际，发挥境外工程投资的先导作用，发掘境外基建市场的潜在需求，有利于提高我国外汇资金的使用效率，缓解我国企业产能过剩和人民币升值压力。

再次，由于金融危机导致全球经济水平持续下滑，许多外国企业的国际合作意愿强烈。有些国家或地区引进外资的政策也相对宽松，制造了境外投资的重要战略机遇期，有助于绕开各类贸易壁垒实现我国企业过剩产能的成功对外转移。同时，我国的境外建筑工程投资企业也可以借助国家雄厚的外汇储备，加大对境外相关项目的投资和收购力度，有利于由传统单纯

---

〔4〕 殷越男:《国际经济调整与我国境外投资战略思考》，载《国际商务研究》2011 年第 2 期。

〔5〕 中国经济网:http://www.ce.cn/xwzx/gnsz/gdxw/201502/26/t20150226_4653935.shtml，最后访问日期:2015 年 4 月 6 日。

的承包商角色向开发投资者角色的转变，从承包项目向策划项目、发展项目并进行投资转变。

最后，目前正值我国力推“一带一路”（“丝绸之路经济带”和“21 世纪海上丝绸之路”），具有丰富“走出去”经验的建筑工程企业可进一步发挥传统优势，并值此宝贵契机实现质量和数量的突破发展。

第二节　工程承包境外投资的多元化发展

我国工程承包境外投资日益蓬勃发展。根据《中国对外承包工程发展报告 2013》显示，中国企业在工程承包领域出现了一批世界领先的企业。2013 年，55 家中国企业入选全球最大国际承包商 ENR 250 排行榜，其中在水利建设领域前十位中占据 3 席，电力工程领域前十位中占据 4 席，在高铁、电信、风电、核电等领域也日益受国际市场青睐[6]。

同时，中国对外承包工程行业规模也在不断扩大，除亚洲和非洲市场仍占主要份额外，拉美、中东欧等地区也不断扩大，市场分布呈多元化发展。主要表现在以下几个方面：

（一）投资地区多元化

ENR 将全球海外承包市场划分为亚洲、欧洲、美国、中东、拉丁美洲/加勒比地区、加拿大及非洲 7 个地区市场，根据其公布的 2014 年度数据，中国工程承包企业在非洲市场占有绝对优势，所占市场份额为 48.7%；在亚洲市场占有 17.3% 的市场份额，在中东占据的市场份额为 16.4%，在拉美地区占据 10.5% 的市场份额。由此可以看出，截至 2014 年，中国境外工程承包仍以非洲等不发达国家为主。然而通过与上一年度相应数据的对比，欧洲市场和美国市场分别增加了 0.6% 和 0.3% 的市场份额，尤其在加拿大市场，我国工程承包企业从 2013 年度 0.0% 的份额增长到 0.8% 的份额，实现了在加拿大市场零比例市场份额的突破。虽然区域性的市场垄断仍然存在，但在欧洲市场、美国市场及加拿大市场，我国境外承包工程的业务呈现出较快的

〔6〕 中国经济网：http://intl.ce.cn/specials/zxgjzh/201405/08/t20140508_2785107.shtml，最后访问日期：2015 年 4 月 4 日。

增长态势,市场向更加多元化的方向发展。

（二）投资目标多元化

我国的传统境外工程投资主要集中在工程施工领域。随着经验的不断积累及实力的增强,目前许多国内企业通过与境外企业合作,以推动境外工程承包业务向高端发展。已经有越来越多的企业重视并开始涉足规划、勘探、设计、咨询等领域,工程总承包项目数量也明显增加,投资目标呈多元化发展态势。

（三）投资方式多元化

我国"走出去"的境外工程投资企业一改过去狭隘的境外投资渠道和单一的投资方式,采用强强联手,加强与国际化运营企业的沟通与合作,共同开发境外市场,如宝钢、中铝、中铁、中国港湾与中非基金采取联合经营的投资方式。2011 年由中国中铁四局集团有限公司总承包,合同总额 8.55 亿美元的安哥拉社会住房项目,就是采取国内企业融资开发建设投资方式,独立投标国家援外工程、深入参与资源性项目的配套设施建设等多种境外投资方式。

（四）承包模式多元化

过去简单依靠劳动力成本的比较优势是我国企业承揽国际项目的主要方式。随着境外工程承包经验的增长,许多国内企业开始积极探索工程与投资相结合的创新承包模式,通过与境外合作房地产开发,资源合作开发等,促进承包模式多元化发展,如采用工程总承包、国际投资、国际信贷、项目融资、设备贸易、技术转让、BOT（建造—运营—移交模式）、EPC（设计—采购—施工模式）、D + B（设计施工一体化模式）、PPP（公共部门与私人企业合作模式）等互相融合的综合性承包模式。

第三节　境外工程承包与国内金融机构的合作发展

2013 年下半年,中国国家主席习近平分别提出建设新"丝绸之路经济带"和"21 世纪海上丝绸之路"的战略构想,简称为"一带一路"。无独有偶,

2014 年上半年召开的 APEC 会议中，一个重要的会议主题则是加强全方位基础设施与互联互通建设。由于 APEC 经济体与“一带一路”经济带重合度相当高，二者将产生双重共振，与“一带一路”密切相关的基础建设被寄予厚望。在“一带一路”、互联互通建设起步期，根据中国对外承包工程商会不完全统计，中国对外承包工程企业正在跟踪的海外项目金额高达近 1 万亿美元。

同时，基础设施建设又是项目融资应用最多的领域，一方面是因为基建项目单体造价高，投资规模巨大，完全由政府负担资金存在现实困难；另一方面随着市场化经济程度的加深，为了追求收益，基建项目开始走向商业化运营。因此，作为世界海外工程承包第一大国的中国，尤其需要金融机构提供融资方面的支持。

然而，在传统金融信贷模式之下，快速增长的境外工程投资却面临愈加突出的融资难问题，融资难已经成为制约我国境外建筑工程投资企业进一步发展的“瓶颈”。

一、常见境外工程承包项目的融资方式

目前，我国境外工程投资企业融资的主要实现方式是政策性融资与财政补助。其中，政策性融资主要通过政策性金融机构提供信贷支持的方式进行融资，如国家开发银行设立的产业投资基金，中国进出口银行的境外投资专项贷款。而财政补贴主要是政府对我国资源开发、对外承包工程或劳务合作及高新技术研发等对外经济合作业务给予直接补助或贴息〔7〕。此外，援外优惠贷款和优惠出口买方信贷（简称“两优”贷款）也曾发挥过重要作用。

二、境外工程融资主要存在的问题

第一，单一金融支持模式无法满足现阶段企业需求。长期以来，国内金融机构为我国境外工程投资提供的基本上只有单一的债务融资工具，如出口信贷、援外优惠贷款和优惠出口买方信贷等贷款方式。自 20 世纪 90 年代以来，我国的境外工程投资企业就开始以带资承包的方式参与国际承包工

〔7〕 钟慧：《构建境外投资外汇支持机制问题探讨》，载《金融经济》2013 年第 24 期。

程市场的竞争，主要依靠出口卖方信贷为国外大型工程项目融资，并逐渐取得了一定的市场份额。然而，这种贷款一般会影响企业的再融资能力和资金流动性，且受到主权担保融资模式的制约。过高的放款门槛及对融资主体的限制，使企业融资规模受到了限制，制约了企业的融资需求，这种单一的金融支持模式已经不能满足企业的融资需求。

第二，融资担保门槛高。当前我国境外工程投资企业已开始向拉美、中东欧等中高端市场发展，甚至尝试进入欧美等发达国家市场。但是，这些中高端市场的公共基础设施项目多采取 PPP（公私合作关系）或 BOT（建设—经营—转让）等方式吸引私营资本进入，基本不接受主权担保融资。而在此类项目融资过程中，国内银行也会要求企业在中国出口信用保险公司投保，保费通常可能高达 7% ~8% 。加之我国在非洲等优势市场相当一部分项目风险较高，因项目所在国家风险评级高，项目信用保险费率更高，使我国境外工程投资企业不堪负重。在进行项目融资时，国内银行还会要求提供工程企业国内母公司担保，使公司在决策上陷入进退维谷的境地。

根据《瞭望东方周刊》对中国对外承包工程商会会长助理辛修明的采访[8]，2014 年商会在对其 37 家核心会员企业进行调查时发现，企业因融资担保问题未能签约或签约未执行的项目金额占其跟踪及新签合同额的 65. 9% 。

第三，海外融资难。主要体现在境外放款存在诸多限制。当前，我国政府对境外工程投资企业在境外筹资和融资的自主权进行严格限制，在境外发行债券等融资行为更是受到国家严格控制与审批，使我国境外工程投资企业基本无法利用境外资本。

第四节 工程承包境外投资所存在的问题及对策

在全球化经济的大背景下，我国工程承包境外投资步伐不断加快。中

〔8〕 http://www. ocn. com. cn/shangye/201503/omvtb26113250. shtml，最后访问日期：2015 年 4 月 7 日。

铁建作为工程承包企业的代表，是中国最大的境外工程承包商，中铁建从2003年开始拓展境外工程市场，其业务范围遍布欧、美、亚、非各大洲。然而，2010年10月25日，中铁建发布公告，声称公司承建的沙特麦加轻轨项目预计将发生巨额亏损，亏损总额约为41.5亿元人民币。然而，中铁建并不是唯一暴露出风险的企业。中海外联合体在波兰A2高速公路项目上因低估了运营困难而不得不主动放弃项目，斯里兰卡对最大中资项目的紧急叫停……以上种种案例都为我们敲响了工程承包境外投资的警钟。

一、工程承包境外投资所存在的问题

工程承包境外投资在蓬勃发展的同时，也不能忽视其在政治、经济、环境和法律层面面临的诸多风险及问题。

（一）政治风险

政治风险是指海外建筑项目受国际形势变化，如项目所在国政局变动、社会动荡或遭到恐怖袭击等，这些风险会给建筑承包项目带来不同程度的影响，甚至可能会使项目面临停工或被迫中断[9]。其是海外工程承包容易产生风险的重要因素之一。

相关的风险还有战争、国内政权交替、与他国之间关系紧张、在本国实施资产国有化及对外国资金进行种种限制等风险。程度严重的如伊拉克战争、利比亚政权垮台，使其所有建筑项目被迫停工。即使战争结束，当事国的政局也因此陷入不稳定的状态。如果一个国家或地区政局不稳，则可能会给工程承包项目的实施带来不可预知的损失，轻则使项目承包商遭受一定经济损失，重则使停工的建筑项目难以再次启动。

从地域来看，当前我国建筑施工企业的海外工程主要集中在非洲，部分国家仍处于政治经济的转型时期，存在一定的不稳定，战争、政治动乱、国有化、民族矛盾突出、对外关系等政治活动很可能使项目实施发生困难。例如，2007年的埃塞俄比亚人质事件，中石化集团设在埃塞俄比亚东南部地区的项目组遭200多名不明身份武装分子袭击并抢劫，袭击造成中方9人死亡、1人轻伤、7人被绑架，使项目遭受重大影响。

---

〔9〕 王壹平：《关于海外建筑项目风险管控的探讨》，载《铁路工程造价管理》2013年5月。

(二)经济风险

经济风险是指海外建筑项目承包商,因受到项目所在国经济发展形势和政策制约所面临的风险[10]。受到2008年全球经济危机及随后爆发的欧债危机的影响,各国的经济发展均出现了不同程度的衰退,从而对本国境外建筑工程项目的承包商造成了显而易见的影响,最直接的影响就是金融危机造成的实体经济的衰退,使建筑业及其相关行业的投资明显萎缩;间接的影响如项目所在国调整本国经济政策、产业政策,使建筑项目被取消或中途停工等。

与之相关的风险还包括资金管理风险、汇率风险、利率调整和保护主义等因经济发展的不确定性而对境外建筑工程投资企业开展正常的项目活动造成影响的风险。这些风险既是市场经济发展过程中不可避免的,也是境外工程投资必须面对的挑战。其中,最典型的当属项目所在国的货币汇率变动,人民币的升值也会对境外建筑工程投资企业造成影响。如何最大限度地规避经济风险,合理避免项目损失是境外工程承包中风险防范的重要内容。

(三)环境风险

境外建筑项目投资企业所面临的环境风险包括项目所在地社会环境、自然环境、宗教信仰和风俗习惯等方面导致的风险,具体分为自然环境风险和社会文化风险。从自然环境来看,施工项目所处地理环境、地形、气候、地质等要素都可能对工程施工构成障碍。如在进行工期预算时对当地的气候条件的忽视,就极有可能因高温、暴雨、冰雪等对于工程造成负面影响,同时也包括由于自然灾害对于项目工程进行带来的风险。以我国优势市场非洲为例,非洲地区多数国家分为雨旱两季,然而由于历史原因,多数国家气象资料不全面,而仅通过官方气象历史数据无法全面掌握当地的气候情况,如有某道路施工企业2005年进入西非几内亚市场,由于资料不足,错估雨季时间和降雨量,造成能实际施工工期不足,最后被业主超期罚款[11]。

从社会文化风险来看,过大的文化背景差异会造成外来承包企业与项目所在地本地人员的沟通障碍,这种障碍轻则降低了项目的执行效率,重则使项目的执行产生偏差,因而造成对项目盈利性的影响;文化背景的不同还

〔10〕 王壹平:《关于海外建筑项目风险管控的探讨》,载《铁路工程造价管理》2013年5月。

〔11〕 柴鹏:《非洲工程项目风险控制》,载《商品与质量》2013年第9期。

可能影响施工人员的人身安全。

(四)法律风险

境外建筑项目投资企业面临的最宏观的法律风险就是项目所在地法律法规的变动或不健全。非洲市场是我国重要的境外工程承包市场,然而,由于历史原因,非洲大部分地区法律法规十分不健全,导致发生纠纷时工程项目的投资企业很难依据项目所在地的相关法律法规维护自己的利益。

而最直接的法律风险则是境外建筑承包项目的法律文件本身所产生的风险,包括承包项目之前的招标文件和竞标成功后承包合同条款中暗藏的风险。境外工程项目承包不同于商品进出口及服务性质的国际经济业务,有其自身的特点,主要体现在:项目前期国际竞标激烈,业主对潜在承包商审核严格,各项信息透明度高,承包商在商务谈判中处于较弱势的地位;项目实施过程中,一般面临合同约定刚性,工程周期长而导致不确定风险增加,项目变更索赔难度大,项目所在地的政治风险和环境风险难以评估〔12〕。国内施工企业多使用本国标准合同文本,进入非洲市场时若仍然以老经验进行合同管理,而忽略了对投标项目合同内容的深入研究则可能会对项目实施造成影响。非洲市场国家使用国际金融机构(如世界发展银行、非洲发展银行、阿拉伯发展基金会等)贷款的项目,多数使用 FIDIC 合同条款〔13〕,由政府出资项目或私人公司项目,则多由业主方拟定合同条款,如忽略对合同条款的研究,则可能产生实施障碍。例如,2002 年某江苏公路建设公司进入西非加蓬实施一公路项目,该公司以旧有经验认定道路沿线的拆迁工作由业主负责,然而合同条款明确规定相关工作由承包商负责。仅此一项,就要增加近一百万美元的工程成本,极大地影响了工程的实施进度〔14〕。

中海外在波兰 A2 高速公路项目的中途败北就是忽视法律风险的典型案例。根据公开报道,中海外急于进入欧洲市场,从而以波兰政府预算一半的价格中标,希望利用中国廉价劳动力降低成本,通过工程变更抬高价格实现项目盈利。然而,工程开始后,中海外才发现按照波兰劳工法,海外劳工必须按当地工资水平雇用,很多设备需要当地有资质的工人操作,这些使中

〔12〕 赵明明、党育辉、彭旭昌:《国际工程项目汇率风险与规避》,载《中外公路》2009 年第 29 期。

〔13〕 FIDIC 是“国际咨询工程师联合会”的法文缩写。我们通常所说的 FIDIC 条款,就是指 FIDIC 施工合同条件。FIDIC 条款虽然不是法律,也不是法规,但是全世界公认的一种国际惯例。

〔14〕 柴鹏:《非洲工程项目风险控制》,载《商品与质量》2013 年第 9 期。

海外增加了一大笔劳动力成本支出。另外,中海外急功近利的心态和政治可以解决经济问题的思想使其在投标阶段忽视了风险分析,没有认真研究招标文件,对波兰的经济环境、地理人文环境及相关法律了解不全面,最终导致项目资金入不敷出。

同时,中海外缺乏合同意识,在合同谈判过程中没有认真对待,虽然项目采用 FIDIC 条款,但最终签订的合同却删除了很多保护中海外利益的条款,导致中海外几乎承担了所有项目风险且增加了大量工程量。因而,中海外最终只能选择中途放弃项目。

二、工程承包境外投资所面临问题的解决途径初探

与商品进出口业务和服务性质的国际经济业务不同,境外工程承包项目一般具有投资周期长、建设规模大、单体造价高、涉及的环节多且复杂的特点,如何防范和规避风险以确保项目的安全性和盈利性,对我国境外工程投资企业具有重要的意义。

(一)重视前期尽职调查,做好事中及事后风险防范

首先,在项目正式运作之前,建议对项目所在地的大环境进行分析。

其次,关注工程项目的资金来源,对资金来源的可信度进行充分的尽职调查,若项目的资金来源于世界银行、亚洲银行等银行贷款,通常而言项目的盈利性获得了基本保障;若项目的资金来源于业主自筹,则应对业主的债权债务进行充分调查。

最后,在工程招标阶段,对招标文件的内容进行反复研究,对参与工程项目投标的可行性进行提示。具体而言,招标文件除合同条件外还有两个较为关键的部分:第一,投标人须知。投标人须知是招标文件中较为基础的部分,是业主对投标合同范围、资金来源、投标人资质等的指示,常常被忽视,然而,有时投标人须知中可能隐藏对合同实施产生重要影响的条款。第二,技术规范部分,投标人应明确工程采用的技术规范标准,不能想当然使用自己熟悉的中国标准和规范。

(二)合理规避经济类风险

针对汇率风险,由于境外工程承包项目具有投资周期长、单体造价高的特点,境外建筑工程投资企业即承包商应对汇率风险进行评估,充分分析结算货币对本位币和其他货币汇率的走势,在此基础上选择最有利的结算货

币和结算方式,如尽可能在谈判过程中选择硬币种作为结算货币。若预计主要结算货币汇率波动较大,为避免承包商承担过重的损失,应考虑建立汇率风险的索赔机制,如在合同中增加保护性条款,即若波动超过一定范围,业主与承包商应合理分摊风险,承包商可以获得相应比例的价格补偿;且随着金融市场的不断深化发展,目前金融市场已经出现了大量分散汇率风险的金融产品和手段,境外建筑工程投资企业应选择适当的金融工具进行汇率风险管理,以合理规避汇率风险,如利用套期保值和人民币无本金交割远期外汇交易(NDF)〔15〕。

针对工作人员劳动风险,根据不同国家、不同工程的特点,投资企业应对劳务合同进行个性化变更处理,进一步明确雇主和雇员之间的权利义务;同时,健全保险机制,加强与国际保险公司的合作,为本国及当地的务工人员参保多种险种,减少其他风险对企业和个人造成的损失。此外,企业还应区分雇主责任保险与工商保险,在很多国家,雇主责任保险属于强制保险,在 FIDIC 1999 年版新红皮书第 6 条第 4 款明确指出"承包商应遵守与承包商的人员相关的一切劳动法规,包括对它们的雇佣、健康、安全、福利、出入境,并让他们享有一切法定权利;承包商应要求其雇员遵守一切适用法规,包括安全法规"。因此,在境外工程投资项目上,企业应仔细查阅当地法律规定,落实强制保险,规避法律风险。

(三)重视合同谈判过程

对于境外工程承包,我国投资企业成功竞标后,接下来便是合同谈判阶段。这一阶段是承包商弥补投标时可能出现差错、取得理想经济效益的关键环节。同时,一个良好的合同谈判结果,也可以为项目的顺利实施奠定良好的基础。

然而,由于谈判双方地位不平等,一般而言,承包商处于较弱的谈判地位,业主为了保护自己利益而将工程实施过程中可能出现的风险转嫁给承包商,条款内容往往对承包商不利。对于这种情况,承包商必须利用合同中已有的条款,同时结合招标文件中业主的失误漏项,尽可能为己方争取对自己有利的附加合同条款。

---

〔15〕 和进:《建筑施工企业海外工程项目风险防范初探》,载《中小企业管理与科技》2011 年第 1 期。

第四章

中国企业境外能源与矿产资源领域的投资

◇ 第一节 国内能源、矿产资源及环境现状分析

一、能源与矿产资源的概念和主要类型

根据《中华人民共和国节约能源法》、《中华人民共和国能源法（征求意见稿）》、《中华人民共和国矿产资源法》及其实施细则的有关规定，“能源”是指能够直接取得或者通过加工、转换而取得有用能的各种资源，包括煤炭、原油、天然气、煤层气、水能、核能、风能、太阳能、地热能、生物质能等一次能源和电力、热力、成品油等二次能源，以及其他新能源和可再生能源。而“矿产资源”是指由地质作用形成的，具有利用价值的，呈固态、液态、气态的自然资源，分为能源矿产、金属矿产、非金属矿产和水气矿产四类。鉴于当前实践中，我国在有关领域的境外投资主要集中在石油、天然气能源，铁、铜、黄金、铝、铅、锌、镍、铀等有色金属，以及煤炭、钾盐等非金属矿产，故下文中将以上两个概念合称“能源与矿产资源”，进行统一论述。

二、我国能源与矿产资源的分布、产量及供需概况

目前，我国工业化、城镇化快速推进，能源与矿产资源消耗量持续增长。

我国能源与矿产资源的开采与使用主要呈现以下特点:①区域分布不均,北煤南调、西煤东运、西电东送、南磷北调等局面将长期存在。②矿产资源总量丰富,但人均不足。③矿产品种齐全、配套程度高,但资源丰度不一,我国经济建设用量较少的矿产资源丰富,而大宗矿产资源不足。④矿产质量贫富不均;贫矿多,富矿少;矿山设备开发利用难度大。⑤超大型矿床少,中小型矿床多。⑥共生伴生矿多,单矿种矿床少。

虽然近年来我国不断发现新矿产地,资源量呈增长趋势,但在开采强度不断加大、产量不断增加的同时,我国能源及矿产资源的对外依存度仍旧居高不下,如石油、铁矿石、精炼铝、精炼铜和钾盐的对外依存度均超过50%。我国经济社会发展的阶段性特征和资源情况,决定了能源与矿产资源大量、快速消耗的态势在短期内难以逆转,能源与矿产资源供需矛盾日益突出。

基于国内严峻的供需矛盾,《全国矿产资源规划(2008~2015年)》指出,我国一方面要立足国内,统筹考虑我国地质条件和资源基础,加强国内矿产资源勘查开发,充分挖掘国内增储增产潜力;另一方面也要认识到当前全球矿业市场活跃,资源配置和矿业的全球化趋势明显,为我国利用国外资源和市场提供了难得的机遇。因此,我国应鼓励和引导国内企业积极参与重要矿产资源勘查开发的国际合作,以石油、天然气、铁、镍、铬、锰、铝、铜和钾盐等矿产为重点,积极参与矿业投资国际合作,实现矿业共赢发展。

三、能源与矿产资源行业概况

(一)中国能源行业概况〔1〕

1. 以煤为主的能源产业结构

煤炭是中国的主要能源,以煤为主的能源结构在相当长时期内难以改变。根据国家统计局计算,我国2012年全年能源消费总量为36.2亿吨标准煤,居世界第一。2013年,我国能源消费保持平稳,煤炭消费占能源消费总量的65.93%,以煤为主形成的产业链构成了我国能源工业的基本架构。从交通运输方面看,能源综合运输体系发展较快,运输能力显著增强,建设了西煤东运铁路专线及港口码头,形成了北油南运管网,建成了西气东输大干线,实现了西电东送和区域电网互联。经过几十年的发展,中国已经初步形

〔1〕 参见中国石油集团经济技术研究院:《2013年国内外油气行业发展报告》。

成了煤炭为主体、电力为中心、石油天然气和可再生能源全面发展的能源供应格局，基本建立了较为完善的能源供应体系。根据我国的能源产业结构，煤炭占终端能源消费比重高、能源资源与经济重心逆向分布两大问题长期并存，环境问题日益严重，倒逼我国加快发展清洁能源，调整能源消费结构。

我国能源产业呈现出既集中又相对分散的格局。我国能源产业布局基本为原料型和市场型两大类，能源企业相对集中于原料地和主要市场地。但是，由于地方保护主义的存在，我国能源产业中的中小企业"遍地开花"，形成我国能源产业相对分散的格局。随着中国能源市场环境逐步完善，能源工业改革稳步推进，能源企业重组取得突破。我国能源产业的投资主体实现多元化，能源投资快速增长，市场规模不断扩大。煤炭工业生产和流通基本实现了市场化；电力工业实现了政企分开、厂网分开，建立了监管机构；石油天然气工业基本实现了上下游、内外贸一体化。能源价格改革不断深化，价格机制不断完善。随着中国经济的快速发展和工业化、城镇化进程的加快，能源需求不断增长，构建稳定、经济、清洁、安全的能源供应体系将面临重大挑战。

2. 新能源与可再生能源发展各异

国际能署在《2013 年世界能源展望年度报告》中预测，今后 20 年中国可再生能源发电能力的绝对增长率将持续在世界领先，中国将成为世界可再生能源发展的最强力推动者。到 2035 年，中国可再生能源增长幅度将超过欧盟、美国和日本的总和。

在可再生能源行业中，风电行业继续高速增长，国家能源局数据显示：2012 年我国风电装机达到 6300 万千瓦，成为全球风电装机最多的国家，发电量 1004 亿千瓦时，同比增长 35.5%。目前，风电已经超过核电成为继煤电、水电之后的第三大主力电源。不过，相比世界先进水平，我国仍存在一定差距，我国风电可满足的供电需求尚不到 2%。而根据《2013 中国风电发展报告》的预计，2013 年年底风电等效满负荷利用小时数将突破 2000 小时，超过 2012 年的 1959 小时，全国整体"弃风率"将较 2012 年实现一定程度的下降。

在水电方面，根据中电联数据，2012 年我国水电装机达到 2.49 亿千瓦时，居世界第一，占全国电力装机容量的 21.7%，发电量达 8641 亿千瓦时，同比增长 29.3%。而 2013 年 1～10 月，全国 6000 千瓦及以上水电装机 2.36

亿千瓦，规模以上电厂水电发电量6538亿千瓦时，同比增长3.1%，增速比上年同期降低了24个百分点。尽管我国水能资源总量居世界首位，占全球总量的1/6，但我国水能资源开发总量有限，开发程度仅相当于美国的一半左右，水电发电量持续增长，但增速大幅下降。

在光伏行业领域，受光伏行业外部环境改善的影响，2013年该行业运行总体好转，多晶硅产量逐月回升，部分电池企业经营状况有所改善，国内光伏市场稳步扩大。多晶硅生产总量同比略有下降，但发展形势稳定；电池组件生产规模保持平稳，出口渐呈多元化，生产制造平稳向好。据中电联数据显示，2013年上半年，我国光伏市场需求月280万千瓦，占全球的18.7%，年均新增光伏发电装机容量1000万千瓦左右，市场应用加快。随着技术的突破，光伏发电成本下降幅度超出预期，如进一步加强财税政策支持，光伏行业发展将逐渐步入快车道。

在核电行业，2012年年底我国重启核电审批，核电建设进入安全高效发展轨道。核电清洁、低碳、环境友好、输出稳定，规模化发展核电对于落实减排目标、满足电力需求、保障能源安全意义重大。根据国家发展改革委节能减排目标，2013年核电装机容量将增长20%，估计核电年内开工建设335万千瓦。根据国际原子能机构数据，截至2013年，我国投入商业运行的核电机组数量已达19台，核电总装机容量1486万千瓦，全国核电累计发电量966亿千瓦时，约占全国累计发电量的2.07%。自日本福岛地震导致核泄漏后，我国核电发展一直保持谨慎态度，并一度暂停了对内陆核电站的审批。但随着雾霾天气等环境问题日益严重，能源安全保障的需要趋于迫切，在2013年的大气防治计划中我国明晰了安全高效发展核电的战略，并公布了投运核电5000万千瓦的目标。目前我国核电在建规模居全球第一，发展潜力巨大。

（二）中国矿产资源行业概况〔2〕

采矿业是国民经济的基础行业，涉及的范围十分广泛，包括煤炭开采和洗选业、石油和天然气开采业、黑色金属矿采选业、有色金属矿采选业、非金属矿采选业和其他采矿业等。在储量方面，我国已探明矿产资源总储量约

〔2〕 崔荣国等：《2013年矿产资源形势基本特点》，载《中国矿业》2014年1月第23卷第1期；陈甲斌：《当前矿产资源市场形势分析》，载《中国国土资源经济》2013年第11期。

占世界12%，居世界第三位，但人均占有量低。在需求方面，矿产资源市场需求强劲，重要矿产消费增长快于生产增长。在企业规模方面，中国矿业存在大量中小企业，除煤炭和石油两大行业外，私营企业在数量上占了绝对比重。而在对外开放领域，矿业是中国工业中开放程度最低的领域之一，但矿业企业海外投资势头迅猛。[3]

近年来，受国际因素影响我国经济发展难以独善其身，加之其他因素导致经济增速明显放缓，而这一现象不可避免地传导到矿产资源市场。当前，虽然我国主要矿产品生产与进口规模继续扩张，但是投资增速放缓，特别是非油气领域的投资及价格疲软状态等问题难以解决，导致国内矿业市场继续"降温"。

1. 国内矿业市场稳定增长

2013年前三季度全国固体矿产勘查新增大中型矿产地的初步统计表明，共勘查新增42处大中型矿产地，其中煤炭大中型矿产地27处，勘查新增查明资源储量超过20亿吨的煤炭矿产地有17处；金属矿产勘查新增大中型矿产地13处，非金属矿产（磷矿）勘查新增大中型矿产地2处；油气勘查新增大中型油气田11处。

此外，我国主要矿产品产量保持平稳增长。2013年1～11月，煤炭产量34.2亿吨，同比增长0.35%；原油1.9亿吨，同比增长1.6%；铁矿石产量13.17亿吨，同比增长8.4%；粗钢产量7.13亿吨，同比增长7.8%；十种有色金属产量3691万吨，同比增长10.5%；水泥产量20.01亿吨，同比增长9.2%。虽然我国经济增速有所放缓，但仍保持在7%以上，对矿产品的需求仍保持了较高水平，使矿产品生产保持增长态势；同时，由于冬季取暖等因素影响，2013年前11个月煤炭产量增速首次转正。

2. 采矿业固定资产投资趋于理性

2013年1～11月，采矿业固定资产投资1.25万亿元，同比增长12%，增速与上年持平，比全社会固定资产投资19.9%的增长率低了7.9%，明显高于我国GDP 7%到8%的增长水平。受国内经济增速放缓等因素的影响，矿业投资所受到的冲击较大，使投资更加趋于谨慎，虽然总体在继续增长，但却呈现趋冷迹象。

---

[3] 参见中经国瑞投资管理有限公司:《矿产资源行业投资介绍》,2012年7月。

2013 年 1 ~7 月,全国采矿业投资 6868 亿元,同比增长 9.8%,远低于同期全国固定资产投资 20.1% 的增速。其中,煤炭开采及洗选业投资呈负增长趋势,1 ~7 月累计投资 2589 亿元,同比下降 1.6%;黑色金属矿采选业投资 854 亿元,同比增长 9.4%,低于全国固定资产投资增速平均水平;有色金属矿采选业投资 885 亿元,同比增长 9.2%,同样低于全国固定资产投资增速平均水平。由于前几年矿业投资的回报率高,吸引了大量的社会资金进入有色金属矿业。一批新建有色金属矿山在近几年陆续投产,老矿山也借助本轮金属行情高涨加大了基础设施的建设,从而推动了有色金属矿业投资额的大幅增长。但近两年,有色金属市场表现低迷,金属价格走势疲软,使矿山投资的热情出现了回落。尤其是今年以来,矿业投资表现一般,投资逐月下降,其中 4 月和 5 月连续出现负增长,趋冷迹象显现。

以上现象可总结出:经济发展速度的下调将引导矿业朝着更加理性的方向发展,矿业投资呈现出更为平稳合理的增长趋势;最近一段时期国家对高耗能过剩产能产业和企业的治理力度加大,有力地减少了盲目性矿业投资;矿业发展方式的转变和产业结构的调整,使矿业投资更加理性。但与此同时,矿业下游部分行业投资过多的现象仍然值得关注,如有色金属冶炼及压延加工业 5054.9 亿元,同比增长 22.8%,增速加快 5%,这将导致未来几年有色金属行业的产能过剩,不利于矿业发展的结构调整和转变。

3. 大宗矿产资源进口量持续增长

受不断扩张的大宗矿产资源需求拉动,国内矿产品产量也在扩张。尽管我国不断加大矿产资源开发力度,但矿产品生产仍然赶不上矿产品消费的增长速度,部分大宗矿产品消费缺口不断加大,致使主要矿产品进口量持续增长,对外依存度居高不下。其中,石油、铁矿石、铜等大宗矿产对外依存度超过 50%,煤炭继续保持全球第一大进口国地位,能源消费需求强烈。2013 年 1 ~11 月,我国矿产品贸易总额为 9324.49 亿美元,同比增长 3.3%。其中,矿产品进口额 6026.9 亿美元,同比增长 2.1%,增幅上升 0.4%。

2013 年 1 ~11 月,我国煤炭进口持续增长,我国进口煤 2.9 亿吨,同比增长 15.1%;净进口 2.83 亿吨,同比增长 15.5%。在此期间,石油对外依存度居高不下,进口石油 2.91 亿吨,同比增长 3%(其中原油 2.55 亿吨,同比增长 3.2%);进口额 1986.6 亿美元,同比下降 1.7%;对外依存度为 58.1%,同比上升 0.4%。铁矿石进口保持较快增长,1 ~11 月进口铁矿石

7.46亿吨，同比增长10.9%；进口额963.7亿美元，同比增长10.1%。对外依存度为58.6%，同比上升0.4%。

4. 高位震荡下行的矿产品价格

当前，国内外矿产品价格基本形成了联动机制，受全球经济复苏增长乏力、美元走势下行以及中国需求放缓等因素共同影响，国内矿产品价格虽然近期也出现了反弹，但是与2013年年初相比较，仍然有较大的回落。矿产品价格总体仍处于高位，但呈现出下行态势。主要能源和金属矿产品价格均有不同程度的下跌，原油、国内铁矿石、铜、铝价格下滑接近一成，原煤、黄金价格下滑超过一成，稀土价格下降四成左右。2013年7月底，铁精粉（品位62%，天津港）进口价下跌18.3%，普通混煤价下跌13.9%，铜价下跌15.1%，铝价下跌5.2%，铅价下跌7.56%，锌价下跌3.6%，镍价下跌24.4%。

5. 新材料矿产发展不均

新材料矿产是战略性新兴产业发展的重要物质保障，其未来需求难以估量。我国新材料矿产中，除稀土、钨等资源具有优势外，钴、铂、钯、钽等不仅资源匮乏，而且品位低，伴生矿多，难以开发利用，国内产量远不能满足实际需求，基本上依靠进口解决消费问题。铟、锗等共/伴生资源虽然也很丰富，但是国内深加工产品生产存在技术瓶颈，直接消费不足，初级产品对外流失问题突出。钛、锂等资源品质较差，开发利用难度大，致使原料供应不足，为满足需求50%以上依赖进口。

四、国内能源与矿产资源投资面临的问题

（一）探矿权、采矿权的市场流转存在障碍

我国现行《矿产资源法》确立了探矿权、采矿权有偿取得制度，矿业权在一定程度内允许被转让。然而，该法第6条规定：禁止将探矿权、采矿权倒卖牟利。该条法律规定将矿业权二级市场划为禁区，不利于两权的有序流转。笔者认为，按矿业权的物权属性承认其流转的合法性符合我国的产权制度改革政策，特别是产权流转政策。我国的《探矿权采矿权转让管理办法》第6条规定，采矿权的转让应当在投入采矿生产满一年之后，这一规定限制了矿山企业在二级市场转让矿业权。市场经济是法治经济，它要求各种资源包括矿产资源在内在市场条件下依法流转。同时也要求探矿权、采矿权相应

分离，使探矿权人进行专业化探矿，并有权转让其探矿权；采矿权人专门进行采矿，并有权购买或租赁探矿权人的探矿权。很显然，按照《探矿权采矿权转让管理办法》的规定，地勘单位即探矿权人要获得探矿权收益，必须先要申办矿山企业并采矿满一年，才能将探矿权以采矿权形式转让。这种“曲线”的转让，无形中加大了探矿权企业的投资成本，延长了资本周转周期，不利于地勘单位即探矿权人的发展，不符合我国现今经济发展的客观要求。

（二）探矿权转让价格规定不明确

1996 年 3 月，第八届全国人大常委会第二十一次会议通过并公布了《全国人民代表大会常务委员会关于修改〈中华人民共和国矿产资源法〉的决定》，确立了探矿权和采矿权有偿取得的制度，从而使矿产资源有偿使用制度在结构上趋于完善。但由于社会的发展和时代的进步，该法的不规范性和滞后性逐渐显现。该法的规定已经难以合理分配和有效调节矿产资源利益，矿产资源的利益分配严重不公。

《探矿权采矿权转让管理办法》第 9 条规定，“转让国家出资勘查所形成的探矿权、采矿权，必须进行评估”。第 30 条规定，“在国家出资勘查形成的探矿权阶段，由国务院地质矿产主管部门会同国务院国有资产管理部门认定的评估机构进行评估，评估结果由国务院地质矿产主管部门确认”。该办法的条文表明，探矿权、采矿权的转让并非都需要评估。只有国家出资勘查所形成的探矿权需进行评估并确定价款，对非国家出资勘查形成的探矿权流转，其价款可由当事人协商确定。而这样势必造成国有与非国有探矿权价款的不一致，不利于探矿权、采矿权的流转。

（三）探矿权流转与土地使用权之间的关系有待理顺

《矿产资源法》修正案第 32 条规定，“开采矿产资源，应当节约用地”，然而该法对探矿权人用地即勘查用地并没有具体规定。在实际操作中，探矿权人在国有土地上探矿，往往按《土地法》有关规定，以出让或临时用地等方式取得其使用权，或在集体的土地上行使探矿权等方式取得其使用权。而对于在集体的土地上行使探矿权，如何取得土地使用权，《土地法》和现行《矿产资源法》均没有规定，在操作过程中难度较大。

（四）矿产资源行政管理制度不健全

随着一系列有关矿产资源管理的法律法规的颁布与实施，我国已初步建立了矿产资源集中统一管理制度，但仍然存在诸多问题。

一是矿产资源管理部门较多，不分主次，矛盾时常发生。如我国现行《矿产资源法》第16条规定了国务院地质矿产主管部门审批并办理采矿许可证。对于石油、天然气、放射性矿产等特定矿种的开采，可以由国务院授权的有关主管部门审批，并颁发采矿许可证。该条同时规定了由省、自治区、直辖市人民政府地质矿产主管部门审批与颁发采矿许可证的开采矿产资源的类别以及其后的备案程序。除此之外，矿产储量规模的大型、中型的划分标准，由国务院矿产储量审批机构规定。而我国《水法》第24条规定，河道主管部门会同航道主管部门对于在行洪、排涝河道和航道范围内开采砂石、砂金享有批准的权力。实践中，河道主管部门常依据《水法》直接向行为人颁发在河道进行采矿、采砂的许可证，而矿石、沙金又是矿产资源，地矿部门也可以进行管理。由于《矿产资源法》与《水法》都属单行法律，在法律位阶上不分上下，而矿产主管部门和河道主管部门又不互相隶属，二者经常发生矛盾与冲突。又如，在矿产资源勘查、开采规划方面，虽然《矿产资源法实施细则》规定全国矿产资源中、长期勘查规划经计划部门的指导，由国务院地质矿产主管部门组织编制，但由于地质勘探部门和设计部门分别由各工业部门分散管理，全国缺乏统一的规划技术标准和要求，因此缺乏对矿山建设前的调查研究和经济评价，导致对多组分矿床难以能做到综合勘探、综合开采、综合利用，甚至有些地方出现大材小用、优材劣用的局面。

二是矿产资源开发的管理缺位，使对矿产资源的损害不断加剧。我国现行《矿产资源法》第32条规定：开采矿产资源，必须遵守有关环境保护的法律规定，防止污染环境。开采矿产资源，应当节约用地。耕地、草原、林地因采矿受到破坏的，矿山企业应当因地制宜地采取复垦利用、植树种草或者其他利用措施。开采矿产资源给他人生产、生活造成损失的，应当负责赔偿，并采取必要的补救措施。由于矿产主管部门与环境保护主管部门争夺对矿产资源开发过程中的环境防治与恢复的主管权，有关该问题的法律法规至今没有出台。因此，法律虽然规定了在矿产资源开发过程中要保护环境、防止污染，但并未规定具体的主管部门，导致矿产资源开发中的环境监管不够，环境问题严重。

第二节 能源与矿产资源领域境外投资现状

基于我国的能源与矿产资源现状,积极参与境外能源与矿产资源领域的投资成为保证我国能源与矿产资源供需平衡,保障能源与矿产资源安全的必要途径。同时,积极参与境外能源与矿产资源投资也是国内有关企业推动自身发展的内在需求。

就中国的能源状况而言,进行矿产资源境外投资是解决目前我国能源供需矛盾的重要措施。随着我国经济的发展,我国能源需求与供给之间差距很大。由于国内的能源相对不足,巨大的需求使我国能源企业具有广阔的市场,能源企业可以通过对外直接投资获取国外能源以满足国内的需求。另外,能源企业海外投资也是一项主动参与国际竞争的尝试,有利于促进我国能源来源多元化战略的实施,是确保国家的能源供应安全稳定和有效解决我国能源供需矛盾的重要途径。

而就企业自身的角度而言,谋求企业自身发展是我国能源企业进行海外投资的重要动力。自我国加入世贸组织以来,各国家间的企业竞争进一步加剧。当然,这种竞争存在着正反两方面的影响。这种利弊兼存的局面迫使我国的能源与矿产资源企业唯有参与国际竞争,扩大矿产资源海外投资充分利用国际国内两个市场、两种资源,不断提升企业竞争力,才能真正与这些老牌的世界公司相竞争和较量。如此,才能为我国的能源供应及能源安全做出应有的贡献,在为企业谋利的同时,承担起企业的社会责任。

一、境外能源与矿产资源投资现状

(一)主要投资国

受地质构造、地质发展历史、地质环境、成矿时期等多种因素影响,全球各地区矿产资源种类、储量差别较大。煤、铜、铁、镍、钴、铅、锌等重要固体矿产资源主要集中分布于:非洲的赞比亚、津巴布韦、南非、刚果(金);太平洋东南亚地区的巴布亚新几内亚、菲律宾、印度尼西亚;拉丁美洲的秘鲁、智利、巴西;以及加拿大、美国、澳大利亚等国。与之相应,世界石油分布也是极不平衡的,仅中东地区就占68%的可采储量,其余依次为美洲、非洲、俄罗斯和亚太地区，分别占14%、7%、4.8%和4.27%。

根据能源与矿产资源国的分布，我国能源与矿产资源境外投资的主要国家有：北美洲的加拿大、墨西哥、美国；南美洲的巴西、智利、阿根廷、委内瑞拉、秘鲁、玻利维亚等；亚洲的俄罗斯、蒙古、老挝、印尼、菲律宾、吉尔吉斯斯坦、哈萨克斯坦、乌兹别克斯坦、缅甸、朝鲜、柬埔寨、越南、伊朗、巴基斯坦、阿富汗、泰国等；非洲的赞比亚、刚果、南非、津巴布韦、埃塞俄比亚、马达加斯加、阿尔及利亚、苏丹、加蓬、尼日利亚、也门、博茨瓦纳、尼日尔、安哥拉等；以及大洋洲的澳大利亚、巴布亚新几内亚等国家。

（二）主要投资方式〔4〕

目前，我国的能源与矿产资源境外投资主要有合作开发、"贷款换资源"和跨国并购三种方式：

1. 合作开发

多年来，合作开发是我国能源与矿产资源境外投资大多所采取的模式，也是我国境外能源与矿产资源领域投资的传统模式。在2003年以前，我国多数情况下都是以合作开发的模式进行境外投资。我国中钢公司在南非的ASA铬矿合作项目，就是该种投资方式的典型案例之一，该项目也是中南关系史上最早、最大、最为成功的合作项目之一。在该项目中，我国中钢公司占股60%，该矿山储量4500万吨，相当于我国总储能的4～5倍，已形成年产40万吨铬矿铁的生产能力，是世界大型铬铁矿厂之一。而我国中石化、中石油和中海油三大石油公司，在世界上多个油气丰富国家和地区所进行的油气开发，也多是与东道国当地的石油公司合资合作，共同开发开采油气资源。

事实上，在境外能源与矿产资源投资领域，合作开发早有许多成功的国际先例。澳大利亚最大的企业BHP公司无论是在澳大利亚本土还是在境外进行能源或矿产资源开发时，多数情况下都采取与英美等发达国家的大型跨国资源能源企业或东道国合作的模式。通过这种模式，BHP公司取得了极大的成功。可见，合作开发的境外能源与矿产资源投资方式是非常普遍且卓有成效的。

---

〔4〕 参见张光荣：《中国的资源能源类境外投资基本问题研究——基于中国企业实践和政府政策的角度》，中国经济出版社2010年版。

在具体的合作开发类型上,还可以分为股权合作和非股权合作。所谓股权合作方式,是指合作双方在开发能源与矿产资源的过程中,以共同参股的方式安排双方的权利义务。而非股权合作方式,则是指投资方在东道国合作伙伴组建的企业中不拥有股权,仅通过为合作伙伴提供资金、技术、管理、工程建设等要素来换取资源能源的合作方式。由于非股权合作方式使东道国和投资方能够各取所需,故自20世纪90年代已修改,该方式已成为获取发展中国家的能源与矿产资源的最重要方式。非股权合作具体表现为:特许权协议、经营合同、销售合同、提供管理性劳务等方式。

2.“贷款换资源”

所谓“贷款换资源”,是指我国通过给予能源与矿产资源丰富的国家一定数额的贷款融资,换取从该国进口一定数额资源能源的权利,是我国境外能源与矿产资源投资的创新模式。从形式上来说,这种“贷款换资源”的投资模式实际上就是“进口贸易”,只不过这种进口贸易附加了对价较大的硬性条件,即低息高额度的长期贷款。如果从最广泛的意义上理解“投资”的概念,那么“贷款换资源”所附加的贷款条件就使这种进口贸易具有了对外投资的性质。

在实践中,我国实施“贷款换资源”的合作对象主要是一些政府在经济中占据主导地位、经济结构单一、能源与矿产资源丰富的发展中国家。典型案例是2008年11月我国和南美洲最大的产油国委内瑞拉所签署的在能源领域进行合作的协议。该协议约定,我国国家开发银行向委内瑞拉提供40亿美元的贷款投资,委内瑞拉以增加一倍对中国的石油出口来偿还贷款。截至2009年5月,我国与委内瑞拉、巴西、俄罗斯三国达成的资源合作协议总计对外贷款融资额高大390亿美元。此外,我国还与哈萨克斯坦、安哥拉等国家签署了类似的资源能源合作及贷款协议。

“贷款换资源”是我国资源能源战略实施的创新模式,有利于保障我国能源与矿产资源供应的安全;降低了我国外汇储备贬值的风险,有利于实现外汇储备的多元化;是一种互利共赢的国际合作模式,有利于我国与资源能源丰富国家建立良好关系。

3.跨国并购

近年来,随着经济全球化的步伐加快,跨国并购已经成为跨国公司减少竞争对手、扩大市场占有率、形成大规模生产和销售网络并迅速取得一定规模效益的最好途径,资源能源的跨国并购已真正成为全球性的经济行为。目前,全球石油、天然气、钢铁等能源与矿产资源类公司的并购层出不穷,资源型并购已经成为并购浪潮中的主流,成为世界各国获取经济和社会发展所需的战略资源能源的重要手段。以石油天然气为例,20 世纪 90 年代中后期以来,石油、天然气行业的跨国并购持续升温。2000 年以后,随着能源价格不断大幅飙升,能源型企业掀起了一波并购热潮。通过并购,美孚、BP、壳牌等数家能源企业得以形成超大规模,能源行业集中度大大提高。与此同时,其他矿产品也纷纷加入资源型并购的浪潮。据美国方面的研究报告称,全球 11 家大型钢铁集团正在伺机而动,除了米塔尔集团、阿塞洛集团之外,美国、日本、韩国、俄罗斯的钢铁公司同样不可忽视,我国的中国宝钢也在这波并购大军之中。

国际上的资源能源类企业跨国并购,主要存在以下几个特点:(1)大型跨国公司基于其全球长期战略,成为跨国并购最主要的主体并得到其母国政府的强力支持;(2)资源能源类企业跨国并购形式多样,横向强强联合、纵向一体化经营、结构优化整合,均围绕着增强企业综合竞争力、做大做强企业的战略目的;(3)跨国并购前对目标企业及其市场进行充分调研和分析;(4)股本互换成为并购,特别是大型并购普遍采用的融资方式;(5)中介机构在跨国并购中发挥重要作用;(6)新兴市场企业实施的跨国并购日益增多。

在当前的实践中,我国的能源与矿产资源类企业已普遍把跨国并购作为获取战略性资源、参与世界能源与矿产资源产业分工协作、快速实现企业经营规模扩张的途径。在石油领域,近几年我国的并购活动非常频繁,并购金额由几亿美元到数十亿美元不等,个别案例并购金额甚至突破 100 亿美元。在并购目标的地区分布上,我国企业的并购遍及世界四大产油带。在南美地区、中东地区和非洲地区,我国的并购活动如火如荼。而在一些发达国家和地区,石油能源并购活动的开展还有很大空间。在有色金属及铁矿石等矿产资源领域,我国的矿产资源企业也力图抓住历史机遇,逐步推进并购的步伐。

在并购主体方面,我国以中央国有企业为主,民营企业为辅。近年来,国家在政策和资金方面都给予了资源能源类企业跨国并购大力的支持,我国民营企业也开始积极参与跨国并购,并购主要集中在铁矿石资源和油气能源等初级产品领域。

（三）投资领域与规模

1. 投资领域

从我国能源与矿产资源境外投资的项目数量来看，热门的能源与矿产资源投资领域为：铜、铁和黄金，项目数量均上百例；铅锌矿、镍矿、铝土矿、铬铁矿以及石油、天然气和煤炭等能源矿产项目数量分别在 50 例左右；锰、铀、钾盐、锡、钨、锑、钽、钼、锆矿，项目数量分别十几例左右；钯、钴、钛、宝石、萤石、大理石、石英、水晶、石膏、石墨等，项目数量并不多。

2. 投资规模

从我国能源与矿产资源的境外投资金额来看，上述种类的能源与矿产资源投资规模不一。其中，铁矿、铜矿及石油天然气类投资金额最高，铁矿和油气类项目的投资数额均在 200 亿美元以上，铜矿的投资金额在 150 亿美元以上。除铜、铁、油气这类能源与大宗矿产之外，其余种类的资源投资规模则相对较小。其中，铝土矿、镍矿、金矿及煤矿投资金额均在 50 亿美元左右；铅锌矿、铬铁矿、铀矿、钾盐、钨、锰、锡、锆的投资金额分别在 1 亿 ~ 10 亿美元之间；而钽、钼、锑、铂、钯、钴、钛、宝石、萤石、大理石、石英、水晶、石膏、石墨等，投资金额均不足 1 亿美元。

以油气行业为例，我国境外投资规模的壮大尤为迅速。2013 年，我国海外权益产量保持较快增长，中国企业海外油气权益产量首次突破 1.1 亿吨；政府和企业间能源合作取得多项突破，呈现出多层次、多领域的合作形势，在上游、下游和贸易等领域都取得了进展；海外并购继续发挥重要作用，呈现出“小股权，大投资”的新特点。

二、法律环境分析[5]

根据跨国资本流动实践，海外投资活动主要受到国际法（包括双边投资协定、多边投资协定和国际惯例）和国内法（包括东道国国内法和投资者母国国内法，有时还可能包括第三国国内法）的调整和保护。本着条约必须遵守的原则，与海外投资有关的当事国首先必须履行国际法，保障双边和多边投资协定在国内的实施。为了保护本国利益，几乎世界上所有国家作为东道国都会对外国投资进行规范。而根据国际法的惯例，属地管辖权往往优

---

〔5〕 参见梁咏：《中国投资者海外投资法律保障制度研究》，复旦大学 2009 年博士学位论文。

先于属人管辖权。因此,海外投资活动遵照法律效力优先顺序依次应为:国际法、东道国国内法、投资者母国国内法及第三国国内法与国际惯例。当然,第三国国内法一般为投资当事人协议选用,国际惯例则在没有法律依据时,在合同内容里被采用。

(一)国际法层面〔6〕

当前,中国在国际能源规则制定和适用上,总体情况并不乐观。

1.制定中的被动局面

一国参与国际能源组织的状况和在组织中的角色、地位,决定着该国参与国际能源合作的能力和程度,也决定着其在国际能源领域的发言权和影响力。然而,在全球层面的能源合作中,中国基本被排斥于主要"国际能源俱乐部"如石油输出国组织(OPEC)、国际能源署(IEA)等之外。尽管中国拥有广阔的能源消费市场,但从参与全球性能源组织角度来看,中国还是个游离其外的旁观者。这种局面必然导致在国际能源"游戏规则"的制定上,中国缺乏与其作为全球第二大经济体、第一大能源消费国应有的主导权和发言权,只能被动地接受他人既定的规则。例如,国际能源署有关石油采购、石油储备和石油定价机制等的安排。而这些规则,必然会影响到我国企业的海外能源投资活动。

2.适用中面临的困境

目前,因各国分歧大、利益要求不同,已生效的全球性多边投资规则少之又少,典型的只有世贸组织的《与贸易有关的投资措施协议》(简称TRIMS)、《多边投资机构担保公约》(简称MIGAW公约)、《解决国家与他国国民间投资争端公约》(简称华盛顿公约)等。上述三个公约,我国虽未参与其讨论制定,但现均已加入。这类公约如《多边投资机构担保公约》等,对外国投资者防范东道国的非商业性风险具有积极的保障作用。不过,当前我国对外能源投资的目标地多集中于非洲、中东、中亚这些区域,这些区域经济社会发展水平不高,存在诸多民族、宗教、政治争端,可以说投资的非商业风险较大。然而,这些区域的许多国家(如苏丹、伊朗等)并未完全加入前述公约。由此导致我国能源企业在当地投资,如发生投资争议,无法借助这

---

〔6〕 李兴国:《促进我国企业海外能源投资的国际法层面探析》,载《西安石油大学学报》(社会科学版)2008年第2期。

些公约来寻求救济。

(二)东道国法律环境[7]

只要不违背国际法中所规定的义务,东道国在其国内法中如何规范外国投资者的投资行为本质上属于东道国主权范围内的事项。即使在双边投资协定和多边投资协定中,东道国也可以根据公共利益、安全、健康等原因对某些规定予以保留或作例外规定。因此,要进行境外投资,就必须要了解东道国有关能源与矿产资源境外投资的法律和政策。根据目前掌握的资料,国外有关能源与矿产资源的法律体系主要为三个层次:

1. 宪法

宪法作为一个国家的根本法,规定了该国家和社会的根本制度和法律原则等。能源与矿产资源作为一个国家至关重要的战略性资源,自然也被很多国家规定在宪法之中。许多国家的宪法中都规定能源与矿产资源归国家所有、由国家控制,其生产经营也均要收到宪法和法律的限制。比如,巴西 1967 年颁布的《宪法》中就规定,“联邦对矿床、矿山和其他矿产资源,以及冶金、森林、狩猎和捕鱼等自然资源活动立法”;“联邦对石油、天然气生产、进口、流通或消费活动征税”;“根据法律,在国家领土内对石油的勘查和开采由联邦垄断”。

2. 能源法、矿产资源法及专属性法律

有关能源与矿产资源的具体规定,多数国家通过能源法、矿产资源法,及专属性法律进行规范。以美国、俄罗斯和巴西为代表的矿产资源丰富的国家其矿产资源法或矿业法是规范矿产资源管理的基本法,其中有些国家有专门条款,有些则没有。比如,美国的《矿产租赁法》和《矿区租约法》,法国的《法国矿业法典》,印度的《印度矿山与矿产(管理与开发)法》,土耳其的《土耳其采矿法》等。而在俄罗斯等国家,除了一般条款以外,还规定了专门性条款。如俄罗斯的《联邦地下资源法》,加拿大的《加拿大石油资源法》和《核能法》,英国的《石油法》和《天然气法》,澳大利亚的《煤矿安全与健康法》(昆士兰州),德国的《和平利用原子能和防止其危害法》等。与这些法律相适应,各国还颁布了与能源和矿产资源有关的规章、实施细则、条例及

---

[7] 中华人民共和国国土资源部:《国外能源矿产资源法律体系》,载 http://www.mlr.gov.cn/wskt/flfg/201003/t20100327_143008.htm,最后访问日期:2014 年 5 月 12 日。

政令。

此外，还有些国家对能源和能源政策进行立法，或对可再生能源和能源节约进行立法，对能源与矿产资源的生产和需求管理作出进一步的规定。如英国、挪威等国均颁布了《能源法》，美国则颁布了《能源政策法》对多个政府部门授权和多部法律进行修改补充，并出台了多部新法案。不仅如此，英国、德国、日本、美国等国家还相继颁布了可再生能源法案或条例，以及规制生产和使用的能源节约法，如德国的《可再生能源优先法》和英国的《节能法》。

3. 与能源与矿产资源投资相关的其他部门法

除了对能源与矿产资源本身的规定外，由于是境外投资，因此必然还会涉及其他相关的部门法，如外贸法、投资法、公司法、金融法、税法、劳动法、环境保护法等。

其中，与对外贸易有关的法律和政策直接关系到一国的进出口状况，如关税、贸易壁垒、优惠政策等，而这些都直接影响这境外投资者的意向，以及境外投资的可实施性。而投资法则是一国用以鼓励或限制投资的法律，也直接影响着境外能源与矿产资源投资的可行性，如巴西的《石油投资法》就有允许国内外私营公司投资石油工业的规定。在许多国家的公司法中，都专门为成立国家油气公司或油气公司国有化制定了相关的法律法规，如伊拉克的《伊拉克私有有限公司国有化法》、哈萨克斯坦的《哈萨克斯坦企业法》等，而这对海外投资者在投资方式上的选择将产生影响。在《证券法》等金融类法规方面，这类法律法规对能源资源类企业的跨国收购，以及海外投资者的保护都起着重大的作用。此外，税法对能源与矿产资源境外投资的影响也是不言而喻，对石油和天然气征税是东道国获得财政收入的重要途径，而一些国家也通过调整税收标准来鼓励国内外公司开发石油和天然气。如果开展海外投资的企业雇用了东道国当地的劳工，就还应注意遵守东道国在劳动法方面的规定，避免受到行政处罚，或陷入劳工纠纷，蒙受不必要的损失。另外，由于能源与矿产资源开发必然对环境有所影响，在该领域的境外投资尤其要注意东道国环境保护方面的法律制度，如德国颁布的《引入生态税改革法》就规定了对矿物能源、电等要征收生态税，而巴西更是将一系列破坏环境的行为规定为违法犯罪。

（三）投资国（母国）法律环境

中国对海外投资的法律保障不可能直接介入和规范东道国国内法，因而,我国应主要致力于在国内法层面为海外投资创造更好的法律环境,并力图在国际法层面争取更好的法律安排,从而加强对中国投资者在海外投资中利益的保障力度。

目前,我国为支持和鼓励企业“走出去”开拓国际市场、进行海外投资,国家有关部门已经出台了一系列配套政策,涉及项目审批、资金支持、金融保险、外汇管理等,相关政策支持体系初步形成,主要包含:国务院下发的《国务院关于投资体制改革的决定》、商务部发布的《境外投资管理办法》、国家发展改革委发布的《境外投资项目核准暂行管理办法》、外汇管理局发布的《境内机构境外直接投资外汇管理规定》、商务部和外汇管理局联合发布的《企业境外并购事项前期报告制度》、商务部和外交部联合发布的《对外投资国别产业导向目录》等。

但是,我国至今还没有制定一部系统全面的对外投资法,现存的法律规定缺乏对财税、融资、信用担保等制度的系统性设计。随着矿产资源供需矛盾日益突出和国内市场国际化进程加快,中国矿产资源型企业“走出去”开发海外资源已是大势所趋,我国亟须建立健全有关法律、政策支持体系,为企业境外投资和跨国经营提供安全保障。

第三节 能源与矿产资源领域境外投资存在的问题和困境

20 世纪 90 年代以来,我国明显迈入工业化经济高速增长阶段,多种矿产资源消费增速较快,日渐接近或者超过国民经济的发展速度。资料显示,截至 2010 年,我国与人民生活息息相关的主要大宗矿产中,石油、天然气、铝、铁、铜、黄金、镍、硫、硼、铀、磷、石棉、铬、钾、富锰等已无法满足国内需求。随着工业化进程的加快以及经济全球化的进一步推进,我国对矿产资源的消费需求还将进一步扩大。[8] 本章第一节、第二节的内容已经对国内、国际能源及其他矿产资源的现状及投资情况作了较为具体的分析。

---

〔8〕 参见韩继深、曹继伟:《关于金融危机形势下境外矿产资源投资的思考》,载《建设经济文化强省:挑战·机遇·对策——山东省社会科学界 2009 年学术年会文集》。

通过以上分析可以看出，虽然我国的能源资源和矿产资源储量和种类比较丰富，但是长期以来的过度开采使某些能源或矿产资源的储量降低，自然环境也因为不甚合理的开采计划与开发技术而受到严重影响。从可持续发展的角度来看，为促进能源及其他矿产资源的可持续性开发和使用，国内企业需要与国际接轨，进一步加强国际合作。一方面需要学习引进国际先进的开采技术与开发经验，以运用到国内资源的开发上来；另一方面向能源资源或其他矿产资源更为丰富的国家进行投资，以发挥各自的长处促进双方的共同发展。

我国能源投资企业多为大型国有企业，使用主权基金集中投资于能源、矿产等战略行业。2008 年以后，民企的海外矿产投资也迎来了发展的高峰期。国企与民企在海外矿产投资中面临的问题和风险不尽相同。中国企业境外投资都面临着相同的技术、人才和游戏规则等问题，而民企和国企所面临的政治风险存在差异。在今后的境外能源与矿产资源投资中，我国要继续坚持“走出去”的发展战略，充分利用“两种资源，两个市场”，以满足国内经济发展的需求。为进一步实现这一目标，进一步促进和发展能源与矿产资源领域在境外的投资，本节将对能源与矿产资源在境外投资存在的问题和困境展开分析。

一、技术、人才问题

海外能源与矿产资源的投资是否成功依赖于相关技术与各类人才的素质和能力。矿产资源的寻找、实际储量的探测与查明、矿产资源的采掘、精炼及环保、交易等各个方面都离不开技术的支撑和人才的努力。我国相关领域的技术与专业人才虽已有较大程度的提高，但是技术和人才仍是制约我国海外矿产投资的重要因素。

从矿物资源的成因来看，当今人们采掘的矿物资源是经过几亿年或者几十亿年漫长的生物、物理或者化学变化而形成的。因此，矿物资源的寻找存在极大的不确定性。矿物资源寻找的基本风险在于实际储量与推测储量存在差异，导致找不到矿、矿产无法开采或者开采后难以运输等各种问题。实际储量的探测与查明离不开技术的求证。在某些项目中，由于技术达不到准确测算储量的目标，导致推测储量与实际储量之间存在较大差异，给投资人造成损失。

完成矿产资源的勘探并确定资源储量之后,投资者需要对采掘、精练、环保技术等方面展开论证,并开始建设用水、用电和道路交通等基础设施。在矿产投资前期,双方都应当对此环节中的各个问题进行分析论证,合理估计采掘成本和基础设施建设成本。例如,在加拿大英属哥伦比亚省的一个多金属矿投资项目中,该项目由中资控股,其储量和品位均不存在问题。然而当前期投入一亿多加元之后,项目方发现采掘和基础设施建设的成本远远超出之前的预算。实际的成本与预算成本之间的差额受设备、物料和人工成本上涨的影响,导致骑虎难下,开采即意味着亏损。此外,交易环节也存在大量的风险,交易所采取的形式与架构,直接决定了交易双方能够从交易中获取的实际利益。

由此可见,储量确认、技术论证、交易等各个方面都对技术和人才提出较高的要求,一旦技术和人才方面不能满足投资的需要,海外矿产投资即将面临极大风险。

二、游戏规则风险

游戏规则风险是所有人文、政策、环保、原住民、可持续发展和社区共同发展规则的总和,具体包括各级行政部门的职能与权限、原住民政策、资源开发与社区共同发展的理念。在西方发达国家中,国家机构的权力划分严密且清晰,各级行政部门各司其职,只能在法律规定的权限内行使职权。以加拿大的矿产投资项目为例,2013 年 1 月加拿大斯川塔克资源公司起诉魁北克省政府以环境保护为由,不允许斯川塔克公司对已经加拿大国家核能安全委员会颁发勘探许可的位于魁省北部的密斯提斯尼铀矿勘探项目动工。按照加拿大的法律体系,地方政府有权决定本地区内的管理事项,不必严格执行联邦政府机构批复的公函。[9]

原住民政策是向澳大利亚、加拿大和南美地区等国进行矿产资源开发所不容忽视的。原住民居住地多为偏远的地带,而大多数矿区的位置正好位于原住民居住地。根据当地的法律规定,位于原住民居住地范围内的资源的开发必须得到原住民的共识,政府不得采取行政命令强制原住民进行拆迁或转移。即使是本国企业在原住民居住地进行勘探和开采,也需要花

〔9〕 杨贵生、王璐、舒茂林:《加拿大矿业投资法律制度概述》,载《矿产勘查》2014 年第 1 期。

费相当多的成本和精力与原住民社区进行沟通，现实中存在不少因为原住民不同意而导致项目延期多年的实例。就资源开发与社区共同发展的这一理念来看，与国内资源的开发不同，境外资源投资更要求企业时刻将资源开发。

文化风险带给跨国公司在经营和培训等多方面的负担，而这很可能会增加公司的运营成本，降低利润。如果母国和被投资国之间的语言背景有很大差异，而且公司在运作的过程中有需要雇用大量的本地劳动力，那么相关的培训就不可避免。这些培训不仅包括对从本国来的员工的语言和文化背景的培训，也包括对在被投资国所招募员工的关于母国文化的培训。通过这样的双向培训，才可以真正促进员工之间的了解和沟通，在未来的工作接触中减少员工之间由于文化背景差异而导致的冲突。

不同文化背景的员工对于工作的态度和认真程度都有所不同。对于从中国走出去的员工来说，一个鲜明的特点就是能吃苦，敢于去艰苦的地方工作。但是对于其他某些国家的员工来说，同样强度的劳动则是不可能的，因为在他们的传统习惯里面不存在这样的事情。在对非洲和南美洲部分国家的投资过程中，就发生过这样类似的事情，根本原因就在于背后不同的价值观。文化与价值观的不同会导致在具体的管理实践中，很多管理者习惯性地去用自己文化背景的思维方式去管理其他文化背景的员工，而很少去考虑这些不同于自己的员工的感受。长此以往，将有可能积累矛盾，进而引发更为严重的问题。所以，不仅是针对普通员工，所有的培训，应该是针对包括管理者在内的所有人，以尽可能地降低文化风险。

三、经济风险

经济风险亦称商业风险，是指由经济因素造成的收益受损的可能性。就化石能源跨国投资而言，经济风险包括的领域非常广泛。宏观方面，主要涉及包括被投资国的宏观经济发展水平、国民收入水平和分配制度、劳动力的总体成本及其素质、母国和投资国之间汇率变动影响、国际上经济形势的影响等众多方面。而微观经营层次，则会涉及当地居民的消费能力与消费倾向、产品市场、供求关系、竞争对手状况、原材料的供应及其成本等。

经济风险主要表现在以下三个方面：一是矿产资源价格风险。受市场因素以及国家政策的影响，矿产资源的价格也将发生一定的变化，并不会一直保持持续上涨状态。以石油价格为例,前几年中国海外石油投资的迅速发展是以国际油价一路攀升而推进的。一旦石油价格跌到一定程度,根据高油价预测实施的投资项目将难以取得预期利润,严重者还将遭受巨大损失。二是投资的经济性。我国的矿产资源境外投资起步较晚,许多西方国家早就在全球范围内进行了矿产资源投资。以石油投资为例,近年来中国石油公司花重金投资国外油气投资与勘探开发。从经济性的角度来看,许多项目都属于西方大石油公司不愿开发的低回报小油田,或者处于储量递减的地区。[10] 中国公司投资的项目与西方国家公司投资的项目相比,付出的成本较高,然而获得的收益却不高。三是融资风险。受金融危机的影响,若海外投资项目集中于高风险高债务国家,该投资项目将难以在国际金融市场上获得融资,即使获得融资,融资的附加条件也将比较苛刻。

四、政治风险

中国海外大型资源项目投资所面临的主要系统性风险为政治风险。全球的矿业投资发展历史表明,当今品位高、开采成本低、储量大的矿业资源,大部分都掌握在欧美大型矿企手中。中国海外矿业资产收购所在的地域多属西方势力范围,或是深受西方价值观影响的地区。中国国企海外收购凡有大的动静,经常在舆论和政治上形成被合围之势。自我国宣布“走出去”战略以来,一直处于国际舆论的风口浪尖。金融危机后,我国资源企业加大境外投资力度和规模,更是引起国际舆论界广泛评论。例如,西方国家对持续升温的中非合作,散布所谓“中国新殖民主义”的言论。这些资源富裕国宁可卖产品给中国,也舍不得卖资源。此风险加大了中国投资大型能源和有色金属项目的难度,为最大的系统性风险。

部分发达国家(如澳大利亚、加拿大等国)的投资环境相对清晰透明和稳定,他们表示出对中国投资者的欢迎,经常有政府游说团游说中国勘查开发企业到这些国家投资。但近期我国企业在这些国家勘查开发及矿业并购的情况却表明,这些发达国家并非矿业投资的天堂。我国的多起矿业投资及并购或被政府否决,或被延期处理,已经谈妥的并购项目也被附加苛刻的

---

〔10〕 张士运、袁怀雨:《中国石油海外投资现状、问题及对策》,载《中国国土资源经济》2005 年第 9 期。

并购条件。外国政府对于国企的性质存有担忧,一方面提高了外资进入的准入条件,另一方面附加约束投资企业与中国的国家利益保持距离的附加条件。这种情况与国际社会对国企的认识有关。UNCTAD(联合国贸易和发展会议)针对中央企业在进行海外投资时,省略了企业的名字,而将最终购买者确定为中国政府,变相地将中央企业的投资与我国政府的投资画等号,使我国的国有企业在海外投资中面临较大阻力。例如,澳方对要求中国五矿在收购澳大利亚矿产公司的资产时必须作出一系列"合法强制性承诺"的并购约束条件。

在不同的时期,由于宏观经济状况的不同,相同国家或者地区的政策风险会出现变动的特征。一般来说,在经济状况较好的时期,资本充裕,被投资国对外资的态度可能表现得相对严格,限制性的政策也可能比较多。但是,当宏观经济趋于萧条,特别是遇到全球性的经济危机后,整体经济环境变得严酷,各国都需要大量外国直接投资来推动经济发展的时候,各国对待跨国公司的态度可能会变得比较温和。例如,在投资的政府审批方面,政府采取下放审批权限的方式简化外资进入的审批程序,尽可能地争取外部资金。通过这种方式,跨国公司可以节省投资申请的时间,而被投资国也可以在相对更短的时间内获得外部资金,缓解本国资金紧张的压力。同样,采取缩小审批范围、降低审批标准等举措,也可以起到类似的作用。在产业准入门槛方面,政策风险也会在不同时期呈现出不同的特点。由于能源产业一般都是各国政府所确定战略性产业,主要由本国企业控制,甚至一些国家规定,如沙特阿拉伯,根本不允许外资参与本国的油气开发。当经济环境趋紧,国内企业的资金链陷入困难,甚至面临破产的威胁的时候,各国就不得不放宽在相关政策上的限制,获得外部资本,以帮助本国企业渡过难关。但是,跨国能源公司可能需要保持谨慎态度。这些政府在困难时期能放松政策约束,当经济形势好转之后,它们的投资有可能会陷入政策重新收缩的风险中。尤其是某些国家的政权,采取极端政策对待外资,相关政策变幻无穷,很难预料在当前的政策后会接着出现什么样的政策。

五、其他风险

除了以上风险外,矿业投资的高风险、高权益属性也诱使部分主体铤而走险,不惜采用欺诈的方式,在矿产储量探测或证明文件上造假以攫取巨额投资资金。我国在向发展中国家进行投资时，发现当地普遍存在基础地质资料匮乏或做假的情形。因此，我国企业在进行投资时或者需要花费较大成本以重新绘制地质资料，或者进行大量的评估与测算以核实草图中描述的资源，这都阻碍了我国境外能源与矿产资源投资的发展。

除此之外，我国企业谈判能力还有待提高。中国矿业企业实际上软实力不强，不能及时获取相关有用信息。这种信息的不对称使我国企业在与外方谈判时难以驾驭与外方的合作，难以达到满意的谈判结果。尤其是在事业体制下的地勘单位，对勘查国际惯例不了解，独立进行融资谈判、矿产资源合作谈判等方面经验不足，导致利益受损。企业对于可能影响经济可行性的其他因素，包括土地、环境、社区的政治风险等都不熟悉。

第四节　能源与矿产资源领域境外投资问题的解决与发展

一、政府主导，为境外能源与矿产资源投资保驾护航

（一）政府职能整合和机构协调联动

“优势互补、和谐发展、规范运作”是指引我国企业进行海外矿业投资的三原则。矿产资源国际化战略是我国国际化战略的组成部分，更是矿产资源战略的组成部分，国土资源部在其中应该承担部分职责，为境外信息采集与服务、境外勘查企业监管、开发企业联合监管、项目备案、跟踪、国家支持项目的评审、跟踪、评价等。我国目前关注基础地质信息的境外采集，还应关注境外政策、法规、人文等软环境信息，为企业提供服务。

目前国家发展改革委、财政部、国土资源部、商务部等有相应的职能来管理境外风险勘查项目。但各个管理部门分工不同，业务衔接不上。建议整合政府的管理机构，减少多部门管理的不协调现状，明确境外勘查企业的管理主体，同时明确管理职能。这样有利于了解我国境外勘查的全貌和走出去战略实施的统一性和协调性。[11]

---

〔11〕 陈琳、陈云：《矿产资源海外投资的国际经验借鉴及我国的战略选择》，载《研究报告及述评》2012 年第 3 期。

(二)健全海外能源投资贸易制度,破解能源企业风险

我国政府应当建立完善的境外投资贸易制度,破解能源、矿产企业境外投资的各种风险。一方面,政府和企业可以通过健全完善跨国经营的制度和政策以破解海外能源与矿产资源投资贸易的经济风险。政府或企业可以通过建立健全全球能源市场研究机构,对能源、矿产的价格进行跟踪分析,并通过加强对环境及技术问题的研究为海外能源与矿产资源战略投资提供决策参考。企业也可以借助各类期货市场来达到化解价格风险的目的。同时,政府可以通过改革完善海外投资贸易管理体制,给石油公司更大的投资贸易自主权,并在税收融资用汇等方面给予一定政策倾斜,促使企业主动及时灵活决策有效破解经济风险。

另一方面,建立和完善海外能源与矿产资源投资贸易风险国家的应急响应机制,并通过提高能源与矿产资源开发的科技水平有效破解海外投资的技术风险。以油气资源为例,国家可以通过建立国家风险勘探基金,鼓励石油企业参与海外风险勘探。如果企业勘探失败,就能够从风险基金中获取一定补偿。如果勘探成功,政府基金则可从中获取一定风险收益。同时可以依托国家开发银行或中国进出口银行建立一个专门从事海外能源投资贸易保险业务的机构,并规定国有石油公司根据跨国投资贸易项目所在国和地区的风险情况,向该机构申报保险。

(三)积极开展能源与矿产资源外交,签订双边合作协定

金融危机之后,世界各国的经济或多或少地受到影响。在这样的环境下,我国的综合国力和国际影响力日益增强。这为我国提高在全球范围内谋求更好的谈判地位奠定了基础。我国政府应当发挥新时期经济服务功能,充分利用我国与日俱增的综合国力及其影响力,遵循“以实现国内能源与矿产资源安全利益的最大化的方式,参与全球能源与矿产资源体系”的原则,大力开展能源外交,与主要的能源投资目的国,订立有利于我国企业进入该国市场进行能源投资的能源合作双边协定。与外国订立双边协定时,应当注意以下几个问题:(1)协定的准备阶段大量吸取矿产资源界、实务界专家的意见和经验,甚至让他们直接参与协定的谈判和议定,使该协定能够满足我国企业海外投资的实际要求,具有切实的针对性和效用。(2)无论该协定属于双边协定还是多边协定,参与制定者应当结合全球能源与矿产资源现状,以全局性思维来商讨协定内容。在签订双边协定时,我国政府还应

当结合全球的能源与矿产资源分布及各国的政策。(3)谈判和议定过程中应当注意处理好各方利益关系,本着“合作、互利、共赢”的原则,既满足我国需求,又达到促进对方国家经济发展和社会进步的目标。[12]

(四)积极参与规则的制定

充分利用我国已经成功介入的上海合作组织、东盟与中国10+1合作模式、中非合作论坛、亚太经合组织等平台与机制,积极参与订立有利于我国企业海外能源与矿产资源投资的区域性国际能源合作规则。除此之外,我国还应当主动加入相关国际组织,积极促进全球性、国际性多边能源与矿产资源合作、跨国投资规则的制定。主要包括积极争取加入国际能源署等现有主要国际能源组织,联合印度、日本、韩国等石油消费大国推动新的国际组织的筹建。除此之外,我国政府还应在世贸组织框架下进行多边投资规则的谈判和创制。

二、企业调整投资策略和投资计划,避免各类问题的发生

为了实施“走出去”战略,拓展境外矿产资源勘查开发业务,国内矿产企业须在思想意识、体制机制、人才储备、内部管理等方面进行创新变革,进一步拓宽境外项目信息获取渠道,在第一时间获取优质的项目信息,如注重收购方式的选择实施、科学决策、坚持互利共赢、抢抓战略机遇等,提高投资成功率。

(一)根据实际情况,采用具体适当的投资方式

中国国土资源经济研究院研究人员袁国华总结了中国企业成功获得海外资源资产的案例,提出以“利益共同体”的方式有效地推动境外资源投资的成功实现。“利益共同体”方式,是指“由中方企业(或财团)、资产所在地利益主体、第三方利益伙伴(通常为欧美大公司)组成‘利益共同体’,以参股或控股的方式最终达到获得相应资源的目的”。[13] 成功利用“利益共同体”方式成功获得境外资源资产的实例有很多,包括2010年3月中石油与荷兰皇家壳牌联合以32亿美元成功购得澳大利亚箭牌能源,2009年中石油联合

---

〔12〕 何力:《中国海外资源投资的法律问题及对策》,载《上海财经大学学报》2010年第1期。

〔13〕 参见刘芬:《结伴并购是个不错的选择》,载《中国国土资源报》2010年6月17日,http://www.mlr.gov.cn/xwdt/xwpl/201006/t20100617_152103.htm,最后访问日期:2014年5月12日。

英国BP赢得伊拉克鲁迈拉油田的竞标，2010年4月中石化购买美国康菲公司加拿大辛克鲁德项目9.03%的股份等。以“利益共同体”的方式完成控股或收购的好处在于，通过联合强劲有力的合作伙伴，使我国企业在强势地区或麻烦区域获得资源更加顺利，还可以有效降低以政治和社会风险为主的各类风险。

（二）充分尽职调查

由于地域、法律和文化差异，境外矿业投资风险颇多。失败的境外投资是由多方面因素造成的，既包含技术、政治风险等原因，还包括对境外投资环境的不准确把握。中国企业在进行境外投资时应当对这些风险有全面的认识，而尽职调查是其了解各种风险的重要方式。企业应当认识到尽职调查的重要性，否则虽然节省了尽职调查的费用，却因为未完全尽职调查而不能有效规避项目风险，给企业造成极大的损失。

实际上，客户可以自行决定尽职调查的深浅程度。一些机构出于节省费用的考虑减少尽职调查项目，结果为日后的运营带来麻烦。事实上，从项目启动到开采运营的每一个环节，都可能隐藏着风险。这些风险包括东道国矿业和外商投资法规，东道国勘探和开发招投标对外资的政策，东道国对用工和物流控制的规定，矿权许可证有效性和延期或收回的规定，公司可能未公开的补偿或赔偿协议，矿权归属登记的瑕疵等。[14]

（三）珍爱环境，注重企业社会责任

发展绿色矿业是企业肩负的重任之一。大同煤矿集团公司董事长、党委书记张有喜在论坛发言中说，我们应该把资源当作一种有生命的存在，以仁爱之心对待资源。开采时要适度开采，精采细采，不肆意挥霍。利用时要充分完全，物尽其用，不随意浪费，发挥出资源最大的效益。发展循环经济，是善待资源的最佳模式。这种资源开发理念不仅适用于国内能源、矿产投资，也适用于国际投资。经济发展不能以牺牲环境为代价。

除此之外，企业境外投资要注意培养和发扬公司的企业社会责任。中国的企业在海外进行矿业投资时，应当注意树立良好的社会责任感，在发展经济的同时回馈社区，报答社会，使东道国人民感受到公司的社会责任。在

---

〔14〕 参见郑卒：《海外资源梦的游戏规则》，载《中国矿业报》2013年12月2日，http://www.mlr.gov.cn/xwdt/kyxw/201312/t20131202_1294556.htm，最后访问日期：2013年5月13日。

员工内部团队建设方面，公司应当创造条件，使公司员工从心底认可自己是公司的一分子，是东道国社区或村庄的一分子，在工作中综合考虑东道国的社区环境与自然环境，有助于投资者营造一个充满爱心和温情的形象，也有助于在外国公司和媒体面前提升中国的国家形象。例如，可以为当地群众捐赠生活、生产设施；无偿修筑大量道路，用于改善他们的居住环境和生产方式；出资修建教学设施，救助大量孤儿，帮助孩子们树立信心，热爱学习；无偿扩建艾滋病医院；合理开发地下水资源，有效改善饮水卫生；成立多个保护组织，保护东道国的环境资源和部落文化；公司员工到当地学校义务授课，真正融入当地社会；等等。通过一系列的举措，将很大限度地提升中国以及中国人在当地人心中的形象，无论东道国政权如何更迭，人民群众对中国境外投资企业的信任与支持都是不会改变的，政府也会尊重人民群众的意愿，从而使公司在海外投资的政治风险大大降低。[15]

---

〔15〕 参见韦玉芳：《塑造中国矿企形象——2011 中国国际矿业大会 CEO 高层论坛侧记》，载《中国国土资源报》2011 年 11 月 8 日，http://www. mlr. gov. cn/xwdt/jrxw/201111/t20111108_1023063. htm，最后访问日期：2013 年 5 月 12 日。

第五章 中国制造业企业境外投资

第一节 中国制造业的发展现状

一、前言

制造业在一个国家经济中的重要地位不言而喻，任何一个经济发达的国家，无不具有强大的制造业。放眼全球，许多国家经济的腾飞，基本都与其对制造业的重视有关。如在美国，有“制造业是美国的脊梁”的信条；日本政府还颁布了《振兴制造业基础技术基本法》，将振兴制造业上升到其国家基本立法的层面。中国近些年来也相继制定钢铁、汽车、造船、石化、轻工、纺织、有色金属、电子信息、国防军工等重点装备制造产业的振兴规划。受益于政策的支持以及中国经济飞速发展所带来的巨大需求，中国制造业规模不断扩大、实力不断增强和提升。但是，总体上看大部分企业仍然存在“大而不强”的现象。这主要体现在，很多企业规模虽然很大，但普遍存在缺乏高端核心技术、对进口技术过于依赖、自主品牌国际认知度不高、缺乏全球营销能力等问题。

二、中国制造业规模不断扩大

在过去的几十年间，中国的制造业依靠低成本竞争优势逐渐成为世界“制造工厂”。这虽然并不值得令人自豪，但不可否认的是，中国的制造业已成功地将自己的业务不断壮大。另外，随着中国在近些年来对基础设施等投资的大幅增加，刺激和带动了中国制造业规模的提升。

中华人民共和国工业和信息化部（以下简称工信部）和中国社科院在2012年发布的一份报告显示，中国制造业产值超过美国，成为世界第一制造大国。同时，营收千亿级的企业不断涌现。北京时间2013年7月16日，财富中文版正式发布2013年中国500强排行榜，并将此次上榜门槛提高到198.67亿元。500家上榜公司中，营业收入超过1000亿元的企业达到123家，其中大部分是制造业企业。应该说，这是一个非常了不起的成就，因为营收上千亿元基本上就是世界500强的上榜门槛。2013年进入世界500强的中国企业达到了89家，这也对此予以印证。这些事实说明，中国已逐渐进入大公司发展时代，大型制造企业对经济总体及产业发展的影响力、控制力和创新性的作用日渐突出。

从产业结构上看，在过去几年中，中国政府对发展战略性新兴产业作出了一系列部署，从而为制造业升级开辟了发展空间，科技创新对产业发展的贡献度不断提升。在相关政策的支持下，中国清洁能源、节能环保、新一代信息技术、生物医药、高端装备制造等一批战略性新兴产业也取得了快速发展。同时，中国重大技术装备自主化水平显著提高，国际竞争力进一步提升，部分产品技术水平和市场占有率跃居世界前列。

2013年3月，中国国务院时任总理温家宝在第十二届全国人民代表大会第一次会议上指出，我国制造业规模跃居全球首位，高技术制造业增加值年均增长13.4%，成为国民经济重要先导性、支柱性产业。另外，2013年1月，德勤全球制造业组织与美国竞争力委员会联合发布的《2013全球制造业竞争力指数》报告显示，中国的制造业竞争力指数在当前及未来五年均将位居榜首。

三、中国制造业依然存在“大而不强”的问题

如前文所述，中国已超越美国成为头号制造大国，2007年至2013年，中国工业企业收入也已经超过德国工业企业，成为全球第三。但是，在中国制造业取得骄人成绩之时，其“大而不强”的现实也不容回避。目前，中国制造业企业的核心竞争力更多体现为资源垄断、规模经济和低成本，很多行业或企业在关键技术上对外依存度依然很大、自主创新能力薄弱、缺少国际一流品牌、生产效率较低且产能过剩。现详细说明如下：

(一)关键技术对国外依存度大

中国制造业企业主要靠劳动力成本、低价竞争发展起来,依赖中国政府投资的拉动和刺激迅速壮大,但这种发展模式却造就了强宏观弱企业的局面,巨大的人力资本优势掩盖了中国制造业企业缺乏核心技术的尴尬。有企业家这样描述中国制造业的状况:“蛟龙都潜海了,嫦娥都登月了,可是这么厉害的中国装备制造业,却造不出一台生产丝袜的装备。”[1]

另外,中国制造企业关键技术自给率低,技术对外的依存度依然超过50%,重大装备和主机产品所需高端零部件、高端材料依赖进口,主机和成套设备陷入“空壳化”困境[2]。中国现在已经是全球最大的空调生产国,不过,压缩机和制冷剂等核心技术却掌握在国外发达国家手中;中国 IT 产业的产量虽然处在全球前列,但 80% 的高端芯片依赖于国外进口;中国家电出口中,超过 80% 的产品为代工或者贴牌生产。

一个例子就是中国“大而不强”的汽车产业。据中国汽车工业协会发布的数据显示,2013 年,汽车产销 2211.68 万辆和 2198.41 万辆,不仅再次刷新全球纪录,还连续五年蝉联世界第一。但是,中国很多车企仍然需要用高价从国外购买发动机等关键部件的核心技术和专利。虽然我国部分自主品牌企业掌握了发动机的制造技术,在 VVT、缸内直喷等先进技术方面也有所突破,但电子控制系统方面的核心技术依然掌握在外资企业手中,中国企业的发动机标定等工作依旧需要国外技术的支持才可完成。另外,汽油发动机电子控制系统国际上也只有几家公司可以做,如德尔福。现在各大主机厂都有自己的缸体、活塞、连杆、缸套生产线。CVVT、DVVT 这些关键的零部件、大部件依赖进口,或者是专利在外资零部件企业手中,自主品牌只不过是拿来匹配。

(二)缺少一流国际品牌

在过去,我们制造业企业中很多都是采用贴牌加工的方式,为其他国家的知名品牌生产贴牌加工产品。这些企业大多都没有自己的品牌、处于产业链条的低端。例如,在国际市场上 90% 的服装是中国生产的,但是在中国却没有全球著名的服装生产企业品牌。不仅是服装业,在 IT、家电、汽车配

[1] 陆娅楠:《警惕装备制造业“空壳化”》,载《人民日报》2013 年 12 月 23 日,第 19 版。
[2] 同上。

件、玩具等行业都存在类似的现象。

近些年来,中国企业近些年来逐渐认识到创建自主品牌的重要性,加大了品牌建设的投资,一大批在国际上有影响力的品牌不断涌现。但遗憾的是,从整体上而言,我国制造业知名品牌企业的数量及影响力与发达国家相比还是存在较大差距。据统计,在进入世界500强的中国企业中,有64%的企业没有对品牌进行全面保护。其中,大型工业企业对品牌未予以全面保护的比例竟高达80%。另外,大量企业的商标战略比较滞后,甚至忽视了品牌价值对企业发展的贡献[3]。

另外,中国企业拥有的国际知名商标较少,含金量和影响力普遍不足。2013年,全球最大品牌咨询公司Interbrand发布了《2013年度全球最有价值品牌年度报告》,中国企业仍然与前100名最有价值的品牌无缘。

(三)生产效率及利润率低下

众所周知,中国在制造业上具有一定的优势,但这样的优势集中于技术含量不高的产业,如钢铁、煤矿、水泥、电视机、洗衣机、电冰箱、空调、微波炉和摩托车灯。即使是这些产品,中国企业也只能主要参与组装和制造。这种情况下,中国制造业严重依赖进口零部件和技术,中国制造业企业的利润率很低,较大一部分利润被提供技术和其他服务的跨国企业获取。为此,相对于德国、日本及美国等国家,中国制造业企业的生产率及利润率依然很低。规模大、市场大、产值高、利润率低,这恐怕是很多中国制造企业的真实写照,即使营收超过千亿元的企业也难有例外。

随着中国劳动力成本的不断上升,中国制造业企业的利润进一步地被侵蚀。目前,中国人力成本大幅上涨已成为不争的事实。由于人力成本的上涨,产品生产的成本也相对增加了13%~30%。这也意味着,作为世界制造巨头,中国制造业依靠低成本、高消耗、高排放推动增长的模式基本上已经到头。

据统计,中国的大企业盈利能力明显低于美国大企业。2013中国企业500强的收入利润率为4.34%,而2013美国500强的收入利润率为6.8%。剔除银行业以后,中国实体大企业的盈利状况与美国实体大企业的差距更为显著:2013中国企业500强485家非银行企业的收入利润率仅为2.55%,

[3] 参见程拓:《中国制造业发展面临产能过剩等三大困境》,载《北京商报》2012年7月9日。

美国500强482家非银行企业的整体收入利润率为6.39%。另外，虽然2013年中国企业500强的营业收入、资产总额、入围门槛的增速都高于美国企业500强，但利润增幅却连续多年低于美国企业500强。还有资料表明，目前中国制造业的增加值率仅为26.23%，与美国、日本及德国相比分别低22.99、22.12及11.69个百分点。之所以如此，关键就在于中国制造企业在全球产业链条中始终处于加工制造的低端领域。

（四）部分行业出现严重产能过剩

过去十多年间，中国国内固定资产投资年均增长率一直保持在20%以上，其增速令世界各国望尘莫及。中国的大规模投资确实刺激和带动了经济的迅猛发展，沉淀了可观的生产能力。按照全球制造业认同的一般标准，当企业产能利用率在90%以下且持续下降时，就表明设备闲置过多，久而久之必然形成产能过剩。据统计资料显示，目前我国制造业的平均产能利用率只有60%左右，不仅低于美国等发达国家当前工业利用率为78.9%的水平，也低于全球制造业71.6%的平均水平。因此，工信部公布的最新统计数据显示，在中国目前的24个行业中，有22个行业存在严重的产能过剩[4]。另有研究表明，2012年中国制造行业产能利用率甚至低于2008年，只有2007年以前产能利用率的七成。

中国纺织业、服装业、钢铁业都是产能过剩的代表性行业。汽车业、家电业甚至一些新兴产业也出现了产能过剩的隐忧。以汽车业为例，统计数据显示，2013年我国汽车业平均产能为2620万辆，实际产量为2211万辆，销量为2198万辆，产能远超过实际产量和销量。实际的产能利用率约为84%，已低于国际公认的90%的产能过剩警戒线。

除了传统行业外，目前新兴产业中的风电设备、太阳能光伏发电用多晶硅等部分行业也暴露出了产能过剩的问题。仅以光伏行业为例，在全国目前500多家光伏企业中，1/3的中小企业产能利用率只有20%～30%，而当前国际市场上光伏行业的市场需求总共只有月30GW左右，但实际产能高达40GW至50GW，其中80%的产能集中在中国。

（五）缺乏全球营销技巧

国内很多大型制造商是从加工企业逐渐发展起来，因其过去主要依靠

---

〔4〕 参见张锐：《产能过剩覆压中国制造业》，载《中国经济导报》2012年9月27日。

国外分销商或合作伙伴的营销网络开拓国际市场，或者依赖低价竞争抢夺市场，导致其现在的市场营销和战略管理能力薄弱、缺乏全球营销经验，甚至缺乏自有的供销网络。中国制造业企业品牌的影响力普遍不高，其在推广自身产品，尤其是自主创新产品时遇到很多困难。

四、国家出台了系列政策支持产业升级及境外投资

鉴于制造业在国民经济中的重要地位，以及为解决中国制造业行业大而不强的问题，中国陆续出台了一系列的行业振兴政策。

2006 年 6 月 16 日，国务院颁布《关于加快振兴装备制造业的若干意见》（国发[2006]8 号，以下简称《若干意见》）。《若干意见》指出，我国装备制造业经过五十多年的发展，取得了令人瞩目的成就，形成了门类齐全、具有相当规模和一定水平的产业体系，成为我国经济发展的重要支柱产业。但我国装备制造业还存在自主创新能力弱、对外依存度高、产业结构不合理、国际竞争力不强等问题。为加快装备制造业的振兴，《若干意见》提出了以下目标：到 2010 年，发展一批有较强竞争力的大型装备制造企业集团，增强具有自主知识产权重大技术装备的制造能力，基本满足能源、交通、原材料等领域及国防建设的需要。依靠区域优势，发挥产业集聚效应，形成若干具有特色和知名品牌的装备制造集中地。建设和完善一批具有国际先进水平的国家级重大技术装备工程中心，初步建立以企业为主体的技术创新体系。逐渐形成重大技术装备、高新技术产业装备、基础装备、一般机械装备等专业化合理分工、相互促进、协调发展的产业格局。

《若干意见》颁布后，中国装备制造业发展明显加快，重大技术装备自主化水平显著提高，国际竞争力进一步提升，部分产品技术水平和市场占有率跃居世界前列。但是，受国际金融危机影响，自 2008 年下半年起，国内外市场装备需求急剧萎缩，中国装备制造业持续多年的高速增长势头明显趋缓，企业生产经营困难、经济效益下滑，可持续发展面临挑战。为此，2009 年 5 月 12 日，国务院办公厅又发布了《装备制造业调整和振兴规划实施细则》（以下简称《实施细则》）。

《实施细则》指出要依托十大领域重点工程，包括高效清洁发电、特高压输变电、煤矿与金属矿采掘、天然气管道输送和液化储运、高速铁路、城市轨道交通、农业和农村、基础设施、生态环境和民生、科技重大专项，振兴装备制

造业。同时,抓住九大产业,包括钢铁产业、汽车产业、石化产业、船舶工业、轻工业、纺织工业、有色金属产业、电子信息产业、国防军工,实施装备自主化。

另外,《实施细则》还明确提出推进企业兼并重组,对境内企业并购境外制造企业、研发机构,可给予相关项目贷款贴息支持。鼓励金融机构在风险可控的条件下开展境内外并购贷款业务。

2009 年 3 月 20 日,国务院办公厅又发布《汽车产业调整和振兴规划》,该汽车产业振兴规划要求通过兼并重组,形成两至三家产销规模超过 200 万辆的大型汽车企业集团,四至五家产销规模超过 100 万辆的汽车企业集团,产销规模合计占市场份额 90% 以上的汽车企业集团数量由目前的十四家减少到十家以内。另外,该规划还鼓励八大汽车集团在行业内进行并购重组。规划提出,根据各集团的实力情况,鼓励上汽集团、一汽集团、东风集团和长安集团进行全国性的并购,鼓励广汽集团、北汽集团、奇瑞汽车和中国重汽进行区域性并购。但是,为了避免汽车企业盲目扩张造成产能浪费,规划要求新建汽车生产企业和异地设立分厂,必须在兼并现有汽车生产企业的基础上进行。也就是说,国家不再颁发新的汽车生产许可证,汽车企业如需增加生产基地必须通过兼并拥有许可证的企业来实现。

《汽车产业调整和振兴规划》还要求各级部门在技术开发、政府采购、融资渠道等方面制定相应政策,引导汽车生产企业将发展自主品牌作为企业战略重点,支持汽车生产企业通过自主开发、联合开发、国内外并购等多种方式发展自主品牌。

除《汽车产业调整和振兴规划》外,国务院办公厅还发布了《钢铁产业调整和振兴规划》、《轻工业调整和振兴规划》、《纺织工业调整和振兴规划》、《石化产业调整和振兴规划》、《船舶工业调整和振兴规划》等,以全面振兴中国的装备制造业,确保装备制造业平稳发展,加快结构调整,增强自主创新能力,提高自主化水平,推动产业升级。

第二节 中国制造业企业境外投资情况

一、中国制造业境外投资概述

一方面,随着中国制造业企业不断发展,经济实力不断壮大,中国企业不再甘于一直处于产业链的低端，为此积极地寻求向产业链上游攀升。另一方面，随着国内制造业成本与竞争压力的快速提高，在某些领域出现了严重的产能过剩等问题，从而使企业面临着更加艰巨与复杂的转型与创新压力。但如果完全从头开始进行转型所需的技术研发、品牌创建或市场的重构，则要经过相当长的一段时间。为此，通过海外直接投资或并购整合各类资源，以便为自身的持续发展注入新动力已经逐渐成为中国制造业企业的共性选择。

中国制造业境外投资初期主要是以海外建厂为主，率先走出国门的行业有纺织业及家电业等。就家电业而言，继海信于 1997 年在南非投资 1000 万美元建厂之后，海尔也于 1999 年年初在美国投资 2400 万美元建厂。同年，TCL 集团也在越南投资 1000 万美元建立彩电生产工程，康佳集团则在印度投资 900 万美元设立彩电生产厂。近些年来，中国制造业对外直接投资整体保持增长态势。虽然在 2008 年和 2009 年受到全球金融危机的影响有所减缓，但受益于中国较强的实体经济基础和积极的财政政策，中国制造业对外直接投资在 2010 年又出现了爆发式的反弹[5]。

2000 年，党中央确立实施“走出去”战略，坚持“引进来”和“走出去”战略同时并举、相互促进。2001 年，实施“走出去”战略作为一条重要建议被写入《“十五”计划纲要》。党的十六大报告也指出，实施“走出去”战略是对外开放新阶段的重大举措。为此，中国政府出台了一系列支持海外并购的政策规定，为中国企业海外并购营造了良好的政策环境。

受益于政策的支持，自 2000 年起，中国制造业境外并购逐年增加，其影响力渐渐超过境外直接投资。2001 年，中国大连机床有限责任公司发起对美国 Ingersoll Production Systems 的收购，正式拉开制造业境外并购帷幕。在 2002 年至 2006 年间，中国制造业企业更是在海外发起了多起重大并购，获得世界各国的高度关注。包括 TCL 收购法国汤姆逊以及阿尔卡特，联想收购 IBM 的 PC 业务，上汽收购韩国双龙汽车绝大部分股份等。

2007 年国际金融危机爆发，美国、欧盟等纷纷退出鼓励制造业发展的政

---

〔5〕 德勤：《中国装备制造业海外拓展新阶段》，载德勤网：http://www2.deloitte.com/cn/zh/pages/manufacturing/articles/new－stage－for－overseas－expansion－of－china－equipment－manufacturing－industry.html，最后访问日期：2015 年 4 月 28 日。

策，促进实体产业回归。之后，欧债危机又持续发酵，欧元区商业银行信贷能力收缩，对企业支持力度下降，许多企业资金链紧张，因此谋求引进新的投资者。这也为资金实力较强的中国制造业企业进行跨国并购提供了难得的契机及外部环境。

自2008年起，中国制造业企业的海外并购迅速成倍增加并在2009年达到高峰。之后升降趋势较为缓和，但始终保持在高位[6]。

二、代表性制造业企业境外投资案例汇总

为了更直观地说明中国制造业企业境外投资的历史及现状，笔者整理了过去十多年间所发生的一些有代表性的制造类企业的境外投资案例。

(一)汽车企业的境外投资代表案例

1. 境外直接投资

表1

年份	投资方	目标国家/地区	投资方式
2007	上汽	英国	收购的英国长桥工厂恢复生产
2012		泰国	与泰国正大合资生产和销售MG系列产品
2013		埃及	荣威750车型合资厂，将来悬挂MG标识销售
1991~2012	一汽	坦桑尼亚、乌克兰、南非、越南、巴基斯坦、坦桑尼亚	汽车组装厂
		中东北非	整车销售基地
2012		俄罗斯	拟与GAZ集团合资生产和销售FAW品牌中重型卡车

[6] 德勤：《中国装备制造业海外拓展新阶段》，载德勤网：http://www2.deloitte.com/cn/zh/pages/manufacturing/articles/new-stage-for-overseas-expansion-of-china-equipment-manufacturing-industry.html，最后访问日期：2015年4月28日。

续表

年份	投资方	目标国家/地区	投资方式
2005 ~ 2013	长城汽车	俄罗斯、马来西亚、伊朗、埃及、塞内加尔、菲律宾、埃塞俄比亚、斯里兰卡、苏丹、保加利亚等	产品、技术、品牌和管理输出为主的KD组装厂
2014		俄罗斯图拉州	投资约32亿元人民币独资设立整车生产子公司
2014		马来西亚	与合作伙伴建长城汽车新整车工厂
2001 ~ 2013	江淮汽车	俄罗斯、越南、伊朗、埃及、土耳其、墨西哥等14个国家或地区	产品、技术、品牌和管理输出为主的KD组装厂
		意大利都灵和日本东京	设立海外研发设计中心
2003 ~ 2012	奇瑞汽车	俄罗斯、乌克兰、伊朗、埃及、印尼、乌拉圭、泰国、马来西亚、阿根廷、越南和台湾地区等	产品、技术、品牌和管理输出为主的KD组装厂及全资子公司

2. 境外收购项目

表2

年份	收购方	被收购方	收购标的	收购金额	投资方式	结果
2002	上汽	韩国大宇汽车	通用大宇汽车科技公司10%股份	5970万美元	与通用汽车等合资	已完成
2003 ~ 2004		韩国双龙汽车株式会社	51.33%股份	逾5亿美元	竞标及二级市场	已完成但双龙汽车最终破产转售
2004		英国罗孚（MG－Rover）汽车	罗孚汽车1.1L～2.5L全系列发动机、75型和25型两个核心技术平台涉及的知识产权	6700万英镑	协议收购	已完成
2005			罗孚汽车及其发动机制造子公司Powertrain Ltd.的资产	5000万至6000万英镑	与海外财团Magma联合投标	未成功

续表

年份	收购方	被收购方	收购标的	收购金额	投资方式	结果
2004～2005	南汽	英国罗孚（MG - Rover）汽车	罗孚汽车及其发动机制造子公司Powertrain Ltd. 的资产	4000 万至5000 万英镑	竞标	已完成
2009	上汽	英国轻型商用车制造商 LDV	破产资产	不详	竞标	已完成
2009	北汽	通用汽车欧洲业务	欧宝汽车及英国姊妹品牌沃克斯豪尔（Vauxhall）的绝大多数股份	约 6. 6 亿欧元	竞标	未成功
		瑞典跑车制造商科尼赛克（Koenig-segg）	借道科尼赛克联合收购瑞典萨博汽车 100% 股份	不详	协议	未成功
		瑞典萨博汽车	现款萨博 9 – 5、9 – 3 等三个整车平台和两个系列的涡轮增压发动机、变速箱的技术所有权以及部分生产制造模具	约 2 亿美元	协议	已完成
2007～2010	吉利	沃尔沃轿车	100% 股份	15 亿美元	竞标	已完成
2011	青年汽车及庞大汽车	瑞典萨博汽车	100% 股份	1 亿欧元	协议	未完成
2012	青年汽车	瑞典萨博汽车	破产资产	约 4 亿欧元	竞标	未完成
2012	万象集团	美国 A123 系统公司	A123 发行在外的普通股的 80%	4. 65 亿美元	协议	未成功

续表

年份	收购方	被收购方	收购标的	收购金额	投资方式	结果
2012~2013	万象集团	美国 A123 系统公司	破产资产	2.57 亿美元	竞标	已购得 A123 的全部非政府资产
2014	东风汽车	标致雪铁龙集团（PSA）	约 14.1% 股份	8 亿欧元	协议	在进行

（二）高端制造业境外收购代表案例

表 3

年份	收购方	被收购方	收购标的	收购金额	投资方式	结果
2001~2002	上海电气	日本秋山印刷机械	破产资产（再生程序）	3000 万美元	与英国投资公司晨星集团联合收购	已完成
2002	大连机床	美国 Ingersoll Production	100% 股份	不详	协议	已完成
2004	上海电气	日本池贝株式会社	72.22% 股份	3000 万日元	协议认购增资	已完成
2004	沈阳机床	德国希斯公司	破产资产	不详	竞标	已完成
2007	北方重工	法国 NFM 技术公司	70% 股份	不详		已完成
2008	金风科技	德国 ENSYS 能源公司	70% 股份	4120 万欧元	协议	已完成
2008	潍柴动力（香港）	法国博杜安股份有限公司	破产资产	460 万欧元	竞标	已完成
2008	中联重科	意大利 CIFA	100% 股份	1.626 亿欧元	竞标	已完成
2009	湘电风能	荷兰达尔文公司控股公司	破产资产	1000 万欧元	竞标	已完成
2010	上海电气	美国高斯控股公司	100% 股份	15 亿美元	协议	已完成
2010	太重煤机	澳大利亚威利朗沃国际集团	100% 股份	1.3 亿澳元	竞标	已完成

续表

年份	收购方	被收购方	收购标的	收购金额	投资方式	结果
2011	江苏金升实业	德国埃马克控股	50%股份	1亿欧元	协议	已完成
2011~2012	广西柳工	波兰HSW公司工程机械业务	100%股份	1.7亿兹罗提（约合人民币3.35亿元）	协议	已完成
2012	三一重工	德国普茨迈斯特(Putzm eister)公司	100%股份	3.24亿欧元	联手中信产业基金竞标	已完成
2012	徐工集团	德国施威英公司	52%股份	不详	协议	已完成
2012	华意压缩	西班牙CUBIGEL压缩机公司	破产资产	270万欧元	竞标	已完成
2012	潍柴动力	德国凯傲集团	25%股份	4.67亿欧元	协议	已完成
		林德液压有限合伙企业	70%股份	2.71亿欧元	协议	已完成

三、中国制造业境外投资的特点

通过对近些年来有代表性的、影响较大的一些投资案例的研究，以及通过收集商务部等公布的统计资料，笔者发现中国制造业企业的境外投资与其他行业上的境外投资呈现出一些不同的特点。主要如下：

（一）中国制造业境外投资目的主要是避开贸易壁垒及获取技术等战略资源

如果说推动能源领域境外投资的主要驱动因素是为了寻求自然资源、进行能源布局、维护国家能源安全，那么作为“世界生产车间”的制造业大国，中国的制造企业“走出去”的动因则多种多样，如降低生产成本、突破各种贸易壁垒、获取技术、品牌、销售渠道、先进管理经验等战略性资产。对此部分的详细分析见本节第三部分的介绍。

（二）绝大多数中国制造业的境外并购多发生于发达国家

过去几年中，随着中国企业走出去的步伐越来越快，中国企业包括制造业企业的脚步已经覆盖到世界各地。与制造业企业海外直接投资一般选择发展中国家所不同的是，中国制造业企业的海外并购一般以欧洲、美国为主要目标，这一点也不同于其他能源及矿业类的收购。如前文所述，一些代表性的大型收购，上汽和南汽收购英国罗孚、北汽竞购欧宝、吉利收购沃尔沃、潍柴动力收购凯傲、三一重工收购德国普茨迈斯特等，基本都发生在欧洲地区。而且对欧洲的投资主要涉及机械制造、新能源、科技研发、营销网络等领域。

据德勤统计，2001 年至 2012 年上半年中国机械制造企业海外并购完成数量按照目标国排序，德国、美国作为全球工业领域的领跑者也自然地成为中国企业最为青睐的并购目的地，分别为 19 起和 8 起交易。

中国制造业企业选择并购发达国家企业的原因有很多，最主要的是欧美地区的制造业比较发达，具有较强的竞争优势。尤其是德国，因其在技术创新和医学研究等多个领域中处于世界前列，一直都是中国制造业企业境外投资最喜欢的目标地区。以江苏省的境外投资为例，自金融危机以来，江苏企业购并欧洲先进制造企业步伐加快。在近几年的转型升级和招商引资中，江苏的常州和徐州均将重点放在了德国。数据显示，2012 年江苏赴德投资项目 24 个，中方协议投资额 2. 1 亿美元，同比增长 41. 2% 和 200% ，均占其全省的 4. 2% 。

(三) 中国制造业并购的对象大多为经营出现困难的企业

中国制造业的早期收购通常以破产企业为目标。例如，上海电气集团收购日本秋山印刷机械公司、德隆集团收购德国道尼尔飞机、沈阳机床收购希斯公司、浙江弘升集团收购格罗斯纺机、南汽收购英国罗孚等。但是最近几年的收购中目标企业更多的是非破产企业，如吉利收购沃尔沃、三一重工收购全球混凝土泵制造巨头德国普茨迈斯特(Putzmeister)全部股权、柳工集团收购波兰 HSW 公司及徐工集团收购德国施维英集团有限公司、潍柴动力参股德国凯傲公司以及收购新设的林德液压有限合伙企业 70% 的权益等。尽管如此，这些企业均或多或少的存在经营上的困难或已经出现严重的财务亏损，只是还没有到申请破产的地步。

例如，吉利收购沃尔沃之前，沃尔沃在 2008 年的总收入出现了大幅下滑，由 2007 年的约 180 亿美元跌至约 140 亿美元。相应地其在 2008 年的亏损达到了 14. 65 亿美元。尽管沃尔沃在 2009 年的销量有所增长，但亏损额仍达到了 6. 53 亿美元。

再如，被三一重工收购的德国普茨迈斯特公司于 2008 年出现 50 年来的第一次亏损，之后公司业务回升缓慢，在其被三一重工收购之前虽有盈利但净利润只有最高点的10%。另外,受金融危机影响及中国竞争对手的挤压,其销量也不理想,如其在上海的工厂一年的销量只有60多台。另值得一提的是万象集团收购美国A123公司。万象集团起初在2012年8月拟对A123公司进行战略投资时,该公司只是因为债务渐增收到纳斯达克的摘牌警告,但并没有申请破产。由于美国相关议员后来的干涉导致A123公司未能及时获得融资,并最终于2012年10月16日申请破产保护。万象集团最终获得的也是A123破产后的资产。

四、中国制造业境外投资的动因

(一)中国制造业境外投资的动因概述

经过对一些有代表性的境外收购项目的研究,我们发现中国制造业的投资动因不仅多种多样,而且直接投资的动因与境外收购的动因也有较大区别。境外直接投资主要是为了降低生产成本、突破各种贸易壁垒、通过本土化生产提升产品品牌影响力等,最终实现促进产品出口的目的;而制造业企业境外收购的目的则主要是获取技术、研发设施、品牌、分销渠道和管理经验等战略性资产[7],从而完成产业升级,进入产业链的高端,最终实现企业价值链的延伸。简言之,直接投资主要是为了促进出口,而并购主要是为了取长补短。

(二)中国制造业境外直接投资的动因

1.绕开贸易壁垒

中国制造业的飞速发展,也带来了很多矛盾和问题。如前文所述,国内某些制造业生产效率低下且存在严重产能过剩问题,这些问题也迫使相关企业去国外寻求市场空间。比如,对家用电器、机械和电子甚至汽车等制造业产品而言,国内市场已日趋饱和,而这些产品在其他国家的市场上仍然有较大需求。在过去,中国制造业企业通常是通过出口贸易来满足这些海外市场的需求。但近些年来,直接出口方式受到越来越多的反倾销、反补贴、技术壁垒和绿色壁垒等种种关税和非关税壁垒的限制。尤其是在金融危机后,该些贸易保护措施越来越多的针对中国。为了绕过这些贸易壁垒,有很多

---

[7] 王碧珺、王辉耀:《中国制造业对外直接投资:模式、动机和挑战》,载《崛起的中国:全球机遇与挑战》,社会科学文献出版社2012年版,第98~117页。

出口企业选择直接到境外投资设厂，建立海外生产基地组织当地生产。

比如，就汽车的出口而言，俄罗斯作为欧洲第二大汽车销售市场，仅次于德国，也是中东欧第一大市场。为此，俄罗斯市场一直是中国车企兵家必争之地。目前，中国有奇瑞、长城、比亚迪、吉利、力帆、东风等多家整车厂商向俄罗斯出口汽车。但是，因中国的轿车和俄罗斯的拉达车及两国的载货车都存在明显竞争，引起了俄罗斯业内的一些抵制。为此，俄罗斯打出来一系列“组合拳”来限制中国汽车的出口，导致中国整车进入俄罗斯遇到很大的阻碍。这些组合性限制措施主要包括：

第一个措施为2007年的停止签订新的“工业化组装”项目，此举令中国车企无法在俄罗斯设立组装工厂、享受优惠的税收待遇。

第二个措施是提高认证门槛及征收KD汽车散件新关税。2008年，俄罗斯将全面修改汽车认证体系，进一步规范汽车的进口程序并提高其市场准入门槛。该政策使包括中国在内的非1958年日内瓦协议国家生产的汽车将不能再按最低要求通过认证，凡在俄罗斯组织汽车生产和发布新型汽车必须通过全部完整的认证试验，而且对于每一个品牌、一个型号、一个规格的汽车只发放一次小批量（150辆以内）的认证。认证要符合《机械运输工具和挂车认证系统的认证规定》并登记运输工具认证证书，其中包括俄罗斯从2008年1月1日起实行的欧Ⅲ环保标准的要求。另外，2008年11月俄罗斯执行第745号令。该令对KD汽车散件征收新关税，按进口汽车车身征收15%的关税，堵住了中国汽车通过散件组装的出口之路。由于这两项政策的出台，2008年，奇瑞在俄罗斯共计销售15728辆汽车、同比下滑58%，一汽在俄罗斯共计销售1643辆商用车，同比下滑45%。

第三个措施是自2009年1月12日起的9个月内，俄罗斯提高进口汽车的关税，范围包括拖拉机、载重汽车和轿车。其中，排量在1.5升至1.8升的轿车征收30%的进口关税，且总关税不低于每升1.5欧元。此前关税为25%，且不低于每升1.25欧元。排量1.8升至2.3升轿车被征收30%的关税，且总关税不低于每升2.15欧元。此前关税为25%，且不低于每升1.8欧元。

以上措施的执行，导致俄罗斯目前整车出口的关税非常高，每辆车根据具体的车型不同，大约在60%至100%之间。以长城哈弗为例，关税能达到每辆车5000美金左右。所以，目前几乎所有的企业都是在俄罗斯以KD方式进行零部件出口，整车出口俄罗斯的难度非常大。为此，长城汽车与海马都在俄罗斯设有组装厂，以避开整车出口的巨额关税。另外，长城汽车已开始在俄罗斯建设整车工厂，以实现本地化生产，在避开整车进口关税的同时，力求降低当地采购成本。

在其他一些国家或地区，也或多或少地存在与俄罗斯类似的贸易保护措施，且不局限于汽车行业。中国企业到该些国家或地区选择投资设厂，也可以说是一种不得已的选择。

2. 降低生产成本

作为“世界工厂”，中国制造业因较低的劳动力成本取得了高速增长。然而，近年来这方面的优势正在减弱，日益上涨的劳动力成本使生产成本不断上升。另外，随着中国愈发重视环保，要求愈发严格，为降低成本也迫使一些企业在海外寻求更加便宜的制造基地。比如，海尔在越南建设工业园等，应该说或多或少都有降低成本的目的。

3. 提升品牌知名度

因方方面面的原因，中国企业生产的产品，无论是否有较高的技术附加值，都不可避免地被国外消费者打上质量低下的烙印，甚至连中国消费者一看到“中国制造”也会唯恐避之不及。为此，很多企业海外投资建厂是为了能使其产品贴上海外制造的标签、提升其品牌认知度，或者是为了近距离地接触其目标客户群或原材料供应链。如海尔集团在美国及欧洲等地区实行的“三位一体本土化”的海外战略，即设计、营销、生产均在海外，主要目的就是使海尔产品实现本地化生产，提升其产品在当地的认可度及其品牌影响力。

（三）中国制造业境外并购的动因

根据对既往代表性案例的研究，大多数制造业企业并非是为了单一目的而进行并购，任何一项并购背后都有多重目的驱动。但从总体上来讲，不论是民营企业还是国有企业，对外投资的首要动机都在于获取技术和其他战略性资产。寻求市场是第二重要的动机，只有很少比例的投资是为了开拓或扩大海外市场，纯粹为了提高生产效率而进行境外投资的更是少之又少。

1. 获取先进技术

近些年来，缺乏核心技术已经成为了中国制造业的发展“瓶颈”。为解决此问题，中国一直以来都鼓励具有先进技术的外国企业进入中国开展合资、合作、技术进口等，中国企业也不惜支付巨额代价购买境外企业的技术许可权。但是,这些努力所取得的效果并不明显。

事实证明,相较于企业自主开发技术,或通过购买技术许可的方式学习相关技术,直接收购拥有核心技术的企业无疑是获取核心技术的最直接、最迅速、最经济和最有效的方式。为此,通过海外并购的方式获取核心技术逐渐成为中国制造业企业的首选。举例而言,2009 年 12 月 6 日,北汽斥资 2 亿美元购买瑞典萨博汽车部分知识产权,包括现款萨博 9 -5、9 -3 等三个整车平台和两个系列的涡轮增压发动机、变速箱的技术所有权以及部分生产制造模具。北汽进行此次收购的原因可由以下数据来说明:根据中国汽车技术中心通过两年调查统计,发展自主品牌的战略需要投入大量的研究和开发费用,国内开发一款同类车型需 6 亿元至 8 亿元人民币,而开发周期一般在 5 年左右,如果委托国外开发则需要 10 亿元人民币左右。后续的开发和技术费用相加,也将超过 12 亿元人民币。以此统计结果来计算,北汽相当于以 15 亿元人民币代价取得了瑞典萨博汽车相当于 30 亿元至 40 亿元人民币的产品开发成果,最少节约了 5 年到 6 年的研发时间。

基于如上原因,中国制造业境外收购基本以获取技术为核心目标,产品销售先着眼于国内市场,再有选择地开发国际市场,逐步实现全球化竞争。比如,吉利收购沃尔沃,万象集团收购美国 A123 公司,三一重工收购德国普茨迈斯特,无不是将技术作为其重要的收购对象,并利用从收购中获取的核心技术丰富其自身的产品组合。北汽收购萨博汽车的技术亦是如此,北汽看重的更多是萨博成熟领先的技术,虽然与萨博的品牌相比北汽自身来说要更知名,但是北汽从一开始就属意萨博生产研发方面的知识产权,用以弥补自身的技术短板。

鉴于技术在境外收购中的核心地位,知识产权的谈判一直都是中国制造业企业境外收购交易的核心环节,也是最艰难的环节。如果知识产权问题不能解决,境内企业有时宁愿放弃整个收购项目。比如,北汽在竞购欧宝汽车时坚持要取得欧宝技术,尽管这种坚持等来的是最终的出局;又如,因吉利汽车坚持获得沃尔沃在安全与环保方面的知识产权,而导致其与福特的谈判一度陷入停滞。

2. 获取品牌

得益于中国综合国力的提升,中国企业在国际上的地位也得到了大幅改善。但遗憾的是,中国依然缺乏世界一流品牌。很多国外消费者对中国品牌的印象仍然存在错误性认识，比如认为中国企业的产品存在“产品质量低下、抄袭或仿冒国外品牌”等问题。另外，国内消费者也普遍存在崇尚外国品牌的情节，认为“外国的和尚好念经、国外的猪儿好上镜”。尽管中国企业对此心有不甘，但为了改观消费者对其产品的认知，拓展海外甚至是国内市场，还是有很多企业热衷于收购国外知名品牌。如吉利于2010年收购沃尔沃、三一重工于2012年收购德国大象等。

但是，中国企业也清楚地认识到，与知识产权相比，品牌实际是务虚的，品牌是一个企业的承诺或者信誉，但是信誉是买不来的，即使买了品牌，也很难得到消费者的信任。为此，很多境外收购并非仅以获取品牌为目的，而是旨在获取技术、品牌、销售渠道等综合性的战略资源。比如，吉利收购沃尔沃、美的收购开利拉美空调业务、三一重工收购德国大象等。这些并购足以反映出中国企业对境外优秀制造业的特别青睐，他们希望通过这些并购，达到获得先进技术与品牌乃至企业管理与营销网络等多重目的。

3. 获取销售渠道等战略性资产

众所周知，销售渠道是企业最重要的资产，它是企业把产品转移给消费者所必需的路径。这个路径通常包括企业自己设立的销售机构、代理商、经销商、零售店等。在产能过剩及国内市场饱和情况下，很多企业纷纷把目光瞄向国外，希望将产品销往国外以缓解中国境内的库存压力及竞争压力。而实现此目的，需要的正是国外通畅的销售渠道。但是，完全从头开始在境外建立销售渠道何尝容易，为此，获取既有企业或者与其分享销售渠道逐渐成为中国制造业企业境外收购的重要动机之一。

例如，2011年美的收购开利拉美业务公司，其目的主要就是将开利拉美作为美的在拉美主要国家开展空调业务的平台，针对其在阿根廷、巴西、智利销售的产品，分别选择本地制造、充分利用中国制造优势、整机从中国进口等方式，共享开利拉美原有的销售渠道，使美的能借助开利在拉丁美洲的营销网络体系销售“美的”自主品牌空调。又如，柳工于2009年收购波兰HSW（Huta Stalowa Wola，具有钢铁般意志的炼钢厂），也与其看重HSW遍布欧洲、俄罗斯、中亚、亚太、中东、非洲、北美和拉美一百多个国家的经销商网络不无关系。再如，三一重工虽然是全球最大混凝土机械制造商，但主要市场在中国，出口额不到5%。所以，三一重工对普茨迈斯特的“一往情深”，部分缘于后者在全球主要市场，如美国、巴西、印度、法国、西班牙、葡萄牙等地拥有工厂及完善的营销售后服务网络。

4. 获取海外生产基地绕开贸易壁垒

与中国制造业企业境外直接投资一样，有很多境外收购也以建立海外生产基地，从而规避进口管制、技术标准、安全政策等关税和非关税壁垒为目的。例如，柳工收购HSW后，在欧洲建立了制造工厂和物流中心，成功帮助柳工产品突破壁垒迅速占领高端市场。又如TCL集团收购了德国唯一的电视机制造商施耐德电器公司，主要目的就是建立其在欧洲的生产基地，使其产品得以进入欧洲的电视机和家用电器市场。

5. 打造中国境内完整产供销经营链等

中国庞大且快速增长的国内市场，将会为许多消费类产品制造型企业带来逆向并购整合的市场条件和战略机会。即将自身与海外企业的关系，由过去建立在供应链关系上的客户或供应商转变为股东和利益共享者。

在中国企业海外并购案例中，有一些企业在海外并购中获取了品牌、海外渠道甚至生产体系等资源，但它们的战略重心似乎并不是为了确保自身的国内生产的产品能够顺利打入全球市场，而是将并购整合的资源同样应用于国内市场，形成了“外引内联、横纵联合”的新运营体系，有些企业还借此开创了新的商业模式。

总部位于新疆的美克国际家具股份有限公司（以下简称美克家具）是“外引内联型”海外并购与资源整合模式的代表企业。其操作特点是，将过去具有业务关联性的供应链上下游合作伙伴，通过并购变成自己的子公司；利用自身在专业业务领域内的领先竞争优势，通过“外引内联、横纵联合”建立起以国内市场为主、国外市场为辅的经营体系。

第三节　中国制造业企业境外投资常见的问题

在强烈的忧患意识与进取意识驱动下，中国制造业企业境外投资在过去几年中取得了爆发式的增长。在向境外企业投资及与其开展的合作当中，中国企业家逐渐了解了东道国的法律、制度和文化，展现出了娴熟的公关、沟通技能。另外,通过寻找当地合作伙伴,广泛联系当地政府、媒体、消费者等利益相关者,雇用当地员工,照章办事等措施,也重塑了中国企业的海外形象。但是,中国制造业企业从世界工厂的后花园走出来还有一段漫长的路,在大规模走出去过程中,中国企业遇到了很多问题和困难,这主要包括:

一、缺乏对目标企业的充分调查

在制造业企业境外投资中,对目标企业进行法律、财务、技术和业务等调查的必要性已越来越得到中国企业家的认可,但在实务中,却仍有很多中国企业出于节省成本等企图忽略该等调查。回顾以往的一些投资案例,中国企业已经与目标企业签署投资意向书甚至正式协议,却仍然对目标企业知之甚少的情况时有出现。

2011 年,笔者曾代表一家民营制造业企业收购荷兰的一家汽车公司。双方很早便签署了投资意向书,但直到双方接近订立正式协议时,收购方对目标公司的状况,尤其是财务状况仍然局限于目标企业管理层所给予的一些信息。项目谈判过程中,关于该企业财务状况的负面报道不断出现,供应商停止供货的消息也接连传来。但即便如此,收购方仍然未聘用专业人员对目标企业当时的财务状况及对其未来所需的资金量进行详细评估。之后,媒体报道的事项逐渐被证实,目标公司及其子公司陷入财务困境,一直在破产边缘挣扎。为了防止目标公司破产,收购方多次想方设法向目标公司提供资金,希望能将其挽救于破产之外。然而,随着项目的推进,收购方发现挽救目标公司的资金缺口远超目标公司管理层之前预测的数字,也大大超过收购方的预期。收购方这时才开始担心和怀疑目标公司管理层披露的财务数据是否属实。因多方面原因,该收购项目所需的中国政府批准也一直没有获得,使收购方无法再继续给予目标公司更多资金支持。在这种情况下,收购方最终决定停止再向目标公司继续注资,而任其申请宣告破产,其之前所投入的数亿人民币的资金也付之东流。如果该企业在收购之初就聘请专业人员对目标公司的财务状况进行详细调查和评估,可以选择不予注资或提前停止注资,从而大幅减少其损失。

在既往的制造业收购中,还有一些企业不做事先调查是因为收购资源的稀缺性迫使中国企业不得不快速出手。据笔者不完全统计,最近一些年来知名的收购基本上是对国外有几十年甚至上百年历史且具有领先地位的企业的收购，该等企业出售时一般都会吸引或邀请国内外多家企业竞购，对于志在必得的中国企业也很难获得充分的时间进行调查，比如2009年北汽中途参与竞购欧宝汽车。2009年4月，通用汽车计划剥离欧宝业务，希望的售价在6.5亿欧元左右，拟定的首轮出售竞标截止日期为2009年5月20日。根据当时的媒体报道，北汽于2009年5月21日，即晚于竞标截止日一天才表达了收购的兴趣。尽管在第二轮正式投标时，通用汽车邀请北汽参与投标，但缺席首轮竞标的北汽在7月初就获得进入欧宝数据库的机会，此时离递交第二轮有约束力的正式收购要约的截止日期只有20天的时间，在如此短的时间里，北汽集团根本就没有足够的时间完成对欧宝的充分调查，更不可能对该项并购活动过程中可能遇到的风险进行正确的识别和评估。仓促竞标的北汽最终未得到通用和德国政府的支持，并于2009年7月23日正式从欧宝的竞购中出局。

当然，还有一些企业与其收购目标早就存在贸易或技术上的合作或者竞争，互相已经有了一些了解。因此当该类企业拟收购其合作对象时，往往会自恃其已经对目标公司有了充分了解而不做尽职调查。比如，从未进行过海外并购的三一重工仅用了半个月的时间就与曾经的竞争对手普茨迈斯特控股有限公司（Putzmeister，俗称“大象”；以下简称“普茨迈斯特”或“大象”）签订收购协议。在这么短的时间内，三一重工自然没有充分时间对普茨迈斯特进行详细调查。根据相关的报道，三一重工也没有考虑做该等调查，三一重工高管曾表示：“我们一直在研究‘大象’，连尽职调查都免了——对它的研究比一般的尽职调查都要详细。”[8]对于三一重工这样的做法，多数媒体和机构并不认同，均认为其背后蕴藏着巨大风险。

二、财务或运营能力经常被外方质疑

中国制造业企业规模的迅速扩大并没有相应带来其国际信誉的提升，因方方面面的原因，很多国外企业仍然怀疑中国制造业的财务能力。例如，三一重工虽然销量全球第一，但是在收购德国大象时，其资金实力仍然被质

[8] 参见刘浪：《三一重工总裁向文波：收购“大象”很划算工程机械行业国际化“提速”》，载《第一财经日报》2012年2月3日。

疑。又如,在吉利收购沃尔沃时,福特也一度对吉利的财务能力产生怀疑。2010 年年初,在吉利迟迟不能确定融资结构时,福特方面还要求每两周开一次电话会议,以督促吉利。

在我们所代表的境外收购中,收购方基本都被要求提供其资金实力的证明,只是每个案子中,被收购方提此要求的时间有所不同。有的要求在首次洽谈合作前就得拿出令被收购方满意的证明,否则就不给予洽谈的机会;有的是在洽谈合作的过程中被要求提供。在跨国并购中,因相互缺少了解,被收购方要求收购方提供资信证明是十分常见和合理的要求。但是,仍有相当多的中国企业不能理解此要求,而采取敷衍或抵制的态度。另外,还有一些企业虽愿意配合提供资金实力证明,但提供的证明并不符合被收购方的要求。更有甚者,有些企业连份像样的审计报告或财务报表都不能提供。这些都会直接或间接影响到并购谈判的顺利进行,甚至会导致项目的最终失败。

2011 年年初,我们曾代表一家民营 Y 公司收购荷兰 S 公司的多数股权。Y 公司经过无数个不眠之夜的谈判,终于同 S 公司商定所有交易文件的最终文本,并计划于 4 月底签署协议。但就在协议签署前夕,S 公司管理层告知 Y 公司,称其监管委员会怀疑 Y 公司的并购能力,并因此要求 Y 公司提供其审计报告及其他资信证明文件。获知此要求后,Y 公司立即提供了其自身及其关联企业的一些存款证明,以及其关联企业拥有相关房地产及有关矿产的证明。可惜的是,这些文件中没有一份被 S 公司认为是能直接证明 Y 公司自身资金实力的证明,Y 公司未能按要求提供其合并财务报表,也让 S 公司觉得很是诧异。4 月 30 日晚上,Y 公司收到了来自 S 公司监管委员会的来函,称不相信 Y 公司有足够的收购实力,而拒绝批准双方即将签署的正式收购协议。就这样,Y 公司未能与 S 公司最终签署协议,S 公司也转而寻求其他购买方。

以上事例所带来的教训是:投资方证明其具备足够的财力本来是一件小的事,但若处理不当可能会严重影响中国企业的信誉,甚至导致投资项目的失败。在遇到类似问题时,建议中国企业认真考虑外国合作方或出售方的要求,及时提供能证明其自身净资产规模、银行存款或银行对其拟进行的投资给予授信情况的证明,或者项目融资协议。如果不能及时提供也需要与合作方或出售方及时沟通,以免被外方误认为根本不具有相应的经济实力。

另外，即使过了财务能力这一关，很多时候中国企业即使拿出最高的报价也无法打动出售方，主要原因是当地企业和政府对于中国企业技术利用能力、持续运营和品牌管理能力及其处理当地劳资关系的能力心存疑虑。比如，在北汽竞购欧宝一案中，北汽的报价要远远优于其主要竞争对手的报价，但最终还是竞购失败。当时，北汽、加拿大汽车零部件巨头麦格纳（Magna International）以及在布鲁塞尔上市的比利时金融投资公司 RHJ International 的报价方案大致如下：

表 4

麦格纳的方案	RHJ International 的方案	北汽的方案
麦格纳与俄罗斯国有银行 Sberbank 合计投入 5 亿至 7 亿欧元的自有资金，获得欧宝 55% 的股份	出资 2.75 亿欧元收购欧宝公司 50.1% 的股份	出资 6.6 亿欧元收购欧宝公司 51% 的股权
通用保留 35% 的股份	通用保留 39.9% 的股份	通用保留 49% 的股份
其余 10% 给欧宝的员工和可能参与购买的欧宝销售商	剩余 10% 的股权将由欧宝的员工享有	
要求德国政府提供 45 亿欧元的政府融资担保	要求德国政府提供 38 亿欧元的融资担保	要求德国政府提供 26.4 亿欧元的政府担保
计划在通用欧洲部门裁员约 11000 人	计划在欧宝公司大约裁员 9900 人	计划裁员约 7600 人，承诺不会在德国裁员
不会关闭德国工厂	关闭在比利时的工厂和缩减德国四家工厂的产量	将欧宝在德国的工厂保留两年
	承诺最迟到 2014 年帮欧宝公司还清联邦政府以及各州提供的全部救助资金，但在此之前 RHJ International 将放弃股息	计划到 2015 年向欧宝中国区业务投资 22.5 亿美元以提高产量。到 2015 年，北汽集团计划将欧宝在中国的汽车产能扩大至 48.5 万辆，并建立起一个拥有 400 家经销商的网络

通过如上数据对比可以看出，北汽的报价明显优于其竞争对手，但北汽自始至终都未得到德国政府及欧宝工会的支持，这其中就很可能与德国政府对中国企业不了解，不信任中国企业有足够的能力管理好欧宝有关。类

似的例子还有青年汽车竞购萨博汽车一案，在竞购萨博汽车破产资产时，青年汽车的报价高达4亿欧元，远高于瑞典国家电动汽车公司及其他竞争者的报价，但最终还是未能被萨博汽车的破产管理人所认可。究其原因，主要还是因为萨博汽车的破产管理人担心青年汽车不能及时获得支付收购款所需的中国政府批准，以及瑞典媒体对青年汽车的负面报道过多，致使破产管理人、瑞典政府等利益相关者对青年汽车的财力及运营能力等有一些偏见。

如果说企业的财力可以由银行的存款、银行出具的资信证明来直观展示，企业经营能力的好坏则一般需要先行通过一份务实、切实可行的、有说服力的商业计划来展示。通过制定商业计划书，中国企业可以向出售方展示其在相关领域的充足经验及其对目标公司未来的规划，并进而让出售方相信其购得目标公司后不是简单地将资产和技术转移至中国。从我们既往的经验来看，这样做会让外方尽快了解中国企业的经营能力和行业经验，并进而大大提高投资成功率。

三、不能获得预期的全部知识产权

如前面第二节中所述，每一项境外投资都有其特定的目的，如获取技术、人员、品牌和销售渠道等。尽管很多企业在完成收购后高调宣布其获得了多少技术、技术人员、商标、销售网络及其他资产等，但这并不能说明其购得了本来希望取得的全部资产。在很多收购中，因各方面原因，中国企业可能拿不到其渴求的资产，尤其是知识产权。这在汽车领域的收购中表现尤为明显。

2006年上汽竞购英国罗孚汽车之时，道琼斯通讯社曾报道称，上海汽车集团有意以1100万英镑购买罗孚（Rover）品牌。2006年8月22日，宝马汽车表示同意出售罗孚品牌，但其同时表示，根据有关协议福特汽车对罗孚商标有优先购买权。所以，宝马汽车须等待90天，以确定福特汽车是否行使其优先选择权。2006年9月18日，福特公司宣称其将从德国宝马公司购买“罗孚”品牌。因此，上汽集团最终未购得“罗孚”品牌，这可能也是上汽推出自主品牌“荣威”的原因之一。

同样是在此次收购中，罗孚进入破产程序后，南汽于2005年7月中旬提交了其收购罗孚工厂资产的报价，报价为4000万至5000万英镑。上汽也于2005年7月18日正式提出了收购报价。但就在南汽和上汽提出正式报价几天之后，本田汽车就于 2005 年 7 月 21 日将生产 MG 罗孚中型(45 及 MG-ZS)汽车的关键设备和设计蓝图收回。虽不清楚南汽是否对此早有准备，但仅仅一天之后，罗孚汽车的破产接管人普华永道会计师事务所就宣布南汽成功收购罗孚汽车集团及其发动机制造子公司 Powertrain Ltd. 的资产，使南汽根本没有可能修改其要约。加上之前被上汽购入的 MG 罗孚 25 和 75 型轿车技术，南汽花费巨资购下的罗孚资产其实并不多。

另外，在北汽竞购欧宝的并购案中，同样遇到了知识产权问题。2009 年 7 月，北汽竞购欧宝汽车失败。根据北汽集团通报的情况，其失败的原因主要是通用和北汽在拟引进的五款车型的知识产权问题上没有达成共识，存在重大分歧。北汽的目标是要发展自主产品、自主品牌，所以就要求欧宝要拥有一定的自有知识产权。但北汽经过调查发现，欧宝是通用汽车体系中的一部分，它几乎没有具有独立产权的任何知识产权，知识产权基本都属于美国通用。而通用汽车在中国销售的别克汽车等与欧宝共享同样的平台〔9〕，因此通用担心如果将知识产权转让给北汽，将损害通用汽车及其合作伙伴在中国的利益。正因为如上原因，通用最终拒绝了北汽高出其他竞争者许多的报价。

在吉利从福特手中收购沃尔沃时，双方亦在知识产权问题上产生了重大分歧，并使谈判一度停滞。由于吉利将要购买的是沃尔沃百分之百的股权，为此吉利渴望获得沃尔沃在安全与环保方面的知识产权。然而福特却担心技术泄露，希望吉利能做出不会泄露其新开发车型资料的保证。另外，由于福特、马自达和沃尔沃存在平台技术的相互借用，福特完全保留三者共有部分。在沃尔沃关键技术和知识产权的所有权转让方面，福特企图拆分和规避。据当时的媒体报道，福特将组建一家全资子公司，接手并继续享有这些所有权及再开发权，而仅将余下部分转让给吉利。这些都与吉利收购沃尔沃的初衷相悖。通过多日谈判之后，吉利通过沃尔沃最终获得沃尔沃安全和环保技术的使用权、沃尔沃关键的技术及知识产权的所有权以及沃尔沃为实施其既定的未来战略商业计划所需要的所有福特相关知识产权的

〔9〕 所谓汽车共用平台，是指汽车在开发、生产过程中，几个车型共用一个平台生产。生产出来的车型在外形、功能上可能不尽相同，但却有着相同的底盘和车身结构。汽车平台就相当于房屋的地基。平台确定之后，就可以根据不同的需求，选择不同的车身外形，不同排量的引擎在很大程度上满足了汽车市场的个性化需求。

使用权[10]。

在汽车领域的收购中，之所以在知识产权上一直出现收购方与出售方剪不断理还乱的关系，主要是因为汽车产业链跨度很大，一种车型的生产需要的不仅仅是单一汽车生产商的技术，这其中还会牵涉供应商的技术，如发动机、动力总成、电子系统、制动系统的技术等。另外，由于很多汽车厂商之间都会存在或多或少的技术许可、分享或零部件供应关系，使各厂商之间在技术上相互依赖、相互交织、相互融合现象极为普遍。如果其间还有股权控制关系，其间的知识产权关系将会更加错综复杂。因此，建议在中国车企，无论是整车还是零部件制造商日后进行境外收购时，一定要注意事先对知识产权的调查，并且不能盲目相信被投资方关于能轻易解决该等问题的承诺。

四、不能顺利将购得的技术引入中国

在近些年的中国制造业企业境外收购中，很多企业都宣布其获取了一些技术或技术的使用权，比如上汽集团于2004年12月宣布购得罗孚几乎所有技术核心的知识产权，其中包括罗孚1.1L～2.5L全系列发动机、75型和25型两个核心技术平台。2009年12月，北汽也宣布购得萨博部分知识产权，包括现款萨博9－5、9－3等三个整车平台和两个系列的涡轮增压发动机、变速箱的技术所有权。2009年1月，潍柴动力宣布获得博杜安公司的相关资产以及管理人员、技术人员和工人等。潍柴动力还宣传其通过入股德国凯傲可使其掌握高端液压技术，三一重工将全部拥有普茨迈斯特的技术、专利，以及其遍布全球的基地和销售体系。

笔者认为，在中国企业看似无限风光地购得有关技术后，其将收购来的技术引入中国，并为其中国员工彻底掌握，可能会是一个相当漫长甚至痛苦的过程。原因如下：

首先，中国很多企业到境外购买技术本来就是因为其缺少相关技术及缺少研发有关技术所需的人才。而技术的消化和吸收恰恰需要能读懂及理解相关技术的人才，在这一过程中，仍然需要被收购方甚至必须借助第三方

---

〔10〕 赵福全：《吉利将拥有沃尔沃技术的所有权及使用权》，载网易汽车网：http://auto.163.com/10/0330/17/631R1FP4000816HJ.html，最后访问日期：2015年5月12日。

技术人员支持。然而,并非所有境外技术人员都愿意长时间来中国提供技术支持,在发生被收购方突然破产或其他情况下,被收购方的支持可能还会中断。另外,再加上技术保密等多方面的考虑,中国企业可能要花费相当长的时间和高额费用去消化和吸收购得的技术。

比如,北汽于2009年就购得了萨博汽车2005年之前开发的一些知识产权,但过了差不多三年半之后,才于2013年5月正式推出首款中级车“绅宝”。而且,这还是在奔驰提供工程师协助北汽对“萨博”技术自主进行研发之后。这其中,可能还与萨博汽车破产,对北汽的售后服务受到影响有关。

另外,“技术不像面包那样可以买到,咀嚼并且很快消化”。中国企业要想充分利用被收购企业的技术来生产其自己的产品,不仅需要相应的人才,还必须调整生产线并应用新技术,这都需要花费大量时间和费用。

其次,如果中国企业收购的是境外公司的股权,尤其是部分股权,因境外公司在法律上完全独立于中国企业,中国企业也无法随心所欲地把技术转移至中国总公司。如果通过技术许可来实现获取技术的目的,通常也须按公允原则支付技术技术许可费。另外,在国际上通过收购获得技术是很正常的事情,但因中国企业在海外的一些负面新闻,本来是顺理成章的技术转移或技术许可都可能被认为是技术“剽窃”,并因此导致中国企业将被收购企业的技术转移到中国境内遭受很多阻力。

例如,韩国媒体曾报道京东方在2003年以4000亿韩元收购了BOE之后,不断通过签订技术使用许可协议获得BOE的LCD核心技术,最终使BOE面临着工人将被裁掉一半、工厂倒闭的危险[11]。此外,中国盛大网络收购韩国在线游戏企业Actoz等也经常被引作为“杀鸡取卵”的例子。2004年,上汽收购韩国双龙汽车。2005年10月18日上汽发布了S-100计划。这一计划的核心内容是,双龙与上汽在中国以50:50的比例合资建厂,2007年年底使双龙产品实现国产化。结果双龙工会对这一计划进行了分析,得出的结论是“计划将导致双龙核心技术和人才的流失,而且零部件图纸也会流失,供应商会成为受害者,这将导致产业链的大规模重组和地区经济的崩溃”。由于S-100计划受到双龙工会反对且中国国家发展改革委也未批准

---

〔11〕《06年7月双龙汽车罢工49天详细调查》,载腾讯汽车网:http://auto.qq.com/a/20090114/000179.htm,最后访问日期:2015年4月30日。

该计划,2006年6月26日,上汽与双龙管理层又签订了L－计划。该计划内容规定,上汽有权在中国使用凯龙车型的相关技术,并制造、销售基于该技术变更设计的衍生产品及零部件,以此推进修改后的S－100项目[12]。双龙工会得知这一消息后,又认为"这是上汽转移双龙技术的正式开始"。随后,双龙工会展开了规模浩大的罢工,并扣留中方管理人员,致使上汽技术许可计划未能依约执行。

另外,韩国首尔中央地方检察院经过三年调查,认为双龙汽车尖端技术被泄露到上汽,并以违反不正当竞争及营业机密保护相关法律,起诉了双龙汽车综合技术研究所所长李某等7名研究员[13]。

诚然,双龙工会污蔑上汽存在技术剽窃,以及韩国检察院追究其本国人员技术泄露的责任是一个非常极端的事例,不代表其他国家也会有类似的事情发生,但无论如何,中国企业到境外收购技术仍然可能会被以各种方式质疑。建议中国企业在对待技术转让的问题上还是应当慎重,不仅应订立符合国际惯例的技术转让或许可合同,还应与被收购方管理层及工会,甚至东道国政府保持良好沟通,以及利用好当地的媒体为自己正名。

最后,中国企业在并购时所做的一些技术承诺或目标公司与第三方订立的技术协议也可能会阻碍中国企业将技术引入中国。例如,潍柴动力(香港)国际发展有限公司购买博杜安公司相关资产时,曾在收购协议中接受博杜安公司的产品不能在中国生产的限制,致使其无法在中国使用博杜安公司的技术生产该公司的产品。又如,上汽与双龙工会签署的特别协议还规定双龙的研发机构保留在韩国国内,从而丧失将双龙研发机构设在中国境内,而从双龙派遣大量技术人员至中国相互交流或进行培训的可能。另外,目标公司与第三方签订的技术协议中也可能会限制中国企业将技术拿到中国使用,比如通用与萨博汽车订立的许可协议中就明确规定,在中国生产或组装某些使用通用技术的车型必须得到通用的同意。

---

[12] 《06年7月双龙汽车罢工49天详细调查》,载腾讯汽车网:http://auto.qq.com/a/20090114/000179.htm,最后访问日期:2015年4月30日。

[13] 《韩国检察院称双龙向中国上汽泄露尖端技术》,载环球网:http://finance.huanqiu.com/roll/2009－11/629953.html,最后访问日期:2015年4月30日。

五、不能妥善处理与当地工会或员工的关系

在诸多发达国家,任何企业都无法绕过工会这一强势势力。工会组织作为企业员工合法权益的维护机构,在一定程度上会对并购的过程甚至结果造成影响。

首先,在中国制造业企业并购境外知名企业的过程中,或多或少地都会受到工会的阻扰。比如,就在三一重工宣布并购德国“大象”当天,即有海外媒体爆出700名“大象”员工聚集在工厂门口,对此事表示抗议。当时,德国五金工会(IG Metall)主席还评论称,三一重工并购德国“大象”对德国工业来说是“一大灾难”。幸运的是,中国制造业的很多收购都在当地工会的反对声中最终完成交割。但是,也有个别的企业因未能妥善与目标企业的工会进行沟通或忽略工会的利益而最终失败。例如,北汽在并购前没有与当地的工会组织进行有效的沟通,以消除他们对中国企业的误解和歧视,结果遭到了欧宝工人组织的强烈反对。他们的理由是北汽并购的目的只是获得欧宝公司的先进技术和品牌,并不是真正想发展壮大欧宝公司,并且他们认为北汽没有全球汽车生产的经验和国际化管理能力,也没有能力带领欧宝走向更辉煌的未来。另外,在北汽的报价方案中也可以看出其对欧宝工会的忽略。在其竞争对手麦格纳及RHJ International都明确承诺给予欧宝员工一定股份的情况下,北汽却仅考虑了其与通用在新欧宝中的利益分配,而根本未考虑以股份换取工会的支持(详见表4)。这或许是导致北汽在竞购欧宝时败北的另一个重要原因。

其次,在完成对目标企业的收购之后,与工会保持良好关系的重要性更是不言而喻。例如,上汽收购韩国双龙后,一直被韩国强大的工会势力所困扰,并最终因为双龙工会的反对和多次罢工而被迫放弃双龙,任其走向破产。

事实证明,进入韩国双龙之前,上汽未对韩国工会法律制度和工会实际享有的权利做深入的研究,并导致其对韩国工会的影响力评估不足,以至于其在真正遇到罢工时也不能采取适当的方式进行应对。2006年,双龙汽车发生罢工后,上汽方面就采取了单方面强硬态度,宣布冻结工资,结果激化了矛盾,导致工会一再罢工。工会多次罢工大大提高了韩国双龙的运营成本,并影响了上汽原定技术转让计划的实施,最终双龙因销量不达预期等原因陷入严重财务困境,并被进入“回生”程序。虽说上汽事先了解韩国的工

会制度并不一定能阻止工会的罢工，但相信至少可以让上汽更妥当地处理其与双龙工会之间的关系，避免与工会矛盾的激化。

事实上，制度、文化兼容是企业跨国并购和经营面临的重要方面，但做好准备工作，悉心研究对策，开创双赢的局面，并非不可能。例如，就美国通用汽车收购韩国大宇的案例，中间也因工会的反对几经周折。收购之初，通用汽车被韩国舆论指责为“美国企业染指韩国核心产业”，通用派出的高层在其住所内被大宇工人围攻达三个月之久。但通用进入大宇后非常重视和工会的沟通。比如，定期举行联谊活动，并借助当地政府的力量，让政府明白通用收购大宇是在帮助政府解决问题等。另外，进入大宇之初，通用汽车就直接解雇了4000名韩国工人，但通用汽车的策略是在收购谈判期间就签署明确协议，管理层有哪些是不能留用的，必须裁员的原因，并承诺待公司情况好转后会重新聘用员工。2006年3月，曾经被通用汽车大宇解雇的1725名员工被重新聘用。通用汽车用实际行动实现了其所作的承诺，所以通用汽车不仅得到了工会的支持而且还得到了舆论的高度评价。

第四节 中国制造业企业境外投资未来展望

一、中国企业制造业境外投资将逐渐超过资源类投资

就中国企业境外投资的产业而言，中国制造业境外投资有超过资源类投资的趋势。中国商务部投资促进局局长刘殿勋于2014年4月17日在首届中国跨境投资并购峰会上表示，近年来中国跨国并购发展迅速，从产业上看，投资领域已经从能源、矿产行业逐步向高新技术、高端制造业进行转移。据毕马威公司的统计，虽然在历史上资源类投资一直占据重要地位，但近几年来，制造业的比重出现了较为明显的上升。而发达国家对外投资一般也是先集中在资源行业，然后转移到制造业和服务业。比照这个规律，中国制造业对外投资将不断增长甚至可能在不远的将来超过资源类的投资。

二、民营制造业企业境外投资将会越来越多

中国制造业境外投资初期，主要以大型国企为主导。比如，较早进行境外收购的上海电气集团、大连机床集团、沈阳机床（详见第94页表3）、上汽

集团等等。之后,民营制造业企业开始加入境外投资或收购的阵营,如 TCL 收购法国汤姆逊、联想收购 IBM 的 PC 业务、吉利收购沃尔沃汽车、金风科技收购德国 VENSYS 能源股份等。

2010 年 5 月,中国国务院发布了《国务院关于鼓励和引导民间投资健康发展的若干意见》(国发[2010]13 号),提出鼓励和引导民营企业积极参与国际竞争,支持民营企业在研发、生产、营销等方面开展国际化经营,开发战略资源,建立国际销售网络,并且支持民营企业之间、民营企业与国有企业之间组成联合体,发挥各自优势,共同开展多种形式的境外投资。

得益于政策的支持,近几年来,民营企业制造业逐渐掀起境外并购热潮。自联想收购 IBM 引起世界轰动后,吉利收购沃尔沃成为中国民营企业跨国并购的里程碑。三一重工收购德国混凝土泵厂商普茨迈斯特,代表着一批中国民营企业走向世界市场的趋势。目前,江苏沙钢、华为、联想、山东魏桥创业、吉利等中国民营企业已跻身世界 500 强。一大批民营企业在海外发展,推动了中国民营企业转型升级,也促进了东道国的经济社会发展,并增进了中国与周边国家及发展中国家的友好关系,实现了互利共赢。

根据目前的发展趋势,可以预期民营制造业企业将会成为未来推动中国制造业海外并购活动发展的重要推动力,并将逐渐超过国有企业的境外投资量。

三、境外投资的目的将从简单的取长补短到整合全球资源

如本章第一节中所述,就目前而言,中国制造业企业境外并购的主要目的还是获取自身缺乏的技术或品牌等资源,从而实现“中国制造”的转型与升级。

但是,近几年来,中国企业这种“头疼医头,脚疼医脚”式的境外并购模式也在逐渐发生改变。相当多的企业已经开始从实现全球化的战略高度进行投资,以求参与全球资源整合,实现全球化运营。这种以全球化为导向的投资至少表现在如下两个方面:(1)中国企业掌握产品设计、关键技术,授权国外生产厂商按其要求生产产品,自己则在全球建立营销网络。比如,中国汽车企业纷纷在境外建立 KD 制造厂,基本都是采用向当地合作伙伴输出技术、管理、工艺、商标使用权,在获取授权费及服务费的同时,自己掌握车辆的统一销售权。(2)中国企业通过并购境外制造类公司在全球范围内建立

生产基地，自己负责产品的总装与营销。这方面的例子如柳工于 2009 年收购波兰 HSW（Huta Stalowa Wola，具有钢铁般意志的炼钢厂）公司。HSW 是波兰唯一一家生产民用重型工程机械设备的企业，能够生产推土机、装载机、挖掘装载机、吊管机及夯土机等产品。在柳工收购 HSW 工程机械业务之时，HSW 的产品通过 Dressta 遍布欧洲、俄罗斯、中亚、亚太、中东、非洲、北美和拉美一百多个国家的经销商网络销往全球。通过收购 HSW，柳工得以 HSW 为平台在欧洲市场建立高效的研发、采购、生产、营销及配件服务网络，大幅度节省海外建设新工厂的费用与时间，从而可以快速地把东欧市场发展成为柳工第二大本土市场。

中国企业的前述投资模式实质上是将海外并购变成了与目标企业的全球合资，有助于并购双方建立起“你中有我，我中有你”的战略合作关系。相信在未来的一段时间，中国企业为创造并分享全球化盛宴，以实现全球资源整合为目的的境外投资会越来越多，终有一天中国企业会完成从“大而不强”向“由大而强”的转变。

四、产业资本将更多地与基金联手开展境外投资

在中国制造业企业境外收购的初期阶段，基本采用纯现金收购模式。2008 年以来，私募股权投资基金也作为收购方积极参与中国企业海外并购，促成多笔大型交易。在这方面，比较有代表性的案例包括中联重科联合弘毅投资、高盛、曼达林三家私募基金，以 2.71 亿欧元收购意大利工程机械企业 CIFA 的 100% 股权，以及三一重工联手中信产业投资基金收购普茨迈斯特。

携手产业基金进行联合收购标志着中国企业开始注重专业团队的力量和作用。而事实证明，基金的参与确实能使得并购更加专业，也有利于提高收购的成功率。在并购中，基金可以发挥的作用至少包括：（1）充当撮合的角色，投资并购的前期谈判很复杂，有一个专业机构在其中进行撮合，可以起到非常重要的推动与协调作用；（2）基金具有比较丰富的投行经验，对标的企业有充分调研，了解标的企业地区相关法律文化知识，可以参与设计并购方案；（3）为企业提供专业建议或帮助企业多方沟通，以弥补中国企业在海外并购中对法律法规的陌生、文化水土不服等方面的不足；（4）具备跨国收购的专业知识和专业技巧，可以为企业制定良好的收购策略；（5）对项目

提供财务融资支持；(6)由于股权投资的特点，基金在投资之后一般会成为企业股东，参与企业管理，除了提供管理经验外，还会为企业带来众多行业资源。基于基金具备的如上重要作用，产业资本与基金联手，或将成为未来跨境收购的主流。

第六章 中国企业境外文化教育领域的投资

第一节 文化教育投资在大国强国道路上的意义

一、文化软实力与话语权

美国学者约瑟夫·奈在20世纪90年代初提出了“软实力”这个概念。在约瑟夫·奈的定义里，软实力主要包括政治、文化、外交三个方面。在他看来，经济力、军事力、科技力这三个是硬实力，政治、文化、外交则是软实力。作为软实力的基础和构成要素之一，文化软实力有其独特性，首先应该是原创的，其次应该有话语权和影响力，最后还应该具备对内凝聚力和对外亲和力。提高文化软实力是增强民族凝聚力的重要途径，也是塑造国家形象和增强综合国力的重要手段，更是新时期推动国家经济发展方式转变的重要力量。

文化话语权也即文化影响力，是一个国家文化软实力强弱的重要标志。文化话语权集合了一个国家文化领域的全部智慧，是一个国家为了发展经济、政治、文化和维护国家安全，独立自主地开展文化传播和交流，维护国家文化安全和文化权益的权力，它本质上是一个国家的文化主导权，其中包含了文化话语的创造、文化话语的表达、文化话语的传播、文化议题的设置和文化发展权等。一个国家的文化话语权越强，越能保障自己的文化权利，越能维护本国的文化安全和文化权益，文化软实力也就越强。

二、强大的美国文化软实力

美国的崛起归因于其物质性成长与社会性成长，或者说是硬实力与软实力发展的高度平衡。美国拥有强大的硬实力，这是不争的事实。然而，对于美国来说，最大的优势还是拥有强大的文化软实力。迄今为止还没有任何国家的文化软实力能与之相提并论。美国著名政治家布热津斯基曾经说过：“如果说罗马帝国奉献给世界的是法律，大英帝国奉献给世界的是议会民主，那么美国奉献给世界的就是科学技术和大众文化！”德国学者约瑟夫·杰弗在总结美国文化全球扩张这一现象时指出：“美国文化，不管是阳春白雪还是下里巴人，其传播的力量与当时的罗马帝国不相上下且颇有新意。罗马及前苏联的文化影响止于其军事力量的尽头，但美国的软力量统治着一个日不落的帝国。”

美国拥有世界最强的文化话语权，文化全球化从根本上来说是美国文化的全球化。美国文化是西方文化的典型代表，美国也试图不断把本国文化推广到世界各地。最典型的例子是美国把其政治文化简化为六个字：自由、民主、人权，简短的美国历史成了各界精英津津乐道的“美国故事”。对此，约瑟夫·奈曾说：“不管我们做什么，美国的大众文化都具有全球影响，好莱坞、有线电视网和互联网的影响无所不在。美国的电影和电视节目宣传自由、个人主义和变革。笼统地说，美国文化的全球影响力有助于增强我们的软实力——即我们的文化和意识形态的号召力。”[1]

美国公民高度重视和尊重自己的历史文化传统。大学里就有怎样讲述美国故事的学习课程，课程要求学生从电影、电视、广播、出版、报刊等不同领域讲述美国故事。事实上，因为难得所以倍加珍惜，美国由于历史短而越发感到文化的可贵性，各级政府充分重视文化的发展，不仅在财政上加大扶持力度，还以小预算撬动更大的社会资本参与。一般来说，美国财政对文化项目的支持占文化项目总资金的9%，这种资金支持带来了巨大的社会吸纳效应。政府对文化产业的支持即使在金融危机的环境下也丝毫不放松。例

---

〔1〕 参见[美]约瑟夫·奈著：《美国霸权的困惑：为什么美国不能独断专行》，郑志国等译，世界知识出版社2002年版。

如,哈德逊郡是新泽西州一个落后的地区,郡政府采取包容普惠的文化政策,动用有限的财政支出尽可能地鼓励和支持文化团体的创造活动。政府一年的扶持经费约是10万~20余万美元,一共资助了30多个艺术群体。

此外,美国文化之所以能抢占世界文化的话语权,最重要的一点是美国的文化市场是将国内与国外联系在一起的。做文化市场最主要是文化机构。美国文化机构定位的是世界文化市场,为人熟知的有以创新动画、电视和数码媒体的展示而闻名的"移动影像博物馆";以影音媒体资料库著称的"佩利媒体中心";以文化项目中介见长的"国际子午线中心";以现代艺术著称的MoMA现代艺术博物馆;以及美国报业协会、美国广播协会、世界环球影视中心、好莱坞等,它们的业务都是根据世界市场策划的。

【案例一】

从迪士尼电影《花木兰》看美国文化霸权[2]

美国文化霸权就是美国致力于把其物质生活方式、人生观和价值观作为一种普世的行为准则加以推行,赋予自己在文化上的支配地位。作为美国文化产业支柱之一的好莱坞电影,已经成为其推行文化霸权的强大工具。

"文化霸权"这个词最早是由意大利共产党创始人葛兰西提出来的,它指的是统治阶级将有利于自己的价值观和信仰普遍施行于社会各阶级的过程,而这个过程是依赖大多数社会成员的自愿认同、非暴力的缓和意识形态的控制等手段来实现的。《花木兰》似乎为东方主义提供了一个绝佳的注脚:"东方几乎是被欧洲人凭空创造出来的地方,自古以来就代表着罗曼司、异国情调、美丽的风景、难忘的回忆、非凡的经历。"

迪士尼中的花木兰已不再是中国传统思想"三纲五常"、"三从四德"下贤妻良母的女性典范,而是一个勇于自我抉择生活道路、走出闺房与男人平分秋色的女性形象。西方价值理念的植入,使木兰身上背负了现代女性的人生观和价值观,显示出与现代人更贴近、更真实的特点。而影片中木兰的坚强、英勇、机智、可爱、活泼、聪明、调皮的多重性格,更是以全新形象走入观众心中。更有创意的是在《花木兰2》中,创作者又塑造出一个有着现代婚

[2] 张楠:《从迪士尼电影〈花木兰〉看美国文化霸权》,载《时代报告》(学术版)2011年第11期。

姻观念的花木兰，不仅自己敢于积极追求真正的爱情，还激励深宫中三位公主打破陈规，寻找她们自己的幸福，从而也就了违背了“婚姻乃媒妁之言，父母之命”这一中国传统。在此，我们不难得出，迪士尼在这部倾注心血、第一次传达与中国文化有关的经典故事中所强调的主题精神——个人主义和女权主义。花木兰独立、勇敢、追求个性解放，在“个人奋斗”的人生轨迹中所表现出的对自我价值的肯定，对“男女平等”意识的强烈认同。

迪士尼“异化”了花木兰代父从军的传奇，侵蚀了中国的文化价值。美国电影以艺术为名，正在以强大的影响力推行着其文化霸权。作为观影者，我们都要保持对美国电影的清醒认识和警惕。在全球化的大背景下，我们更要采取有力措施，保护好我们自己国家的民族文化独立性。

三、中国文化软实力现状

中国拥有独具特色的传统文化遗产，五千年的中华文明给我们留下了极其深厚的文化资源。中国文化是奠定中国大国地位的重要因素，汉唐文化孕育的辉煌盛世，其辐射效应影响了之后中华文化圈的形成，对中国的统一乃至对世界都产生了巨大影响，到今天还有不少亚洲国家将中华文化当作本国民族文化加以传承。近年来，中国与外国文化的不断交流和碰撞产生了“中国热”，2004 年 11 月我国在韩国首尔成立全球首家孔子学院，迄今为止已在全球成立了上百家孔子学院。以美国为代表的许多国家受中国文化的影响，已把汉语作为本国的第二语言。另外，各种中国文化节、文化年陆续在美、英、韩、俄等国家出现。这种以传统文化为沟通桥梁的“文化外交”，打破了信息封锁，对扩大中国文化的市场和影响力，塑造国家形象和建立普遍信任起到了重大作用。

举办一系列大型文化活动，开展文化外交，宣传中国的巨大发展成就，加强了中国同世界文化的交流，促进了港、澳、台同胞对中华文化的认同。中国在奥运会之后赴英国、澳大利亚和欧洲部分国家开展奥运主题系列活动，在展现中华文化的独特魅力的同时，也宣传了中国自改革开放以来所取得的巨大成就。2010 年的上海世博会以“中国看世界，世界看中国”为主题，世博会的开展切实地扩大了中国的影响力，进一步加强了中国在世界的文化影响力。

然而，作为新兴的大国，中国与其他发达国家相比，软实力方面还存在巨大的差距。首先,中国的国际文化传播逆差严重。改革开放以来,中国发生了翻天覆地的变化,越来越多贴着外国商标的电影大片、摇滚乐、米老鼠等一系列反映大国文化价值观的东西冲击着中国市场。20 世纪 90 年代后,美国高科技发展迅速,工业创新成果不断涌现,肯德基、麦当劳一度成为人们的便餐,XO、人头马的销售势头日盛一日,可口可乐、百事一度成为中国饮料界的"大哥大"。我们不得不面对这样一个现实,有着五千年华夏文明的中华民族正面临着"文化逆差"的巨大尴尬。根据教育部哲学社会科学系列发展报告中的《2013 年新闻出版业年度发展报告》显示,中国依然缺乏具有强大影响力的产品和品牌,尤其是新闻出版业的贸易逆差带来的巨大"文化逆差"、"文化赤字",新闻出版业虽然在不断"走出去",但并没有"走进去"。相应地,新闻出版业国家传播的绩效评价标准也应随之改变,光看版权输出量或贸易逆差是完全不够的,更应该有长期跟踪的时效考察机制。

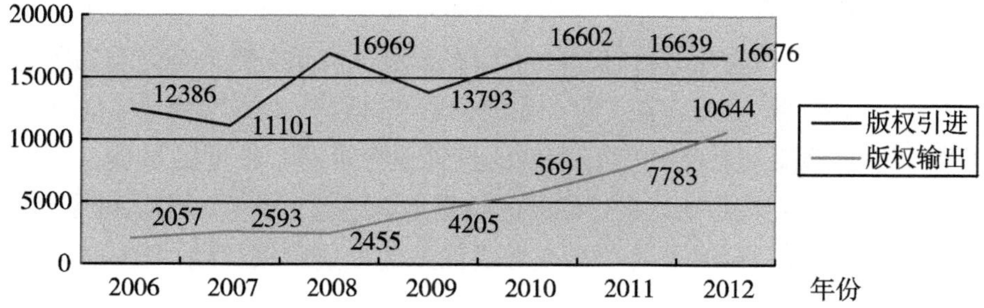

图 1　新闻出版业版权引进和输出情况(单位:项)

其次,丰富的文化资源并未转化为现实的竞争力。中国拥有五千年光辉的历史文明,留下来的文化遗产不胜枚举,理应拥有全世界的文化影响力。中国的功夫和针灸术在西方现在才开始有所耳闻,而日本的寿司、卡拉 OK、精细化管理却长期风靡西方,韩国人从中国的端午节获取灵感,以"江陵端午祭"的名义向联合国教科文组织申报为"人类口头和非物质遗产代表作"。经济领域我国取得了巨大的成就,中石化、中移动正在向世界五百强挺进,文化领域我们却没有一个蜚声国际的代表品牌,这是一个令人尴尬的事实。全国数百家出版社的收入总和,不及德国贝塔斯曼集团一家的年收入,全世界每 100 本图书中有 85 本由发达国家流向非发达国家,全世界每 100 小时音像制品有 74 个小时由发达国家流向非发达国家,对比是悬殊的。

上述种种问题说明，在大国强国成长道路中，文化教育领域的投资意义重大。中国应该重视文化教育领域的投资，尤其要重视国际文化话语权的影响力。

◇ 第二节　中国境外文化教育投资现状及问题分析

一、发达国家主导的境外文化投资市场

20 世纪 90 年代以来，随着国际经济一体化的进程加快，我国的综合国力不断增强。中国政府加大了对国内企业“走出去”的扶持力度，越来越多的中国企业开始到海外进行文化投资，中国的对外投资时代正在到来。

境外文化教育投资是企业境外投资的重要组成部分。20 世纪 80 年代到 21 世纪初，全球文化贸易总额一再激增，这些文化贸易绝大部分发生在少数发达国家之间。随着我国文化产业的快速发展以及文化“走出去”战略的不断推进，我国对境外文化教育领域的投资也有了不小幅度的增长。但从总体上看，我国在境外文化教育领域的投资增幅还远远落后于发达国家，特别是与美、德、英、日、韩等文化产业势头强劲的发达国家相比，我国在境外投资的文化教育产业零乱缓滞，文化本土资本价值挖掘不力，这种滞后的局面在未来若干年内还将持续。究其原因，我国境外文化教育投资在国际上不占优势，主要是基于我国的基本国情、国际地位、世界格局、全球文化环境等客观条件。

文化产业巨舰的打造和民族文化品牌的形成，可以极大地推动文化产业以及相关产业的发展，从而形成庞大的文化经济网络，为该国的全球利益赢得巨大的升值空间。比如，美国电影在世界电影领域占有绝对优势，但其最大两家电影公司——哥伦比亚公司和福克斯影片公司却分别属于日本索尼公司和澳大利亚的默克多新闻集团〔3〕。而中国很少有这样的企业。

随着各国文化贸易越来越倾向于国际化，文化产业传播越来越得到国

〔3〕 金冠军、郑涵等：《冲突·融合·发展——关于文化全球化和 WTO 的思考与对策》，台湾学林出版社 2003 年版，第 277 页。

家重视,经济、文化全球一体化进程已成为近年来世界贸易的一个新特点。综观全球文化贸易大势,其在过去 30 年间一直保持着持续增长势头。根据联合国教科文组织资料显示:从 1980 年到 1998 年间,印刷品、文学作品、音乐、视觉艺术、摄影、广播、电视、游戏和体育用品等文化贸易的年贸易额从 953 亿美元猛增到 3879 亿美元[4];2001 年美国文化产品出口额达到 889.7 亿美元,成为美国最大的出口行业,超过第二位"化学原料及有关产品"产业近 143 亿美元;2005 年韩国文化商品出口总额超过 10 亿美元,进入文化经济的高速增长期[5]。在世界文化贸易中,发达国家与发展中国家面临着截然不同的现实处境,西方发达资本主义强国以自身强大的经济实力为背景,利用国际文化贸易规则和文化产业的强势竞争力夺取了国际文化贸易领域的主动权,世界文化贸易呈现出明显的不平衡状态。

世界上绝大部分的文化贸易产生于少数发达国家之间,发展中国家在文化贸易中所占的份额极小,并表现出持续丧失其在国际文化贸易市场中的份额的消极趋向,微薄之势日趋凸显。跨国公司垄断国际文化市场的现象也十分突出:时代华纳、迪士尼集团、派拉蒙及其旗下的梦工厂等超大型综合媒体公司几乎掌控了全球文化影像传媒市场,占了整个文化消费领域 50% 以上的市场份额,覆盖了绝大部分的大众文化消费力,这其实预示着全球文化传媒业的未来发展向度[6]。可以说,跨国文化产业巨头主宰着几乎全球文化市场的全部游戏规则。凭借充足的资金优势,跨国文化产业公司面向全世界开放式投资,实行国家间、地区间、行业间的资源重组。跨国文化产业巨头代表的产品生产方式、内容结构和价值取向,正左右着各国文化产品的创意取向,主导着国际文化消费趋向,其经营理念和管理模式被视为国际通行的文化企业运营准则。任何有意在国际文化市场占有一席之地的后发国家,不得不争相引鉴跨国公司的生产经营管理模式,并按照其生产的文化产品内容标准进行生产营销。我国愈发浓重的文化商业色彩,以及衍生高涨的文化营销热潮正是这种引鉴的反映。

由此可见,国际文化贸易与综合国力息息相关,唯有强大的综合国力才

---

[4] 李怀亮:《西方文化产业及文化贸易的总体格局》,http:/lwww. szwen. gov. cn/dartmen viewnews. asp,最后访问日期:2015 年 5 月 10 日。

[5] 参见赵小磊:《文化产业全球迅速崛起》,载《光明日报》2004 年 11 月 3 日。

[6] 张胜冰、徐向显、马树华:《世界文化产业概要》,云南大学出版社 2006 年版,第 14 页。

能带动文化贸易水平的提升。在这其中,跨国公司已成为全球文化贸易的主导力量。

二、我国企业对外文化投资的可行性

发达国家在文化贸易领域制约发展中国家的情形非常明显,且在短时期内无法实现实质性扭转。但近年来我国开始加大对境外文化教育领域的投资,并接连开创了备受关注的特色文化业态,造就了举世瞩目的文化经济产值。这些变化发展都不断改变着强国操纵下的文化贸易机制,并通过逐渐变革各种贸易关系,更迭相关贸易流程,拓展多元贸易链条等开辟着国际间文化贸易往来互通的新格局。

我国开展对外直接文化投资不仅必要,而且具有现实可行性。我国经济发展起步较晚,对外文化投资起步更晚,对外投资在资金、技术、管理方面存在一定劣势,但是我国具备对外投资的相对优势,如在总体国力和高科技领域领先于其他国家,这为我国外向型企业开展对外文化投资提供了现实可行性。

(一)综合国力的提高和国家政策的支持

2013 年,中国的 GDP 总值已位居世界第二,充足的外汇储备为中国企业开展对外文化投资提供了强大的资金保障,也加强了外商与中国企业的合作信任度。中国综合国力的增强和外汇储备的增加已成为我国企业发展境外文化投资的重要竞争优势。政策方面,我国与世界上许多国家签有投资保护协定和避免双重征税协定,这为中国企业对外文化投资提供了良好的政策背景。

(二)文化教育各领域隐含的投资机会

文化教育集中在网络游戏、曲艺音乐、游艺休闲、动画动漫、信息数码、综艺娱乐等领域,各领域都隐含着潜在的投资机会。以数字电影为例,一般而言,大众所理解的电影产业仅仅包括电影制作和国内外发行,其实完整的电影产业还包括电影衍生产品和后开发产品,电影衍生产品包括主题公园、电影配乐及主题曲、出版物、玩具、服装等产业领域的研发,电影后开发产品则包括电视台、网络无线电视、有线电视等的授权播放,以及光盘、DVD、VCD 等的录制。数字化电影具有独特的数字转化能力和便利的放映发行措施,能够进一步衍生成 DVD、VCD 和光盘等产品,尤其是动画影片更可以根据电影元素和情节创作出玩具和游戏光盘等产品。另外数字电影行业内部的技术应用开发、设备修理与维护、技术人员培训等都存在巨大的投资空间。

数字电影播放方式多样，渠道来源广，使电影中的广告植入、广告贴片效果明显，符合了广告媒体广泛宣传的效果，为数字电影增加了创收，扩展了融资渠道。对投资者而言也是一种降低投资风险，保证投资成本的有效途径。以华谊兄弟传媒股份有限公司为例，电影衍生业务的发展使投资者更有信心支持文化投资项目，间接扩展了投资机会。

表1　数字电影中广告宣传效应例证〔7〕

衍生收入	2009年1~6月	2008年	2007年	2006年
植入式广告	200	2280	/	/
贴片广告	279	2176.62	1529.05	1251.83
公关活动	/	347.4	893.26	839.8
广告互换	/	50	50	/
元素授权及其他	220.93	215.83	82.21	95
无线增值	/	/	/	70
合计	699.93	5069.85	2554.52	2256.63

（三）特色产品和特色投资渠道

传统文化产品是一个国家历史文明的传承和延续，中国拥有五千年灿烂文化，跟绝大多数发展中国家相比具有明显的竞争优势，在中国对外直接投资中可以拔得头筹。而居住在他乡的华人，因为拥有相同的文化语言背景，互相之间容易沟通和交流。依靠这种特有的华人渠道，在侨民集中的地区直接进行投资生产特殊产品，是中国跨国公司发展境外直接投资的一种特有渠道。比如福建省是著名的侨乡，绝大多数福建海外企业是通过华侨牵线搭桥建立起来的。

文化投资的另外一条渠道是通过不同文明的相互交汇实现封闭地缘格局的突破。以新丝绸之路为例，2014年6月22日，由中、哈、吉三国联合申报的丝绸之路“长安—天山廊道路网”成功申报成为世界文化遗产，成为全球首例跨国合作、成功申遗的项目。丝绸之路的成功标志着“丝绸之路经济

〔7〕孙红、郝治军：《华谊前传——一个文化企业谋求上市的艰难博弈》，载《新财富杂志：封面故事》2009年11月号。

带"和"21世纪海上丝绸之路"战略以文化的名义进入了实质性的战略实施阶段,此文化融合的外表下是一次地缘政治格局的突破。

【案例二】

新丝绸之路:两大文明的再次交汇[8]

作为最大的发展中国家和最大的发达国家联合体,中欧是维护世界和平的"两大力量"。新丝绸之路将是两大力量相遇迸发的新力量。作为世界上两个重要经济体,中欧是促进共同发展的"两大市场"。新丝绸之路将是两大市场相融开发的新市场。作为东西方文化的重要发祥地,中欧是推动人类进步的"两大文明"。新丝绸之路将是两大文明交汇创造的新辉煌。

新丝绸之路,是两大力量的结合。现在中欧都在努力重新崛起。中国正稳步实现民族复兴的中国梦,欧洲一体化也是几个世纪以来欧洲人民追求持久和平繁荣的梦想。中欧都在走前人没有走过的路,做前人没有做过的事。中国全方位向世界开放,在迈向海洋的同时,继续发挥传统农耕文明所培养出的善走陆路的特长,再度走向欧洲。而今天我们强化陆路沟通,不会拒绝海洋;强调海路通达,不必拒绝天空。人类正进入"太空时代",网络正推出"智慧地球"。新丝绸之路,不只是两点相连,也是立体的交叉、多元的汇通,是政策沟通、道路联通、贸易畅通、货币流通、民心相通。焕然一新的中国与欧盟,当然不是去重现两千多年前由商旅驼队、士兵僧侣和帝王将相们在农耕文明的晕光下"走出"的昔日辉煌,而是志在使亚欧两大板块的经济联系更加紧密、相互合作更加深入、发展空间更加广阔。

新丝绸之路,是两大市场的相融。在全球产业发展变化中实现中欧合作创新发展,双方正努力扩大贸易和投资合作,推进投资协定谈判,反对各种形式的保护主义,推动发展开放型世界经济,制定并实施好《中欧合作2020战略规划》,培育和开发好城镇化、科研创新、航空航天、绿色经济等合作增长点,推动中欧合作向更高、更新、更前沿领域迈进。

新丝绸之路,更是两大文明的再度交汇。这是在巴黎举行的以"丝绸之路——中西文化交流的永恒通途"为题的论坛所热议的话题。正如太湖

---

[8] 叶小文:《新丝绸之路:两大文明的再度交汇》,载《人民日报》2014年3月27日第21版。

文化论坛名誉主席张梅颖女士响亮地提出的:“让思想的丝绸之路永放光芒!”

三、我国对外文化投资遇到的问题

我国对外直接文化投资增长迅速,也出现了许多亟待解决的问题,主要有以下几个方面:

企业体制僵化。由于历史原因,中国企业大部分还是国有或国有控股企业。国有企业在治理结构上存在诸多问题,包括所有者和经营者目标取向不一致,责权不对称,激励和约束机制缺乏,这使国有企业总体缺乏效率,在国外市场竞争中活力不强,总体竞争力低下。另外,我国企业在一些方面与国际惯例有一定差距,与国际的财务管理、技术标准以及产品质量标准不同,这也使企业在国外竞争中处于劣势地位。

资金短缺。我国国有企业长期效率低下,没有足够的资金开展对外文化投资。金融体系的不健全导致了资本市场的不发达,我国的国有银行并未与国际接轨,银行因对企业的海外投资项目缺乏科学和全面的评估,故存在“惜贷”现象。

人才匮乏。高素质的人才是跨国经营的根本,技术、财务、法律和营销等方面都需要注重人才的培养。由于传统体制因素的制约,我国的人才待遇和培训机制与外企相比远远落后,这导致了人才的大规模流失。高素质人才的缺乏使企业面对国际投资时面临更大的风险。

信息缺乏。对外直接投资需要对相关国家的政治、经济、法律、文化、习惯、行业有全面准确的了解,不然,即使有对外投资的愿望也很难展开相应的计划。有时虽然实施了,但最终因信息缺乏而破产。

管理环节过多。管理环节多、审批时间长一直都是我国行政机关的诟病。根据相关企业的反映,有些项目需要花 2 ~ 3 年的时间进行审批,不利于企业抓住商机。

监管体制不畅。监管环节一直是易被忽略的环节。尤其是对于国有企业更要加强监管,这是提高经营效率,防止国有资产流失的重要手段。目前,境外企业监管制度亟待改革和完善。

此外,我国的语言习惯和文字内容与欧美等国家相比也存在巨大的差距,鸿沟阻碍着双方之间的正常沟通。由于我国文化的特殊性,文化隔阂真切地存在于我国与全球大多数国家之间，作为全世界屈指可数的几个社会主义大国中的一员，意识形态的差异是摆在我国与众多资本主义国家之间的拦路虎。除了上述既成的国力局势、厚重的文化积淀、深刻的历史因素、敏感的政治观念等不利因素之外，还有就是较短时间内难以逾越的国际文化交流障碍。

法律、政策环境各异，其中包括国际法律规则以及贸易国的文化政策、法律法规等。当今世界文化贸易的国际法律环境主要体现为两大国际组织主张的原则——世界贸易组织 WTO 的“自由贸易”原则和联合国教科文组织的“文化多样性”公约。前者从自由贸易的观点出发，要求贸易（包括文化贸易）全面自由化，打破贸易投资壁垒；后者则站在文化的视角上，认为经济贸易的发展不应侵害各种文化的生存空间，主张在国际贸易规则中对文化贸易持有特例，从而促进和谐互动的文化交流环境，维持各地文化的多样性〔9〕；根据倡导原则与奉行策略的差异，可将世界主要的文化产业大国区分为两大国际阵营，这两大国际阵营代表着截然不同的文化发展观、文化外交理念与文化贸易政策。

境外投资收益与投资国的语言文化、审美趣味、文明程度、宗教信仰、生活习俗、精神需求等密切相关。国家间的文化传统越相似，文化需求结构越接近，其间的文化投资成功率也就越大。无论在生活习惯、思维方式还是在价值观念上，中西方的差距仍然很大。欧美国家的消费者不但对中国文化十分陌生，在深层心理结构上存在疏离和摒弃，并且习惯以发达国家文明人士的姿态居高临下，对尚处发展中国家之文化显露鄙薄之情，斥为落后国家之落后文明。可见，我国文化在国际市场不但缺乏亲和力，更重要的是，一个经济实力上不强大的国家也就没有文化发言权，也就不能代表先进的文化形态，谈不上任何文化权力与文化产业势力，更缺乏文化传播主动权与文化言说力度。因此，相对于文化消费力强大的发达国家而言，发展中国家由于不能证明其文化的优越性与进步性，显得毫无立足优势。而对于文化发展故步自封、文化消费力匮乏的欠发达国家而言，则文化贸易的空间更加狭隘，市场更加贫瘠，交流更加困难。

---

〔9〕 韩骏伟：《我国文化产品“走出去”》，载《马克思主义与现实》2006 年第 5 期。

【案例三】

南方报业集团并购美《新闻周刊》为何失败[10]

2010年年中，中国南方报业集团参与并购美国老牌杂志《新闻周刊》，但首轮便被拒出局。

《新闻周刊》是美国华盛顿邮报集团所属的旗舰类新闻杂志，面向全球发行，每期最多发行量高达400万份，在全球新闻类杂志中，影响力仅次于《时代》杂志，也是美国价值观的输出者与制造者。但近年来受网络冲击，《新闻周刊》盛况不再，发行量下滑至150万份；金融海啸之后，广告量更急剧萎缩，处于亏损状态。《新闻周刊》的东家华盛顿邮报集团急欲脱手，但在竞价前，却毫不犹豫地拒绝了出手最大方的中国收购者。

中国方面为了确保这次收购能够成功，下足了工夫，出面的是被西方视为“最开放”、与西方价值观“最接近”的中国南方报业集团，具体操办者向熹更是西方媒体热捧的对象，他在去年美国总统奥巴马访华期间，被美国大使馆钦点独家专访奥巴马。一个被西方传媒视为同路人的中国传媒集团，一个被美国总统拍肩膀的杂志总编，在出手并购美国主流杂志时，居然也被拒之门外，这多少有些出人意料。

在美国看来，传媒是一把灭国于无形的刀、一把会说话的枪，这把刀和枪绝对不能掌握在中国人手中。美国是一个高度讲政治的国家，非我族类其心必异，美国不是担心《新闻周刊》成为中国政府的宣传阵地，而是担心中国会利用《新闻周刊》操纵美国政局，影响美国民意，混淆美国价值观。

美国政府历来是操纵舆论的高手，而且擅长利用舆论霸权对共产以及所谓专制国家进行和平演变和颜色革命，在这方面，美国每年拨出巨款资助美国之音和自由电台。如此，美国又怎么会容忍中国并购美国的核心杂志？

---

〔10〕 摘自香港《太阳报》2014年7月。

第三节 中国文化贸易的行政政策、金融机制和税收政策

一、国内文化贸易的行政政策

(一)国内行政政策概况

近些年来,一系列推动文化产品、服务出口的政策开始出台,这两年的政策效应慢慢显现。商务部服务贸易和商贸服务业司负责人在解读《关于加快发展对外文化贸易的意见》时表示,2003 年至 2013 年,我国文化产品进出口从 60.9 亿美元攀升至 274.1 亿美元,年均增长 16.2%,其中出口额为 251.3 亿美元,是 2006 年的 2.6 倍;文化服务进出口从 10.5 亿美元增长到 95.6 亿美元,年均增长 24.7%,其中出口额 51.3 亿美元,是 2006 年的 3.2 倍。

商务部为了顺利推动文化贸易“走出去”战略,依托海关特殊监管区和自由贸易区,决定建设一批有利于文化产品和服务走出去的平台,并在文化服务出口、文化人才培养、营销渠道扩展等方面给予特殊支持。为了总结有关文化出口方面的相关政策,国务院发布了《关于加快发展对外文化贸易的意见》,这是对文化出口领域研究的一次全面升级。2013 年,我国的对外文化出口额已达到 302.6 亿美元,这都归功于国家政策和意见的及时更新。

对八年之间的对外文化贸易政策进行梳理可以得出,改革开放之初,我国对外文化产品和服务并不多,在国际市场上无直接竞争优势,国家针对这种情况出台了《关于进一步加强和改进文化产品和服务出口工作的意见》,文件的重点内容是要着力培养一批具有国际竞争优势的市场主体,但这一美好的愿望在短时间内没有实现。

2006 年之后是政策频繁发布的高峰期。2006 年 11 月 5 日,《财政部等八部委关于鼓励和支持文化产品和服务出口的若干政策的通知》出台,八个部委分别是财政部、文化部、商务部、海关总署、中国人民银行、国家税务总局、国家广电总局、新闻出版总署。政策首次提出要鼓励文化企业走出去,

在境外成立出版社、广播电视网等,政策性银行要加强对文化出口的支持力度,对从事文化产品和服务出口的工作人员,实行审批一次、全年有效的办法。

2007 年 4 月,六部门共同制定的《文化产品和服务出口指导目录》开始实施。文化产品、服务走出去的统计工作进一步得到完善。另外,国家定期发布《国家文化出口重点项目目录》和《国家文化出口重点企业目录》两个指导目录。列入目录的项目和企业可以享受到更多的优惠。

表 2　近年来我国文化出口政策

政策文件	发布机构	发布时间	核心要点
《关于进一步加强和改进文化产品和服务出口工作的意见》	中共中央办公厅、国务院办公厅	2005 年 7 月 10 日	着力培养一批参与国际竞争的文化市场主体。鼓励、支持和引导非公有制文化企业扩大产品和服务出口。对企业在境外提供文化劳务获得的境外收入不征营业税;对纳税人在境外已缴纳的所得税款,按现行有关规定抵扣。加强出口渠道和国际营销网络建设,加强人员培训。
国务院办公厅转发财政部等部门《关于鼓励和支持文化产品和服务出口的若干政策》	国务院办公厅	2006 年 11 月 5 日	鼓励文化企业通过新设、收购、合作等方式,在境外设立出版社、广播电视网、出版物营销机构等。研究制定文化产品出口退税政策。中国进出口银行、国家开发银行等政策性银行要把文化产品和服务出口纳入业务范围。
《文化产品和服务出口指导目录》	商务部、外交部、文化部、国家广电总局、新闻出版总署、国务院新闻办公室	2007 年 4 月 11 日	按照新闻出版类、广播影视类、文化艺术类和综合类四大类别设定标准,认定国家文化出口重点项目和国家文化出口重点企业。
《关于金融支持文化出口的指导意见》	商务部、文化部、国家广电总局、新闻出版总署、中国进出口银行	2009 年 4 月 27 日	中国进出口银行积极为文化企业出口和境外投资项目提供融资、结算、对外担保、财务顾问等服务支持;积极探索股权、债权、知识产权质押等多种担保方式;为文化出口企业拓展海外市场提供信息和各项规避市场风险的服务。

续表

政策文件	发布机构	发布时间	核心要点
《关于进一步推进国家文化出口重点企业和项目目录相关工作的指导意见》	商务部、中宣部、财政部、文化部、中国人民银行、国家税务总局、国家广电总局、新闻出版总署	2010 年 2 月 1 日	调整《文化产品和服务出口指导目录》。企业每年填报一次《文化企业进出口情况申报表》，作为下一年度参加重点企业和重点项目评审的依据。文化出口重点企业及重点项目的承担企业，须每月填报《文化企业进出口情况申报表》。
《关于加快发展对外文化贸易的意见》	国务院	2014 年 3 月 3 日	对国家重点鼓励的文化产品出口实行增值税零税率。对国家重点鼓励的文化服务出口实行营业税免税。鼓励金融机构探索适合对外文化贸易特点的信贷产品和贷款模式。推进文化贸易投资的外汇管理便利化。尽快培育国家文化出口重点企业成为海关高信用企业。

（二）国内政策存在的问题

社会科学文献出版社发布了《2008 年中国文化产业发展报告》，报告表明，截至 2008 年，我国的对外文化贸易扶持政策体系还不完善，尤其在出口奖励、资金补助、税收减免等方面，扶持力度远远不够。

报告指出，一方面，由于文化产品的特殊性，文化企业无形资产众多，企业难以抵押，而银行提供贷款需要抵押就成为文化投资产业的障碍。虽然有相关部门提供过相应的资金补贴，但有限补贴经费难以从根本上解决问题。另一方面，文化产品出口退税率越来越低，书、报刊由 17% 降到 13%，之后又降到 11%，电影、音像制品出口退税率由 17% 降到 13%。

2008 年之后，国家出台了更加细化的政策以支持文化产品和服务走出去战略。2009 年 4 月，五部门联合发布了《关于金融支持文化出口的指导意见》，明确了进出口银行对文化企业的责任，要为文化企业的境外投资项目提供融资、结算、对外担保、财务顾问等服务支持，这进一步使文化企业规避了海外市场风险。

2009 年，十部委联合发布《关于进一步推进国家文化出口重点企业和项目目录相关工作的指导意见》，对文化产品和服务出口实行税收优惠政策，进一步推动文化产品出口便利化，充分利用贸易组织的中介作用，在海外建立文化重点扶持企业和相关联络部。

然而,我国的文化贸易逆差仍然存在,特别是在出口门类上。为改变这一情况,发展对外文化贸易成为《关于加快发展对外文化贸易的意见》的目标,其中提到"力争到2020年,培育一批具有国际竞争力的外向型文化企业,形成一批具有核心竞争力的文化产品,打造一批具有国际影响力的文化品牌,搭建若干具有较强辐射力的国际文化交易平台,使核心文化产品和服务贸易逆差状况得以扭转,对外文化贸易额在对外贸易总额中的比重大幅提高"。

二、国内金融机制的支持

在财税金融领域,国家的扶持力度进一步加大。《关于加快发展对外文化贸易的意见》应势出台,其中的规定更加符合市场化运作的模式。在财税领域,对重点文化产品出口国家实行增值税零税率,对重点文化服务出口实行营业税免税。在金融领域,积极创新开发适合对外文化贸易的信贷产品和信贷模式,开展海外并购融资、供应融资等业务。在服务保障领域,培育一批高信用国家文化出口重点企业,为企业设置便利渠道,简化审批流程。

完善的金融监管体制能有效防范金融风险。对贷款对象进行严格的资信审查,并促使银行提高风险意识,加强抵御风险的能力。与此同时,实行渐进式的、有管理的汇率政策,在当前人民币面临不断升值压力的形势下,根据实际情况实行渐进性的、有管理的汇率政策,既支持有条件的企业积极地"走出去",又防范投资的盲目性,警惕经济泡沫的形成。

民营企业是我国对外文化投资的主力军,我国充分重视民营企业的作用,在宏观调控、产业政策等方面都给予优先考虑。比如说优先核准境外投资和批准项目,财税金融方面充分利用现行专项政策,落实企业境外缴纳所得税税额抵免政策,鼓励金融机构为民营企业的文化投资提供贷款支持。国家及各级政府部门积极开展对外合作和交流,为民营企业在其他国家的投资提供领事保护和优惠政策。民营企业的审批也更加简化,主要审查是否与国家法律政策冲突,是否符合国际准则等,还针对性地进行风险提示,投资项目实行企业自主决策和自担风险的责任。

国家发展改革委与国家开发银行根据国家境外投资发展规划,拟定年度境外投融资扶持计划,于每年的股本贷款规模中专门安排一定的贷款资金鼓励境外投资重点项目。主要是四项境外投资重点项目受到境外投资股本的支持:能弥补国内资源相对不足的境外资源开发类项目;能带动国内技术、产品、设备等出口和劳务输出的境外生产型项目和基础设施项目;能利用国际先进技术、管理经验和专业人才的境外研发中心项目;能提高企业国际竞争力、加快开拓国际市场的境外企业收购和兼并项目。其中就包含了境外文化教育的投资。

随着我国进入境外投资的快速发展阶段,中国企业境外投资的步伐不断加快,对全球化金融服务产生了强烈的需求,如境外融资的需求、资金结算便利的需求、境内外资金集中统一管理的需求、降低经营成本的需求、规避投资风险的需求等,其中尤以境外融资的需求最为强烈。

我国境外投资已进入高速发展期,中国企业境外投资的金融需求也越来越强,如何更好地融资,如何实行资金结算的便利,如何统一管理境内外资金,如何降低成本和规避风险都成了题中之义。其中,如何融资成了中国企业境外投资最为关注的话题。

三、国内税收政策的支持

所得税和进出口税是企业境外投资遇到的主要税收问题。企业所得税改革使企业境外投资的所得税制度进一步完善。全国人大通过新的企业所得税法,已经明确我国企业直接获得的股息可以纳入税收抵免的范围,即在原来税法直接抵免的基础上又进行间接抵免,这有利于进一步拓宽境外投资的方式和渠道。

据介绍,国家税务部门正在加强企业境外投资的服务支持,使税收服务服从和服务于我国走出去战略大局的内在要求。根据当前企业境外投资活动的发展情况,进一步加强税收服务的重点,制定关于我国企业境外投资税收的服务指南;拓展我国企业对外投资税收政策的宣传渠道;加强我国企业境外投资的税收辅导。

首先,不断完善税收政策,降低境外企业投资负担。我国企业对外文化投资的税收问题,主要有所得税和进出口税两种。1999 年,国家制定了关于境外所得税的管理办法,对企业竞争所得税的确认、减免税的处理、纳税申报、税款交纳等一系列问题作出了规定,使境外所得税的环境更加合理健康。税收抵免实行直接抵免与间接抵免相结合的制度,从事直接和间接控制的外国企业投资收益可纳入投资抵免的范围，这不仅加深了境外投资的深度，还解决了重复征税问题。在进出口税收政策方面，给予对外修理、修配、承包工程以及投资货物免征出口消费税的政策，进一步减轻了企业境外投资的税收负担，促进了企业境外投资的多样化。

其次，税收协定日益发挥其功能，为进一步完善和优化协定创造了有利条件。为了维护企业利益，规范走出去战略，国家调整了协定的签订程序，更加符合我国是发展中国家的国情实际。一是立足于企业的权益，更多考虑了企业境外投资的现实所需；二是谈判的重点由欧美等发达国家向亚非拉等发展中国家转移，反映出国内企业逐步把战线投向发展中国家的趋势；三是逐步完善了来源国和居民国之间税收管辖权的划分方法，保障了我国作为资本输出国的税收利益。截至目前，我国已经与 89 个国家签订了双边税收协定，并与香港、澳门签订了避免双重征税的安全协定。这 89 个协定中，已经有 87 个已经生效。

再次，税收服务质量的有效提升为维护企业境外投资的税收权益提供了可靠保障。第一，制定了我国企业境外投资的税收指南，对我国与外国签订的税收协定、我国现行境外投资与劳务合作税收政策和税务管理规定、外国税收制度与征管法规进行了比较完整的收集和发布，为企业从事境外投资提供了比较完备的税收基础信息。第二，拓宽了我国企业境外投资的税收宣传、投资渠道，集合税法的刊物和办税载体，丰富了办税宣传和信息发布的途径，更好地为企业境外投资提供全方位、多领域的税收宣传和指导。第三，完善了境外税收争端处理协调机制。2005 年，国家税务总局规定中国居民可以在缔约国向国家税务总局提出申请，由国家税务总局与所在国的税务部门进行协调，开辟了一条有效的途径来妥善处理国际税务争端，成功解决了多起对外投资企业在境外的税务纠纷，挽回了巨大损失，保护了对外投资企业的权益。

最后，规范境外投资经营秩序。第一，增加企业境外投资的户籍档案，明确对外投资定期申报制度和账证报查规则等；第二，增加了企业境外的反避税管理政策，完善了关联转让定价的调整制度，引入反避税的理念和规则，为防范企业利用跨境投资实现避税目的提供了制约手段，为规范境外企业的税收秩序提供了管理手段；第三，加强境外投资的检查和监督管理，根据纳税申报和纳税评估、税务情况交换所掌握的情况，对部分纳税异常的跨境投资企业实施专门的检查，对税收违法行为进行严厉的查处，以规范企业的境外投资行为。

近年来，税收机关在促进企业走出去方面采取了一些积极的措施，发挥了较好的作用，取得了一定的效果。但是，随着企业跨国投资环境的发展变化，税收的调解、引导作用还应该进一步完善和加强，这也是我们现在税务当局所面临的问题。

四、我国境外投资所得税政策的主要内容

我国境外所得税制的建立借鉴了西方的理论及发展实践，以税收中性原则为基础，结合我国经济的发展状况，确定了以居民管辖权为主结合来源地管辖权的征税制度，对我国居民来自全球的所得征收所得税，对非居民来源于我国境内的所得征收所得税，对境外所得已征税款实行分国不分项的限额抵免制度。

我国法律明确规定对于居民和非居民企业境外已缴纳税款按照我国法律规定计算抵免限额予以抵免，对超过抵免限额的境外已征税款可以用以后5个年度的抵免余额继续抵免。对于居民企业，在适用上述直接抵免政策的基础上还可适用间接抵免政策，对境外企业分配股息前的利润所得所缴纳的外国所得税额，其中由我国居民企业分得股息所得间接负担的部分，在我国的应纳税额中予以抵免。间接抵免的政策规定是对我国抵免制度的突破，解决了境外投资的重复征税问题，遵循了国际上较为通行的做法，实现了企业在境内外合理配置资源以达到生产效率最大化的目的。

目前我国针对境外投资企业的所得税优惠政策主要体现在，对高新技术所得和资源开发项目所得在抵免税额计算上的相关规定。高新技术企业来源于境外的高新技术所得可以享受我国高新技术企业所得税优惠政策，按照15%的优惠税率计算缴纳我国企业所得税以及境外抵免限额。对石油企业境外从事油(气)资源开采所得计征企业所得税、抵免境外已纳或负担所得税额时，可以选择分国不分项或者不按国别汇总计算其来源于境外油(气)项目投资、工程技术服务和工程建设的油(气)资源开采活动的应纳税所得额，石油企业在境外从事上述活动取得股息所得，由该企业直接或者间接持有20%以上股份的五层外国企业计算该石油企业境外股息所得的可抵免所得税额和抵免限额。境外投资优惠政策对于减轻境外投资企业的所得

税负担，提高其在国际市场上的竞争水平具有重要作用。

我国现行《企业所得税法》将居民企业定义为依法在中国境内成立，或者依照外国（地区）法律成立但实际管理机构在中国境内的企业。根据这一政策规定，境外成立的企业如果其实际管理机构在中国境内，也是中国的居民纳税人，也在中国负有全面纳税义务，并享受中国居民企业的优惠政策以及我国的协定待遇。这是借鉴国际惯例，在判断居民企业的标准上采取登记注册地、生产经营地、实际管理控制地等多项标准结合的体现。我国的管理政策从日常生产经营管理、财务决策、人事决策和财产所在地等方面进行判断，提出遵循实质重于形式的原则。实际管理机构的判断标准对于维护我国的税收利益具有重要意义。

随着与世界经济的逐步融合，我国已经成为跨国公司在全球布局价值链条中一个重要环节。为维护我国税收利益，避免企业通过税收筹划刻意减少应缴纳的企业所得税，为了更好地遵循国际惯例以及 OECD 转让定价指南的要求，我国在税法中明确规定对于关联企业间的业务往来，应当按照独立交易原则确定价格或利润水平，对不符合独立交易原则的交易，税务机关有权按照合理方法调整。同时我国税法对关联方之间共同开发、受让无形资产，或者共同提供、接受劳务发生成本的情形，明确应当按照成本与预期收益相配比的原则进行分摊。关联企业间的融资业务明确企业从其关联方接受的债权性投资与权益性投资的比例因为超过规定标准而发生利息支出，不在计算应纳税所得额时扣除。

通过避税港转移利润是跨国经营企业避税的一种常见模式。对此我国法律明确规定，对我国居民企业或个人控制设立在实际税率低于 25% 的国家（地区）的企业，无合理的经营需要对利润不作分配或减少分配的，应当将归属于该居民企业的利润计入当期收入缴纳企业所得税。

对于居民企业在境外设立的、不具有独立纳税地位的分支机构取得的各项境外所得，我国法律要求计入该企业所属纳税年度的境外应纳税所得额，但不具有独立纳税地位的分支机构的亏损不能抵减境内盈利，也不能抵减其他国家（地区）的应纳税所得额。对居民企业从境外取得的股息、红利等权益性投资收益，要在利润分配日期确认收入，计入当期所得缴纳税款。

上述规定对维护我国的税收利益、支持企业在国际市场上的公平竞争具有重要意义。

第四节 境外文化教育投资发展模式

一、充分运用并购模式

综观2013年，并购就像一部大戏，各大角色轮番上演，包括华谊兄弟、华策影视、光线传媒、乐视等。据不完全统计，影视传媒行业2013年共发生并购事件30余起，累计资金超过400亿元人民币。从产业面上看，影视传媒行业的大规模、大范围并购热潮是为了弥补短板，重新塑造产业竞争力，但大多数企业还是为了迎合资本市场的反应，实现股价大幅上涨。十八届三中全会提出深化改革的要求，其中一点就是对传统媒体领域的深化和扩展，通过跨省并购打破省级地方的界限从而对传统媒体实行资源整合。以影视传媒类为先导，各大文化产业的并购是历史发展的新趋势。与西方的文化产业发展类似，综合性文化娱乐集团将会呈爆发式增长，文化产业会朝着横向和纵向两种方式进行整合。北京大学文化产业研究院副院长陈少峰对媒体表示，文化企业的发展黄金期也是文化产业并购整合的黄金期。而大部分文化企业都属于小微企业，只有大幅提高行业集中度，中国才能诞生世界级的综合传媒集团。至少在未来5年里，传媒公司之间的并购还将处于高潮期。

另外，并购海外出版社的战略也不可小觑。并购海外出版社要规避并购对象所在地的风险，这些风险有可能是法律、政策和文化环境的。2008年，贝塔斯曼败走中国，关闭了分布于北京、深圳、青岛等18个城市的36家连锁门店，就是一个值得警醒的例子。陈刚将其原因归结为进错市场、选错商业模式、管理水土不服〔11〕。保罗·理查森指出："在境外投资业务是一项挑战，尤其是当境外的文化和市场条件对公司而言完全陌生时。一家德国公司要想在北美运营，日本或者印度企业想要在中国经营，都会面临这个挑战，反之亦然。"〔12〕

并购海外出版社还应注意遵守国际出版社的经营惯例和职业准则。如

---

〔11〕 参见陈刚：《贝塔斯曼为何败走中国书业》，载《出版商务周报》2008年6月24日。

〔12〕 参见保罗·理查森：《从贝塔斯曼中国故事学什么》，载《出版商务周报》2008年7月15日。

我国某出版社收购了国外某出版社的全部图书，预备修订再版时都要增加中国专家为作者，“以充分体现出版社的风格和所代表国家的地位”。固然“使中国著名专家通过这一国际出版平台快速走向世界”也很重要，不过更应按照图书的实际情况来处理如何增加新作者的问题，即使需要增加作者，也宜于在全世界范围内寻找最合适的作者。而不必也不能处处计较是否弘扬中国学术和文化，因为在海外子公司的经营管理过程中，中国学术和文化的走出去应该是自然而然的，反之则是“欲速则不达”。

近年来，我国出版社也有了一些收购海外企业资产的尝试。2002 年，中国外文局联合香港联合出版集团收购了美国的中国书刊社（ChinaBooks，亨利・诺伊斯于 1960 年在芝加哥创立），其目的是利用其对美国大学、图书馆、发行商及读者的成熟发行渠道为自己服务。这是中国出版社首次收购海外发行公司的有益尝试，取得了较好的成效。2008 年，人民卫生出版社投资 500 万美元成立了人民卫生出版社美国有限责任公司，这是我国在海外投资成立的第一家医学专业出版机构，这家医学专业出版机构以 317 万美元收购了加拿大戴克出版公司（Decker Publishing Inc.）的全部医学图书资产〔13〕。

不过，迄今为止我国收购海外出版社的实例还比较少。2009 年见诸报端的“中国国际出版集团收购法国百周年出版社”、“湖南出版集团以购买股权的方式并购韩国阿里泉株式会社”，其后续报道并不是很多〔14〕。

可喜的是，我国不少出版集团都不同程度地产生了并购海外出版社的想法，并时刻准备蓄势待发。如湖南出版投资控股集团董事长龚曙光在 2009 年提道：“我们应该还不具备大规模并购国外企业的能力，但是谨慎的、尝试性的、逐渐扩大的并购，是我们必须要走的一条路。面对这样一个机遇，我们不能熟视无睹，如果有可能就不应该放过，如果没有可能就吸收经验，这个工作我们一直在做。〔15〕”上海世纪出版集团计划于 2012 年“在北美和欧洲收购兼并适合下一步发展的国际出版机构和资源”。中国教育出版传媒集团提出未来 5 年“将利用上市后的募集资金并购海外教育出版市场上运营良好的出版机构〔16〕”。

---

〔13〕 参见王坤宁、胡国臣：《做国际化的中国出版社》，载《中国新闻出版报》2011 年 8 月 5 日。

〔14〕 参见庄建：《中国出版呈现合作出版与境外直接出版新态势》，载《光明日报》2009 年 3 月 5 日。

〔15〕 参见任殿顺、龚曙光：《打造出版湘军上市媒阀》，载《出版人》2009 年第 5 期。

〔16〕 参见田丽丽：《出版集团 2012 各“亮剑”什么》，载《中国图书商报》2012 年 2 月 28 日。

【案例四】

长河出版社:“两头在外”走出去[17]

随着出版走出去政策越来越明晰具体,国内出版界走出去的脚步也越来越扎实。正是在这股走出去的大潮中,由中国外文出版发行事业局(又称中国国际出版集团,简称外文局)与香港联合出版集团合资成立的长河出版社也大踏步地走向业者面前。

长河出版社成立于2002年7月,是由外文局与香港联合出版集团联手收购美国的中国书刊社后再次合作成立的。对此,香港联合出版集团董事长赵斌表示,双方合作并不代表各自没有实力单独运作,外文局有资源优势,联合出版集团海外发行优势,合资成立公司主要是考虑到双方的优势互补,同时也避免了互相竞争。美国的中餐业已经给了我们很好的警示。

长河出版社以出版介绍亚洲文化,尤其是中华文化和当代中国的英文图书为主,内容覆盖文化、艺术、政经、历史、语言、社会等方面,他们希望能成为美国本土出版有关中国题材的最专业、最权威的出版机构。从2002年至今,长河出版社依托国内丰富的出版资源,按照美国图书出版市场规律运作,在机构设置、人员配备、选题策划、推广发行等各个环节力求最大程度的本土化。

据长河出版社CEO徐明强介绍,长河出版社的员工大都是美国人或出生于美国的华人,并对中国有着深厚感情。人员本土化主要是考虑这些人了解当地市场,了解当地读者需求。在内容上也特别注重本土化,语言文字、表达方式、装帧设计等都力求符合当地读者需求。

在战略规划上,徐明强强调,长河出版社采用了“两头在外”的本土化运作方式。即市场调研和选题策划在国外,推广发行在国外。长河出版社负责编辑出版业务,常青图书公司负责仓储,而中国书刊社则负责市场推广。这种运作模式主要是借助了国内庞大的作者资源与印刷,并融合两种文化。在印制方面,由于国外书价高,如果采用国内印刷,国外销售,将会有较大的

〔17〕 缪立平:《长河出版社:“两头在外”走出去》,载《出版参考》2006年第27期。

利润空间。但如何做到对外发行的有效性则是一个难题。长河出版社刚成立,其知名度不太高,编辑发行渠道远不如美国当地出版社。因此,长河出版社紧紧抓住美国的汉语学习热潮,加大出版力度,扩大市场份额,努力扩大进入美国主流发行渠道的可能性。

成立之初,长河出版社主要是将国内比较适合美国的出版物进行翻译再加工或重新包装,随着长河出版社品牌的树立,也有部分美国作者开始主动投稿。2004 年,长河出版社开始尝试接受英文原创作品,与中国出版机构合作出版了一批在美国适销对路的图书,由此成功进入了美国的主流渠道,如大型图书发行商、大型连锁书店、大型网络书店等,明年他们还将加入美国中小出版社图书发行公司。

徐明强表示,他们希望能将长河出版社办成一个美国出版公司,而不是作为一个宣传机构。面对长河出版社 4 年来的成绩,作为股东之一的香港联合出版集团董事长赵斌也倍感欣慰。他介绍说,"长河出版社成立 4 年来,已经出版了 50 多种图书。之前我们也做英文图书的出版,但市场主要在内地,如今,可以借助长河出版社将他们推向世界,逐步实现了厨房与食堂的靠近,虽然这只是初步,但方向是正确的。未来我们的工作重点就是如何让长河出版社站稳脚跟。以前我们认为,美国图书市场很大,是中国大陆市场的 10 ~ 15 倍,只要抓住任何一个小市场,就能发展。但事实并非如此,其主要原因还是文化差异。我们观察发现,美国图书体裁大部分是关于本土的,即便有东方或中国的体裁,也只是小部分,且作者都是本地人。文化障碍很明显。在这样的市场中,长河出版社只有出版 100 种以上的常销书才能说是站住脚。这需要长河人继续努力,也需要国内出版界的大力支持。"他指出,长河出版社成立之初主要的合作伙伴多以上海为主,未来他们将会扩大合作伙伴队伍,为中国出版走向世界充当好桥梁作用。

资料链接

常青图书公司是中国外文局 1984 年在美国成立的图书公司,位于新泽西,1987 年又在旧金山成立了分公司,后来全部业务都迁到了西岸。2002 年以前,外文局的英文书刊主要是以供货的形式交由美国的中国书刊社在美发行的。

中国书刊社是美国最大、历史最悠久的中国书刊与文化用品发行公司,创办于 1960 年。多年来,中国书刊社一直是美国人民了解中国古老文明与近况的主要渠道,是新中国英文出版物在美国的总代理。

1979年以后,中国书刊社有了较大的发展。不仅继续中国出版英文书刊的发行业务,还以中国书刊社的名义出版了不少有影响力的书籍。

二、两大形式扩展投资渠道

从全球范围来看,投资可以有很多形式。有的通过产权交易对文化企业进行控股和并购,有的建立合作伙伴关系拓展市场资源,有的通过投资基金让代理公司代其进行操作,有的通过买卖形象和知识产权实现无形资产的资本回报等。总的来说,文化投资有两大形式:产业投资和风险投资。产业投资是指对有市场潜力的文化项目进行投资,寻求文化产品和商业服务的超值回报,其目的是快速占有市场获得利润;风险投资是指对文化企业的盈利和管理能力进行投资,通过证券市场和股权市场进行投资,或转让股权以实现投资的利益,其寻求的是资本的快速扩张和成长。在两大投资形式中,企业的自主研发能力显得尤为重要。中国企业要注重培育自己的技术和品牌优势。不同于日本企业的海外投资大都建立在技术和品牌优势基础上(如索尼公司、松下公司等),我国本土缺少自己的技术和品牌。我国要想真正立足于国际市场,提高自主研发能力和创新能力、树立品牌印象十分重要。为此,一方面必须加大对发达国家前瞻性高科技产业的学习投资。学习型对外直接投资是一种逆向型的对外直接投资方式,其目的在于汲取国外先进的产业技术和管理经验,带动国内产业升级,创造新的比较优势。另一方面应将技术密集型产业投资于发达国家,这样不仅可以绕过贸易壁垒,更直接地学习利用外国先进技术和经营管理理念,通过跟踪世界动态,充分发挥技术的溢出效应和示范效应,推进产业升级;还可以利用东道国优势扩大生产,提高市场占有率,增强企业国际竞争力。

【案例五】

《中国好歌曲》输出英国:提升文化软实力需靠自主研发

4月10日,法国戛纳春季电视片交易会上传来好消息:英国国际传媒集团(ITV)旗下发行部门宣布,将从灿星制作订购模式节目《中国好歌曲》,并负责其国际发行权和英国播出权。据了解,ITV曾成功制作播出《英国达人秀》、《Take Me Out》、《X factor》等热门真人秀，都已引进到中国，《中国好歌曲》则是 ITV 首个引进的中国节目。

当下的中国电视荧屏，堪称“多歌之秋”，但这些蜂拥而上的音乐节目，几乎都离不开“引进”二字。去年夏天，全国省级卫视的歌唱选秀类节目有 13 台之多。其中，绝大多数节目有着“舶来品”的外衣，从海外购买版权成为这些节目司空见惯的引进方式，无论是《中国好声音》、《中国梦之声》，还是《我的中国星》、《我是歌手》乃至《最美和声》等，“洋娃娃”的出身似乎显得高端洋气上档次，更成为宣传上的一个促销噱头，但是一窝蜂的引进，扎堆的播出，雷同的模式，已经让观众产生了严重的审美疲劳。

中国的电视音乐娱乐节目，从开始的原创到后来的不约而同地引进国外模式，不能不说是一种急功近利的发展思维，有钱阔绰地购买国外版权，没有钱研制自己的原创节目，与其说是没有电视娱乐的智慧，还不如说是缺乏电视人的艺术责任感，宁愿拿来主义走捷径，也不愿意耗费心血搞自主研发，怎么省事怎么来，怎么能够赚钱怎么来，而不是为了电视的长远发展而未雨绸缪，这也是一种“今日有酒今日醉，明日无酒喝凉水”的短视行为，电视节目和市场经济的产品开发一样，没有自己自主研发的拳头产品，一时的辉煌也许不难，短视要想长期的站稳脚跟难。

面对雷同化的国外版权，要想取得成功，没有什么秘诀，唯一的秘诀就是自主研发高质量的专属产品，独辟蹊径，形成鲜明的辨识度，才有可能在雷同化的节目中杀出一条血路，寻找到自己的一块用武之地。

2013 年到 2014 年以来，中国的综艺选秀节目在引进国外版权的推波助澜下，以一种前所未有的繁荣呈现在人们面前，不但选手被成名教唆得虚火旺盛，声嘶力竭，就连各路导师在巨额出场费的诱惑下，也不能不绞尽脑汁地拼命表演，几乎榨干了多年的生活和音乐积累，甚至于连经典的语录都理屈词穷了。电视娱乐水平的高低，电视艺术的收视率和红红火火，电视受众的多少，绝不能靠引进国外节目来支撑，也撑不住，只有自主研发的好节目才是中国电视节目繁荣昌盛的真正春天。

中国是不可否认的文化大国，但是文化大国之大不能仅仅表现在总量上、规模上和人多势众上，中国的明星多、电视台多、电影多、书多等，文化之强要表现在内部的厚实上和内涵的充盈上，如果自主研发凤毛麟角，原创音乐缺乏热情和后继无人，充其量是虚假的和有水分的文化繁荣，从这点来说,电视“引进中国版权”多多益善,自主研发的好电视节目多多益善。

三、吸收多元投资,扩大海外投资市场

企业“走出去”要制定有步骤的国际化战略。日本索尼公司收购哥伦比亚电影公司的案例正是由于缺乏务实性的投资规划和长远的战略考虑,结果导致1994年索尼公司背负了27亿美元的巨额亏损。我国企业在“走出去”时,一定要制定明确的海外发展战略,对投资地的政治、经济、文化、法律、语言环境进行充分的调查研究。若采取合资方式,在选择合作伙伴时务必要仔细调查和了解对方的资产、信誉、经营管理等状况。在定位投资目标时,要深入研究项目的可行性,不仅要考虑投资项目对本国产业发展的重要性,更要考虑在海外投资的实际可操作性。

企业要想成功地“走出去”,还需注意一些问题:首先,应拥有一定的资金实力、精通国际市场规则的人才、比较优势的产品等条件,努力提高自身的经营管理水平,建立相应的法律顾问、风险评估制度,以便扎实、稳妥地应对日益激烈的国内外市场竞争。其次,中国在改革国有企业时,应借鉴日本经验,更多地扶持民营企业、中小企业的跨国经营行为。民营企业具备体制优势和机制灵活的特点,在跨国经营中的投资成功率很高,如华为、华立、万象等集团在对外投资中都有出色的表现。

2014年7月,中国在美首家文化创意产业园区在洛杉矶落户。北京——洛杉矶文化创意园区由北京洛杉矶文化创业国际投资有限公司投资建设,首期的建筑面积投入已达8000多平方米。产业园区致力于搭建中美文创企业交流合作的国际化服务平台,依靠园区开展文创企业孵化、项目对接、投融资服务、物业租赁等文化项目。目前园区已入驻了好莱坞电影开发与后期团队企业特艺集团,美国特效制作团队激情FX工作室和顶尖原创动漫工作室马尔扎动漫工作室,实现了产业和资源的聚集。北京市洛杉矶文创国际投资有限公司董事长王汉光表示,中国的文化创意产业市场已经仅次于美国,但管理运营方面和专业制作水平方面还远远落后于西方国家。洛杉矶作为美国一级文化创意产业聚集区,有世界一流的顶级制作团队,伯班克市被称为“世界影棚之都”,世界上最高水准的影视制作团队就在此地活跃。北京—洛杉矶文化创业产业园区以新媒体、影视动漫为切入,通过一系列展览、培训和贸易活动,促进了中美文化创意产业市场与制作能力的对

接,使中美两国的跨国文化交流更加密切。

四、建设文化保税区

文化保税区指的是在保税区中设立的对外文化贸易园区,在海关"境内关外"式的特殊监管下,享受"免征、免税、保税"等各项优惠政策,以企业聚集的形式从事对外贸易。文化保税区的建设在我国尚属新生事物,作为促进对外文化交流的新手段,北京、上海已在各自的综合保税区内开辟出文化贸易平台和对应园区,目的是利用保税区的优惠政策,逐步发展为国家文化商品展示贸易、国际文化贸易企业聚集和国际文化产品仓储物流的中心。2012 年 3 月北京天竺综合保税区建成北京国际文化贸易服务中心,2007 年 6 月上海外高桥保税区建成国际文化贸易服务平台。

比较成熟和完善的保税区一般具有四大功能:出口加工、国际贸易、仓储物流和商品展示。出口加工功能指的是区内企业从事出口加工和其他加工时,可以充分利用进口料件和设备免税保税、免设保证金台账等优惠政策,各类加工件可以在保税区内享受到增值服务,成为高附加值产品。国际贸易功能指的是区内企业可以直接从事国际贸易,充分利用免进出口许可证、免征关税和进口环节增值税等优惠政策,并利用国内外市场不同的时间差、地区差、汇率差、价格差,实现商品多流域、快效率、宽领域销售。保税仓储功能指的是利用保税区内的仓库进行存储、分装、拆装等商业性简单加工,充分利用货物存储免税或保税功能,享受手续简单费用低廉的服务。商品展示功能,在区内展示国内外文化产品享受"保税"或"免税"政策,国外产品到区内展示,展示期间保税,完税后可出区,如复运出境则免征关税〔18〕。

为明确保税区四项功能对各类文化产业类型的适用性,可参照北京大学文产院和联合国教科文组织对文化产业的分类标准,如表 3 所示:

〔18〕 孙金彦:《彻底搞懂关税》,中国海关出版社 2009 年版,第 129 页。

表3 文化产业类别与保税区功能对接表

文化产业类别	性质	细目	与保税区功能对接
1. 演出娱乐产业	文化硬件产品	舞台设备	仓储物流、国际贸易
	文化软件产品	演出产品及版权	国际贸易
	文化服务产品	经纪人、演艺人员	无
2. 文化会展产业	文化硬件产品	展陈设备	仓储物流、国际贸易
	文化软件产品	会展项目	仓储物流、国家贸易
	文化服务产品	组织者、策展人	无
3. 设计与艺术品产业	文化硬件产品	画材、装饰材料等	出口加工、国际贸易
	文化软件产品	艺术品、设计作品和设计产品	仓储物流、商品展示
	文化服务产品	艺术家、设计师	无
4. 动漫游戏产业	文化硬件产品	制作设备	仓储物流、国际贸易
	文化软件产品	动漫游戏版权	国际贸易
	文化服务产品	设计师、制作者	出口加工
5. 影视产业	文化硬件产品	影视设备	仓储物流、国际贸易
	文化软件产品	影视产品版权	国际贸易
	文化服务产品	演职人员、后期制作人员	出口加工
6. 新闻出版、音像产业	文化硬件产品	印刷品、音像设备、音像制品	出口加工、国际贸易、仓储物流
	文化软件产品	媒体、出版物、版权	国际贸易
	文化服务产品	出版人、编辑、音乐制作人	出口加工
7. 广告产业	文化硬件产品	相关设备	仓储物流、国际贸易
	文化软件产品	广告产品	国际贸易
	文化服务产品	广告公司从业人员	出口加工

五、发挥民营企业的主力军作用

民营企业自身独有的管理和整合能力影响着其对外投资模式的选择。跨国并购是一般企业获得并购企业资源的主要来源，但作为新建模式的企业来说，只能依靠本身所具有的优势资源。所以，新建模式适合拥有充足资源的民营企业，并购模式适合资源缺乏的民营企业，并用自己拥有的金融资源交换被收购企业其他有价值的资源。

另外，跨国并购要求更高，尤其是对企业的组织管理能力和整合能力来说。Anderson 和 Svensson 曾于 1994 年指出，一个企业的组织和管理能力越强，选择跨国并购的可能性越大，相反，一个企业的技术能力越强，选择绿地投资的可能性越大。组织管理能力涉及企业消化现有知识的能力，技术能力则涉及企业的技术创新能力。所谓企业的国际经验，也就是企业的组织和管理能力。跨国并购另一个重要的环节是文化差异的整合。作为一个拥有特定文化的群体，各国企业因在地域、习惯、规模和历史传统上存在差异，企业文化也呈现出不一致的特征。这种不一致导致了在经营理念、价值观、工作原则、管理制度等方面的矛盾，如果并购的目标企业和跨国企业文化差异悬殊，其整合性也就较差，采取并购模式就不可取。我国民营企业海外投资浪潮才刚刚兴起，组织管理能力和整合能力也相对较低，普遍缺乏海外并购经验和整合能力。这将导致一系列风险，如整合过程缓慢、成本高，结果离预期有差距，甚至还会使原先经营正常的企业陷入财务危机。

民营企业对外投资的首要动因是获取国外的先进技术。发达国家资本市场高度发达、开放度高，民营企业应充分利用这一点减少进入障碍和风险，加快进入速度，获得短缺资源。有些企业外汇资金充裕，跨国业务精通，这时应尽量选择并购方式。这类企业在股权安排上还应考虑合资并购的股权方式。特别是涉及进入技术高、障碍多的发达国家，合资并购是我国许多民营企业的一条出路。没有适合并购对象的企业可考虑独资兴建成本较小的研发机构等，利用当地的人才资源、先进技术和先进管理经验，利用其技术和管理经验的溢出效应，从事新工艺和新产品的研究和开发工作。寻求海外资源也是民营企业对外直接投资的一个重要动因。作为非资本过剩型投资企业，民营企业的跨国投资主要是运用两个市场、两种资源，从国外获得廉价的资源以弥补国内母公司资源的匮乏。此种对外直接投资应以合资为主，合资经营有利于与东道国建立长期相互信任的合作关系，有助于风险共担和资源共享，有利于分担的投入资源，以降低投资风险。

【案例六】

万达并购 AMC 文化产业出海：今年收入或达 200 亿元〔19〕

通过并购 AMC，万达实现了电影院线跨国经营第一步，借道中国文化输出和鼓励文化产业发展契机，万达文化产业布局渐显轮廓。

---

〔19〕 参见王宁宁：《万达并购 AMC 文化产业出海：今年收入或达 200 亿元》，载《财经》2012 年 10 月 10 日。

2010年9月8日，哈佛大学肯尼迪政府学院，一间不大的教室坐满听众，大部分是中国人。一位在纽约从事钟表投资的华人专程赶到波士顿来听大连万达集团(下称万达)掌门人王健林演讲，她对“中国企业有实力收购AMC这样的院线感到不可思议”。

5月21日，万达与美国AMC娱乐公司(下称AMC)签署协议，以26亿美元收购全球排名第二的美国院线AMC全部股权，其中包括承担AMC近20亿美元负债。9月4日在洛杉矶举行的交割仪式上，万达又宣布再向AMC投入5亿美元作为运营资金，第一笔5000万美元已经到账。

至此，在中国各大城市做商业地产的万达，为AMC共斥资31亿美元，成为中国民企最大一宗海外并购。此前在2010年，吉利汽车曾以18亿美元收购沃尔沃100%股权，2012年1月，三一重工宣布以26.54亿元收购德国机械工程巨头普茨迈斯特90%股权。

“中国有句古话，叫‘富贵险中求’。”王健林回答，“如果所有人都认为这件事可以干，那么这件事情一定不能干。无论是前瞻性还是判断力，只有少数人判断对一个事情，敢于去做，这个事情才有可能成功。不管是成功，还是失败，我们都愿意试它一下。”

财报数据显示，AMC拥有346家影院、5034块屏幕。其中IMAX屏幕128块、3D屏幕2208块，是全球最大的IMAX和3D屏幕运营公司，其影院集中在北美大型城市中心地带，拥有北美票房最多的50家影院中的22家，包括票房最高的3家。加上万达院线在中国各大城市的814块屏幕，万达集团将在中国和北美拥有5848块屏幕，一跃成为全球规模第二大院线运营商，仅次于拥有523家影院、6587块屏幕的美国帝王娱乐集团(Regal Entertainment Group)。

这宗交易在中国文化产业跨境并购尚属首次。美国海外投资委员会(CFIUS)数据显示，2008～2010年，中国企业在美国共完成16次并购交易，其中制造业8次、采掘业和公共事业建设4次、金融和信息服务业3次。如今，万达补上了中国在文化产业领域的跨境并购缺憾。

六、注重律师法律咨询服务

文化产业投资涉及项目选择、项目论证、项目融资、项目投资、项目管理和资金退出等诸多环节，每一个环节都存在风险，需要专业的法律服务。文化产业投资如果没有法律保护，必将陷入风险和法律的陷阱。律师在文化产业中不仅要充当法律顾问，还要协助企业进行商业谈判，从而顺利签订合同、协议，更要利用本身具有的社会资源帮助企业解决投资问题。文化产业投资事业的发展给中国的律师带来了前所未有的挑战，他们不仅要了解中国的法律制度，还要了解当地的优惠政策，并与中国的经济发展保持同步前进。

熟悉和掌握东道国相关的政治法律与社会制度。中国企业在海外遇到的法律问题很繁杂，应该熟悉和掌握东道国相关的政治法律与社会制度。学会利用东道国法律武器保护自己，诸如商标、商业秘密和技术等知识产权。无论在哪个国家投资，从控制法律风险及限制和减少经济责任来看，有限责任公司的法律形式无疑是最佳的选择方式。另外，海外投资保险制度的建立也有利于众多海外投资企业分散风险。

第七章

中国企业和个人在境外不动产领域的投资

第一节　中国企业对境外不动产的投资

一、中国企业境外不动产投资背景概述

2014年国内的房地产市场经历了一场寒冬，不但全国房地产销售及新开工下降明显，相当一部分城市的库存去化周期也在15个月的警戒线以上。为此，不少企业开始将更多目光转向国际市场，以期通过海外房地产的投资来对冲国内市场给企业带来的风险。同时，在监管政策不断松绑的背景下，境外不动产价格出现明显下跌，且发达国家成熟物业的收益稳定，投资境外不动产必然成为中国企业投资海外的选择。众多国内房地产企业、保险公司及银行机构、中投公司也开始纷纷大手笔购入海外不动产项目。根据世邦魏理仕最新提供的数据显示，2014年亚洲境外房地产投资同比增长23%，达400亿美元，再创历史纪录，其中中国大陆地区境外房地产投资总额达101亿美元，位列亚洲第二，仅低于新加坡。

（一）美国、英国、澳大利亚等国的大城市成为投资热点

根据第一太平戴维斯2014年12月发布的《2014中国投资者海外投资大型专题报告》显示，2008年至2012年间，中国大陆境外投资规模全球第八，香港排名第五。如果将中国大陆与香港合并统计，那么大中华地区将会

成为世界上仅次于美国的第二大境外资本来源地区。在 2013 年与 2014 年，该类投资活动显著增加，且资金主要投向美国、英国与澳大利亚等国的高收益资产。虽然亚太区在它们的海外投资策略中继续占据重要地位，但该区投资成交金额占总额的比例已从 2012 年的 54.2% 跌至 2014 年 1～11 月的 21.0%。在这 35 个月的交易中，亚太区投资成交额占 34%，欧洲与日本以 31% 与 19% 分列二、三名。其中，在英国的投资约占中国境外投资总额的 26%。

2010～2012 年，中国大陆境外直接投资主要流入中国香港、维尔京群岛与开曼群岛，但这三个地区只是中转站，并不是投资的最终目的地。中国大陆境外直接投资最终流向了一些传统的英语国家，如美国（72 亿美元）与澳大利亚（70 亿美元），随后依次为新加坡（59 亿美元）、卢森堡（56 亿美元）与英国（45 亿美元）。中国开发商与企业投资者的目的地选择遵循一定的模式，即初次收购一般选在成熟、稳定的高端市场。2012 年至 2013 年，中国财富外流的首要目的地为英国，项目与开发投资总值达 50 亿美元；其次为美国，投资总值为 28 亿美元。

（二）房企、险企、银行和中投公司成为投资主体

中国房企近年来海外投资风起云涌。2013 年 2 月，房企“老大”万科正式踏出进军美国房地产市场第一步，1.75 亿美元与美国铁狮门公司合作开发旧金山一个豪华公寓项目。2013 年 4 月，万科与新加坡吉宝置业建立战略合作伙伴关系，共同在新加坡和中国开发房地产项目。2013 年 8 月，万达宣布在伦敦建造酒店的计划，两年来万达宣布的海外投资规模高达数百亿元。2013 年 10 月初，绿地以超过 50 亿美元持有美国森林城公司 70% 股权，双方共同开发位于布鲁克林大西洋广场的地产项目，创造了当时中国房企海外投资的最高数额；2013 年 11 月 20 日，绿地与韩国东和投资公司签署合作协议，投资 60 亿元人民币打造济州最高双子塔——绿地济州梦想大厦项目。2013 年 12 月，富力发布公告称，其全资子公司以人民币 85 亿元收购了马来西亚柔佛州新山地区一块 116 英亩的住宅及商业物业地块。此外，碧桂园在马来西亚的投资项目已经从最初的 2 个增加到 5 个，投资总额已经高达 100 亿元人民币。中海外在伦敦收购写字楼，耗资约 2 亿英镑。2013 年成为了中国房企海外投资之年。

2014 年海外不动产投资热度不减。复星国际曾耗资数十亿元在伦敦、

纽约、日本收购办公楼,2014 年 1 月该公司旗下的复星地产又联合澳大利亚一家房产投资管理公司,收购了名为“米勒街 73 号”的悉尼办公楼;2014 年 2 月,绿地集团在北美首个项目总投资 10 亿美元的洛杉矶绿地中心开工建设,目标是打造美国洛杉矶市中心高端商务酒店;2014 年 6 月,万达集团以 2.65 亿欧元,收购位于马德里广场内的地标性建筑西班牙大厦,并计划在 2020 年之前将其打造成集酒店、零售店铺、住宅式公寓于一体的综合项目。

保险企业成为海外不动产投资的主力军。2012 年 10 月,保监会发布《保险资金境外投资管理暂行办法实施细则》,支持险资投资海外不动产。2014 年 8 月国务院下发的保险业“新国十条”提出要鼓励中资保险公司尝试多形式、多渠道“走出去”。同时,政府还放松了中国公司投资海外的额度限制,中国企业目前可在国外投资最高 10 亿美元,且不需经过政府的批准,之前的限额为 1 亿美元。在国家鼓励保险企业海外投资的利好政策支持下,2013 年 7 月,中国平安以 2.6 亿英镑价格买下伦敦劳合社大厦,成为第一桩中国保险公司跨境的房地产收购。2014 年中国保险公司在海外进行不动产投资更是大手笔不断。

据保监会网站上的数据显示,截至 2014 年,中国保险资金境外投资余额为 239.55 亿美元,较 2012 年年末增长了近 150%,占中国保险业总资产的 1.44%。而根据保监会副主席周延礼透露,2014 年中有大约 20% 的保险资金海外投资进入了房地产领域。

2014 年 6 月 20 日,中国人寿和主权财富基金卡塔尔控股以 7.95 亿英镑,收购了伦敦金丝雀码头 10UpperBankStreet 办公楼,交易完成之后,中国人寿持有该楼 70% 的股权。2014 年 10 月,希尔顿酒店集团以 19.5 亿美元的价格将纽约公园大道上的华尔道夫酒店出售给了安邦保险。2015 年 11 月,阳光保险集团则以 4.63 亿澳元收购了澳大利亚悉尼的喜来登公园酒店,并与酒店管理方美国喜达屋酒店集团结成长期战略合作关系,入股其酒店管理公司。2015 年 2 月 7 日,阳光保险集团在付出 2.3 亿美元后,顺利完成了对曼哈顿六星级酒店 Baccarat(水晶宫)的收购工作。2015 年 4 月,中国人寿和中国平安购入美国波士顿一个价值 5 亿美元的地产项目,这是两家保险公司首次进军美国商业地产市场,也是两家公司在海外联手进军房地产的首例。其中,中国人寿、中国平安以及纽约地产开发商铁狮门各持有该项目 1/3 股份。对此,有分析指出,保险企业钟情海外核心地段不动产,主要在于国外大多数发达经济体经济在复苏，不动产仍然处于价值低估阶段，虽然狠赚一笔的可能性很小，但贵在稳定的回报与较小的风险。因此，在国内房地产市场不景气的背景下，海外核心地段的不动产对国内险资来说还是非常具有吸引力的。

国有商业银行和中投公司纷纷投资海外不动产。中国商业银行的海外分行在自用写字楼收购方面也较为活跃。除了自用收购以外，中国不少规模较大的投资银行也具备香港投资银行的功能，不受房地产投资禁令的约束。2010 年，工商银行斥资 1650 万英镑，从俄罗斯第二大银行手中购下一座 6 层的新办公楼，该楼处于伦敦金融城最核心位置，距离英国央行英格兰银行不到 200 米。2014 年 12 月中国银行旗下的中银集团投资有限公司斥资 6 亿美元收购纽约曼哈顿的顶级写字楼——贝莱恩公园 7 号。2014 年 6 月 25 日，中国建设银行从比利时联合银行手里收购伦敦金融城 111 Old Broad Street 写字楼作为其欧洲新总部，交易价格约为 1.11 亿英镑。据了解，这是一栋永久产权的 6 层建筑，同样位于金融城的核心区，毗邻众多大型金融中心和银行。

2013 年 12 月，中投以约 8 亿英镑从黑石集团手中购入伦敦西区写字楼奇斯威克园区。在 2012 年，中投公司还收购了德意志银行位于伦敦金融城的英国总部大楼。

（三）固定收益性项目成为主要投资标的

进行海外不动产投资的企业，无论是国内的品牌房企还是国内的保险巨头及国有商业银行，绝大多数公司还是选择那些收益型的物业，比如工业地产、写字楼、酒店、住宅、公寓等可以通过租约带来固定收益的项目。在未来一段时间内，还会有大量企业走出去，出于风险控制的角度、出于投资稳健的角度，可能更多公司还是倾向于向这些收益型物业的投资。

二、中国企业境外投资不动产业务的风险分析

我国企业在境外经营不动产业务所有风险将由企业自身承担，企业既要面对外来监管的压力，又必须加强内部经营等各方面的自我监管，因此在考虑投资境外不动产时，无论是监管机构还是企业都应该注意风险的防控。

企业资金投资境外不动产的风险主要有以下几种：

（一）经营风险

企业资金投资于境外不动产将面临因对别国投资环境不熟悉，认识不全面及国际经营环境和条件变化而产生的风险。例如，以购入境外成熟物业的方式投资不动产，要了解项目的具体情况不如在国内便利，信息不对称更为严重，因此无论是标的物的选择、交易金额谈判还是租赁客户的确定，每个环节都涉及较强的专业知识，在项目经营过程中也可能面临诸多风险。如企业购入境外不动产，按目前的租金水平计算投资回收期，企业首先需要承受长时间的资金压力，其次项目获益方式是通过长期的租赁合同获取较为固定的租金，租金的高低主要依据物业所在国的房产增量和存量来决定，且未来市场指向性和预测性不高，当市场出现较大波动，房价大幅上涨，就会导致固定的租金损失。不动产投资具有资金密集的特点，一旦在实际经营过程中出现操作失误和偏差，企业资金将遭受巨大损失，给企业的稳健经营带来负面影响。

（二）市场风险

1. 市场供求风险

不动产的价值受供求影响的幅度远比其他商品大得多，因此，不动产的投资者和经营者所承担的市场供求风险比其他市场要大，在东道国经济上涨，房价上升时期，整个产业链的投资和需求均呈现出旺盛状态，社会对不动产商品的需求量也相应增大，而由于上涨预期的存在，整体市场风险不太明显。但在经济疲软或金融危机时期，不动产作为生产场所而产生的需求会相应减少，不动产租赁合同可能中止、不动产价格下跌或者出现下跌预期，且由于杠杆作用，风险被放大，不动产行业的参与者均可能遭受实际损失。因此，投资于不动产的企业也将面临资产减值、收益下降的风险，因此企业资金投资境外不动产应注意正确把握东道国不动产行业的发展趋势，这样才能保证资金的安全。

2. 境外资产汇兑风险

汇率对境外投资不动产的影响至关重要，汇率的变动会引起投资收益的变化，在整个境外投资过程中有两次货币兑换，首先要将本国货币兑换成东道国货币进行投资，在获得投资收益之后需要将所得收益再兑换成本国货币。假设人民币对东道国货币的汇率升值，获取外币投资收益之后只能兑换到更少的人民币，境外投资收益因此受损。因此各国政府的货币政策、财政政策、汇率政策以及国际市场供求平衡等各种经济和政治因素都会影响到汇率的变动，因此企业在开展境外不动产投资以期提高投资收益率时要高度关注和防范汇率变动所带来的投资收益损失风险。

3. 利率风险

企业资金投资境外不动产过程中面临的利率风险，根据不动产的具体投资方式和资金来源的不同而有所不同，以物权方式投资的公司投入的资金若有部分是向东道国银行或其他机构借的，市场利率上升则借款的利率也会上升，进而直接影响到投资成本的增加，如果投入不动产的资金全部是自有资金，过后靠收取固定收益收回成本，虽不涉及借款利率问题，但是国际货币市场的利率变动将影响到收益的再投资。如果资金投资不动产债券、股票以及其他与不动产相关的有价证券，当国际货币市场利率上升，投资收益可能下降，长期资产将面临缩水的风险。

（三）市场流动性风险

不动产行业的经营具有前期资金投入大，后期投资回收周期长的特点，这就降低了投资资金的变现能力，以物权方式投资不动产的公司面临较大的流动性风险，倘若公司在短期内面临大规模资金需求，可能需要将短时间内难以变现的不动产投资折价变现，企业将遭受较大的投资损失。资金投资于境外不动产，流动性的风险会比在国内更严重，在国外不动产变现的渠道，交易对手的寻找，信息搜集等均不如在国内便利，当面对突发事件或意外事故时，应对起来难度都会比在国内大很多。

（四）通胀风险

在正常的经济环境中，通货膨胀风险是必然存在的。只不过通胀程度视东道国宏观经济的总体环境而不同，投资物权不动产的回报可以分为租金收入，公允价值变动和处置收入，投资不动产项目需要在前期投入大量的资金，产生沉没成本，而项目收回成本并获利则需要很长一段时间，如果在整个投资周期中，东道国经济的周期性变化影响到物价的波动，对资金的投资计划将会产生难以预测的影响，若投资收益率不能抵消物价的上涨率，则会造成投资负效益的风险。如果是以开发楼盘的形式投资不动产，当东道国通货膨胀率大幅度上升，建筑材料成本以及劳动力和管理费用也将随之上升，这无疑将增加房产的开发成本，在境外投资不动产，企业对境外宏观经济环境的把握较国内难，如果控制不当，通胀因素可能导致严重的后果。

总之，通货膨胀对不动产市场的冲击是很大的。

三、中国企业境外投资不动产操作流程及法律实务

为了更好地应对以上这些风险，也更好地帮助中国投资者更有效地布局和策划境外不动产投资业务，接下来将通过简要介绍中国企业在美国投资房地产的实例来阐述具体的操作流程和法律风险。

（一）境外投资项目涉及的国内审批程序

通常情况下，中国企业赴海外开展投资项目之前，都需要向下列中国政府部门就每一项具体的投资，申请批准或征询意见，具体包括：国家发展改革委、国有资产监督管理委员会（适用于中央企业）、商务部、国家外汇管理局、中国驻外大使馆/领事馆。因为，只有逐一获得上述批准的项目，投资方才能根据批准的投资金额兑换大宗的外汇，付至境外完成交易。中国企业在境外投资项目也不可避免地需要通过上述层层审批，而这其中的时间成本和审批结果的不确定性常常给投资方造成不小的压力。近期，国家外汇管理局出台了《境外担保外汇管理规定》，该规定为跨境投资者以国内资产为担保获得境外贷款的融资提供了许多便利。这将有望使境外投资项目能够方便地在投资东道国获得贷款或其他融资方式，也有可能减轻国内审批程序给投资方带来的种种压力。

1. 国家发展改革委审批程序

首先，中国企业需根据其对外投资项目的具体情况向国家发展改革委进行项目备案或申请核准。根据国家发展改革委于 2014 年 4 月 8 日发布的《境外投资项目核准和备案管理方法》（已于 2014 年 5 月 1 日起实施）第 7 条的规定，中方投资 10 亿美元以上的境外投资项目，以及涉及敏感国家和地区、敏感行业的境外投资项目（无论其投资金额），应由国家发展改革委核准。中方投资额 20 亿美元及以上，同时涉及敏感国家和地区、敏感行业的境外投资项目，由国家发展改革委提出审核意见报国务院核准。除上述第 7 条规定之外的，境外审批项目仅实行备案管理，中央管理企业实施的境外投资项目或者地方企业实施的中方投资额 3 亿美元及以上项目须报国家发展改革委备案；地方企业实施的中方投资额 3 亿美元以下境外投资项目，由各省、自治区、直辖市及计划单列市和新疆生产建设兵团等省级政府投资主管部门备案。通常情况下，投资境外房地产项目不会被认为属于涉及敏感国家

或敏感行业的境外投资项目。因此,投资者主要应从投资金额的角度判断具体项目涉及的国家发展改革委审批级别。

2. 国资委审批程序

中央企业开展的对外投资项目还需向相应级别的国有资产监督管理委员会(以下简称国资委)申请核准或进行备案。中央企业原则上不得进行非主业境外投资。根据国资委发布的《中央企业境外投资监督管理暂行办法》,中央企业以及中央企业的各级独资企业和控股子企业在境外从事投资活动应当遵守以下几项主要规定:中央企业应当根据境外投资规划编制年度计划,并报送国资委备案;对于与一家中央企业主业有关的境外投资,国资委采取逐笔备案管理制度;中央企业原则上不得进行非主业境外投资,有特殊原因确实需要投资的,中央企业从事的非主业境外投项目资应该经国资委核准,由国资委出具书面意见;在重点的境外投资项目实施过程中,出现项目内容发生实质改变、投资额重大调整和投资对象股权结构重大变化等重要情况时,中央企业应当及时报告国资委。

3. 商务部门审批程序

中国企业还需要根据对外投资项目的具体情况向相应级别的商务部门申请核准。根据商务部发布的、现行有效的《境外投资管理办法》的规定,对于境外投资项目,境内投资主体必须向商务部或省级商务部门提交详细的项目背景材料(包括申请表、境内投资主体的营业执照和投资决议、境外新设企业具体情况说明、章程和相关协议、国有企业需附国资委意见以及商务部门要求的其他文件等)。其中,须经商务部核准的境外投资项目包括:在与我国未建交的国家进行投资、对特定国家或地区进行投资、中方投资额1亿美元及以上的境外投资项目、涉及多国(地区)利益的境外投资及设立境外特殊目的公司。须经省级商务部门核准的境外投资项目包括:中方投资额1000万美元及以上但低于1亿美元的境外投资、能源和矿产类境外投资及需在国内招商的境外投资。除上述项目之外的境外投资项目,境内投资主体仅须提交《境外投资申请表》报省级商务主管部门核准。从现行有效的商务部法规来看,投资美国房地产项目所需完成的商务部审批主要应从投资金额的角度考虑具体项目涉及的审批级别。

另外,笔者注意到商务部于2014年9月6日对外公布了《境外投资管理办法(修订)》并于2014年10月6日起施行。该办法第6条规定:商务部和省级商务主管部门按照企业境外投资的不同情形,分别实行备案和核准管理。企业境外投资涉及敏感国家和地区、敏感行业的,实行核准管理。企业其他情形的境外投资,实行备案管理。由此可见,如同国家发展改革委一样,商务部已经进一步放松对境外投资的管制规定。投资境外不动产项目如果不涉及敏感国家和地区、敏感行业的,仅须向相应的商务主管部门备案即可。但是,在新的《境外投资管理办法》正式生效之前,任何境外投资项目仍需根据现行有效的《境外投资管理办法》取得商务主管部门的核准。

4. 外汇管理部门审批程序

逐一获得上述一系列批准之后,中国企业最终得以根据批准的投资金额在国家外汇管理局申请兑换大宗的外汇,付至境外完成交易。根据由国家外汇管理局发布的《境内机构境外直接投资外汇管理规定》,国内企业在获得商务部门对境外投资项目的核准之后,应当向其所在地的外汇局办理境外直接投资外汇登记,申请时一并提交国家发展改革委和商务部门颁发的境外投资项目核准文件原件和复印件等相关资料。外管局审核上述材料无误后,在相关业务系统中登记有关情况,并向境内机构颁发境外直接投资外汇登记证。完成外汇登记后,获准进行境外投资的企业可以在指定银行办理境外直接投资资金汇出手续。

5. 中国驻美国大使馆/领事馆的意见

除上述国家发展改革委、国资委、商务部门以及外汇管理部门的核准程序之外,中国投资主体可能还需要考虑中国驻美大使馆或领事馆对本项目的意见。根据商务部发布的《境外投资管理办法》,商务部门在审批境外投资项目过程中可以视情况征求我国驻外使(领)馆(经商处室)对审批项目的意见。

(二)投资结构的设计

中国企业在境外投资不动产项目时通常会新设子公司作为收购主体对目标公司进行收购,税收是选择设立公司的类型时的重要考虑因素。比如,美国税法项下对有限公司(Corporation)和对有限责任公司(Limited Liability Company,LLC)的税务处理有严格的区别。

有限公司(Corporation)是一个独立的纳税实体,需就其应纳税收入缴税,然后将税后收入向股东分红;股东收到的分红应作为股东的收入纳税,因此有限公司的收入将在公司和股东层面被“双重征税”。然而,根据美国税法,有限责任公司(即LLC)则可以享受类似合伙企业的税收安排。除非一家LLC的成员(Member,即股东)明确选择在联邦税收方面将该LLC作为独立的纳税主体处理,否则LLC的损益项目(如收入、损失、扣除以及抵免等)均将直接反映在其成员的税收申报表上,LLC本身无须就其损益承担纳税责任,因此LLC可以有效避免在公司和成员层面进行双重征税。

其次是LLC设立地的考虑,如中国企业选择采用LLC的形式设立美国子公司,那可以优先考虑选择特拉华州作为LLC的设立地。在美国,特拉华州注册的公司数量众多,其中包括非常多规模巨大的公司。据特拉华州政府称,财富500强中一半以上是在特拉华州注册。这是因为,特拉华州被普遍认为有着美国最完善的公司法体系。这样不仅可以享受其完善的公司法体系所带来的便利,并且在税负方面,特拉华州不对非在该州实际从事业务经营的公司征收企业所得税,也不会对非该州居民的股东征收州税。

再者我们要考虑匿名投资的问题,比如美国国税局要求外国公司披露其在全球范围内的收入,若LLC的直接成员(即直接股东)是外国公司,尽管外国公司不需要就美国之外的收入在美国纳税,但是该外国公司将因其LLC成员的身份而需要向美国税务机关提交美国纳税申报单,就其在美国境内发生的收入交纳所得税,同时披露其在全球范围内的收入情况。这样外国公司在美国持有财产的事实将可能被公之于众。

为了避免这类强制披露,中国实体可在中国境外注册一家子公司(以下简称中间控股公司),再由中间控股公司在美国设立LLC;并且,该中间控股公司应当专门为投资房地产项目而设,不再用于其他项目。增加中间控股公司看似结构复杂,实则具有明显的优势:LLC的直接股东将是中间控股公司而不是中国实体,美国税务机关只能要求LLC的直接成员披露其在全球范围内的收入,因此,中国实体可以在美国匿名持有房地产;由于中间控股公司专门为本项目而设,其全球收入实际上也就只有其唯一子公司LLC的收入,由此成功避免中国实体将除LLC之外的任何收入被迫披露给美国国税局。

(三)尽职调查应注意的事项

在完成投资项目前期审批和投资结构的设定后,投资方将进入收购的实施阶段,对目标的商业不动产项目进行尽职调查。在此过程中,除了常规的对项目及项目公司的运营、规章制度、财务、税收等方面进行调查外,还应对以下几方面予以额外关注：

1. 当地区划(Zoning)法规的合规调查

美国的土地和城市规划在郊区最小以县为单位，设有选举或任命产生的规划委员会。该委员会负责向当地市镇当局推荐规划地界，以及合适的区划法规及其修改，以保证交通便利，住宅和商业区的分隔，居民和物业的安全。在美国，各类房地产开发都将受到区划法规(zoning)的限制。区划法规中通常包含特定地块的用途限制以及特定区域内建筑物的规模、类型和结构要求等。不能完全符合区划法规的新建项目则需要向当地的市政部门申请特殊许可。市政部门将会召开听证会并邀请当地的利益团体代表(譬如社区居民)参与讨论是否就特定新建项目的颁发区划许可。有时新建项目业主将被迫与当地利益团体代表进行谈判。谈判过程中新建项目业主不仅会被要求改变初始建设计划，还有可能被要求在其他方面让利来换取利益团体的妥协。另外，土地和城市规划法令可能会进行修改，如果规划法令在交割后的修改是买方在交割前未预料到的，该风险将由买方承担。

2. 物业产权调查(Title Search)

尽职调查过程中应对收购目标的产权状态进行审查，调查产权状态的最有效方式是聘任产权公司审核并出具产权报告。调查的内容包括物业的产权转移记录是否连续，是否存在法院判决设置的扣押权，是否存有债务，如欠地产税、物业管理费及市政府的罚单等。产权公司会出具一份详尽的权属调查报告，将发现的产权瑕疵和其他问题列出，由卖方负责解决，如果存在不能解决的重大问题，买方可终止合同并获得返还定金。

3. 物业检验(Inspection)和环境评估

物业检验是通过专业的工程师和住宅验收人员对物业的结构、管道、供冷供热供电系统，可能存在的环境危险(石棉、白蚁及自装地下供热油管道漏油等)进行检验。环境评估的主要目的是减少潜在买家所可能面对的责任风险，环境尽职调查应包括对如下事项的完整审核：环境许可证照的状态、是否遵守环境法规、为遵守环境法规而可能存在的资本投入、由于过去或目前的行为而导致的环境责任、需要投入资金才能满足的新的环境要求以及所有相关的开销。

4. 估价(Appraisal)

如果投资方需要从金融机构融资，物业估价是非常重要的环节。估价与金融机构允许放贷的数额、条款、条件以及利率息息相关。投资方可以考虑聘请专业估值师对收购目标中的房地产进行独立估价，以确保该投资项目的经济可行性。

5. 私人互诺(Covenant)

除区划法规针对物业用途作出限制外，私人互诺也可能通过对私人财产的约束限制物业用途。私人互诺是房产所有者之间为限制房产使用或为房产使用设定义务的协议，这些限制往往“附着于土地”，意味着对房产的后续购买者也同样有约束力。

四、交易细节的法律风险提示

投资方在完成初步尽职调查后，会就该境外房地产项目的交易细节进行商业谈判。对于此类投资项目谈判中常见的争议焦点和法律风险，我们会从交易价格、房地产权属、交割的先决条件、定金与违约金条款、交割后的赔偿、土地使用限制、特殊的预提税七个方面进行分析和讨论。

(一)交易价格

商业房地产投资项目中买卖双方就交易价格发生争议是很常见的。对于已处于运营状态的物业，影响购买价格的因素主要包括转让财产的范围和流动资金的分配。另外，交易价款的支付方式也是重点谈判内容之一。

1. 转让财产的范围

对于购买已处于运营状态的商业物业(如商场、酒店等)，买售交易的标的物通常不仅只是土地和房屋，还应包括房屋内的设备和装置、商业名称和商标等无形资产、日常供给品存货、客户名单等保密信息以及特定的经营许可证(如酒类经销许可证)等。在买售合同中详细列明标的物范围内的各类财产可以避免双方未来就特定物品是否包含在交易价格中而发生争议。

2. 流动资金的分配

购买已处于运营状态的商业物业，买售合同的交易价格可能并非固定不变。卖方除了转让财产还将向买方转让取得运营收益的权利。自合同签订日到交割日期间，商业物业仍然在运营中，交易标的物中的日常供给品、设施和装备等财物的价值也将一直不断变化。通常以交割日作为分界线，买卖双方对有关物业经营的流动资金项目进行分配。因此，在交易交割时，双方需要根据标的物在合同签订日和交割日的价值差异对交易价格进行调整。

3. 交易价款的支付

交易价款何时支付、一次性支付或分期支付、直接付至卖方或付至监管账户,这些问题并无法律上的强制规定,而是取决于买卖双方之间的谈判结果。对于购买在建的期房物业,卖方可能会要求交易价款随着建设工程的进度逐步分期支付,以保障建设工程完工后卖方能够充分获得付款。然而,对于买方而言,在标的物房地产尚未转移所有权之前,分期款项付入监管账户而不是直接付给卖方是较为有利的做法。

(二)权属报告

对于购买商业房地产项目,卖方交付的物业权属是否明确、是否附着任何权利负担,不仅会影响到房地产的评估价值,也会影响到物业的商业运营。如果买方没有针对权属采取保护性的步骤而草率购置房地产,买方可能会面对财产权属的争议,甚至有可能丧失部分或全部财产。以下将在本段中介绍在美国投资房地产时,买方为了避免发生权属争议而通常会采取的一些措施。

1. 权属报告(Title Report)

了解物业权属状态的最有效方式是获得房地产权属报告。权属报告由权属公司(Title Company)提供。权属公司一般会搜集地方政府备案的房地产公开信息中的相关记录,进行产权调查(Title Search)。

2. 权属保险(Title Insurance)

权属报告有时并不能毫无遗漏地说清某一处房地产上存在的全部权属问题,因为地方政府备案的房地产公开信息可能存在登记差错,某些私人互诺协议可能没有公开登记,也有可能之前某次产权转移存在诈骗等。因此,在美国购买房地产时,很多买方会购买权属保险。如果购得的房地产存在上述权属调查中未能被发现的权属瑕疵,购买权属保险的买方则可以要求保险公司就该等损失进行理赔。

3. 土地批租

虽然大多数的商业房地产项目都以买方购得土地所有权继而进行开发的形式存在,但是,特定情况下也可以承租土地进行开发,即所谓的土地批租。承租人在一定期限内取得土地的使用权,被允许在土地上进行开发、兴建房屋和运营物业。另外,承租人也可以选择暂时批租土地进行开发建设,同时与土地所有人约定承租人对土地所有权享有优先购买的权利。这样的安排可以使承租人在项目开发时减少资金投入(因为无须准备土地购买资金)。因此,对于投资项目获得的是土地使用权还是土地所有权这个问题,投资方在项目的洽谈初期都应当予以确认。

(三)交割的先决条件

就商业房地产项目来说,无论买售标的物是已处于运营状态的物业还是正在建设开发中的期房物业,对于买方而言,最理想的安排是物业在交付后可立即投入运营或不间断地持续运营。为了达到这一理想状态,买方应考虑在合同约定的交割先决条件中尽可能详细地列出该物业运营所需的各项重要条件。下文所列的四项内容是美国商业房地产交易中常见的几项交割先决条件。

1. 加盟协议(适用于酒店项目)

如果投资的酒店项目将以加盟连锁酒店品牌的方式运营,那么,能否成功签署加盟协议应当作为一项交割先决条件。购买已经建成并在运营中的酒店时,该酒店现有的加盟协议能否转让、转让流程和时间要求、转让失败情况下的备选方案都应当由买卖双方事先协商约定。

2. 酒类经营许可证

对于包含酒店在内的综合性商业房地产项目,买方能否取得酒类经营许可证也应当作为一项交割先决条件。能否出售酒类产品对于酒店类的商业物业的营利能力影响很大,因此也是不少买家决定是否购买某个物业的关键评估内容。

3. 道路使用权

对于新建的商业房地产项目,买方也可能需要取得对相邻土地的道路使用权,以便为出入商业设施提供最便利的途径。出入的便利性有时也是酒店、商场等商业项目能否成功的关键因素。

4. 解除抵押权

在美国,利用银行贷款资金进行房地产开发和运营是十分常见的做法。如果买方计划购买的是在建的期房物业,买方应详细了解卖方是否已将土地和在建工程抵押给银行作为建设贷款的担保。即使投资方购买的是已经处于运营状态的物业,卖方也有可能是通过银行的授信额度维持物业运营,并已将土地、房屋等资产抵押给银行作为银行授信的担保。因此,除非买方自愿承担相关的建设贷款、银行授信和抵押权，买卖双方应当约定将解除标的物房地产上的抵押权作为买售交易的一项交割先决条件。

五、定金与违约金条款

（一）定金条款

通常来说，在签订买售合同之时买方通常会被要求向卖方支付定金。定金条款会规定，如果交割的某项先决条件无法成就或者非因买方原因而使买售合同终止，那么，买方已支付的定金应当予以返还。然而，买卖双方有可能对于“先决条件无法满足”或者“非因买方原因”有着不同的理解。买卖双方很可能对此类情况持不同意见，由此对于是否应当返还定金发生争议。

定金付至监管账户对买方而言是较为有利的做法。这样的安排至少在买方与卖方就终止交易是否合理产生意见冲突时，可以保持双方处于平等的谈判地位。然而，即使买卖双方在合同中约定买方可以自行决定无理由终止买售合同并取回定金，此类约定可能会被某些美国法院认为不可执行。因为，此类自由终止协议的约定事实上给予了买方自由选择履行或不履行协议的权利，基于美国合同法的合理对价原则，买方应就其获得的自由选择权向卖方支付合理对价。无合理对价的自由选择权将有可能被认定为不可执行。

（二）逾期违约金

对于购买期房物业的投资者而言，建设工程能否保质保量按时在预算内完工和交付也是法律风险所在之处。约定由卖方承担逾期违约金是逾期交房风险控制措施中常见的一项。买方甚至可以要求直接从完工担保或买方付至监管账户的分期付款款项中扣除已经发生的逾期违约金。我们在此需要特别提醒的是，根据美国法律，不合理的巨额违约金可能被法院直接认定为无效。这一点与中国法下的相关规定不同，中国法院可以自行调整约定过高的违约金，进而判决根据调整后的违约金金额进行赔偿，但美国法律对于约定不合理的过高逾期违约金将判决为无效，即被违约方无法得到任何逾期违约金。

六、交割后的赔偿责任

即使进行充分的尽职调查，交易标的物上也会有未能被发现的法律风险。对于交割时间紧迫的交易，也会发生尽职调查中已发现的法律风险未能在交割前全部解决的情况。对此，买售合同中通常会约定：对在交割后买方遭受的某些损失，卖方应承担赔偿责任。此类交割后的赔偿责任也是容易引起买卖双方之间发生争议之处。

（一）环境责任

在美国，大多数商业房地产的买家都会在交易完成之前取得一份房地产所在地的环境评估报告，因为根据美国法律，如果某一块土地含有有害物质，这片土地的历任所有权人以及在这片土地上从事业务经营的人等都会被推定为有义务清理和移除有害物质。法律并没有对此类环境责任划分历任土地所有权人的责任范围，而是要求其相互之间承担连带责任，因此，买方为了减少自己的责任，应该在买售合同中与卖方约定：对于交割之前已经存在的有害物质，即使在环境评估中被遗漏，卖方也应当全面承担清除该等有害物质的责任，并赔偿买方因此遭受的其他损失。

（二）质保权利的转让

卖方通常只愿意向买方赔偿因在交割之前房地产上已经存在的瑕疵引起的损失。但是，如果买方购买的商业房地产是新建物业，建设物业的总承包方通常会在一定期限内对物业承担质量保证义务。总承包商提供的质量保证不仅涵盖交割前物业上已经存在的瑕疵，也包括交割之后物业上出现的质量问题。由此可见，总承包商提供的质保范围一般大于卖方对交付的标的物质量所作的保证范围。因此，买方应当要求卖方将质保权利转让给买方，以此保障买方在质保期内可以直接要求总承包方维修物业，而无论发生质量问题的原因存在于交割之前还是之后。

（三）披露清单

商业房地产日常经营本身也存在法律风险。这主要来自于卖方与第三方（如商铺租户、机械维修工人等）之间的协议。买售交易交割时，卖方通常会通过向买方提供一份披露清单来揭示上述与经营本身相关的法律风险，并要求免除卖方对该等法律风险的责任。对于买方而言，应考虑在买售合同中约定：披露清单中所列的法律风险一旦实际发生，如果买方遭受的损失超过一定金额，卖方仍应承担赔偿责任。

七、土地使用限制

在美国,土地在使用方面的限制可能来自于法律规定,也可能是基于私人之间的约定。对于购买正在建设的期房物业而言,卖方就土地使用限制是否充分披露、特定使用限制的影响力超出预估情况下双方如何分摊责任,都可能导致买方与卖方之间发生争议。除了在尽职调查章节中已提及的区划法规和私人互诺,对于新建的商业房地产项目,项目所在地是否已经具备基本的市政配套设施也会间接地限制土地使用。在美国,市政配套设施的建设资金通常由当地政府通过发行债券的方式筹措。为了偿还债券和相关利息,当地政府很可能会向市政配套设施惠及的物业征收额外的税费。额外的税费将是任何商业物业运营中的长期负担。

八、特殊的预提税

根据美国《外国投资房地产税务法案》(Foreign Investment in Real Property Tax Act,以下简称 FIRPTA 法案)仅向外国个人/实体征收的额外的房地产处置税也需要中国投资者在美国购买房地产时特别关注并筹划相应的投资前策略。

FIRPTA 法案是 1980 年制定的一项美国税法,旨在针对处置美国房地产权益(U. S. Real Property Interest)的外国个人或实体征收金额相当于处置对价总额 10% 的预提税。这里所指的外国个人或实体包括非居民外国个人(nonresident alien individual)、外国公司(foreign corporations)、外国合伙企业(foreign partnership)和外国信托和地产(foreign trust and estate)。FIRPTA 法案中所称的“美国房地产权益”不仅包括对美国的土地、房屋等典型房地产的直接所有权,还包括在美国房地产公司(United States Real Property Holding Corporation)中的股权。根据 FIRPTA 法案,“美国房地产公司”是指在任何时候其总资产中有超过 50% 的资产为美国的土地、房屋等典型房地产的美国国内公司。FIRPTA 法案要求:自外国个人或实体处购买美国房地产权益的购买方有义务扣除交易价格中的 10% 作为预提税(withholding tax)上缴至联邦国税局。

FIRPTA 法案规定的这项特殊预提税对在涉及外国交易者的房地产交易中确定交易价格和投资结构方面都会产生重要影响。因此,中国投资者无论在购买或出售美国房地产权益时,都应对交易涉及的美国税务予以特别关注。作为购买方,中国投资者应当在确定交易价格之前要求卖方签署一份 FIRPTA 证书,如实披露其是否属于外国个人或实体,以便决定是否需要将 FIRPTA 法案下的预提税核算入交易成本。作为出售方,采用前文提及的在第三国设立中间控股公司间接持有美国房地产公司的投资结构是对中国投资者较为有利的操作方法。因为,根据 FIRPTA 法案,转让美国房地产公司的股权也需要缴纳上述预提税,而转让非在美国设立的中间控股公司的股权则一般不需要。所以,中国投资者如能够选择出售中间控股公司(而非美国房地产公司)的股权来转让美国房地产的间接所有权,则可以避免就其出售所得根据 FIRPTA 法案缴纳特殊的预提税。

第二节 中国公民境外不动产投资

关于公民个人境外投资不动产的现象早已不是什么新鲜事。随着美国金融危机的出现和发展,最近两年中国人在境内大手笔购置国外房地产的新闻不绝于耳,激起人们的普遍兴趣。毕竟能够低价购买海外不动产的想法还是让很多人心动。此前有传言,上海地区在进行个人境外购房试点的外汇政策,但无果而终。然而对于很多人而言,个人如何进行境外投资还是个比较新鲜的话题。

境内居民境外投资不动产属资本项目项下境外投资,按照现行外汇管理政策规定:个人境外投资符合有关规定的,经外汇局核准可以购汇或以自有外汇汇出。但相应的境外不动产业务审批细则却迟迟未出台,境内居民境外投资不动产管理仍然是个盲区。

比如境内居民境外购房,属个人外汇管理范畴,涉及资金划拨、产权、房屋出售等一系列跨境运作,而我国个人外汇管理法规却没有提及境内居民境外购房的操作及管理规定。并且按照国际收支跨境交易申报原则,个人境外购房属对私支出范畴,而现行的国际收支交易编码表同样未列此项,因此其国际收支属性无法明确。

但是个人境外购房仍有潜在需求。一是个人自费留学和境外定居人数日益增加,激发了其境外购房的热情。二是境内居民收入增加,寻求新的投资增长点。个人在高收入驱使下,不断拓展投资渠道,从而引发投资境外不动产的兴趣,以寻求更大的趋利空间。

一、境外投资核准/审批制度

随着2009年商务部颁发《境外投资管理办法》以及之前2004年国家发展改革委颁发的《境外投资项目核准暂行管理办法》,目前企业对外投资的制度相对完善。但对于个人对外投资的相关制度却付诸阙如。

2004年国务院投资体制改革文件中,对于境外投资项目实行核准制。但从当年的文字表述看,该核准主要是针对企业对外投资大额用汇的项目。但随后国家发展改革委颁布的《境外投资项目核准暂行管理办法》也主要是针对企业法人的对外投资行为。但耐人寻味的是,该管理办法在第26条规定“自然人和其他组织在境外进行的投资项目的核准,参照本办法执行”。似乎意味着,个人对外投资,也应比照该办发进行核准。目前实践中尚不知是否有人执行过该核准程序。

根据国家发展改革委和商务部的职能划分。通常海外投资项目经过核准后,尚需要就企业开办向商务部进行核准。然而问题随之而来,目前商务部颁发的《境外投资管理办法》仅仅是针对境内企业的境外投资过程中的企业开办、变更等问题的核准,并没有针对个人境外投资的管理内容。根据国内的法律实践,通常没有明文规定的,往往是不可以做的。因此,个人对外投资设立企业的做法目前难以行得通。

当然,根据现有的规定,个人要进行海外投资的变通做法就是首先在国内设立一家公司,然后以该公司的名义申请境外投资。

二、个人境外投资外汇问题

个人对外投资,无论是实业投资还是购买海外房地产,资金如何出境一直都是最为关键的因素。此类用汇属于资本项目用汇,目前尚处在严格管控之下。根据2008年修订的《外汇管理条例》第17条规定“境内机构、境内个人向境外直接投资或者从事境外有价证券、衍生产品发行、交易,应当按照国务院外汇管理部门的规定办理登记。国家规定需要事先经有关主管部门批准或者备案的,应当在外汇登记前办理批准或者备案手续”。显然,这一规定意味着个人是可以进行境外直接投资的,只是需要根据规定进行外汇登记。但这一条的后一句规定又使个人对外投资是否需要国家发展改革委和商务部核准的问题横在面前,没有答案。

无论是投资海外实业还是投资境外不动产,所需资金一般均要远远超出目前《个人外汇管理办法》中规定的个人年度5万美元的结汇额度。这客观上使通过合规的途径无法进行有意义的境外投资。

目前除了境内个人设立特殊目的公司进行海外融资这一境外投资用汇有章可循,其他境外投资均没有具体实施的规则。国内先知先觉的温州地区关于境内个人境外投资的试点方案也因为国家外汇管理局的反对,短命夭折。这也说明了国家在个人境外投资等资本项目的管制上丝毫没有放松。

三、特殊目的公司(SPV)

从目前的规定层面来看,境内个人仅有的境外投资方式就是设立海外特殊目的公司。根据《关于境内居民通过境外特殊目的公司融资及返程投资外汇管理有关问题的通知》(汇发[2005]75号),特殊目的公司是指境内居民法人或境内居民自然人以其持有的境内企业资产或权益在境外进行股权融资(包括可转换债融资)为目的而直接设立或间接控制的境外企业。境内居民在根据该75号文规定的程序办理外汇登记手续之后可以在境外(一般是指开曼、维尔京群岛等离岸金融中心)设立特殊目的公司,并办理有关外汇出境手续。

然而之前在实践中,囿于国家对个人境外投资态度的不明朗,尽管《外汇管理条例》和75号文均表明,境内个人可以从事境外投资活动,但实际上各地外汇管理局均拒绝办理个人境外投资的有关外汇登记。2011年5月国家外汇管理局印发的《境内居民通过境外特殊目的公司融资及返程投资外汇管理操作规程》(汇发[2011]19号)对居民个人设立海外SPV的操作规程进一步规范,似乎意味着个人进行境外投资的渠道即将畅通,市场尚需拭目以待。

四、中国公民境外购房

境外购房已经成了中国人投资房地产热情的另外一个重要渠道。但对于更多人而言,因为资本项目外汇管制,投资海外房地产如水中望月一般。

目前社会上部分投资人士往往通过利用个人年度用汇5万美元的规定通过组织亲戚朋友采取蚂蚁搬家的方式转移资金至海外账户，满足国外购房的首付款要求。之后的按揭还款，往往控制在每年还款额不超过5万美元，利用个人年度用汇额度予以还款。

五、实践中的做法

尽管国家对于个人海外投资管制严格，但实践中往往也有一些变通的做法。当然这些办法往往处于灰色地带，有些甚至直接违反了国家的有关外汇制度。但这似乎是外汇管制所必然引发的现象。

除了前文提及的个人先注册公司再以境内公司境外投资的方式进行海外投资的办法之外，实践中还有一些其他的办法。

既然国家对于个人海外投资不予审批。很多人则干脆直接委托律师事务所等社会中介机构直接以个人名义在海外注册离岸公司。鉴于境外注册公司的宽松法律制度，目前境内人士可以在花费几千元人民币的情况下在海外注册一家属于自己的公司。之后再对该公司进行实际注资。

对海外公司注资当然又面临境内人民币资金如何转移至境外的问题。社会上主要是通过地下钱庄以及专业的从事资金兑换业务的机构兑换和转移资金：通常由境内个人将资金转入该等机构国内的人民币账户，而后由该机构的境外关联机构在境外支付等额外汇至境内人士在境外开立的银行账户，从而实现资金转移的目的。但这一做法显然违反了《外汇管理条例》的相关逃汇和套汇的规定。

但值得注意的是，通过上述方式虽然能够在境外完成公司设立，但该等公司在回头来华投资时将面临障碍。根据《境内居民通过境外特殊目的公司融资及返程投资外汇管理操作规程》(汇发[2011]19号)的规定，外方投资者在境内新设外商投资企业、并购境内企业的在办理外汇登记时，对于不属于75号文项下的“特殊目的公司”，企业申请时需要如实披露其外方投资者是否直接或间接被境内居民持股或控制，如果是，应提供其境外权益形成过程不存在逃汇、非法套汇、擅自改变外汇用途等违反外汇管理法规的证明材料。对于能证明境外权益形成合法性的，可为该外方投资者设立的外商投资企业办理外汇登记，并在直接投资外汇管理信息系统中将其标识为“非特殊目的公司返程投资”。尽管这一新规定，对于企业违反上述披露义务的后果未作规定，但这种模糊处理本身的不确定性就是一种风险。投资人应谨慎考虑。

在此，境内公民需要对境外投资的，应尽可能通过合法渠道走出去，即办理相关的核准、审批和登记手续。也希望国家有关部门应审时度势及时对个人直接境外投资作出明确的法律规定，让境外投资有章可循，避免和减少目前大量的灰色操作。

第三节　境外不动产投资带动的境外移民现象

目前境外不动产投资带动了境外移民，反过来境外移民也带动了一些不动产的发展甚至增值，如现在很多客户关注美国，学区房又是他们关注的重中之重。为了孩子能在当地读书，客户会选择购买学区房。像华人聚集地亚凯迪亚、欧文市一些学区房，可能每年都会不同幅地度上涨，而且现在房源也非常稀缺。在类似这种学区地段要购买一个独立屋，价格已经达到了100万～150万美元。对于移民客户来说，在成功移民之后，在当地购房的比率还是非常高的，甚至可以达到95%以上。所以说这种热门国家，华人集聚地的城市，其房产可能会更加受移民客户的追捧。

一、投资环境好，变相移民成本高

一些国家的不动产保值投资是被比较看好的。如澳大利亚目前的投资环境好，也是一个非常传统的移民国家，非常希望世界各地的人能够融入澳大利亚，到澳大利亚当地居住，甚至生活。但随着移民人数的不断增加，澳大利亚的移民门槛也在不断提升，现在已到了一个高位，使很多有意向的投资人望而却步。

另外，也有很多海外人士在新加坡购房，但身份问题只能购买公寓，不能购买别墅等带地产权的房产。如果客户拿到了新加坡绿卡，那么他就可以去提出申请购买带地产权房产，这是有本质的区别。因此如果希望办理移民，或者考虑移民，应该提早做好规划。

二、“抄底”欧洲房产与欧盟绿卡

从去年开始兴起的欧洲国家移民项目，叫买房送移民身份。特别是像葡萄牙、西班牙，得到了很多客户的认可、追捧。作为欧洲第一个官方正式推行购房移民政策的国家，葡萄牙无疑是移民目的国中的一匹黑马。

自2012年9月葡萄牙推行“黄金居留计划”以来，葡萄牙投资移民日益火热，从2012年10月到2014年5月，葡萄牙通过黄金居留许可项目吸引了5.4亿多欧元的投资。在成功获批的894组申请家庭里，80%是中国人，并保持持续强劲的增长势头，2014年上半年的获批量几乎与2013年整年持平。

与此同时，已递交黄金居留申请等待获批的投资人数量远在3000人以上。自2013年第四季度以来，葡萄牙GDP保持持续增长，由于经济好转，葡萄牙政府已经成功宣布“干净地”退出救助计划。新移民的投资给葡萄牙的经济复苏注入活力，而葡萄牙国力的高歌猛进也给新移民带来了更优质的生活、福利和更多的投资机会。从大环境来看，各大机构与投资大鳄看准欧元升值；从小环境来看，葡萄牙经济复苏带动房市复苏，已是大势所趋，房价开始触底反弹。

在国内如今受大力追捧的境外投资不动产移民的环境下，各国买房移民政策有何陷阱？中国投资者选择买房移民方式需要注意哪些问题？买房移民有哪些风险，投资者又如何最大限度地规避这些风险？

各国之所以选择买房移民这种方式来吸引外资刺激经济，主要原因在于房产是单价高、容易监控、有广泛市场需求的综合体。但作为单价高的产品，在信息不对等的情况下，很容易遭遇房价虚高风险。想通过投资不动产移民的申请人应该留意以下几点：投资人最好多比较，并投资当地大开发商的现楼或投资价值高地段好的物业，比如靠近海边的物业，并且留意所投资现楼的市场价值，以避免当地人托高市价；还要关注置业国家的发展背景，详尽地了解购房环节的相关信息，包括租金、税款、物业费及将来可能要追加的维护等。

大部分国家通过境外不动产投资就能获得数年的长期居留权，在此期间若能满足长期居住的相关条件，通过评估就能成功取得永久居民身份，也就是我们常说的“绿卡”。在取得居留权的同时，申请人就能够享受当地公立医院的医疗、公立学校的教育和工作等福利。因此,“境外不动产投资移民”迎合了不同阶层和有着不同需求的申请人,投资者应该根据自身的条件和需求来进行有针对性的选择。

第四节　各类离岸金融与境外私人不动产购置

一、离岸金融概述

离岸金融业务是一种金融活动,是指经营境外各种可自由兑换货币的金融活动。开办离岸金融业务的银行在本国地域上注册成立而又不受本国金融法规的约束,故又被视为不在本国境内,所以被称为离岸银行。

离岸金融业务迅速发展的主要原因是:离岸银行不必持有准备金,其经营成本低于国内银行;离岸银行不受利率上限的约束,即它们对存款户支付的利率可高于银行对国内存款户支付的利率,而且可以对活期存款支付利息;离岸金融享受税收上的优待。

二、离岸金融的类型

伦敦型属于“自然形成”的市场。伦敦离岸市场始于20世纪50年代末,它既经营银行业务,也经营证券业务。非居民除获准自由经营各项外汇、金融业务外,其吸收的存款也不需缴纳法定准备金。过去这类市场业务因受外汇管制等限制,而与国内业务截然分开,但自从1979年10月外汇管制取消后,对外汇金融业务的管理与国内金融业务同等对待,“离岸”本身的含义便发生了变异,伦敦离岸市场实际上已经成为兼具境内和离岸业务的“内外一体式”金融市场。香港自从1972年废除外汇管制后,也逐渐演变成亚太地区一个主要的伦敦型离岸市场。

纽约型最大的特点在于“人为创设”和“内外分离”,而且没有证券买卖。1981年12月,美国联邦储备委员会同意设立国际银行业设施(又称国际银行便利)之后,纽约离岸金融业务迅速发展。它的主要交易对象是非居民。筹资只能吸收外国居民、外国银行和公司的存款,但开办国际银行业设施不限于外国银行，任何美国的存款机构、“爱治法”公司和外国银行在美分行皆可申请开办。存款不受美国国内银行法规关于准备金比率和存款比率的限制。贷款必须在美国境外使用。该“设施”可使用包括美元在内的任何一种货币计价。由于美元是最主要的国际货币，而该离岸市场主要交易货币也是美元，所以纽约离岸市场以本国货币作为主要交易货币。1986 年开放的东京离岸市场也属这一类型。

巴哈马型是只有记账而没有实质性业务的离岸金融中心，又称“逃税型”离岸市场，这类市场实际上是“逃税港”。由于在某些国家或地区开展金融业务可以逃避银行利润税及营业税等，同时在这些地方开办分行的成本与费用也远较伦敦低，所以离岸金融市场纷纷在这些地方开辟。拿骚、开曼群岛和巴林等地皆属此类。

离岸金融业务的发展和离岸金融市场的迅速扩张，促进了国际性银行的发展和国际信贷、国际融资的增长，但由于离岸存款不受各国国内法规的限制，它对存款所在国的货币供应量、银行管制与货币政策的实施都会产生一定的影响。

三、离岸金融大大促进了境外私人不动产的购置

当前环境下，去海外购置房产已经成为内地新贵阶层最时尚的投资方式之一。尤其在美国次贷危机、欧洲欧债危机之后，欧美大量房产价值缩水，这就为内地投资者提供了不错的时机。但资本项目下的资本管制以及西方国家高昂的赋税、交易成本，让内地投资客面临障碍。

（一）离岸金融有效解决境外私人不动产购置资金输出障碍

外汇管制成为私人境外投资的第一道门槛。内地投资者去境外投资不动产，由于当前的外汇管制政策，还面临一个资金如何输出以及在境外贷款的问题。若境内自然人单纯以个人身份投资会面临很多法律上的困境。但如果境内自然人把资产打包到基金、公司里，那么他的资金，实际上就不属于个人了。境内自然人可以用境内资产凭证，在投资地获得抵押贷款，这样，实际上境内自然人的钱并没有出境，但通过全球金融系统，可以在地球另一端发挥作用。

（二）离岸金融可合法规避境外私人不动产投资的高昂税负

海外高昂的赋税成为海外置业的又一道门槛，通过离岸金融可以有效

减轻高额税负。首先,拟投资的境内自然人可以在香港(或其他连注册地如英属维尔京群岛、百慕大等)先行成立一家公司,这样是为了在法律上与海外市场更接近。然后,在诸如马恩岛一类的地方成立一家离岸公司,并以香港公司的名义控股,再以离岸公司的名义去投资不动产。若两三年后,有人接手这一房产,以离岸公司名义出卖房产,马恩岛等地收取的地产交易税是很低的,则境内自然人完全避开了英国、美国等成熟市场高昂的赋税。

(三)离岸金融能够有效规避海外的不动产继承税

在离岸金融的架构下,若境内自然人在马恩岛公司层面下有不同的结构,该自然人的遗产受益人都可以成为这家公司的股东,然后该自然人以捐赠者身份成立一只基金,再把产业打包进基金。这样境内自然人投资的盈利便有了保密性,即使境内自然人通过投资赚了2000万英镑,在法律上这2000万与他没有任何关系,因此也就不存在所谓的继承税,因为作为主体的公司,是无所谓"死亡"这一概念的。

虽然目前境内自然人投资海外不动产仍然存在许多法律障碍,但是通过精心设计的离岸金融能够在一定程度帮助境内自然人投资者实现其海外置业梦。

第八章 中国企业境外中介咨询服务领域的投资

第一节 境外中介咨询服务投资的前提

一、中介咨询服务的一般范围

《产品总分类》(CPC[1])是联合国统计委员会制定的产品分类国际标准。它是一部涵盖货物和服务的完整产品分类,旨在对作为任何经济体生产成果的货物和服务进行分类。在《产品总分类》对服务的划分中,中介咨询服务并不是一个单独类别,而是体现在各种不同服务类别项下,因此,中介咨询服务所涉及的领域、行业范围相对较广,例如:

1. 合并和收购服务(CPC71511)

包括法律顾问和谈判者在安排合并与收购方面的咨询服务。

2. 不同法律领域的法律咨询和法定代理服务(CPC 8211)

关于刑法的咨询、代理、起草文件和有关服务(辩护、寻找证据、证人、专家等);其他法律领域的司法程序方面的咨询、代理、起草和证明文件及其他有关法律服务。

---

[1] The Central Product Classification, Ver. 1. 1.

3. 法律文件和证明服务(CPC82130)

有关专利、版权和其他知识产权,以及遗嘱、婚约、商业合同、企业章程等的咨询、代理、文件起草和证明及其他有关法律服务。

4. 会计、财务审计和簿记服务(CPC822)

按照公认的会计原则,对一个组织的会计账册和其他证明单据的审查服务,目的是对该机构的财务报表是否清楚地说明了其在指定日期的状况及其在截止指定日期那段时间的经营情况提出意见。

5. 有关征税的咨询服务(CPC823)

向公司和个人提供使税收减少到最低额的咨询;起草纳税申报表并为其辩护;帮助企业进行计划避税和控制及起草法律所需各种文件方面的服务。

6. 财务管理咨询服务(CPC83112)

有关财务决策方面的咨询、指导和业务协助,如周转资金和流动管理,确定适当的资本结构;对资本投资建议进行分析;制定会计制度和预算控制办法;合并和(或)收购前的企业价估,但不包括通常由金融中介机构提供的短期证券管理的咨询服务。

7. 工程咨询和设计前服务(CPC8333)

与工程事务有关的协助、咨询和建议服务;进行初步技术可行性研究和项目影响研究;项目图纸绘制之前的工程技术咨询服务;项目的可行性研究、环境影响研究和经济评估等;有关现有设备或者产生争端时提供的技术咨询;结构、机械与电气安装的评审服务;诉讼案件中的专家证明。

二、中国加入世界贸易组织(WTO)

2001 年,经过漫长的谈判过程,中国正式成为 WTO 成员。《服务贸易总协定》[2](GATS)使中国进入可自由从事服务贸易的国际市场之中,这也是中国企业投资境外中介咨询服务领域的先决条件。

GATS 参考了《产品总分类》对服务的分类与定义,将服务分为 12 个部门,即商务服务,通信服务,建筑和相关工程服务,分销服务,教育服务,环境服务,金融服务,健康服务,旅游服务,娱乐、文化和体育服务,运输服务,其

---

〔2〕 世界贸易组织:《多边贸易谈判乌拉圭回合最终成果法律文本》(日内瓦,1995 年),附件一 B。

他服务。这12个部门又进一步细分为160多个分部门。

因此,GATS所针对的服务贸易基本涵盖了前述中介咨询服务的范围。同时,基于多边磋商机制,WTO各成员之间根据其国内实际情况,采取肯定列表方式,可承诺各自向其他成员开放的部门或分部门,但具体开放的服务内容在成员间可自由约定。

三、中国政府“走出去”战略

2000年3月的全国人大九届三次会议期间,“走出去”战略正式提出。党的十五届五中全会上,“走出去”战略最终明确,并把它作为四大新战略(西部大开发战略、城镇化战略、人才战略和“走出去”战略)之一。

“走出去”战略在“十一五”期间得到全面落实。党的十七大报告中关于“引进来”和“走出去”的论述,标志着我国“走出去”、“引进来”的双向开放向纵深发展。随后,温家宝总理在十一届全国人大三次会议上作政府工作报告时强调,要进一步简化各类审批手续,落实企业境外投资自主权,加快实施“走出去”战略,鼓励符合国外市场需求的行业有序向境外转移产能,支持有条件的企业开展海外并购,深化境外资源互利合作,提高对外承包工程和劳务合作的质量。

据《中国经济时报》报道,从1991年到2002年,我国对外直接投资长期徘徊在10亿~40亿美元之间,但从2002年起实现了跨越式发展,2011年达到746.5亿美元,自2002年以来至2011年平均每年增长44.6%。联合国贸易和发展会议(UNCTAD)于2014年6月24日发布的《2014世界投资报告》显示,2013年中国对外投资达1010亿美元,较上年增长15%,仅居美、日之后,为全球第三大对外投资国。截至2013年年底,中国对外投资存量达6136亿美元,全球排名从2011年全球第17位上升至2013年的第11位。

第二节 我国目前中介咨询服务境外投资的现状

一、中介咨询服务境外投资的市场准入

1. 美国[3]

(1)法律服务:作为或通过合格的美国律师可在美国所有州提供服务,但必须由自然人提供服务,同时在部分州[4]内设立办公室,需要持续获得许可证。

(2)会计、审计和簿记服务:对跨境交付和境外消费的服务,提供方式没有限制,如以商业存在为服务提供方式,则独资企业或合伙企业仅限于具备会计证书者[5],且在爱荷华州,会计企业必须是公司制;对以自然人流动方式提供服务,在部分州要获得许可证必须在该州内设有办公室[6],而在北卡罗来纳州,要获得许可证必须是美国公民。

(3)税收服务、工程服务和综合工程服务:对前三种服务提供方式无限制;对自然人流动的服务提供方式,除水平承诺[7]中的内容外,未作承诺。

(4)与管理咨询有关的服务:对前三种服务提供方式无限制;对自然人流动的服务提供方式,除水平承诺中的内容外,未作承诺。

2. 德国[8]

在德国,中介服务大致可分为不受限制的自由职业和受限制的自由职

---

〔3〕 见美国 WTO 服务业开放承诺。

〔4〕 哥伦比亚特区、印第安纳州(或附属机构办公室、州内律师)、密歇根州、明尼苏达州(或维持个人在明尼苏达州的居住证明)、密西西比州、新泽西州、俄亥俄州、南达科他州、田纳西州。

〔5〕 爱荷华州除外。

〔6〕 阿肯色州、康涅狄格州、爱荷华州、堪萨斯州、肯塔基州、密歇根州、明尼苏达州、内布拉斯加州、新罕布什尔州、新墨西哥州、俄亥俄州、佛蒙特州、怀俄明州。

〔7〕 有关水平承诺的内容,见《美国 WTO 服务业开放承诺——水平承诺》,载中国服务贸易指南网:http://tradeinservices. mofcom. gov. cn/f/2007 - 11 - 13/10024. shtml,最后访问时期:2015年4月9日。

〔8〕 http://tradeinservices. mofcom. gov. cn/f/2007 - 12 - 10/17447. shtml,最后访问时期:2015 年 4 月 9 日。

业两类。其中，建筑设计、翻译等属于不受限制类；而法律、审计、会计、税务咨询等由政府制定专门法律进行限制，本国人从事这些职业亦需通过严格的考试，外国人或企业要提供这些服务更是困难重重，这些职业被称为“法律限制的自由职业”。

德国从事受法律限制自由职业的主体为中小企业，为保护其利益，该领域一直没有对外开放。随着欧洲一体化的进程，德国政府对欧盟成员国已逐步放开，但规定了严格的准入条件。某些职业对第三国的企业或个人虽已放开（如法律咨询），但囿于语言、文化、教育体制以及客户心理信任度等方面的限制，外资企业进入这一领域仍然面临多种困难。目前，德国政府正在考虑适当放宽对外国企业或个人的限制规定，但预计会遇到来自专业协会及有关企业的阻力。

德国政府制定了“联邦律师规定”，对从事律师职业、提供法律咨询服务进行了严格的规定。其中，第206条对外国公司或个人拟成立法律咨询公司作了以下限定：欧盟成员国的公司或个人需向事务所拟在地的律师协会递交申请，同时出具该国政府开具的从事相应职业的证明，由律师协会转呈州财政主管部门审批。其业务范围不得超出该国国内法律和国际法。来自第三国的申请者可从事的业务范围更窄，仅为本国的法律。获得开业许可后，必须在获准加入当地的律师协会三个月内设立公司或事务所，否则不能再加入该协会。律师事务所的名称中必须标明来自哪个国家，并不得经营限定范围之外的业务，否则将被处以罚金甚至吊销营业执照。

税务咨询也是法律限制的职业之一，申请从事该职业的人，必须在高等学校受过相应的专业教育，并在有关公司就职至少3~4年。只有这样，才具备向州最高财政主管部门申请参加税务咨询考试的资格。考试范围极广，包括各种税法、企业经济学、国民经济学等十余种学科，且必须用德语进行。另外，每人至少需要购买50万马克以上的专业责任义务险。严格的考试、语言障碍以及高昂的保险费用，实际上使外国投资者难以进入这一领域。

在中介咨询服务领域，中国的主要贸易伙伴美国和德国，在市场准入方面并未对中国投资该领域进行特别严苛的限制；但由于中介咨询服务相关领域的专业性，如法律、审计、会计、税务咨询等，各国一般对此都规定相关从业人员须具备本国所要求的从业资格或资质，加之语言、文化背景和专业体系的差异，客观上增加了中国投资境外中介咨询服务领域的难度。

二、中介咨询服务并不属于中国鼓励对外投资的类别

2006年7月5日，国家发展改革委、商务部、外交部、财政部、海关总署、国家税务总局和国家外汇管理局联合发布《境外投资产业指导政策》[9]。该指导政策将境外投资项目分为鼓励、允许和禁止三类，鼓励类和禁止类的境外投资项目，列入《境外投资产业指导目录》。不属于鼓励类和禁止类的境外投资项目，为允许类境外投资项目。允许类境外投资项目不列入《境外投资产业指导目录》。

《境外投资产业指导目录》对中国境外投资的导向，主要考虑的是获得钢材、铁矿砂、原油、焦炭等具有战略意义的原材料，开辟新销售市场，收购知名品牌，获得技术及知识诀窍；且在关于"服务及其他行业"的鼓励类别项下，并未涉及中介咨询服务。因此，中介咨询服务只属于允许类的境外投资项目。

同时，为鼓励和引导我国企业对外投资，在2004年、2005年和2007年，商务部、外交部、国家发展改革委联合制定并发布三份《对外投资国别产业导向目录》[10]，但该系列导向目录中关于中介咨询服务行业的内容非常少。

三、服务于企业境外投资的国内中介咨询服务提供者力量薄弱

以中国企业跨国并购或上市为例，投资银行在跨国并购或上市中提供中介服务涉及证券公司、财务顾问、法律顾问、会计顾问等多方面，投资银行中介机构的作用甚为关键，比如为客户提供专业意见，帮助避免跨国并购的法律陷阱、汇率风险，规避价值评估带来的麻烦等。从国际经验来看，投资银行、会计师事务所、证券公司和律师事务所等中介机构在跨国并购中起着不可或缺的作用。从咨询、融资到评估等都离不开中介机构的参与。但我国因市场化程度低，国内中介机构发育不成熟，在近年中国发生的重要海外并购案例中，大型并购项目的财务顾问业务基本由海外投行所垄断。

---

〔9〕 发改外资[2006]1312号。

〔10〕《对外投资国别产业导向目录(一)》、《对外投资国别产业导向目录(二)》和《对外投资国别产业导向目录(三)》。

第三节 政府及金融机构对境外投资中介咨询机构的支持

一、中介咨询机构

(一)中介组织的概念

中介组织是为市场提供中介服务的主体,而境外中介咨询服务投资离不开我国中介组织的发展壮大和深入参与。对中介组织,不同时期均有不同的看法,不同学者也有着不同定义。[11] 在我国,有人认为中介组织指的是介于政府与市场主体企业之间,商品的生产者与经营者相互之间,以及个人与单位之间,那些从事服务、协调、评价等活动的机构和个人。[12] 有的则认为,社会中介组织是按照一定的法律、法规、规章(或根据政府委托),遵循独立、公开、公平、公正原则,在社会经济活动中发挥服务、沟通、公证、监督功能,实施具体的服务性行为、执行性行为及部分监督性行为的社会组织。[13] 还有人认为会计(审计)师事务所、资产评估事务所、律师事务所、消费者协会、税务事务所、国有资产经营投资公司、经纪公司等,这些与市场运行直接相关的中介,一般被称为市场中介;各种研究会、学会、基金会、协会、联合会、俱乐部、联谊会、交易所、民间社团和咨询机构等,通常被称为狭义的社会中介。[14]

在建立社会主义市场经济体制的大背景下,党的十四届三中全会通过的《中共中央关于建立社会主义市场经济体制若干问题的决定》,其中明确提出:发展市场中介组织,发挥其服务、沟通、公证、监督作用。当前要着重发展会计师、审计师和律师事务所,公证和仲裁机构,计量和质量检验认证机构,信息咨询机构,资产和资信评估机构等。发挥行业协会、商会等组织

〔11〕 例如,古典金融中介理论,包括亚当·斯密、大卫·李嘉图、约翰·勒等人提出的信用媒介论,还有约翰·劳、麦克鲁德、熊彼特和哈恩等人相继提出的信用创造论。

〔12〕 参见宋光华:《市场中介组织》,经济管理出版社1997年版。

〔13〕 参见吕凤太:《社会中介组织》,学林出版社1998年版。

〔14〕 参见李恒光、王雁等:《成功中介必读——制度创新与中介组织培育》,石油工业出版社2002年版。

的作用。中介组织要依法通过资格认定，依据市场规则，建立自律性运行机制，承担相应的法律和经济责任，并接受政府有关部门的管理和监督。

因此，笔者认为中介组织作为市场主体之一，指的是介于政府与市场主体企业之间，商品的生产者与经营者相互之间，以及个人与单位之间，那些从事服务、协调、评价、咨询等活动的机构和个人。

（二）中介组织的类别

根据中介组织所提供服务内容的不同，从事中介咨询服务的机构可称为中介咨询机构，如提供法律咨询服务的律师事务所，提供会计、审计等财务方面咨询服务的会计/审计师事务所和财务顾问公司，提供管理咨询服务的管理咨询公司，提供工程咨询服务的工程咨询公司。

二、法律与政策方面的支持

国务院于2004年7月作出的《关于投资体制改革的决定》改革了项目审批制度，对于企业不使用政府投资建设的项目，区别不同情况实行核准制和备案制。这一年，我国对外投资项目也从审批制向核准制（备案制）转变。2009年3月，商务部发布了《境外投资管理办法》，进一步下放了境外投资开办企业核准权限，简化了核准手续。

2010年，国务院发布《关于鼓励和引导民间投资健康发展的若干意见》（国发[2010]13号），明确提出要鼓励和引导民营企业"走出去"积极参与国际竞争，而许多企业也抓住这个时机，尝试境外投资，并且取得了相当的效果和收益，但是境外投资企业的类型仍然相对单一，未能将金融性的中介服务机构更好地扩展到海外市场。随着国家综合国力稳步提高、经济实力不断增强和对外开放不断深入，要更好地面对经济全球化所带来的机遇与挑战，开展境外投资与合作，已经成了不可逆转的趋势。

2012年，国家发展改革委联同商务部、外汇局等十二家国务院有关部门研究制定和联合发布了《关于鼓励和引导民营企业积极开展境外投资的实施意见》（发改外资[2012]1905号），以期能够更好地进行境外投资活动。试图通过政府的引导，来改善我国的境外投资结构，其中明确提出要做好境外投资的投向引导，完善境外投资产业和国别导向政策。

三、财税金融方面的支持

为支持中国企业走出去，作为中国政策性银行的国家开发银行自从1998年以来，与其他国内外机构合资设立了四只产业投资基金，即中瑞合作基金、中国—东盟中小企业投资基金、中国—比利时直接股权投资基金和中非发展基金。以私募股权投资基金的模式操作，通过与中资企业在境外成立合资公司，为投资平台共同投资项目。

2004年10月，国家发展改革委、中国进出口银行等颁布了《关于对国家鼓励的境外投资重点项目给予信贷支持的通知》，每年安排"境外投资专项贷款"，享受出口信贷优惠利率。国家外汇管理局2005年8月发布的《关于调整境内银行为境外投资企业提供融资性对外担保管理方式的通知》将融资性对外担保由原来逐笔报外管局审批，改为余额控制，促进了对外投资便利化，银行为境内机构提供的融资和对外担保不再需要逐笔申请核准。以上信贷政策主要是面向国有大企业。

第四节　我国境外投资中介咨询服务机构的意义及应采取的模式

一、意义

（一）服务中国企业的"走出去"战略

面对激烈的国际竞争和复杂多变的外部环境，企业需要寻求符合国际惯例的避险、担保、融资、会计、法律、咨询等方面的服务。因此，需要加强与国内外中介机构尤其是知名中介机构的合作。知名中介机构具有国际经验和对国外市场深入认识的优势、信息优势、专业优势以及与国外知名企业双向沟通的能力，可以为企业顺利"走进去"提供帮助；还可以为"走进去"的企业提供审计、税务、企业管理、财务咨询、海内外上市渠道或其他金融支持等专业服务。为企业境外投资提供海外商情、项目信息、政策咨询、法律支持、翻译保障等综合服务，引导对外投资合理布局，引导企业境外有序竞争。

（二）防范中国企业境外投资中的信息不对称风险

2010年3月28日，吉利和福特公司宣布就吉利收购沃尔沃汽车全部股权签署了收购协议。这样，中国汽车厂商首次收购了大型欧美知名整车厂。吉利成功收购沃尔沃的跨国并购案，充分体现了中介咨询机构在减小跨国并购中信息不对称风险方面的作用。

根据媒体的报道，吉利在并购沃尔沃的过程中，聘请了多方顾问团队（中介咨询机构），包括 Rotschild 投资银行、德勤财务顾问、富尔德律师事务所、中国海问律师事务所、瑞典 Cederquist 律师事务所和博然思维集团等。下面就简要分析各个顾问团队在整个并购过程中所起到的作用。

1. 并购中的投资银行（以下简称投行）

投行是并购中的核心团队，对整个并购制定战略，进行分析、组织作用。

一般小规模的并购往往由并购咨询顾问代替，但是大规模的并购交易，非投资银行牵头不可。投行要同并购方一起对并购本身进行战略性思考，分析所在市场的情况、并购的目的、并购产生的协力等，更为重要的是，投行从并购项目一开始就作为第一个外部顾问介入项目，并从各个方面为委托方降低并购的费用，执行委托方的中心思想。这种任务下，对投行的要求就比较高。它不仅要有财务方面的知识，帮助委托人评估目标企业的价值，还要能够了解市场，对并购的效果、市场反应有所判断，而且同时还要组织整个并购过程中的各个细节工作，包括挑选法律顾问、财务顾问、税务顾问等。

2. 法律顾问

并购交易最初阶段，律师负责对目标企业进行法律上的尽职调查或者叫审慎调查。调查是通过审查目标企业自设立以来所有的法律文件从而发现可能的法律风险。通过对所有这些文件的审阅以及针对相关管理人的问讯，收购方可以对目标企业的法律状况得到全面了解。一旦发现有任何法律风险，收购方往往会要求出售方及时处理，或者将相关条件作为付款的前提条件，这样能保障收购方在成为公司的新股东的时候不遭遇这些法律风险的困扰。

3. 财务、税务顾问

财务、税务顾问的作用是协助投行对目标企业进行价值评估，同时对目标企业进行财务和税务的尽职调查。一是通过价值评估确定目标企业的价值，为收购方确定收购价格提供参考依据；二是财务税务顾问要对目标企业进行全面的财务尽职调查和税务尽职调查。除一般调查内容[15]外,还要调查目标企业需要交纳什么税种,过去若干年是否按照规定交纳,是否同主管税务机关之间就税务交纳问题有争议等。如果发现目标企业有税务上的风险,在股权收购合同中也要对此作出相应安排。

二、应采取的模式

(一)民营性的独立经济实体

我国中介咨询机构应该是以民营性的独立经济实体为主,领导自选,人员自聘,经费自筹,经营自主,盈亏自负,以平等地位与政府有关部门对话,没有隶属关系,也没有领导关系,独立于政府和市场及企业之外,处于完全中立的地位。在国家立法的保证和约束之下开展活动,依据有关法律法规和行业协会的自律管理规定开展相关业务,且承担法律责任,对企业组织和个人造成损失的应给予经济赔偿。

(二)半官方的行业协会

行业协会是既游离在政府之外,又与政府有一定联系,并且同广大法人、自然人密切相关、利益共存的社会中介组织。根据各自的行业不同、地区不同、性质不同,成立众多的行业协会,它们在政府与企业、社会与个人、企业与企业之间起到了政府、企业所无法起到的沟通、桥梁、纽带作用。

---

[15] 这部分工作主要包括调查目标企业的资产负债表、损益表、经营计划分析、财务状况及风险、资产及投资状况、产品、市场及客户状况、生产和员工等。

第九章 中国互联网企业境外投资

第一节 中国互联网企业的发展历程

1987 年 9 月 20 日，北京计算机应用技术研究所从北京向德国发出一封电子邮件，其内容为"Across the Great Wall we can reach every corner in the world"（跨越长城，我们可以到达世界的任何一个角落）。这是从中国发送至国外的第一封电子邮件，也揭开了中国人使用互联网的序幕。

恰好 27 年之后，即美国时间 2014 年 9 月 19 日，阿里巴巴正式在纽交所挂牌交易。截至当天收盘，阿里巴巴股价暴涨 38.07% 至 93.89 美元，其市值也瞬间增至 2314.39 亿美元，从而超越 Facebook 成为仅次于谷歌的第二大互联网公司。除了阿里巴巴的上市，在 2014 年，中国互联网领域还发生了许多其他举世瞩目的大事，包括微博、陌陌登陆纳斯达克上市，滴滴与快的打车软件大战，百度移动端流量首超 PC 等。所有这些都展示了中国互联网（包括移动互联网）企业所取得的巨大成就，也使 2014 年成为互联网界值得铭记的一年。

自中国互联网艰难起步至 2014 年取得辉煌成就，中国互联网的普及、应用以及互联网企业的萌芽和发展经历了二十多年的时间。按互联网及互联网企业在各个时期的发展特点，可以将中国互联网及互联网企业的发展划分为如下几个阶段[1]：

一、第一阶段：艰难接入国际互联网（1987～1994年）

中国在使用互联网的道路上并不是一帆风顺，其中充满了艰辛，起步阶段更是举步维艰：

在1987年9月14日首次尝试发送邮件失败后，经十几位专家共同参与，用了整整六天的时间于1987年7月20日才发送成功。这在点击一下鼠标就能瞬间发送邮件的今天是难以理解的。

1990年11月28日，钱天白教授代表中国正式在SRI－NIC（Stanford Research Institute's Network Information Center）注册登记了中国的顶级域名CN，从此中国的网络有了自己的身份标识。但是，因中国尚未接入国际互联网，中国CN顶级域名服务器被迫放在了德国卡尔斯鲁厄大学。

1993年3月2日，中国科学院高能物理研究所接入美国斯坦福线性加速器中心（SLAC）的64K专线。但是，专线开通后，美国政府只允许这条专线进入美国能源网而不能连接到其他地方，理由是互联网上有社会主义国家不能接触的许多科技信息和其他各种资源。尽管如此，这条专线仍是我国部分连入Internet的第一根专线。

1994年4月20日，中国终于实现了与Internet的全功能连接，从此中国被国际上正式承认为真正拥有全功能Internet的第77个国家。此事被我国新闻界评为1994年中国十大科技新闻之一，被国家统计公报列为中国1994年重大科技成就之一。从此中国拥有了互联网。

1994年5月21日，中国科学院计算机网络信息中心也完成了中国顶级域名（CN）服务器的设置，改变了中国的CN顶级域名服务器一直放在国外的历史。

二、第二阶段：互联网的建设、应用和普及阶段（1995～1999年）

这一阶段是中国互联网行业发展的初期，互联网开始商业化，互联网企业逐渐兴起，互联网立法也逐步开始。但是在这一阶段发展起来的互联网企业基本都缺乏有效的商业盈利模式，所以在2000年左右设立的一些网络

[1] 资料来源：中国互联网络信息中心。

公司都处于亏损状态,只能靠外部融资支撑。

1995 年 1 月,邮电部电信总局分别在北京、上海开通 64K 专线,开始向社会提供 Internet 接入服务,中国互联网开始进入商用化阶段。1995 年 5 月,中国电信开始筹建中国公用计算机互联网(CHINANET)全国骨干网,这个网后来成为中国的国际互联网的主体,拥有用户两千万。1996 年 1 月,中国公用计算机互联网(CHINANET)全国骨干网建成并正式开通,全国范围的公用计算机互联网络开始提供服务。

1995 年 5 月,中国第一家互联网企业——北京瀛海威科技公司成立。作为早期的互联网企业,瀛海威的盈利模式为向客户提供有偿的互联网接入服务,即客户向瀛海威付费后即可以将电脑接入互联网,进行网络聊天、收发电子邮件以及阅读电子报纸。瀛海威让互联网真正从实验室走向民间。1997 年 2 月,瀛海威全国大网开通,成为中国最早也是最大的民营 ISP、ICP。毫不夸张地说,瀛海威在当时是一种时尚的象征,是网络的代名词。但可惜的是,由于各方面的原因,几年之后瀛海威消失在人们的视野里。瀛海威成功与否,从不同的角度有不同的看法,但从某种意义上说,其与近代的辛亥革命有点相似。

从此以后随着网络热潮的出现,中国最初的三大门户网站也相继建立:

1995 年 11 月 1 日,从美国麻省理工学院毕业回国的张朝阳博士取得中国第一例天使投资并以此创办搜狐前身"爱特信信息技术有限公司"。该公司所建立的爱特信网站一部分内容是分类搜索,称作"爱特信指南针"。因为与搜索相关,结合中国传统文化"之乎者也",改名为"搜乎",1997 年 11 月将"搜乎"改为"搜狐"。1998 年 2 月,爱特信正式更名为搜狐公司,搜狐品牌正式诞生。1998 年 10 月,SOHOO. COM 域名改为 SOHU. COM,"出门靠地图,上网找搜狐",搜狐由此打开了中国网民通往互联网世界的神奇大门。

1996 年 4 月,四通利方信息技术有限公司成立国际网络部,随即发布 SRSNet(利方在线 http://www. srsnet. com)中文网站,自此开始向互联网转型。利方在线当时提供中文搜索、新闻、中文论坛、聊天室等信息服务,很快便成为最受欢迎的中文网站之一。1998 年 12 月 1 日,四通利方信息技术有限公司宣布并购北美最大的华人网站公司华渊资讯网,并成立新浪网公司以及推出同名的中文网站——"新浪网",该网成立全球最大的华人网站。

1997 年 5 月，毕业将近 4 年的丁磊用 50 万元人民币注册了网易公司，迅速成为当时中国南方乃至中国最有名的网站。1998 年 9 月，受 yahoo!、搜狐等网络门户大受欢迎的影响，网易将它的主页改成网络门户，并启用 netease. com 的域名，后来又改为 163. com。

在此阶段，还值得一提的是马云创建的中国黄页 chinapage. com。1995 年，马云代表一家公司去美国谈判一条高速公路的投资。在这个过程中，他接触了信息高速公路——互联网。当时马云在键盘上敲了"beer"，看到了一个很神奇的世界。但是马云用 yahoo 搜索引擎输入 Chinese 时 yahoo 竟然显示"no data"的结果，其再查整个 internet 上还真是没有相关"Chinese"的资料。回国后，马云辞去大学英语教师的职业创办了中国第一家商业网站——中国黄页。1995 年 5 月，中国黄页接入互联网，也是中国互联网史上第一个 B2B 的网页。

1999 年 1 月，中国互联网络信息中心发布了第三次《中国 Internet 发展状况统计报告》。截止到 1998 年 12 月 31 日，我国共有上网计算机 74. 7 万台，上网用户数 210 万，CN 下注册的域名 18396 个，WWW 站点 5300 个，国际出口带宽 143M256K。网易连续位居十佳网站第一名。

随着互联网的兴起，中国互联网领域的立法也不断出台和更新：

1. 1996 年 2 月 11 日，国务院第 195 号令发布了《中华人民共和国计算机信息网络国际联网管理暂行规定》。195 号令后来成为国内互联网公司无法逾越的一道门槛。

2. 1996 年 4 月 8 日，当时的邮电部发布《中国公用计算机互联网国际联网管理办法》。

3. 1997 年 5 月 20 日，国务院颁布了《国务院关于修改〈中华人民共和国计算机信息网络国际联网管理暂行规定〉的决定》，对《中华人民共和国计算机信息网络国际联网管理暂行规定》进行修正。

4. 1997 年 5 月 30 日，国务院信息化工作领导小组办公室发布《中国互联网络域名注册暂行管理办法》，授权中国科学院组建和管理中国互联网络信息中心（CNNIC）。

5. 1997 年 12 月 30 日，公安部发布了《计算机信息网络国际联网安全保护管理办法》。

6. 1998 年 3 月 6 日，国务院信息化工作领导小组办公室发布《中华人民共和国计算机信息网络国际联网管理暂行规定实施办法》。

7. 1998 年 3 月，第九届全国人民代表大会第一次会议批准成立信息产业部，作为中国互联网产业的主管部门，主管全国电子信息产品制造业、通信业和软件业，推进国民经济和社会服务信息化。

三、第三阶段：互联网络大潮，中国互联网的普及和应用进入快车道（1999～2000 年年初）

1999 年 7 月 12 日，中华网作为第一只中国网络概念股登上纳斯达克，当日股价狂涨，从而成为网络泡沫在中国膨胀的发端。

1999 年 8 月 26 日，新浪网购并台湾 PC－Home 网站。SINA 新浪网与赛特资讯（网络家庭 PCHomeOn－line）宣布合并。1999 年 11 月 8 日，新浪网宣布完成 6000 万美元融资，在上市前把自己的规模做大。2000 年 3 月 28 日，新浪网正式申请在美国纳斯达克（NASDAQ）上市，2000 年 4 月 13 日，新浪网宣布首次公开发行股票，第一只真正来自中国大陆的网络股登上纳斯达克。

2000 年 3 月 29 日，网易向美国证券交易委员会提出上市申请。2000 年 7 月 5 日，网易公司宣布首次公开发行股票，登陆纳斯达克。

2000 年 4 月 21 日，搜狐开始提供移动互联网内容服务，随后网易、新浪等一批网站均开通 WAP 站点，使 WAP 成为 2000 年最具传奇色彩的名词之一。2000 年 7 月 12 日，搜狐在纳斯达克挂牌上市。

三大门户网站的相继上市，掀起了对中国互联网的第一轮投资热潮。但在任何一个领域，成功和失败总是相伴而行，互联网领域也不例外。比如当时风靡一时的 8848 网站。1999 年 1 月，王俊涛创办 8848. net 网站。1999 年 5 月，8848. net 网站正式对外发布，据称当月销售额已达到 60 万元人民币，宣称要做中国最大的电子商务网站。同年 11 月，8848. net 网站大规模增资扩股，注册资金达到上亿元人民币，当月销售额 1250 万元人民币。美国华尔街日报对 8848. net 网站进行重点报道，引起海外业界和投资界的广泛关注。INTEL 总裁贝瑞特访华，称 8848 是“中国电子商务领头羊”；2000 年 1 月，8848 被中国互联网大赛评为中国优秀网站工业与商业类第一名；2000 年 2 月，美国《时代周刊》称 8848 网站是“中国最热门的电子商务站点”；2000 年 7 月，8848 被《福布斯》杂志列入中国前十大网站。截至 2001 年，8848 从

4个人、16万元人民币起步发展成为中国工业和商业类网站中被用户访问最多的网站(CNNIC的调查),这期间先后融资约6000万美元。可惜的是,如同瀛海威一样,8848网站最终也逐渐淡出人们的视野。

1998~1999年,中国网民开始呈几何级数增长。2000年1月18日,中国互联网络信息中心(CNNIC)发布第五次《中国互联网络发展状况统计报告》:截止到1999年12月31日,中国共有上网计算机350万台,上网用户数约890万,CN下注册的域名48695个,WWW站点约15153个,国际出口带宽351M。

四、第四阶段:互联网泡沫的破裂(2000~2001年)

据统计,仅1999年上市的网络公司就有190多家,使在股市交易的网络公司总数增加到了279家。由于投资者看好科技股,因此在纳斯达克综合指数中占一半以上的是电脑和网络股,1999年的上升幅度高达103.8%。尤其特别的是,1999年新上市的网络公司在当年就创下了7020亿美元市场资本总值的历史纪录,占了这个新兴产业市场总值的一半以上。

但“欣欣向荣”的网络产业背后却危机四伏,2000年互联网产业经历了冰火两重天。裁员与倒闭,是2000年互联网产业的符咒。自2000年1月起,在美国已经有100多家网络公司宣告倒闭,造成近万余人失业,全球互联网寒气逼人。2000年11月底,纳斯达克跌破2600点大关,从九个月前5132点的历史高位上下跌了近50%。事实上,不只是互联网,整个高科技资本市场都共同面临着调整和困境:新浪的股价跌到了1.06美元,搜狐跌至60美分,网易在上市的当天就跌破了发行价,一度只有53美分。而在国际上,思科的市场价值从5792亿美元下跌到1642亿美元,雅虎从937亿美元下跌到97亿美元,亚马逊从228亿美元下降到42亿美元。统计显示,2000年美国共有210家.com公司倒闭。

五、第五阶段:繁荣与未来,应用多元化阶段到来,互联网逐步走向繁荣(2002年至今)

网络泡沫破灭之后,中国互联网经历了一场“挤水分”式调整的严酷洗礼。2002年,互联网泡沫和纳斯达克股灾的影响已经减弱,广告业务、网络游戏、特色信息服务等商业模式已经显示出强大的活力,三大门户网站,新浪、网易和搜狐首次盈利,互联网行业全面复苏;2004~2005年,投资者对网络的热情再次爆发,网络公司发行市盈率都在50倍以上。特别是于2005年在纳斯达克上市的百度,其股票发行价为27美元,但在首日的交易中,以66美元跳空开盘,股价最高达151.21美元,收盘价122.54美元,涨幅达354%,创下2000年互联网泡沫以来五年间纳斯达克IPO首发上市日涨幅最高纪录,市盈率也达到600多倍。2007年以后,投资者更加成熟和冷静,更加看重公司在行业领域的地位和未来的发展前景,中国网络公司的发行市盈率也有了较大的差异。

根据中国互联网络信息中心(CNNC)的统计报告,截至2014年6月:(1)我国网民规模达6.32亿,较2013年年底增加1442万人。互联网普及率为46.9%,较2013年年底提升了1.1个百分点;(2)我国手机网民规模达5.27亿,较2013年年底增加2699万人;(3)我国网民中农村人口占比为28.2%,规模达1.78亿;(4)整体网民中小学及以下学历人群的占比为12.1%,相比2013年年底上升0.2个百分点,而大专及以上人群占比下降0.3个百分点;(5)手机上网的网民比例为83.4%,相比2013年年底上升了2.4个百分点。台式电脑和笔记本电脑上网网民比例略有下降,分别为69.6%和43.7%;(6)我国域名总数为1915万个,其中".CN"域名总数为1065万,占中国域名总数比例达到55.6%;"中国"域名总数达到28万;我国网站总数为273万个,CN下网站数为127万个。

历经多年发展,互联网全面渗透到经济社会的各个领域,成为生产建设、经济贸易、科技创新、公共服务、文化传播、生活娱乐的新型平台和变革力量,推动着我国向信息社会发展。如在工业领域,多个工业企业不同程度地通过互联网开展生产经营活动,推动了工业转型升级。在农业领域,2013年中国农村互联网普及率达27.5%,城乡互联网普及差距进一步减少,农村地区依然是目前中国网民规模增长的重要动力。根据阿里巴巴《2013年农产品电子商务白皮书》显示:2013年阿里平台上的涉农网站店数量继续保持增长。注册地址在乡镇的农村卖家约为72万家,其中淘宝网(含天猫)卖家接近48万,阿里巴巴诚信通账户为24万。商贸领域,截至2013年年底,我国网络购物用户规模达到3.02亿,较上年增加5987万人,增长率为24.7%,使用率从42.9%提升至48.9%。艾瑞数据显示,2013年中国电子商务市场交易额达到9.9万亿元,同比增长21.3%。互联网创造了越来越多的就业机会,互联网服务企业间接拉动从业人员接近两千万人,并有上百万人以开网店形式实现了就业。同时,互联网推动了政府管理和公共服务水平的提升,促进了文化传播和社会交往方式的变革创新。

另外,我国互联网已成为全球互联网发展的重要组成部分。我国互联网服务已形成万亿元级市场,2013 年,全行业市场规模超过 16 万亿元。在网络门户、即时通信、搜索引擎、电子商务、网络游戏等领域,具备了一定的国际影响力,部分企业进入了全球互联网企业市值排名前列。以阿里巴巴纽交所上市创造美国历史最大 IPO 纪录为标志,坐拥世界最大数量网民的中国互联网企业不断在世界互联网界刮起“中国旋风”——世界前十的互联网企业里中国占了 4 家,颠覆了世界对中国企业的印象。在网络安全、网络秩序越来越重要的当今世界,中国烙印越来越明显——首届世界互联网大会在中国乌镇召开,世界开始倾听中国互联网人士的声音。

经过多年的沉淀,互联网在我国经济发展中的作用日益显现,现在我们可以发现,生活处处可以获得来自互联网的服务。移动互联网井喷式的发展,使得我们利用一部手机,连上网络,便可以无所不能。总而言之,互联网开拓了人们的视野,颠覆了人们的思想,改变着人们的生活,更变更着人们的交流方式。相信在大数据的沉淀下,未来互联网企业的颠覆空间将会更加广阔。

第二节　互联网企业境外投资现状

一、互联网企业境外上市现状

(一)概述

1999 年,第一只互联网概念股中华网登陆美国纳斯达克,拉开了中国互联网企业赴美上市的帷幕。自中华网上市至 2014 年年底,中国已有近六十家互联网企业赴美上市。在这过程中,每个阶段上市的企业性质、数量均有所不同。按各个阶段上市企业的特点,中国互联网在美国上市可以说经历了如下一些阶段:

1. 第一阶段:1999 ~ 2000 年

在这段时间内,上市的主要是一些门户性网站,比如中华网、新浪、搜狐等。1999 年 7 月,中华网成为史上第一家成功登陆纳斯达克市场的互联网概念股，自那以后，全球范围内掀起了以科技股为代表的互联网企业上市热潮。2000 年，我国三大门户网站新浪、网易、搜狐相继在美国纳斯达克上市，开启了我国互联网企业境外上市的大门。2001 年以后，由于美国科技股泡沫出现破灭，海外资本市场呈现持续低迷的状态，国内互联网企业见如此状况，其海外上市的热情消减。新浪、网易、搜狐三大门户网站股票在纳斯达克的表现不尽如人意，一度徘徊在退市的边缘，互联网其他企业对于启动境外上市的决策更加慎重，多数处于观望状态。海外上市的第一批热潮就此结束。

2. 第二阶段：2002 ~ 2005 年

在这一阶段主要是一些功能性的网站，如第九城市、携程旅行网、E 龙网、金融界、空中网、前程无忧、盛大网络、百度、分众传媒、华友世纪等。2002 年 7 月开始，实现盈利的消息相继从三大门户网站发布的报表中传出，这样利好的消息，无疑加强了国内对准备登陆海外资本市场的互联网企业的信心。随着海外资本市场逐渐回暖，2004 年 5 月，作为国内领先的互动娱乐媒体企业盛大网络正式在纳斯达克上市交易；同年 6 月，在国内有最大的浏览量、用户量的腾讯控股宣布在港交所上市；2005 年最有代表性的境外上市互联网企业、在我国网络搜索领域处于龙头位置的百度，以 27 美元每股的发行价在纳斯达克完成首发，发行首日开盘价 66 美元，首发当日收盘价 122.54 美元，较发行价上涨 353.85%，在我国海外上市的互联网企业中创下了发行首日溢价率最高的纪录。

3. 第三阶段：2007 年

2007 年一些以网游为主营业务的互联网企业开始发展，代表企业有巨人网络、完美时空等。百度境外上市获得的极大成功，推动了互联网行业海外上市的进程，根据互联网技术和类型的发展，互联网行业中企业的组织形式也出现了变化，市场的细分程度更加深，2006 年至 2007 年，新出现的电子商务概念在互联网行业中迅猛发展，盈利势头较好。2007 年 11 月，国内开创 B2B 商业模式的电子商务巨头阿里巴巴在港交所上市，融资额达 15 亿美元，同月，网络游戏巨头巨人网络成功登陆纽交所，首发融资额达 10.4 亿美元。

4. 第四阶段：从 2010 年开始至 2012 年

此阶段在境外上市的代表企业有奇虎 360、优酷、土豆网、当当、淘米网、世纪佳缘、人人、唯品会等。这个阶段上市主体开始多样化而不再是具有相同主营业务特征。2010 年,在全球的经济增速都在放缓的宏观环境下,中国的经济仍然保持着可喜的增长势头,海外投资者更是格外青睐来自中国的上市公司,对中国境外上市公司经营业绩的信心倍增。这就催化了一大批互联网企业选择境外上市。2010 年 12 月,我国网络视频网站优酷登陆纽交所,成功发行融资,就在同一天,在纽交所成功挂牌上市的还有在线购物网站当当网。

5. 第五阶段:2013 年至今

2013 年中国互联网企业又掀起了新一轮海外上市热潮。代表企业有去哪儿网、58 同城等。尤其是在 2014 年,京东商城、新浪微博、智联招聘、阿里巴巴等相继在美国上市,这一年绝对可以称得上是互联网企业收获颇丰的一年。

2014 年 5 月 22 日,作为仅次于阿里巴巴的中国第二大电子商务公司,京东正式在美国纳斯达克证券交易所挂牌上市,定价为 19 美元,上市当日报收于 20.90 美元。预计发行 93685620 股,融资 17.8 亿美元。目前,京东市值已超 280 亿美元。至此,京东成为中国第一家在美国成功上市的综合电子商务公司,也是目前中国互联网企业赴美 IPO 规模的第二大公司。

2014 年 9 月 19 日晚间,阿里巴巴正式在纽约股票交易所挂牌交易,上市之后即在市值上超越 Facebook 成为仅次于谷歌的第二大互联网公司。阿里巴巴此次公开发售约 3.2 亿股 ADS[2]。其中包括新发行的约 1.23 亿股,以及既有股东售出的约 1.97 亿股,募集的金额约为 217.7 亿美元。以发行价计算,整体估值超过 1748 亿美元,成为全球历史上最大规模的 IPO。

(二)互联网企业境外上市的特点

1. 绝大部分企业的上市地选在美国

中国互联网协会在 2013 年公布的“中国互联网 100 强”显示,前十名境外上市互联网企业中只有一家选择在香港上市,其他九家都选择了美国。笔者特别梳理了过去十多年间境外上市的主要互联网企业,其上市地基本都是在美国:

---

〔2〕 一股 ADS(美国存托凭证)代表一股普通股。

上市时间	名称	主营业务类型	上市交易所
2004 年 4 月	腾讯	互联网信息服务	香港证券交易所
2014 年	阿里巴巴	商务交易	美国纽交所
2014 年	京东商城	商务交易	美国纳斯达克
2014 年 5 月	微博	社交网络	美国纳斯达克
2014 年 4 月	聚美优品	商务交易	美国纽交所
2013 年 11 月	去哪儿网	信息获取	美国纳斯达克
2013 年 10 月	58 同城	信息获取	美国纽交所
2012 年 11 月	多玩 YY	社交网络	美国纳斯达克
2012 年 3 月	唯品会	商务交易	美国纽交所
2011 年 8 月	优酷土豆	视频	美国纽交所
2011 年	奇虎 360	网络安全服务	美国纽交所
2009 年 10 月	畅游	游戏开发运营	美国纳斯达克
2009 年 4 月	乐居	房地产家居	美国纽交所
2005 年	百度	信息获取	美国纳斯达克
2004 年 9 月	前程无忧	招聘	美国纳斯达克
2003 年 12 月	携程	信息获取	美国纳斯达克
2000 年 6 月	网易	信息获取	美国纳斯达克
2000 年 7 月	搜狐	信息获取	美国纳斯达克
2000 年	新浪网	信息获取	美国纳斯达克
2009 年 9 月	盛大游戏	网络娱乐	美国纳斯达克
2007 年 11 月	巨人网络	网络娱乐	美国纽交所
2007 年	完美世界	网络娱乐	美国纳斯达克

2. 全部采用了 VIE(可变利益实体)结构

VIE,即 Variable Interest Entity,在美国最初只是一个财务概念,其实际含义是不通过持股的方式来实际控制一家公司,从而实现合并财务报表。它得以创立的依据是美国财务会计标准委员会(FASB)制定的 FIN46 条款。

根据 FIN46 条款,凡是满足以下三个条件任一条件的 SPE(Special Purpose Entity)都应被视作 VIE,将其损益状况并入"第一受益人"的资产负债表中:

(1)风险股本很少,这个实体(公司)主要由外部投资支持,实体本身的股东只有很少的投票权;

(2)实体(公司)的股东无法控制该公司;

(3)股东享受的投票权和股东享受的利益分成不成比例。

后来,VIE 结构被创造性地应用到国内互联网企业境外融资和上市中。

因新浪是国内第一家通过 VIE 架构成功在美国纳斯达克上市的企业，所以 VIE 模式也被称为新浪模式。随后，诸多国内互联网公司步其后尘，陆续通过此方式实现海外上市，包括网易、搜狐、携程、腾讯、盛大、前程无忧、金融界、酷6网、百度、阿里巴巴等知名互联网企业。据统计，在采用 VIE 结构实现境外上市的企业中，互联网企业足足占据了半壁江山。

对于 VIE 结构在中国企业中的应用，通常是指持有互联网运营资质的境内公司（简称“牌照公司”或“运营实体”）为实现境外融资或上市之目的，由该运营实体中国籍个人股东在境外直接或间接设立境外控股公司（通常被称为“特殊目的公司”，英文简称“SPV”），然后由该公司在境内设立一个外商独资企业（英文简称“WFOE”），并由该 WFOE 通过系列协议控制运营实体的经营管理，并获取运营实体的经营收益。WFOE 与该运营实体签署的协议通常包括独家技术咨询服务协议、财务支持协议、股权行使委托协议、股权质押协议、期权购买协议等。通过这种协议控制，境内运营实体的经济利益归于 SPV 名下，境外 SPV 就可达到对内资公司并表的目的，加上美国证券交易委员会（SEC）在过去基本接受和承认这个财务概念，最终使得特殊目的公司可基于境内运营实体的权益在境外融资或上市。

VIE 结构最初被国内互联网企业采用的目的是为了符合工信部和新闻出版总署对提供“互联网增值业务”的相关要求，在效果上，其规避了中国法律对于外商投资互联网等特定领域在股权比例等方面的限制性规定。按照中国的外商投资政策，很多互联网服务的资质只能由内资公司持有，工信部就明确规定 ICP 是内资公司才能拥有。

新浪成功上市后，通过 VIE 结构在境外上市，逐渐成为中国互联网企业上市融资的首选方式，引入境外资本也解决了中国互联网企业从起步到腾飞阶段的资本动力问题。为此，VIE 一度被视为中国互联网企业在资本市场崛起的最重要交易工具和结构基石。但是，中国政府始终未就 VIE 的结构的合法性进行任何表态：既没有承认其合法，也没有确认其非法。这也为 VIE 结构能否在中国延续带来了诸多不确定性。

3. 企业是通过首发募集（IPO）方式上市，也有少数通过反向收购借壳上市

所谓反向收购（Reverse takeover），是指国内企业通过在资本市场反向并购一家已经上市的公司，将自身的业务和资产并入上市公司，获得上市公

司的资格,俗称“借壳”。反向收购的操作流程一般是,非上市公司股东通过收购一家美国的壳公司(上市公司)的股份控制该公司,再由该公司反向收购非上市公司的资产和业务,使之成为上市公司的子公司。这种方式最短5~6个月就可完成上市,每年在美国以买壳而上市的公司(包括各行业的公司)与通过IPO上市的公司的数量基本持平。

根据美国公众公司会计监督委员会(PCAOB)统计,截至2010年12月31日,在243家赴美上市的中国企业中,有104家是采用借壳上市的模式,但互联网企业采用借壳上市的并不多,如在纳斯达克上市的互联网企业中,仅有极少数企业出于对上市成本、时间等方面的考虑,采用反向收购的方式实现上市,这在2010年之前表现得比较突出。

如2010年8月24日,联游网络通过借壳大华建设(Nasdaq:CAEI)反向收购登陆美国纳斯达克。具体方式为,大华建设以2500万股普通股收购新冠科技(上海联游网络有限公司母公司)60%的股份。从而,新冠科技取得大华建设2500万股普通股,成为大华建设的股东之一;而大华建设也间接获得上海联游网络有限公司60%的权益,从而使上海联游网络有限公司的营收可并表进入大华建设这家美国上市公司。这也意味着联游网络据此实现借壳登陆纳斯达克。据大华建设提交给美国证券交易委员会(SEC)的文件显示,交易完成后,唐骏通过个人全资控股的First Jet投资有限公司持有大华建设31.2%的股份。

又如酷6网的借壳上市。2009年11月27日,在美国上市的华友世纪宣布与酷6网完成换股合并。华友世纪向酷6网股东发行股票完成对酷6网的收购。具体收购方式为,华友世纪向酷6网相关股东发行723,684,204普通股,其中44,438,100股为美国存托股代表的股份(每1美国存托股代表的股份为100个华友世纪普通股),以购买酷6网的全部股权。按照上述数据显示,华友为收购酷6网发行的约7.23亿普通股中,仅有约6%的股份属于为美国存托股(ADS)代表的股份。而按照纳斯达克的规定,只有ADS才能在二级市场交易,这就意味在华友世纪向酷6网相关股东发行的股份中仅有极少的部分能在二级市场公开交易。但无论如何,酷6网据此实现了曲线上市,酷6也由此成为国内第一家上市的视频网站。2010年,盛大网络出资3700万美元收购华友世纪的原有业务,从而华友世纪这一上市公司中,只剩下原酷6网。2010年8月17日,华友世纪对外发布公告,华友世纪已正式更名为酷6传媒(Ku6 Media),其纳斯达克上市的股票代码也从HRAY改为KUTV,原有代码HRAY失效。这意味着,酷6网正式在美国纳斯达克挂牌,成为全球首家上市的视频网站。

(三)互联网企业普遍选择境外上市的原因

自中华网上市以来,国内知名的互联网企业均选择了境外上市,众多互联网企业中,选择在国内上市的寥寥无几。目前还未上市的爱奇艺、美团网、大众点评等也欲赴美上市,除此之外,还可能有其他更多的互联网企业筹备境外上市。互联网企业选择在境外上市的原因及考量有很多,不同的企业选择海外上市的背后原因也不尽相同。总结下来,中国互联网优先考虑境外上市,特别是美国上市,原因主要包括以下几个方面:

1. 境内融资比较困难

筹资成本和筹资效率是企业尤其是互联网企业选择上市地的主要因素。但国内的融资体系,包括金融机构的融资、风险融资、上市融资体系等均不能与民营互联网企业的融资需求相匹配。首先,就金融机构融资而言,互联网企业固定资产少,银行融资渠道不通畅。中国银行本来就不愿意给中小企业提供贷款,加之互联网企业发展初期规模小,可提供的抵押资产少,具有高风险性,更不愿意向互联网企业提供融资。如腾讯的创始人马化腾找银行贷款时,银行直接表示没见过用“软件注册用户数量”办理抵押贷款的,银行关心的是腾讯有多少台电脑或其他固定资产,所以互联网企业很难从银行融资。其次,就风险融资而言,互联网企业自诞生之日起就与国外风险资本关系密切。但在21世纪初期,国内的风险投资机构更偏重于有形产品的制造,对互联网公司的关注力度并不够大。所以,互联网企业也很难从国内风险投资机构获得融资。再次,境内上市融资的高门槛也将很多优秀的互联网企业拒之门外。另外,从主观方面讲,中国第一批互联网创业者很多都是从国外留学归来或是受到了国外互联网企业成功模式的启发。加上国内融资存在种种障碍,中国的互联网从一开始,自然而然就选择了该批创业者所熟悉的国外融资体系,将融资的眼光投向了海外。最后,境外风险投资者的影响也是一方面原因,境内很多知名互联网企业中都有境外或具有境外背景风险投资机构参投,他们更熟悉美国的法律和市场环境,境外上市也可以使其更便捷地退出或者增持而不必考虑中国的外汇等管理限制。

2. 境外融资环境较好

国际资本市场的多层次性也能满足企业各种规模的融资需求。以美国为例，除全国和地方性的股票交易所（如纽交所、美国股票交易所、芝加哥股票交易所等）外，还有纳斯达克全国市场（NASDAQ）、纳斯达克小型资本市场，以及场外公告板市场（OTCBB）、红粉单市场（Pink Sheets）等场外交易市场。除此之外，美国市场还有各种各样的融资工具，除了发行各种有价证券外，还有一种比较典型的融资工具——ADR（美国存托凭证，American Depositary Receipt，ADR），又称美国预托证券，是大多数外商公司在美国股票市场交易股票的方式。

除了融资渠道广，互联网企业境外融资环境较好的另一个原因是，其国际资本市场经过长期的发展，法律法规完善，市场环境成熟，总体规模较大，能够很好地保护股东的利益。

3. 境外融资能获得较好的估值

以美国为例，美国一直是互联网发展的前沿阵地和中心，投资者对互联网企业、通信企业等高科技股票的认同度高，其发行市盈率一般不会比国内低。另外，中国大量互联网企业选择在美国上市是因为那里聚集了一批经验丰富的分析师和机构投资者，他们擅长于评价高科技公司的价值，当许多同类公司已在美国纽交所或纳斯达克上市后，其后上市的公司也可分享这个市场的知识优势和信息优势。

相比之下，国内的投行从业人员培养体系则以会计知识和法律知识作为主要结构，对于互联网等新兴产业，这些从业人员没有足够的动力去深入了解。这使在中国不成熟的资本市场环境下难以避免很多上市公司质量的问题，但若是在风险性上考虑过多使行业模式新锐的互联网公司难以获得国内投行人士的青睐。

4. 境外资本市场入市门槛低

以美国纳斯达克市场为例，只要交易所同意就能上市，不设盈利门槛，且盈利标准可以用其他标准替代。在美国纳斯达克上市的条件如下[3]：

（1）第一个条件是资产净值，有盈利的企业资产净值要求在 400 万美元

---

〔3〕 美国纳斯达克市场分为两个市场，一个叫作全国市场，另一个叫作小型资本市场。全国市场又分两类企业，一类是有盈利的企业，另一类是无盈利企业。

以上，无盈利企业资产净值要求在1200万美元以上。

（2）第二个条件是净收入，也就是税后利润，要求有盈利的企业以最新的财政年度或者前三年中两个会计年度净收入40万美元；对无盈利的企业没有净收入的要求。

（3）第三个条件是公众的持股量。任何一家公司不管在什么市场上市流通，都要考虑公众的持股量，按国际惯例，公众的持股量应是25%以上。美国纳斯达克全国市场要求，有盈利的企业公众的持股要在50万股以上，无盈利企业公众持股要在100万股以上。

（4）第四个条件是经营年限。对有盈利的企业经营年限没有要求，无盈利的企业经营年限要在三年以上。

（5）第五个条件是股东人数。有盈利的企业公众持股量在50万股至100万股的，股东人数要求在800人以上；公众持股多于100万股的，股东人数要求在400人以上。无盈利的企业股东人数要求在400人以上。股东人数是与公众持股量相关的，有一定事实上的公众持股就必然有一定的股东。

另外，就纳斯达克全国市场而言：只要看好公司的商业模式和业务增长，即使是亏损的公司，也能在纳斯达克上市。如曾经的优酷土豆，就是亏损上市。

但是，在中国上市的门槛远高于美国。以A股主板市场上市的条件为例，根据我国《公司法》的规定，股份有限公司申请其股票上市必须符合下列条件：

①股票经国务院证券管理部门批准已向社会公开发行；

②公司股本总额不少于人民币5000万元；

③开业时间在三年以上，最近三年连续盈利；原国有企业依法改建而设立的，其主要发起人为国有大中型企业的，可连续计算；

④持有股票面值达人民币1000元以上的股东人数不少于1000人，向社会公开发行的股份达公司股份总数的25%以上；公司股本总额超过人民币4亿元的，其向社会公开发行股份的比例为15%以上；

⑤公司在最近三年内无重大违法行为，财务会计报告无虚假记载；

⑥国务院规定的其他条件。

满足上述条件可向国务院证券管理审核部门及交易所申请上市。

尽管自2004年5月起，经国务院批准，中国证监会批复同意深圳证券交易所在主板市场内设立中小企业板块，但是中小企业板三年连续盈利、无形资产出资不超过注册资本20%等上市要求显然也将很多网络企业拒之门外。2004年6月25日，中小企业板块在深圳证券交易所正式推出，对中小企业打开了上市之门。但是，这些企业仍然面临着很重要的问题，一是中小企业板的门槛不会比主板低很多，二是一样需要审核。于是曾经出现了2500多家企业排队申请在中小企业板块上市的景象。即使到了今天，企业仍要排队上市。创业板的推出进一步降低了中小企业上市融资的要求，但在2014年5月之前也要满足下列两个条件之一：即申请人在过去两年持续盈利，两年累计利润不少于人民币1000万元，且保持持续增长；或申请人最近一年盈利，利润不少于人民币500万元，营业收入不少于人民币5000万元，最近两年营业收入增长率均不低于30%〔4〕。众所周知，互联网企业经营初期一般没有利润，甚至是连年亏损，所以不符合国内上市的前述条件。尤其是在20世纪90年代，中国互联网行业刚刚起步，更谈不上具有连续盈利能力，所以很难在国内发行股票筹资，为此也只能转向海外寻找出路。即使到目前为止，很多互联网公司也往往是先有用户再考虑盈利，这使众多互联网公司仍难以达到在国内上市的标准。

5. 境外融资效率较高

在美国，通过IPO方式上市通常需要12个月时间，如果是在纳斯达克上市，最短需要6个月左右。如果通过借壳的方式，上市的时间还会缩短，一般只需5~6个月。如此的高效率主要得益于审核理念的不同。比如，在美国上市突出信息披露。审核速度快和结果可预期更能满足高科技企业对资金的急迫需求。互联网企业成长具有高度的不确定性，美国SEC以充分信息披露为核心、不涉及商业判断的理念恰恰符合互联网的行业特征。而迅速的上市也有利于互联网企业在较短时间内完成融资以谋求进一步发展，或者避免上市周期过长导致其因产品热度降低而影响估值。

相比较而言，国内上市时间长，手续烦琐，申请上市的企业多，但每年审

---

〔4〕 2014年5月，证监会发布《首次公开发行股票并在创业板上市管理办法》（简称《首发办法》）和《创业板上市公司证券发行管理暂行办法》（简称《再融资办法》），根据这两个规定，原来的创业板上市条件中的第一个条件中取消了盈利持续增长的要求，第二个条件修改为最近一年营业收入不少于5000万元，最近一期期末净资产不少于2000万元，去掉了利润不少于500万元一项。

核批准上市的公司数量有限，造成了企业上市必须经过漫长的排队等待时间。这对于竞争激烈、形势瞬息万变的互联网企业而言是无法承受的。

二、互联网企业的境外收购概况

（一）概述

近年来，中国互联网行业成为中国并购市场的最大看点。2013 年，互联网企业并购唱起了主角。随着这个新兴产业的再次崛起，行业巨头纷纷抢占最佳市场。数据统计，截至 2013 年 12 月 31 日，中国互联网并购市场共发生 14 起大型海外案例，涉及金额近 23 亿美元。并购方的大买家主要为当前中国互联网企业的三大巨头——百度、阿里巴巴、腾讯。其中，腾讯的并购最为活跃，共发生案例 7 起；阿里巴巴次之，2013 年共发生 3 起海外并购；百度本年仅并购 1 起海外企业；奇虎 360 和探路者分别发生并购 2 起和 1 起。他们的投资目的地遍布亚洲、欧洲、北美和南美，其中美国是最主要的投资目的地，共有 10 家标的公司位于美国。

另就 2014 年而言，能源矿产、制造业在 2014 年的跨境并购分别为 41 起和 34 起，涉及交易规模分别为 64.6 亿美元和 15.56 亿美元；IT、互联网行业紧随其后，分别有 24 起和 21 起跨境并购，交易总额分别为 36.55 亿美元和 6.04 亿美元，相比往年，互联网行业投资规模有较大幅度上升。

从以上数据可以看出，中国互联网已经开始向全球化布局。采用投资并购手段，资本先行，扩展海外市场，占据新的用户群体，开发新技术，这些将是未来互联网企业规模扩张路途中必不可少的战略举措。

多位业内人士表示，创业型互联网企业 IPO 受阻是促成企业热衷于收购的一大助因。2010～2013 年，中国互联网企业赴美上市的窗口迟迟没有打开，投资人和管理层只能通过并购的方式完成退出套现。

（二）互联网公司海外投资情况

采用投资并购手段，资本先行是中国企业走向国际化的主要手段。扩展海外市场，占据新的用户群体，开发新技术，将是未来互联网企业规模扩张路途中必不可少的战略举措。如下是中国知名互联网企业境外投资的一个总结和介绍：

1. 腾讯的境外投资——涉及多领域，倾向于游戏公司

2011 年 2 月，投资美国游戏公司 Riot Games，收购 Riot Games 共花费现

金2.31亿美元,交易前持股22.34%,完成交易后持股92.78%。Riot Games成立于2006年,代表作品为《英雄联盟》,腾讯随后获得《英雄联盟》中国大陆代理权。

2013年6月,腾讯参与投资美国闪购网站Fab,Fab.com意在成为设计领域的“亚马逊”。

2013年7月,投资美国游戏公司动视暴雪,动视暴雪是全球最大的游戏开发商和发行商,旗下暴雪娱乐发行过《魔兽世界》以及《魔兽争霸》系列,早在2012年7月,动视暴雪与腾讯就宣布建立战略合作伙伴关系。

2013年8月,出资100万美元与创新工场一起投资美国移动游戏录像公司Kamcord。Kamcord为游戏公司提供可以录制游戏视频的SDK,让玩家记录移动游戏时可以通过各大社交网站进行分享。

2014年11月,投资美国太空旅游公司World View。World View是一家致力于太空旅行廉价化的公司,他们计划在2016年能提供7.5万美元价格的近地太空旅行业务。

2. 阿里巴巴的境外投资——多元化的境外投资布局

2013年6月,投资美国体育用品电商Fanatics。Fanatics是一家销售体育运动官方特许产品的电子商务公司,是垂直细分领域的龙头。商品种类达到数十万,美国主要的职业体育联盟和媒体品牌都在使用Fanatics的电商平台进行销售。

2014年3月,2.15亿美元投资美国聊天应用Tango,这是阿里在美国最大的一笔投资。投资Tango将有利于阿里拓展在移动互联网的业务,开拓国际市场。Tango主要专注于视频聊天,目前有两亿注册用户,用户人群主要来自于美欧以及中东和亚洲。

2014年8月,1.2亿美元投资美国手游公司Kabam,这是一家大型多人社交游戏开发公司,该公司2010年在北京设立工作室,并在中国开发出多款手游,如《霍比特人:中土王国》和《亚瑟王国:北方之战》,两款游戏各创收超过1亿美金。

2014年10月,投资美国电视智能遥控器公司Peel,2013年投资500万美元,2014年追加5000万美元。Peel是一家电视遥控器应用开发商,其公司主要应用产品的Android版本被预装在三星和HTC的多款手机和平板电脑中,通过红外技术支持多款电视机、有线电视机顶盒和多媒体机顶盒。

Peel 未来很可能会开发通用的遥控器应用，不仅能遥控电视机，还能遥控空调和灯具等家用电器。

3. 百度的境外投资——投资技术型公司

相对于腾讯和阿里巴巴，百度的海外投资并不算多，主要投资于技术型公司。百度在境外主要推广 hao123 及百度卫士等安全产品。2014 年 12 月 17 日，百度宣布与美国硅谷的创业公司 Uber 正式达成投资和战略合作协议。

2014 年 9 月，投资室内导航创业公司 IndoorAtlas 1000 万美元，以拓展购物中心和建筑物内的地图服务。

2014 年 12 月，投资以色列视频捕捉公司 Pixellot 投资 300 万美元。

4. 其他互联网公司的境外投资

2014 年 7 月，奇虎 360 投资美国生物验证技术公司 EyeVerify。EyeVerify 是一家利用专利生物技术，帮助移动设备减少或避免使用密码进行安全验证的科技公司。

2014 年 9 月，华为以 2500 万美元价格收购英国物联网研究机构 Neul。

2014 年 12 月，京东、小米投资美国可穿戴设备公司 Misfit。Misfit 以其行动追踪设备 Shine 而闻名。总部位于美国加州，并在越南拥有一个数据科学团队。早期投资者和顾问约翰·斯卡利曾担任苹果首席执行官。

（三）互联网企业境外投资独有的特点

1. 侧重于获得境外用户

我国互联网企业境外上市除了筹资动机之外，也是为了获得更多的境外用户，打开境外市场，提升其在国内、国外的知名度，增强品牌效应，向客户传达其为优良公司的信号。上市公司每日交易信息也是一种免费广告，国外媒体也会对其给予高度关注。境外用户就可通过这样的方式，了解上市公司，购买它的股票，使用它的产品，从而不断影响周边的人群。

2. 获得境外优秀的技术团队

互联网企业之间的竞争可以说是所掌握的科学技术的竞争，同时也是高技术、高素质的 IT 人才之间的竞争，若一个互联网企业能够掌握独特核心的信息技术，那么想在互联网行业市场中站稳脚跟就比较容易的。而这样的优秀人才和技术团队在国内却为数不多，因此通过海外并购获取优秀技术和技术团队就成了必然的选择。

◇ 第三节　互联网企业境外投资所存在的问题

一、互联网企业境外上市所存在的问题

（一）融资成本比较高

与境内上市不同，赴美上市的互联网企业需要支付高额的融资成本。这其中包括承销费、律师费、印刷费和其他费用等。2010 年赴美上市 IPO 的 34 家中国公司中，32 家公司支付给国际投行的佣金率皆为 7%，另外两家是软通动力和当当网，前者 IPO 的佣金率为 7.3%，为最高。高成本对营利性提出了较高的要求，也使赴美上市的互联网企业承担了更高的风险。

另以阿里巴巴上市为例，共同负责阿里巴巴 IPO 的承销银行—瑞士信贷集团（Credit Suisse Group AG）、德意志银行（Deutsche Bank AG）、高盛集团（Goldman Sachs Group Inc.）、摩根大通公司（JPMorgan Chase & Co.）和摩根士丹利（Morgan Stanley）预计将总共可获得 3.004 亿美元佣金，相当于融资额的 1.2%。

（二）互联网企业在境外融资依赖的 VIE 结构面临诸多风险

1. 中国的政策风险

十余年来 VIE 结构帮助诸多互联网企业将其权益置入外商独资企业，规避了中国法律对外资投资互联网行业的一系列限制[5]，也避免了境内企业至境外上市需要中国证监会等部门审批的限制，并助其在境外成功上市。这一切得益于国家相关部门对 VIE 结构的沉默，即不认可也不否认的态度。但 VIE 结构毕竟规避了外商投资产业指导政策，且直到目前为止仍缺少明确的法律依据，所以具有先天缺陷。一旦国家相关部委出台相应的规定，可能会对采取 VIE 结构的公司造成影响。例如，中国政府官方曾针对特殊的行业使用 VIE 结构出台过相关的文件。2006 年，中华人民共和国信息产业部（MIIT）发表了《关于加强外商投资经营增值电信业务管理的通知》，指出

---

〔5〕 一些行业对外资进入有限制甚至被禁止，比如新闻网站、网络游戏、在线视频、在线支付等。

将会对互联网公司使用VIE结构进行密切审视。行业里把这当作是一个告诫性的信号,但使用仍然在继续。

就此,乐观者认为政府已经默认了VIE的存在,而悲观者则认为,政府只是暂时把VIE“漠视”为“灰色地带”。

2. 有可能不被海外上市地认可的风险

就目前而言,美国和香港证监会基本是理解和同意互联网企业对VIE结构的使用,但是,在阿里巴巴赴美上市前夕,美国国会美中经济安全审查委员会工作人员撰写的咨询报告中称,为了绕过中国政府对外资进入互联网等领域的限制,中国互联网企业不惜使用复杂且具有高风险的VIE结构,并导致美国股东面临重大风险,并指出:“尽管VIE在美国交易所上市获得美国法律的认可,但中国政府从未正面确认过VIE的合法性。”为此,美国证监会将来是否收紧对VIE结构的审查存在不确定性。

另外,在其他地区,VIE结构的认可程度没有美国和香港那么高。虽然确实有采用VIE结构的企业在德国等地上市,但当地承销商要求中国律师必须给出十分明确的合规意见。

3. 外汇管制风险

VIE结构下,利润在境内转移至境外时可能面临外汇管制风险。例如,2015年5月10日,世纪佳缘就在招股书中披露,其在中国境内开展业务的两大子公司之一——北京觅缘信息科技有限公司(以下简称北京觅缘)未能如期取得国家外汇管理局审批的外汇登记证,因此世纪佳缘未能完成对北京觅缘的首次出资。根据中国法律,商务部签发的外商投资企业批准证书也将失效,而北京觅缘的营业执照将被当地的工商局吊销,它将不再是一个合法存在的法人实体。

4. 税务风险

VIE结构的公司将会涉及大量的关联交易以及反避税的问题,也有可能在股息分配上存在税收方面的风险。比如新浪就在其年报中披露,上市的壳公司没有任何业务在中国内地,如果非中国运营的境外壳公司需要现金,只能依赖于VIEs向其协议控制方及境内注册公司所分配的股息。壳公司并不能保证在现有的结构下获得持续的股息分配。

5. 控制风险

由于是协议控制关系，上市公司对 VIE 没有控股权，可能存在经营上无法参与或控制公司经营管理的问题。虽然 VIE 结构又美其名曰“协议控制”，但实际控制力却非常有限。支付宝事件与双威教育资产大挪移事件就是例证。2011 年马云拆了支付宝的 VIE 结构，使之由壳公司变为实体，从而引发中概股 VIE 恐慌。另外，2001 年新浪解雇王志东时也差点就导致王志东毁约。

（三）上市后急于套现并不惜造假而遭受重创

如前文所述，反向收购作为非传统上市融资方法（Alternative Public Offering，APO）的重要组成部分，在 2010 年之前为诸多中国企业所青睐，正是这个规则，让很多中国企业以为找到了登陆美国股市的捷径。

但是，如果一家公司希望通过反向收购的方式在纳斯达克上市，那么，想要获得融资资格将是“万里长征”。一般而言，反向收购理论上是募集不到资金的，这些公司在支付上市费用后，能获得的也就是一个在美上市的名号而已。因此，上市之后，一些企业进行业绩粉饰和审计造假。比如，2010～2011 年，以绿诺为首的多家中概股在财务上造假被查，给在美国上市的中国企业尤其是互联网企业带来很大的重创。

另就《巴伦周刊》的调查数据显示，通过反向收购借壳上市的中国企业，即使不存在财务造假，其在上市后股票大都表现惨淡。比如，在 2010 年 8 月 24 日上市的联游网络，其上市后不到半年，股价已经跌去了一半至每股 0.5 美元左右。

（四）信息披露不充分

清科研究中心发布的《2014 年美国市场“中概股”专题研究报告》认为，通过对美国中概股统计数据和问题的分析，中概股的主要问题包括财务信息不够透明、股利分红政策不够合理、与投资者关系沟通不畅，以及对美国资本市场制度的不适应等。再如阿里巴巴被指责上市前“隐瞒”一份工商总局白皮书而遭到投资人集体诉讼，公司形象和市值均一落千丈。在上市后三个多月时间里，阿里巴巴股价着实坐了一轮猛烈的“过山车”，顶峰“双十一”时股价近 120 美元、市值超 3000 亿美元，最低时 2015 年 3 月 3 日收盘 81.58 美元，创 IPO 以来新低，市值 2000 多亿美元中，1000 亿美元市值就此蒸发。

事实上,不仅是阿里巴巴,其他在美上市的互联网中概股这一年也普遍表现不佳。市场数据显示,过去一年时间里,像久邦数码、网秦、搜房网、奇虎360、新浪、500彩票网,股价跌幅都超过了50%,网秦的股价跌幅甚至近80%。

二、互联网企业境外收购存在的问题

1. 数据安全问题

由于互联网行业不同于传统行业,并购后会存在数据资源的共享,对于国家的数据安全也产生了挑战。在阿里巴巴集团收购雅虎时,美国顾虑的就是如果美国的数据进入了中国互联网企业里,最终可能会被中国政府所利用,这样雅虎被收购就可能导致成千上百万的美国人受到监视。

我国互联网企业在境外并购会遭到被并购方国家在政治和法律上的阻挠,政治风险问题开始初步引起我国互联网企业跨国并购的关注。这些风险可能使原并购项目丧失可行性,导致未来获利能力下降,使整个并购整合活动失败。

2. 互联网潜在财务估值问题

阿里巴巴集团早在2011年7月收购美团后,陆续又收购新浪微博、高德地图、快的打车软件、UC浏览器等十多家公司,总共花费的收购金额达到了10亿美元以上。2011年百度用3亿美元的资金投资了哪儿网。2013年5月,百度旗下爱奇艺以3.7亿美元收购网络视频PPS公司,7月以19亿美元全资收购网龙旗下91无线业务。2014年腾讯公司以2亿多美元购买了京东商城15%股份。可见互联网行业的并购资金数额和并购数量均是相当巨大的,存在的财务估值风险也就很大,因此一定要重视互联网并购中存在的财务估值问题。

在互联网企业并购中,交易价格的多少是并购两方都会去关注的重要问题。如何界定交易价格的关键就在于如何对目标方价值进行评估,这种估值存在一定的博弈性。并购方在对目标方进行价值评估的过程中,因评估方法、战略以及信息不对称等制约因素,会使目标方的价值评估出现一定差异,这种过大差异则会导致并购方在财务上的损失。如何对互联网公司进行估值是互联网并购在财务风险方面需要重点关注的问题。一些大型的互联网公司很容易就得到高于实际资产价值的估值,而另外一些小型公司却经常产生较低的估值，这种资产被高估或者被低估，都不利于互联网并购活动良性健康的发展。

3. 人力资源整合问题

企业文化的存在，使员工对自己的企业有很强的忠诚感和依赖感。互联网行业员工的流动性比较大，给培养和建设稳定的人才队伍带来了严峻的挑战。而且互联网行业是个创新速度很快的行业，企业也在不断与时俱进的发展。并购双方在经营理念、激励机制、管理模式、绩效考评、薪酬发放以及与员工的沟通等方面都会存在很多差异。并购双方一旦在文化上发生冲突，就会导致整个集团人力资源系统的瘫痪和失灵，最终导致整个集团人力调动效率的下降，使整个并购活动面临更大的风险。

互联网公司和传统产业不一样，其最核心的资产是“人”，而“物”（如土地、矿山、设备等固定资产）的比例要低得多。“人”比“物”更容易流动，如果公司被竞争对手强行收购，不满的员工和用户将会流失。收购方折腾一番，高价买到手的东西却迅速地贬值了。

4. 控制权转移问题

控制权是企业对集团内部资源的支配权，控制权的转移也就意味着公司对内部的资源调配和业务整合的话语权发生了转移，没了控制权也就失去了对集团的控制。以股权置换支付方式进行收购活动时特别容易产生控制权外流的风险。2005 年阿里巴巴集团全资收购雅虎，没有使用现金支付方式，而是采用了股权置换的支付方式。阿里巴巴集团得到雅虎中国 100% 的资产，而雅虎在股权整体稀释后也得到了阿里巴巴集团 39% 的股权。这次并购股权置换的过程中，阿里巴巴集团置换了过大比重的股权，使管理层的控制权向外转移，雅虎由此就得到了相应的话语权。日本软银集团持股 29.3%，同时软银也是雅虎的参股股东（持有雅虎 5% 的股权），此时阿里巴巴集团原管理层仅仅持股比例为 31.7%，失去了绝对和相对控股优势，变成了第二大股东。尽管阿里巴巴集团称不会有任何控股，雅虎持股 39% 但只有 33% 的投票权。但是雅虎这些股权的比例还是让整个管理层担忧其会不会反收购阿里巴巴集团，使集团面临控制权转移的风险。

第四节 互联网企业境外投资展望

一、境外上市企业将逐渐减少

经过对近几年海外上市互联网企业数据的分析，我们预计，将来赴海外上市的互联网企业可能会越来越少，其中的原因主要包括：

（一）成熟的企业基本都已经上市

根据 RosenblattSecurities 的研究，多数满足上市条件的中国互联网企业都已经上市。另外，2015 年 1 月 19 日，美国彭博社也撰文称，随着有条件上市的中国互联网企业逐渐减少，加之 2014 年的基数过大，2015 年中国互联网企业赴美上市的规模可能会减少一半。另根据 86Research、RosenblattSecurities 和 JPCapital 的分析，2015 年大约会有 6 家中国互联网公司在纽约开展 IPO。其中最有可能的候选企业是大众点评网和美团网。

（二）境内上市路径将越来越宽

2000 年新浪上市的时候，互联网企业受制于 A 股市场关于连续三年盈利等强制条件、市场认可度、估值水平、资本市场规模等限制，只能选择境外上市。但时至今日，形势已经发生了较大改变。

尽管就当前而言采取 IPO 方式上市的互联网企业，依然会以选择美国市场为主流，选择香港次之，然后才是国内的创业板市场。但经过十多年的发展，毕竟国内互联网企业可以在境内上市了，从创业板到中小板再到主板，出现了一批互联网新星。而且伴随着国内资本市场的实践创新、制度松绑和规模扩张，互联网企业通过境内资本市场融资的路将越走越宽、越走越快。另外，通过借壳、并购等曲线上市的做法，越来越多地应用于互联网企业，企业有了更多的选择，多层次资本市场建设可能进一步降低互联网企业上市的门槛，证券发行的注册制改革将极大地缩短企业筹备 IPO 的周期，资本市场规模的扩张和活力的进一步激发，将为互联网企业提供更好的估值环境。

（三）SEC 对中概股的审查会越来越严

美国资本市场对上市公司的财务造假行为几乎是“零容忍”。近年来，在美上市的中国公司正面临一场群体性的诚信危机，多家公司涉嫌财务造假而被停牌或摘牌。像上市还不满一年的聚美优品,就因涉嫌“财务造假”和“假货风波”,而遭美国两家律师事务所集体诉讼,股价跌去了一半。

2010 年年底,SEC 对借壳上市的中国企业财务信息失真等问题进行严查、严惩,此次审查风暴释放了一个信号,就是在未来一段时间会对中国企业严加监管。

二、互联网企业 VIE 结构可能会逐渐退出历史舞台

自诞生以来,长期作为中国互联网企业境外上市融资和外国互联网公司进入中国的主要途径,VIE 结构始终风光无限,一度独领风骚。但是,2015 年 1 月 19 日,商务部网站公告《中华人民共和国外国投资法(草案征求意见稿)》(以下简称《意见稿》)及其起草说明,涉及了未来 VIE 结构存在的必要性和存量 VIE 的后续处理问题,可能会使 VIE 结构的前途命运面临重大改变。

《意见稿》在定性外国投资者时,除注册地标准之外,又引入了“实际控制”标准。一方面规定,受外国投资者控制的境内企业视同外国投资者;另一方面规定,外国投资者受中国投资者控制的,其在中国境内的投资可视作中国投资者的投资。《意见稿》在定义“控制”的时候,也将“通过合同、信托等方式能够对该企业的经营、财务、人事或技术等施加决定性影响的”明确列为一种情形。

按照上述规定,在现有的 VIE 结构中,如果境外上市 SPV 的实际控制人是中国投资者,则其在境内设立的 WFOE 和协议控制的牌照公司都将被视为内资,不再接受各项针对外资的特别管理措施的约束。因此,一旦“实际控制”标准得以确立,牌照公司便不能仅依形式上的注册地标准被直接认定为内资公司,VIE 结构也就失去了规避外资产业政策限制的功能。这意味着,如果《意见稿》中关于 VIE 的内容在正式法律中落实,VIE 结构将彻底失去存在的基础。通过 VIE 方式规避外资限制既无可能也无必要,VIE 方式在互联网企业境外上市融资中将被抛弃。

另外,互联网领域 VIE 结构得以诞生,有两个根本原因:第一是中国互联网企业需要拿境内企业权益赴境外上市融资;第二是中国对外商投资互联网领域存在一定的限制。如果国家对外商投资互联网领域的限制逐渐放松,则第二个原因将不再存在。《征求意见稿》将作为规制外商投资的根本

性文件《外商投资产业指导目录》更名为《特别管理措施管理目录》，继续分为禁止类和限制类，并将限制类分为限制金额和限制领域两种情形。这份目录也就是我们常说的“负面清单”。

目前，与互联网有关的“负面清单”除了包括增值电信业务经营许可证以外，还涉及网络游戏、网络视听、网络出版、电子商务、在线教育、在线支付、地图导航等领域。其中有一部分限制固然涉及内容安全和国家安全问题，但更多的只涉及国内互联网行业的产业安全。从整体和趋势上看，国家对外商投资的禁止领域和限制领域正在逐渐缩小，在限制领域内条件也逐步放宽，“负面清单”正在变得越来越短，清单内的限制条件也越来越宽。仅以上海自贸区在电信领域的开放措施为例，2013 年就开放了呼叫中心业务、国内多方通信业务、互联网接入服务业务、国内互联网虚拟专用网业务（外资股比不超过 50%），允许信息服务业务中的应用商店业务、在线数据处理与交易处理外资股比可以超过 50%（后者外资股比不超过 55%）。2015 年年初，工信部又进一步将后者外资股比放宽至 100%。

尽管在个别特殊领域，政府可能设置更严格的外资准入限制，但伴随着国内互联网产业的壮大，从产业安全的角度限制外资进入的必要性已经大大降低。在宏观趋势上，中国互联网产业逐步向外资开放的步伐，必将越来越快。

第十章 国际组织对国际投资的法律保护

从国际投资的法律保护发展进程看，取得的重大成果主要是双边投资协定(Bilateral Investment Treaty，BIT)。1959年，德国与巴基斯坦两国首开双边投资条约的实践，至今在国际社会已形成纵横交错的双边投资协定网络，覆盖了绝大多数国家。可以说，双边投资协定是当今国际投资法律保护最主要的法律形式。[1]

国际组织对国际投资的法律保护以多边投资协议的形式来实现，主要包括两种形式：第一，有关国际投资的跨区域多边协定；第二，以区域性国际组织为讨论、制定和公布平台的区域性多边投资协议。

到目前为止，有关国际投资的跨区域多边协定主要有以下三类：第一类是处理投资中专项问题的公约，以解决投资争端的《解决国家与他国国民间投资争端公约》与《多边投资担保机构公约》为典型代表，此乃传统的多边投资协定；第二类是世界贸易组织体系下的多边投资协定，主要是《与贸易有关的投资措施协定》和《服务贸易总协定》，这一系列的多边投资协定反映了国际投资法律保护的关注点由国家征收问题转变为外国投资的准入和待遇问题；第三类是跨地区的不具有或者尚不具有法律效力的多边投资协定，以无法律效力的《外国直接投资待遇指南》和因争议较大而未生效的《多边投

[1] 宋晓：《论双边投资条约对国际投资法的发展：中国视角》，载《江苏行政学院学报》2005年第6期。

资协定》的文本草案两类为典型代表。[2] 以上不同类型的国际协定往往与特定国际组织的设立和运作密切相关，其内容对国际投资法律体系的发展具有重要意义，下文将从三个全球性的国际组织或其相关机构——联合国机构、世界贸易组织、经济合作组织——切入进行逐一分析。

区域性多边投资协议较之跨区域的多边协定发展更为成熟、数量更多，下文同样以欧洲联盟、东南亚国家联盟、亚太经济合作组织三个区域性国际组织为切入，对国际投资法律保护的相关内容进行剖析。

第一节 联合国机构对国际投资的法律保护

联合国（United Nations）是1945年第二次世界大战后成立的国际组织，现共有193个会员国、2个观察国。

《联合国宪章》设立了六个主要机关：大会、安全理事会、经济及社会理事会、托管理事会、国际法院和秘书处。但是联合国系统组织要大得多，它包括15个专门机构和一些方案及其他实体。与国际投资的法律保护相关的联合国机构主要包括联合国大会常设机构之一的联合国贸易与发展会议和经济及社会理事会下的世界银行集团。

一、联合国贸易和发展会议

联合国贸易与发展会议（United Nations Conference on Trade and Development，UNCTAD，以下简称贸发会议）是联合国大会（United Nations General Assembly）的常设机构之一，是审议有关国家贸易与经济发展问题，尤其是通过贸易促进发展中国家经济发展的全球性国际经济组织。

贸发会议的宗旨是为加速经济发展而促进国际贸易，特别是促进发展中国家的贸易；制定有关国际贸易和经济发展的原则和政策，并提出实施计划；推进和开展有关国际贸易和经济发展的协作活动，商订多边贸易协定；

[2] 孙南申：《WTO体制下国际投资法的趋势与发展》，载《当代法学》2005年第19卷第1期。

协调各国政府和区域性经济集团有关贸易和发展的政策。贸发会议每年度发表的《贸易与发展报告》、《世界投资报告》和《最不发达国家报告》在全世界具有广泛的影响，这些报告既是被国际社会所广征博引的权威资料，也是各国特别是发展中国家制定经济和社会发展政策的重要参考。[3] 其中，与国际投资直接相关的《世界投资报告》虽不能为国际投资提供直接的法律保护，但以其专业性、全面性和权威性为世界各国尤其发展中国家调整国际投资的准入、限制和管理法律规范提供重要的借鉴意义，尤其在国际直接投资领域。

表1　2000年以来《世界投资报告》的主题

时间	主题
2000年	跨国并购与发展
2001年	促进联系
2002年	跨国公司与出口竞争
2003年	外国直接投资政策促进发展：国家和国际透视
2004年	转向服务业
2005年	跨国公司与研发活动的国际化
2006年	来自发展中经济体和转型经济体的外国直接投资：对发展的影响
2007年	跨国公司、采掘业与发展
2008年	跨国公司与基础设施的挑战
2009年	跨国公司、农业生产与发展
2010年	低碳经济投资
2011年	国际生产和发展的非股权形式
2012年	制定新一代投资政策
2013年	全球价值链：投资和贸易促进发展
2014年	投资与可持续发展目标

由表1可知，贸发会议的《世界投资报告》关注国际投资的发展趋势和保护，重点为国际直接投资即跨国公司的相关情况，其为国际投资秩序、投资自由促进所发挥的主要作用是提供了外国直接投资的发展中国家视角，在促进发展中国家的投资政策的制定和发展、推动南北对话和南南合作方面均扮演着重要角色。

此外，贸发会议曾主持谈判达成了一些重要的国际公约和协议，如《各

[3] 王雨本：《WTO之外的国际经济组织》，人民法院出版社2002年版，第140页。

国经济权利和义务宪章》、《班轮公约行动完守则》、普遍优惠制、商品综合方案等。[4] 虽然上述协议多直接与国际贸易而非国际投资相关，但贸发会议的努力为发展中国家在国际投资的保护和规则制定上争取到了更多的话语权。

二、世界银行集团

世界银行集团（World Bank Group，WBG）是联合国经济和社会理事会（Economic and Social Council，ECOSOC；以下简称经社理事会）下的多边发展机构，其宗旨是通过向发展中国家提供中长期资金和智力支持，来帮助其实现长期、稳定的经济发展。它包括五个机构：国际复兴开发银行、国际开发协会、国际金融公司、多边投资担保机构和国际投资争端解决中心。

世界银行集团通过的多边投资公约包括：1992 年通过的《外国直接投资待遇指南》，该指南由国际复兴开发银行发表；1965 年通过的《解决国家和他国国民间投资争端公约》，根据该公约设立了国际投资争端解决中心；以及 1985 年通过的《多边投资担保机构公约》（MIGA 公约），据此设立了多边投资担保机构。其中，后两者是真正具有约束力的多边投资协定，而《外国直接投资指南》是不具有法律约束力的指南。

上述三个重要的多边投资公约分别与国家复兴开发银行、国际投资争端解决中心和多边投资担保机构密切关联。

（一）国际复兴开发银行

国际复兴开发银行（International Bank for Reconstruction and Development），简称为世界银行（World Bank），它是联合国下属的专门机构，是负责长期贷款的一个国际金融机构。世界银行是根据 1944 年美国布雷顿森林会议上通过的《国际复兴开发银行协定》成立的，其宗旨是：通过对生产事业的投资，资助成员国的复兴和开发工作；通过对贷款的保证或参与贷款及其他私人投资的方式促进外国私人投资，当成员国不能在合理的条件下获得私人资本时，则在适当条件下以世界银行本身资金或筹集的资金及其他资金给予成员国直接贷款，来补充私人投资的不足；通过鼓励国际投资，开发成员国的生产资源，提供技术咨询和提高生产能力，以促进成员国国际贸易的

---

〔4〕 何艳梅：《联合国贸发会议与多边贸易体制》，载《法治论丛》2006 年第 21 卷第 6 期。

均衡增长及国际收支状况的改善。

1992 年,世界银行和国际货币基金组织联合设立的发展委员会发表了《外国直接投资指南》,对发达国家在传统的国际投资的重大法律问题上所取得的成功和外资准入规则进行了规定,以促进外资进入。《外国直接投资指南》要求各国应鼓励他国国民的资本技术和管理技进入,避免对准入进行过度的管制和设置一些不必要的障碍,把开放外资作为外资立法的目标,为外资进入提供便利,不要规定烦琐或复杂的程序或附加不必要的条件。正如上文所指出的,《外国直接投资指南》的性质为不具有法律约束力的指南,并非正式的国际条约,但其在促进外资进入方面仍发挥着上述作用。[5]

(二)国际投资争端解决中心

《解决国家与他国国民间投资争端公约》(Convention on the Settlement of Investment Disputes Between States and Nationals of Other States,以下简称《华盛顿公约》)于 1965 年 3 月 18 日缔结于华盛顿,正式缔约国有 147 个。《华盛顿公约》仅适用于国家与私人之间的争端,以仲裁方式解决东道国政府与外国投资者之间的投资争端。《华盛顿公约》正式生效后,立即成立了"解决投资争端国际中心"(International Center for the Settlement of Investment Disputes,ICSID)。ICSID 具备完全的国际法律人格,且履行自己职责的过程中在各缔约国领土内享有特权与豁免权。

《华盛顿公约》所确立的投资争端解决机制的内容主要有三个方面:一是 ICSID 管辖权的规定;二是调解与仲裁程序的规定;三是仲裁所援用相关法律的具体原则。

1. ICSID 的管辖权

根据《华盛顿公约》第二章的规定,对外国投资者与东道国政府间投资争端的仲裁案件,ICSID 享有管辖权必须同时符合如下条件:

(1)有权将争端提交 ICSID 仲裁的主体必须一方为《华盛顿公约》的缔约国,而另一方为《华盛顿公约》的其他任一缔约国的国民(包括自然人和法人)。

(2)提交 ICSID 管辖的争端必须是直接因投资引起的法律争端。根据

---

〔5〕 顾微微、张异和:《多边投资条约下的外国投资准入自由化研究》,载《政法学刊》2006 年第 3 期。

《华盛顿公约》的规定,“法律争端”指的是因法律上的权利发生冲突与对抗,或争端方违反法律上的义务而使另一方受损时,ICSID 对此专门管辖的全部事项范围(法律之外的纯经济利益不在此范围之列)。[6]

ICSID 的管辖权具有排他性。对争端双方书面同意 ICSID 管辖的争端,ICSID 的管辖权独立于各缔约国国内法律之外,争端各方只能通过 ICSID 的仲裁程序解决争端,而不得使用其他任何救济手段。各缔约国国内法院无权管辖此类争端,更无权阻止 ICSID 行使管辖权。但《华盛顿公约》明确要求东道国在与外国投资者签订投资协议时,投资者必须先争取当地救济,只有在当地救济不能有效解决争端后,才有权将争端提交 ICSID 解决,即将用尽当地救济作为东道国同意的前提条件。

2. 调节与仲裁程序

《华盛顿条约》第三章和第四章分别对 ICSID 的调解程序和仲裁程序进行了规定:其中第三章对调解程序的启动,调解委员会的组成及调解程序选择、开展等进行了明确的规定;第四章对仲裁程序的启动、仲裁委员会的组成以及仲裁庭的权责、仲裁的程序、仲裁裁决的承认与执行等进行了详细规定。

3. 法律援引的原则

根据《华盛顿公约》第 42 条规定,仲裁庭审理案件所适用法律的基本原则如下:

(1)当事人意思自治原则

争端各方有权选择准据法。《华盛顿公约》对当事人在选择合同准据法时设有限制性条件,例如,争端当事方不能以协议条款本身当作选择适用的法律,所选择适用的法律不能包括一国国内的冲突规范等。

(2)适用东道国法律或可适用的国际法规范

在争端各方未能协商选择适用的准据法的情形下,ICSID 有权直接适用东道国国内法律或可能适用的国际法规范。

(3)禁止拒绝裁判原则

无论什么原因,哪怕是没有能够适用的法律或是可适用的法律本身规定不清,ICSID 仲裁庭也一定要做出实质性的裁决,不能因为上述原因而将

---

〔6〕 史晓丽、祁欢:《国际投资法》,中国政法大学出版社 2009 年版,第 273 页。

投资争端搁置一旁。该原则由《华盛顿公约》第 42 条第 2 款明确规定。

(4)公平与正义原则

《华盛顿公约》第 42 条第 3 款明确规定,"不得损害仲裁庭在双方同意时按照公允及善良原则对争端做出裁决的权力"。

ICSID 机制是目前世界上适用较多且效果较好的多边国际投资争端解决机制。其开启了由具有国际法主体地位的组织,裁判国际投资争端,且争端各方均能认可的争端解决机制的先河,使外国投资者与缔约东道国之间的权利冲突趋于缓和,构建出越来越实用的国际投资争端解决机制蓝图。在国际经济活动中,ICSID 机制不断促成国际资本在国与国之间流动,在国际投资保护中逐步发挥着其自身的重要作用。[7]

(三)多边投资担保机构

《多边投资担保机构公约》(Convention Establishing the Multilateral Investment Guarantee Agency,MIGA,以下简称《汉城公约》)于 1985 年 10 月 11 日在世界银行年会上通过。根据该公约建立了多边投资担保机构(Multilateral Investment Guarantee Agency,MIGA)。

根据《汉城公约》的规定,MIGA 在各会员国国内法和国际法上均具有完全的法人地位,有权签订合同、取得并处分不动产和动产以及进行法律诉讼等,并享有国际组织所能享有的特权与豁免。MIGA 的宗旨和目标是鼓励会员国之间,尤其是向发展中会员国进行生产性投资,以补充世界银行、国际金融公司和其他国际开发金融机构的活动。[8]

1. 组织机构成员国

MIGA 的组织机构由理事会、董事会和总裁及职员三个部分组成。MIGA 是一个商业性的保险机构,理事会是机构的最高权力机关,也是其决策机关。董事会是 MIGA 的执行机构,处理 MIGA 的日常业务,可以采取公约所要求的或许可的任何行动。MIGA 的总裁经董事会主席提名,由董事会任命,通常由世界银行行长兼任。

2. 成员国认股及决策制度

《汉城公约》规定,MIGA 会员国资格应向国际复兴开发银行所有的会

---

〔7〕参见辛宪章:《国际投资争端解决机制研究》,东北财经大学 2013 年博士毕业论文。

〔8〕《汉城公约》第 2 条。

员国和瑞士开放。因此,会员国资格以世界银行成员资格为先决条件。会员国分为发达国家和发展中国家两类。

MIGA 以自主担保为主,会员国赞助担保为辅,并有独立的法定资本供会员国认购。MIGA 的法定资本额为 10 亿特别提款权,分为 10 万股,每股票面价值为 1 万特别提款权,供会员国认购。

MIGA 的投票权分两部分:一部分是各会员国平均享有的相同数量的成员票,每一会员国享有 177 张成员资格票;另一部分是按照各会员国股份分配的不等量的股份票,又称加权票。会员国每认缴一股便获得一张股份票,使表决权反映其相应的资本认缴股份。两部分相加便是该会员国拥有的投票权。这种投票权结构反映了第一类国家和第二类国家在对外投资中具有平等的地位和利益,两类国家之间的合作十分重要。[9]

3. 担保业务

《汉城公约》在规定担保业务方面所体现出的种种灵活性,为实现其填补国际投资保险市场空白的目标提供了可能。多边投资担保机构的担保业务发展迅速,其运作的主要条件如下:

合格的投资者

必须是具备东道国以外的会员国国籍的自然人,或在东道国以外的会员国注册并设有主要营业点的法人,或其多数股本为东道国以外一个或几个会员国所有或其国民所有的法人。

合格的投资

《汉城公约》对合格投资的具体形式未作严格限定,而将此项权力留给董事会,以便本机构能够适应投资形式的不断发展变化。但对合格投资的内容和质量方面的要求相当严格。

合格的东道国

只有向发展中国家会员国的国际投资才有资格向多边投资担保机构申请投保。

承保的险别

和各国国家投资保险制度一样,多边投资担保机构的担保险别也包括“征收和类似措施险”、“战争和内乱险”以及“货币汇兑险”。还另外增设了

---

〔9〕 范剑虹主编:《国际投资法导读》,浙江大学出版社 2000 年版,第 277 页。

一个新的险种:“违约险”。但东道国政府有违约行为并不当然就立即构成多边投资担保机构承保的“违约险”。只是在违约行为发生之后一定期限内,投资者在东道国内未能获得有关索赔的司法判决或仲裁裁决,或虽有判决裁决但不能执行,这才构成“违约险”。

代位求偿权

多边投资担保机构一经向投保人支付或同意支付赔偿,即代位取得投保人对东道国或其他债务人所拥有的有关承保投资的各种权利或索赔权。各会员国都应当承认多边投资担保机构的此项权利。多边投资担保机构的代位求偿权是整个《汉城公约》机制的关键所在。

分保与“赞助担保”

《汉城公约》规定,对于会员国、会员国机构或其多数资本为会员国所有的区域性投资保险机构已予保险的特定投资,多边投资担保机构可以提供分保。

此外,《汉城公约》的“附件一”还规定任何一个或几个会员国可自行筹款,在本机构内另设基金,为任何国籍的投资者在发展中国家的投资提供担保,即“赞助担保”。《汉城公约》有关担保业务的各项基本规定同样适用于“赞助担保”;不同的是“赞助担保”的投保人不受国籍的限制。

4. 作用

MIGA 主要作用包括促进国际投资、提供投资担保、调解国际投资争端,通过上述功能鼓励在会员国之间,特别是向发展中国家进行投资。

MIGA 在促进国际投资、提供投资担保方面的特殊作用表现为:第一,为没有国内投资担保机构的资本输出国提供了一个投资担保机构。尤其是一些发展中国家的资本输出国尚无此类机构。第二,便于承保不同国籍的投资者投资于同一项目的投资。第三,担保的投资更具发展性质。“机构”作为一个政府间的国际组织,比作为实现一国对外经济政策的工具的国内投资担保机构,更有利于消除外国投资者与东道国之间的猜疑,促进两者的合作。在公约规定的范围内,机构与联合国和有关领域内负有专门责任的其他政府间组织合作,如世界银行和国际金融公司。机构与解决投资争端国际中心也有密切联系。[10]

---

〔10〕 参见余劲松主编:《国际投资法》(第三版),法律出版社 2007 年版。

MIGA为投资者和东道国政府之间的争端解决提供了一种新的途径，即建立一个多边投资担保机构，通过机构承保政治风险。承保风险出现后，经该机构向投资者赔偿后，从而取得代位求偿权，向东道国求偿。这种解决问题的方式将东道国政府与投资者之间的投资争端转变为东道国与机构之间的争端，并按照MIGA的国际调解和仲裁方式解决。

总而言之，MIGA的成立在很大程度上缓和了东道国和外国投资者之间的紧张关系，为促进国际投资、国际经济合作起到了积极的推动作用。

第二节 世界贸易组织对国际投资的法律保护

1994年4月15日，关贸总协定乌拉圭回合部长会议决定成立世界贸易组织（World Trade Organization，WTO），以取代成立于1947年的关税及贸易总协定（General Agreement on Tariffs and Trade，GATT，以下简称关贸总协定）。WTO是当代最重要的国际经济组织之一，目前拥有160个成员，成员贸易总额达到全球的97%，有“经济联合国”之称。

世界贸易组织多边协议群中与投资相关的主要协议包括两个：《与贸易有关的投资措施协议》（The Agreement on Trade - Related Investment Measures，以下简称TRIMs协定）、《服务贸易总协定》（General Agreement on Trade in Service，以下简称GATs协定）。

表2 WTO与国际投资相关的协议

协议名称	规范对象	主要内容
TRIMs协定	与货物贸易有关的投资措施	将最惠国待遇、国民待遇、透明度、一般取消数量限制等原则引入投资领域。明确禁止当地成分要求、贸易平衡要求、进口外汇要求和国内销售要求等
GATs协定	服务贸易领域的国际投资行为	将最惠国待遇和透明度原则作为一般义务，市场准入和国民待遇作为具体义务，由各成员方以“肯定式列表”的模式就各自开放义务作出承诺

一、TRIMs 协议

1993 年 12 月乌拉圭回合所达成的 TRIMs 协议是关贸总协定第一次就国际投资问题达成的协议，也是最新的国际投资约束规范。

作为当代影响最广泛的国际投资法典，TRIMs 协议在消除与贸易有关的投资障碍方面迈出了一大步，有效地遏制了以投资措施取代关税措施的新贸易保护主义的蔓延，使国际投资与贸易自由化的范围不断扩大，程度不断加深。对于完善多边贸易体制，推动投资法的发展，遏制贸易保护主义以及促进贸易与投资自由化，具有划时代的意义。[11]

协议的目的不是禁止所有的投资措施，而是审查那些对贸易有限制和扭曲作用的投资措施。TRIMs 协议明确指出，某些投资措施对国际贸易存在限制性和扭曲性作用。为此，协议禁止任何成员采取与《1994 年关贸总协定》第 3 条（国民待遇）及第 11 条（数量限制的一般取消）不相符的 TRIMs。具体地说，“TRIMs”是指通过限制或替代进口等方法限制或扭曲贸易的投资措施；通过限制、替代的硬性规定等出口方法限制或扭曲贸易的投资措施；通过取消或破坏缔约国根据关贸总协定或 TRIMs 协议可直接或间接享有利益的方法限制或扭曲贸易的投资措施。

该协议内容包括适用范围、国民待遇和数量限制、例外、发展中国家、通知与过渡期安排、透明度、投资措施委员会、磋商与争端解决等。国民待遇、取消数量限制和透明度原则是其在国际投资领域的核心内容。

（一）外国投资的国民待遇问题

根据 TRIMs 协议，各缔约方在对来自另一缔约方领土的资本投资所规定的待遇应不低于国内同类投资所享受的待遇。具体表现在外国投资应享受与国内同类投资相同的国内税收待遇和国内规章待遇。协议强调国民待遇的重点在于国内规章。特别指出必须予以取消的、与关贸总协定国民待遇条款不一致的投资措施，包括那些在国内法律或行政规定中属于强制的或准强制的要求，或为取得优势所必需的措施，以求达到下列事项的措施：

1. 企业购买或使用原产于国内或来源于国内渠道的产品，不论这种具

---

〔11〕 刘辉群、卢进勇：《WTO 多边投资规则对中国企业“走出去”的影响》，载《世界贸易组织动态与研究》第 17 卷第 6 期。

体要求是规定特定产品、产品的数量或价值,还是规定购买与使用当地产品的数量或价值的比例。

2. 限制企业购买或使用进口产品的数量,并把这一数量与该企业出口当地产品的数量或价值相联系。国际投资实践中,一些国家对外资在其进入本国及生产经营方面,往往通过国内规章作出限制性规定,从而造成外国投资享受的待遇低于本国同类投资享受的待遇,并成为投资以及取得投资优惠待遇的先决条件,通常表现在以下几个方面:

(1)“当地股权要求”,是指东道国政府要求外商投资企业中一定的股权必须由当地投资者控制或掌握;

(2)“贸易平衡要求”,也称进出口平衡要求,即要求外商投资企业自行平衡其进出口;

(3)“当地成分要求”,是指东道国要求外商投资企业必须购用一定数量或价值的东道国产品作为生产投入,或要求尽可能利用当地的原材料或半制成品。

(二)取消一般数量限制

与1994年《关贸总协定》第11条第1款规定的普遍取消数量、限制与义务不相符的与贸易有关的投资措施,包括那些国内法或行政法令项下的强制性、可予强制执行的措施或为取得优势所必需的措施,以及下列措施:

1. 一般性地或依企业出口当地产品的数量或价值量,限制企业进口用于当地生产或与当地生产相关的产品;

2. 依企业所创外汇收入数量,通过限制其获得外汇的要求,限制企业进口用于当地生产或与当地生产相关的产品;

3. 限制企业出口或为出口销售产品,不论这种限制是规定特定产品、产品数量或价值,还是规定其在当地生产的数量或价值的比例。

(三)透明度问题与过渡期安排

所谓透明度问题,就是缔约国应迅速公布所有普遍适用的投资政策、法规及做法,以便其他国家政府和厂商得以了解。但不要求缔约国公开其可能会妨碍法律实施,或与公共利益矛盾,或损害特定企业商业利益的保密资料。关于过渡期安排,缔约方对于目前不符合协议规定的投资措施应在协议生效的90天内通知全体缔约方。发达国家应在2年内、发展中国家应在5年内、最不发达国家应在7年内取消上述与贸易有关的投资措施。

TRIMs 协议将 1994 年 GATT 中普遍适用的贸易原则，如“国民待遇”、“取消数量限制”和“透明度”等运用于国际投资法领域，不仅丰富和发展了国际投资法的内容，也使传统的国际投资法发生了深刻变革。借助 WTO 的一套行之有效的程序机制，TRIMs 协议成为第一部世界范围内有约束力的实体性国际投资协定，在国际投资法的发展史上具有重要的意义。

二、GATs 协定

GATs 是迄今为止第一套有关国际服务贸易的，具有法律效力的多边规则，是在乌拉圭回合中谈判达成的。

GATs 协定主要由三个部分构成：

表 3 GATs 协定的框架结构

第一部分	GATs 协定条款(共 29 条具体条款)
第二部分	附件(共 8 个)，包括：豁免附件；根据本协议自然人移动提供服务的附件；空运服务的附件；金融服务附件一；金融服务附件二；海运服务谈判附件；电信服务的附件；基础电信谈判附件
第三部分	各国提交的具体承诺表(共 94 个)

(一)GATs 国际服务贸易界定与国际投资

GATs 约定凡服务的提供者、消费者、行为地具有涉外因素的都具有国际性，属于国际服务贸易，具体包括四类：跨境提供(Cross - Border Supply)、境外消费(Consumption Abroad)、商业存在(Commercial Presence)和自然人移动(Movement of Personnel)。其中，商业存在是指一成员方的服务提供者在任何其他成员方境内设立经济实体来提供服务。

GATs 所规定的服务贸易的主要提供方式为商业存在，而商业存在必须通过直接设立经济实体来进行，因此，GATs 对服务贸易定义包括的投资商业存在属于投资经营。显然，服务贸易与直接投资是交叉重叠关系。众所周知，服务贸易的主要形式实际上就是出口贸易(境外提供)与对外直接投资(商业存在)。和商品一样，服务既可以通过对外直接投资也可通过出口贸易提供给外国市场。但是服务本身是无法储存的(除非已被包含在商品之中)，其生产和消费都在同时与同地发生。这一基本特征表明，对外直接投资是向国外市场提供服务的最主要方式。这是因为与商品相比，许多服务只有通过其设在国外的附属企业或分支机构在当地,生产才能供应外国市场,如银行、广告、会计、保险、工程、数据处理、商业零售等均是如此。这也是可以将服务贸易总协定列为多边投资协定范畴的主要原因。[12]

(二)GATs的基本原则、义务规范与国际投资

1. GATs的基本原则

GATs的基本原则包括以下几项:

(1)透明度原则

(2)区别于货物贸易的逐步自由化原则

第一,应将服务贸易谈判与货物贸易谈判分开,形成独立的服务贸易总协定;

第二,应明确给予发展中国家在承担服务贸易义务上的差别待遇,以促进发展中国家贸易的发展;

第三,发展中国家有接受“服务贸易逐步自由化”的原则作为让步。

(3)最惠国待遇原则

最惠国待遇原则是对各成员方普遍适用的一项原则。与货物贸易中的最惠国待遇不同,服务贸易中最惠国待遇不仅给予服务本身,而且给予服务提供者(服务与服务提供者密不可分,服务的质量和效果与服务提供者的经营方式和规模直接相关)。最惠国待遇原则是一种立即的、无条件的最惠国待遇;是一种在相同服务和服务提供者之间进行比较的待遇,即有关待遇的比较应仅限于处于同一服务部门或分部门的受惠国和第三国服务和服务提供者之间;是以任何其他国家作为第三国的参照标准,第三国可以是GATs的成员方,也可以不是该协定的成员方,但最惠国待遇的受惠者则必须是成员方的相同服务和相同服务提供者。

(4)发展中国家更多参与原则

与货物贸易的发展中国家区别待遇原则相比,发展中国家在服务贸易中享有更多的区别待遇。

(5)服务贸易的限制和禁止原则

在第10条紧急保障措施、第12条对保障国际收支平衡实施的限制、第14条一般例外及其附则中的安全例外等条款中,对缔约方在服务贸易方面

[12] 孙南申:《WTO体制下国际投资法的趋势与发展》,载《当代法学》2005年第19卷第1期。

作出限制或禁止时的依据作了原则规定。

(6)服务提供申请获准原则

GATs 协定规定了服务提供者有对一缔约国已具体承担义务的服务部门提出服务提供申请的条件和应受到的非歧视性待遇以及行政主管部门的审查批准义务。

2. GATs 的义务规范

GATs 框架设立的义务可分为两种类别:一般性义务(适用于所有服务部门)和有条件义务(适用于国别减让表中的具体承诺范围内的部门)。

总协定以附件形式列出进一步谈判的内容与原则。附件就各部门特点制定了补充规则,并为实现进一步自由化,继续进行谈判提供了指导,包括提供服务的自然人流动附件、金融服务附件、电信附件和海运服务谈判附件等。

各国外资准入政策表明了对投资领域的一定限制。关于外资准入的限制首先指某些行业作为禁止性或限制性投资领域。但在服务贸易领域,这种限制为 GATs 减让表规则允许。其次指投资审查制度,东道国的目的在于通过审查排斥在资金与信用(资信)上不合格的投资者或项目,故设立较高市场准入门槛。最后指对所有权类型的限制,如某些行业限定合资,不允许独资,在中国成片土地开发项目及保险与服务业就是如此。这类限制在发达国家较少,但投资领域或行业部门的限制在各国则普遍存在。而 GATs 中所确定的一系列原则、义务规范与承诺对改善外资准入政策下的国际投资环境、对国际投资立法均具有重要意义,因为其事实上已适用于各国的服务投资领域。例如,GATs 中的最惠国待遇原则、透明度原则、市场准入原则以及国民待遇与逐步自由化原则,均适用于国际投资领域中的服务业投资。尤其是 GATs 通过一般例外及特别例外的规定,承认了东道国对外国投资行使管理权。[13]

---

〔13〕 孙南申:《WTO 体制下国际投资法的趋势与发展》,载《当代法学》2005 年第 19 卷第 1 期。

第三节 经济合作与发展组织对国际投资的法律保护

经济合作与发展组织(Organization for Economic Co - operation and Development,OECD),是由34个市场经济国家组成的政府间国际经济组织。

OECD自1995年起倡导与组织制定“多边投资协定”(Multilateral Agreement of Investment,MAI)。

一、MAI的性质

根据OECD谈判的规定,MAI的性质主要有以下两点:第一,为国际投资提供广泛和高标准的投资自由化制度和投资法律保护;第二,作为一个独立性的国际条约,对所有OECD和欧盟成员国开放,同时允许非OECD成员国加入。MAI一个重要特征是允许具有MAI成员国籍的股东要求东道国保护其所属公司的资产,尽管该公司为非MAI成员国的公司所拥有或直接控制,并且股东所属国与该离岸的公司亦无真实的联系。

二、MAI的内容

MAI旨在建立一套完整的国际投资法律制度,不仅调整直接投资形式,也包括其他形式的投资组合,涉及关于国际投资的所有方面,包括企业设立、跨国收购、企业发展、生产经营、行政管理、法律保护及使用与销售或其他形式的投资处理(交易)。

在内容结构上,MAI谈判文本大致包括以下方面:

(1)协定的范围与适用,包括投资与投资者的定义和协定适用的海内外地域范围。

(2)投资者和投资待遇,包括对投资者待遇和对外国投资待遇,既有原则性的待遇规定,又有具体权利和义务内容的待遇规定,如投资者及管理人员的居留权、雇佣要求、知识产权、业绩要求的禁止、特许经营、投资审批、劳工和环境标准等。

（3）投资保护，包括一般待遇、没收和赔偿、投资利润汇回、既有投资保护和债权取代等内容。

（4）争端解决，规定了国家之间争端解决和投资者与国家之间争端解决这两种程序。

（5）金融服务，具体规定作为投资金融业的待遇与保护问题，内容涉及谨慎措施、批准程序、透明度、支付与清算、争端解决等方面。

（6）投资税收，必须符合国民待遇与最惠国待遇的要求。

（7）最终条款，主要是关于程序事项的规定，包括签署、生效、加入、评审与修改等方面。

MAI 作为建立统一国际投资法典的突破性尝试，被称为国际投资立法中最重要的进展，〔14〕其内容反映国际投资法的最新进展和争议的核心问题，包括投资的定义、国民待遇、区域经济一体化组织例外条款、鼓励措施、征收补偿以及争议解决等。但 MAI 亦有缺陷，主要在于：其草案是在 OECD 内部谈判形成，仅代表了发达富国利益，发展中国家未参加协定草案谈判；亦未在提高东道国监管控制方面作出任何规定；更未能主动关注到社会劳工环境问题。

最为遗憾的是，由于各国代表对其中一些实质问题分歧意见较大，MAI 文本缔结受阻。尽管 MAI 的草本讨论从 1995 年至 1998 年持续了 3 年之久，但 OECD 经过半年的文本评估及征求意见，便无限期地中止了 MAI 的谈判。至今 MAI 仍保持草案文本状态。

第四节　欧盟组织对国际投资的法律保护

欧洲联盟（European Union，EU，以下简称欧盟），总部设在比利时首都布鲁塞尔，是由欧洲共同体（European Community，以下简称欧共体）发展而来的欧洲地区规模较大的区域性经济合作的国际组织。

〔14〕　参见孙南申：《国际投资法》，人民大学出版社 2008 年版。

一、欧盟的投资法律规则及特点

(一)欧盟的投资法律规则

在所有的区域经济组织中,欧盟的一体化程度最高,实现了经济同盟。这意味着在建立欧洲共同市场时期,欧盟就已经实现商品和生产要素(人员、资本和服务)的自由流通。

从促进四大要素在内部市场上自由流通的角度来看,欧盟关于投资规则的规定主要集中在以下的条约与协定:

1. 1951 年 4 月 18 日,《建立欧洲煤钢共同体条约》,即《巴黎条约》,其第 3 条、第 5 条、第 55 条、第 65 条、第 66 条制定了与投资直接有关的最低交易价格、投资计划、竞争等条款;

2. 1957 年 3 月 25 日,《建立欧洲经济共同体条约》(后被改为《建立欧洲共同体条约》)和《欧洲原子能共同体条约》,统称《罗马条约》,其第二章和第四章是专门对"设业权"和"资本"的规定;

3. 1986 年 2 月 17、28 日,《单一欧洲法令》,它是对《欧洲经济共同体条约》的一个重要补充;

4. 1991 年 12 月,《欧洲联盟条约》,亦称《马斯特里赫特条约》,简称"马约",里面对《罗马条约》有关"资本"一章进行了全面的修改;

5. 1997 年 6 月,新的《欧洲联盟条约》,即《阿姆斯特丹条约》,简称"阿约",制定了关于更紧密合作的条款。

(二)欧盟投资法律规则的特点

总体来说,欧盟的投资法律规则有以下三个特点及优势:

1. 积极推进投资便利化

自从欧盟建立内部市场并实现货币联盟后,关于设业权规定的执行和四大要素的自由流动都已经实现。设业权的扩大和设置壁垒的降低,显然就是一种投资便利化的表现。而由于任何投资的进行都必然伴随着生产要素的转移与流动,所以生产要素的自由流动化条款要求欧盟成员国法律中凡是限制或阻碍流动自由权的内容都必须取消或修改,这更是大大提高了区域内投资便利化的程度。

2. 充分保障投资自由化

在投资保护方面，由于要求对来自其他成员方的投资不采取歧视待遇，所以投资待遇问题也无争议。欧共体的投资规则特别强调禁止以国别为基础的歧视性规定。同时规定，除非严格必要，否则不得对来自第三方国家或者去向第三方国家的直接投资实行歧视性保护措施。由此规定可看出，欧盟作为一个整体，对于来自其他国家的对外直接投资壁垒逐渐降低，充分保障了区域内外的投资自由化。

3. 争端解决的高度司法化

在争端解决方面，其三个宪法性原则（直接效力原则、最高效力原则、国家责任原则）的确立和先行裁决程序的设置使欧盟的争端解决机制呈现出强烈的司法性特质。不仅欧盟委员会作为欧盟利益的代表监督成员国执行共同体法律，而且根据欧共体法律的优先性，欧洲经济区的个人和经营者也可以要求国内法院适用欧共体法律，主张欧共体法律规则的执行。从投资争端解决而言，欧盟所采取的这一高度司法化的模式是其他区域经济组织难以企及的。[15]

二、《里斯本条约》与 FDI 法律规制新发展

欧洲是国际投资保护协定的发源地。1959 年德国和巴基斯坦签订了世界上第一个双边投资保护协定（BIT 协定），而所有欧盟成员国与 148 个国家签订的双边投资保护协定的总数达到了 1200 项。欧盟成员国对外签订的双边保护协定与签署的欧盟投资法律规则不时产生冲突。而《里斯本条约》（Treaty of Lisbon）试图在对外直接投资（Foreign Direct Investment, FDI）领域解决这一冲突，这代表欧盟对外直接投资领域的新发展，尤应引起重视。

2009 年 12 月 1 日生效的《里斯本条约》将对外直接投资事项纳入欧盟的专属权能，成为欧盟对成员国的国际投资保护协定进行欧洲化的重要法律依据。

《欧洲共同体条约》第 234 条规定："在本条约生效之前，以一个或多个

〔15〕 参见陆蓉：《中国—东盟自由贸易区有关投资的法律问题研究》，广西师范大学 2008 年硕士学位论文。

成员国为一方和以一个或多个第三方国家为另一方而缔结的协定,它们所产生的权利和义务应不受本条约规定的影响。”因此,在《里斯本条约》签订之前,欧盟成员国国际投资保护协定与欧盟法不时产生冲突。冲突的情形主要包括两种:欧盟成员国与非欧盟成员国的第三国之间签订的双边投资保护协定与欧盟法存在冲突;以及欧盟成员国之间的双边投资保护协定与欧盟法存在冲突。《里斯本条约》将国际直接投资事项纳入欧盟共同商业政策(Common Commercial Policy)的范畴之内,从而使国际直接投资事项也属于欧盟的专属职能范围,其后果是开启了国际投资保护欧洲化的进程。《里斯本条约》签订后:

(1)欧盟对国际直接投资的权能并不必然使现有的欧盟内部成员国之间的双边投资保护协定自动终止,尽管该项权能会剥夺欧盟成员国之间就国际直接投资事项签订新的双边投资保护协定的权力。

(2)欧盟成员国可能被欧盟委员会要求采取合适的措施以消除之前签订的双边投资保护协定和欧盟法之间的冲突,否则欧盟将可能会如针对瑞典、丹麦和芬兰等国家一样,将有关成员国诉于欧洲法院。

(3)对于未来欧盟与其他国家之间的双边投资保护协定,由于《里斯本条约》将国际直接投资事项的权能纳入欧盟专属权能范围,欧盟成员国不再有权力和其他国家谈判和签订涉及国际直接投资保护的双边投资保护协定,但是欧盟成员国对于国际间接投资事项仍然和欧盟分享权能。[16]

由于欧盟在全球国际直接投资领域的重要地位,《里斯本条约》生效所带来的国际直接投资领域权能的变化,不仅昭示着欧盟未来国际直接投资政策的巨大变化,也将会对全球直接投资领域甚至全球的国际投资领域产生深远影响,[17]区域性的统一直接投资标准可能依托区域性国际组织或者自由市场发展起来,全球性的直接投资规则制定的进程亦可能受到影响。

---

〔16〕 肖芳:《〈里斯本条约〉与欧盟成员国国际投资保护协定的欧洲化》,载《欧洲研究》2011年第3期。

〔17〕 窦春源:《〈里斯本条约〉框架下欧盟FDI政策变化的法律研究》,中国政法大学2013年硕士毕业论文。

第五节　东盟组织对国际投资的法律保护

东南亚最活跃的区域合作组织是东南亚国家联盟(Association of Southeast Asian Nations,ASEAN,以下简称东盟),其成立宣言为《东南亚国家联盟成立宣言》(以下简称《曼谷宣言》)。为早日实现东盟内部的经济一体化,2002年1月1日,东盟自由贸易区正式启动了。

一、东盟投资法律规范

东盟国家在投资规则的制定问题上扮演着积极的角色,1987年12月,东盟六国签署了《促进和保护投资协定》,适用于东盟成员国之间的直接投资。1995年在泰国召开的第五次东盟首脑会议倡议成立东盟投资区(The ASEAN Investment Area,TAIA),以促进东盟成员国之间和非东盟国家向东盟投资区投资。1998年,东盟九国签署《东盟投资区框架协议》。2001年《关于修改〈东盟投资区框架协议〉的协议》扩大了适用范围,特别是将制造业的开放时间提前到2003年。

以上协议以1998年的《东盟投资区框架协议》最为重要,该协议要求东盟成立由各国部长和东盟秘书长组成的东盟投资区理事会(ASEAN Investment Area Council)来监督、协调和审查协议的执行。

二、东盟的投资规则

根据上述法律规范,我们可以将东盟的投资规则归纳为:

(一)投资者和投资的定义

在东盟投资规则中,投资者被定义为一个成员国的国民或者成员国的法人,法人被定义为根据成员国国内法律设立的任何形式的企业,但是,受协议约束的投资者还必须满足东盟股份的有效要求,至于东盟有效股份要求的具体标准则由东道国根据相关法律决定。

(二)投资准入

根据《东盟投资区框架协议》,成员国除附件中的例外之外,将在2010年前给予成员国的投资者以国民待遇和开放所有产业,到2020年将适用于区域外的投资者。但是在投资准入中，东盟有着许多的例外，这些例外分为三类：第一类是暂时排除表，列表中包含的产业和投资措施暂时对投资关闭并且不会给予国民待遇，但是会根据具体的时间表来缩减；第二类是敏感部门表，表中所含的产业和投资措施不会逐步缩减，但是东盟投资理事会会在2003年及以后间隔地对其进行审查以决定是否开放；第三类是一般例外表，其中包括的产业和投资措施基于国家安全、公共道德和公共健康或者环境保护将不会开放给投资或给予国民待遇。后根据《关于修改〈东盟投资区框架协议〉的协议》的规定，暂时排除表的逐步缩减到2003年完成，但是一些国家可以在2010年前完成。如果由于自由化进程的实施使成员国受到暂时的严重困难或威胁，可以暂时在非歧视的基础上采取措施防止或补救损害。

（三）投资待遇

《东盟投资区框架协议》同时也规定了给予投资以国民待遇和给予投资者及其投资以最惠国待遇，规定拟在2010年赋予东盟投资者国民待遇并在2020年将国民待遇扩展到所有外国投资者。可看出，在这点上东盟投资规则明显落后于前文的欧盟投资规则。

（四）争端解决

东盟的法律文件也包含了争端解决的问题，1996年在马尼拉通过了《争端解决机制议定书》，其第1条规定，议定书也适用于“以后的经济协议”，其后制定的《东盟投资区框架协议》第17条即表明适用争端解决机制议定书。该争端解决机制主要是用来解决国家之间关于违反协议的争议，投资者无权直接享受到这些协议给予的利益。议定书全文共12个条款和2个附件，规定成员国之间争端首先应该友好解决，如果不能获得结果则提交给东盟自由贸易区高级经济官员会议解决，但是协议没有具体定义高级经济官员会议在解决争端中所扮演的角色，也没有包含任何它在行使该争端解决者角色时应遵循的程序规则。[18]

三、对东盟投资规则的评价

东盟投资规则有以下特点：

---

〔18〕 See Peter Kenevan and Andrew Winden, *Flexible Free Trade: the ASAEN Free Trade Area*, 34 HVILJ 224, pp. 236 - 237.

（一）投资的定义较广泛

投资的定义比较广泛，规则采纳了否定性的做法，即除证券投资和包括在其他东盟协议内的投资事项外，其他投资都可以适用东盟的投资规则，但是如果是服务和投资发生重合，则规则也适用于服务部门。

（二）强调区域内投资规则的协调

东盟的投资规则基本上是属于向内性的，即主要促进本区域内的资本、熟练劳动力、技术等在成员国间的自由流动；在区域经济组织内给予成员国公平、最惠国待遇和国民待遇，削减区域内投资壁垒。东盟希望首先通过各种措施使东盟内部市场进一步统一，降低东盟内市场开发成本，相对扩大市场容量，以吸引较大规模的区外投资项目，推动东盟自由投资区的建立与发展。

（三）逐步推进投资自由化

东盟自 1992 年签署《东盟经济合作框架协议》以来，在开放服务业、促进投资自由化方面制定了各种协议或草案，以加快投资自由化的进程。但《东盟投资区框架协议》针对不同的成员国在建成东盟自由投资区的时间上的不同规定，以及在投资准入和投资待遇方面大量的例外规定，体现了东盟推动投资自由化的渐进性。

（四）强调和平解决国际投资争端

东盟争端解决议定书中规定了解决争端的几个程序：协商—斡旋、调停、调解——由高级经济官员会议专家组建的小组作出裁决—上诉及东盟经济部长们的决定，这些都是目前国际上所采取的和平解决国际争端的主要方法。[19] 当然，这些也就是东盟各成员国发生投资争端时必须要适用的解决方法。

第六节　亚太经合组织对国际投资的保护

亚太经济合作组织（Asia - Pacific Economic Cooperation，APEC，以下简称亚太经合组织）是亚太地区最具影响力的经济合作官方论坛，其运作是通

〔19〕　杨丽艳：《区域经济一体化法律制度研究》，法律出版社 2004 年版，第 327 页。

过非约束性的承诺与成员的自愿，强调开放对话及平等尊重各成员意见，不同于其他经由条约确立的政府间组织，是一个较为松散的组织。

贸易投资自由化和便利化是亚太经合组织的长远目标，但由于组织成员经济发展存在巨大差异，亚太经合组织采取了在实现自由化的目标上的区别对待方式，制定了两个时间表，即 1994 年在印度尼西亚通过的《茂物宣言》(Bogor Declaration)中所确定的，亚太经合组织发达成员在 2010 年前，发展中成员在 2020 年前，实现降低贸易和投资障碍、加强投资自由化、简化投资程序并消除障碍的目标。值得注意的是，《茂物宣言》虽然只是最高领导人作出的承诺而非正式的国际条约，但它也具有一定的约束力。此后亚太经合组织先后在 1995 年和 1996 年通过了实施《茂物宣言》的《大阪行动议程》和《马尼拉行动计划》，开始通过单边行动计划和集体行动计划两种途径，落实各成员对贸易投资自由化的承诺。

近年来，亚太经合组织各成员主要以执行各行动计划的方式，实现其对贸易投资自由化作出的承诺。受金融危机影响，1999 年 APEC 推动贸易投资自由化的步伐有所放慢，但成员总体上仍然认同自由化的目标。在单边行动计划中，各成员的改进措施与实现茂物目标的联系更加紧密。2000 年 APEC 各成员决定采用电子版单边行动计划(E－IAP)，通过网络提交和宣传各成员就贸易投资自由化和便利化采取的措施。

第七节 中国签署的双边、多边投资协议

一、中国的双边投资协议及区域投资制度安排

中国的海外投资保护机制是以双边保护机制为核心，即双边投资协定。中国是在改革开放以后才开始签订双边投资协定，其动力在于以吸收外国投资国的立场致力于吸收外国投资。

(一)双边协议及区域投资制度概况

在中国利用外资和对外直接投资发展过程中，中国政府在平等互利原则指导下积极同世界各国或地区签署与投资保护及投资开放有关的投资协议，并创新投资合作方式，五种不同类型的协定或合作形式构成了中国双边及区域投资制度安排(见表 4)，这些制度规则为中国利用外资和中国企业对

外直接投资提供了良好的外部环境、有利的法律框架和多层次的合作平台。

表4　中国双边投资制度的法律形式及主要内容[20]

类型	法律形式	主要内容
双边投资协定	中国政府与缔约国政府之间的协定	投资待遇、投资保护
避免双重征税协定	中国政府与缔约国政府之间的协定	境外税收
自由贸易区协定下的投资规定	中国政府签署的自由贸易区协定中的投资条款、投资章节或者是中国与其他成员国政府在自由贸易区协定框架下的投资协议	投资开放,投资自由化、便利化
双向投资促进合作	中国政府与其他国家中央或地方政府签署双向投资促进合作备忘录	投资促进
境外经贸合作区	中国政府与国外政府签署协议,由中国企业为建设主体	境外工业园区

(二)双边协议及区域投资制度的法律形式及具体内容

1. 双边投资协定

中国签署的双边投资协定一般包括投资定义(对适用该协定的投资者及投资资产进行界定)、投资待遇(公平待遇、最惠国待遇以及国民待遇)、征收和国有化、损失和损害的赔偿、代位求偿、外汇转移、争议解决等条款。自1982年3月与瑞典签署第一个双边投资协定至今,中国与其他国家或地区签署的105个双边投资协定均具有法律效力,21个尚未生效(主要是与非洲国家签署)。

2. 避免双重征税协定

避免双重征税协定(Double Taxation Treaties,DTTs)是指国家间为避免和消除向同一纳税人、在同一所得基础上的重复征税,根据平等互惠原则签订的双边税收协定。

1983年中国与日本签署了第一个避免双重征税协定,目前中国已对外正式签署96个避免双重征税协定,其中93个已生效并开始执行,和香港、澳门两个特别行政区签署了税收安排。

---

〔20〕 表格资料内容来源:中国商务部网站相关资料汇集。

3. 自由贸易区协定下的投资规定

中国从2002年开始自由贸易区谈判,2007年十七大提出“实施自由贸易区战略,加强双边多边经贸合作”。中国与其他国家或区域组织研究(如中国—日本—韩国、中国—印度、东盟+6等)、谈判(如中国—瑞士、中国—韩国、中国—南部非洲关税同盟、中国—澳大利亚等)和已生效(如中国—新西兰、中国—东盟、中国—智利等)三种状态的自由贸易区共26个,涉及45个经济体。早期的自由贸易区协定一般只包括货物贸易协定和服务贸易协定,目前的自由贸易区协定还包括与投资有关的规定,这些规定包括投资条款、投资章节和投资协议三种形式。如中国—东盟自由贸易区协定中包含投资协议,中国与巴基斯坦(第4章)、新加坡(第10章)、新西兰(第11章)的自由贸易区协定中包含投资章节,中国与智利(第112条)、哥斯达黎加(第89条)的自由贸易区协定中包含投资条款。[21]

4. 双向投资促进合作机制

双向投资促进合作机制是指商务部投资促进局通过与各国政府机构签署双向投资促进合作备忘录,与对方进行信息沟通和促进投资活动的机制安排。目前,商务部投资促进局已与澳大利亚等42个国家(或地区)的83个投资促进机构签署了79个合作谅解备忘录。其中与北美洲3个国家35家机构签署了34个备忘录,与欧洲20个国家的23家机构签署了21个备忘录。

5. 境外经贸合作区

境外经贸合作区是由商务部与相关国家政府部门达成协议,由中国企业在这些国家建设的工业园区。建设过程中,中国政府会给予一定财政支持和中长期贷款,建成后由建设经营企业进行商业运作,吸引中国企业入驻。目前,中国已在泰国等15个国家建设泰国罗勇工业区等19个国家级境外经济贸易合作区,多数分布在亚洲和非洲。[22]

二、中国签署的多边投资协议

中国签署了上文所提及的全部四个具有法律约束力的跨区域多边投资

---

〔21〕 卢进勇:《中国双边及区域投资制度安排:特点、作用及建议》,载《亚太经济》2013年第1期。

〔22〕 同上。

协议:《华盛顿公约》、《汉城公约》以及 WTO 框架内的 TRIMs 协定和 GATs 协定。上述多边协议的签署和履行,从不同方面促进了我国引进外资的改革开放实践,同时在为我国境内外投资立法的起步和完善提供了极好的契机。

(一)《华盛顿公约》

我国在 1990 年 2 月 9 日签署了《华盛顿公约》,1993 年 2 月 6 日《华盛顿公约》正式对我国发生法律效力。

由于中国在 20 世纪 90 年代初加入《华盛顿公约》并接受 ICISD 管辖权,向世界表明了积极欢迎国际直接投资的意向,很快打消了外国投资者对华直接投资的顾虑,有力推动了外商对华直接投资的迅速发展。

中国在签署加入《华盛顿公约》时曾发表声明,表示中国根据公约第 25 条四款的规定,仅考虑把因征收和国有化而发生的有关补偿争端提交 ICISD 管辖。《华盛顿公约》第 25 条第四款规定:"任何缔约国可以在批准、接受或认可本公约时,或在此后任何时候,把它将考虑或不考虑提交给 ICISD 管辖的一类或几类争端通知 ICISD,秘书长应立即将此项通知转交给所有缔约国。此项通知不构成第一款所要求的同意。"在此后一段期限内,中国在对外签订的双边投资协定中,只要涉及 ICISD 仲裁管辖权问题,就都采取了较为保守的做法。以 1998 年与巴巴多斯签订双边投资协定为分界线,中国在双边投资协定中接受 ICISD 管辖权的书面形式的内容开始有所改变。总体而言,是从"有限同意"式到"全面同意"式。具体而言,是由仅同意就征收或国有化补偿额所引发的争端接受 ICISD 的有限管辖。其后十几年来,中国在对外签署的双边投资协定中,都以"全面同意"或"全面同意 + 行政复议"式的表述,承认了 ICSID—般仲裁的管辖权。[23]

以中国国际直接投资的迅速发展为背景,中国既是世界最大的国际直接投资东道国之一又是世界最大的国际直接投资母国之一,接受 ICSID 的仲裁管辖权,充分利用和发挥 ICSID 仲裁机制,对中国的对外直接投资、接受外商投资乃至整个国际投资领域的发展均有重要意义。

---

〔23〕 方荀:《90 年代以来中国在 BITS 中接受 ICSID 管辖的研究及评析》,载《法制与社会》2010 年第 27 期。

(二)《汉城公约》

中国是MIGA的创始成员国之一。我国政府于1988年4月28日和4月30日分别签署和核准了《多边投资担保机构公约》,成为该公约的正式成员国。在MIGA的法定资本10万亿特别提款权中,中国认购了3138万特别提款权,名列MIGA全体成员国的第6位,在第二类会员国中居第一位。

加入《汉城公约》对鼓励外资流进境内、促进我国外国投资法律保护的发展起到了重要的作用。

1991年11月,我国政府与MIGA就外国投资的法律保护、东道国货币的使用以及担保项目的审批程序达成了三个协议,从而使MIGA具备了真正开展在华业务的条件。1993年,MIGA对在中国的投资签发了第一份担保合同,从此以后,中国与MIGA的合作得到迅猛的发展,MIGA对中国签发的担保已经超过了其他任何成员国。这一事实表明,MIGA在鼓励外资进入中国境内领域担任重要角色。获得MIGA担保的在华投资项目涉及制造业、药品、科技、农业、基础设施、金融等众多部门。这些项目通过多种方式,包括创造数以万计的工作岗位等,促进了当地经济的发展。

同时,为了履行《汉城公约》的公约义务,在外国投资的审批程序、法律保护上作出了调整,客观上起到了促进我国跨国投资法律制度发展的作用。

(三)TRIMs协定和GATs协定

2001年12月11日,中国正式加入世界贸易组织,成为其第143个成员。

中国加入WTO及TRIMs、GATs协定的签署为我国海外直接投资创造了更为方便和有利的条件,同时也为我国境内法律规范的调整、投资环境的改善起到了重要作用。各国引导和管辖外资的权利开始受到多边纪律的约束。一方面,东道国对国际投资管制的放松、政策法规透明度的提高、投资环境的改善,为我国企业“走出去”必将提供更大的发展空间和更多的成长机会;另一方面,作为东道国的中国也同样须调整国内的法律规范以满足上述要求。[24]

---

〔24〕 孙南申:《WTO体制下国际投资法的趋势与发展》,载《当代法学》2005年第19卷第1期。

第十一章 国际投资法律纠纷解决机制及投资风险防范

第一节 概　　述

一、中国海外投资现状

2012年3月5日，时任国务院总理温家宝在十一届全国人大五次会议上作政府工作报告时提出要实施“走出去”战略。引导各类所有制企业有序开展境外能源、原材料、农业、制造业、服务业、基础设施等领域投资合作和跨国并购。创新境外经贸合作区发展模式，支持“走出去”的企业相互协同、集群发展，放宽居民境外投资限制。加强对外投资风险管理，维护我国境外企业人员和资产安全。[1]

近年来，在国家“走出去”战略的大背景下，我国的海外投资无论是在数量上还是金额上，都实现了重大跨越。根据中国社会科学院世界经济与政治研究所于2013年11月26日发布的《2013年第3季度中国对外投资报告》：“仅2013年第3季度，中国完成海外兼并收购186.87亿美元，另有145.4亿美元投资意向。根据商务部的最新数据，2013年1～7月，我国境内投资者共对全球156个国家和地区的3275家境外企业进行了直接投资，累

---

〔1〕 新华网：http://news.xinhuanet.com/politics/2012-03/05/c_111603882.htm，最后访问日期：2012年3月5日。

计实现非金融类直接投资505.5亿美元,同比增长19.7%。”[2]

随着中国海外投资数量和金额的不断扩张,随之而来的风险也在迅速增加。面对海外投资风险,中国投资者应当积极做好预防措施,在着手投资之前即对拟投资国家或地区进行充分的调查;一旦出现法律争端,也应当积极应战,最大限度地避免或减少损失的发生。

二、国际投资争端综述

国际直接投资争端主要可以分为三类:第一,国家与国家之间的争端;第二,不同国家国民之间的争端;第三,东道国与他国国民之间的争端。

第一类国家与国家之间的争端主要来源于国家之间在解释和履行国家之间的双边或多边投资公约的过程中所产生的争议,因此这类纠纷更多地涉及国际公法的内容。

第二类不同国家国民之间的争端主要是指一国国民赴东道国,收购东道国国民的股权或资产(通常称为并购投资方式),或者与东道国国民进行合作、合资经营过程中所产生的纠纷(通常称为绿地投资方式)。这类纠纷产生于平等主体之间,往往通过合作双方签订的各类合约、协议约定的争议解决方式来处理纠纷。

第三类东道国与他国国民之间的争端主要是指由于东道国政府对他国投资者在东道国的投资行为进行行政性的管理、监督,以及采取行政性措施的过程中,与他国投资者之间产生的纠纷。这类纠纷产生于私权利与公权力之间,争议双方之间实力悬殊巨大、法律地位往往不平等,因此处理这类纠纷的方式也最为复杂,解决难度也最大。有鉴于此,本章内容将主要以此类争端为重点,对其解决方式、防范方法等进行全面的阐述和剖析。

---

〔2〕 参见中国社会科学院世界经济与政治研究所:《2013年第3季度中国对外投资报告》,2013年版。

第二节　双边投资保护协定(BITs)与国际投资争端解决

一、双边投资保护协定的现状、主要内容及其重要性

双边投资保护协定(Bilateral Investment Treaty,以下简称BIT)是指国家与国家之间为鼓励、促进和保护本国国民在对方国家进行境外投资而缔结的国家间的双边条约。

国际投资不同于一国境内的投资,它跨越两个甚至多个主权国家,涉及不同主权国家的法律制度、政治制度、社会习惯等种种方面。面对如此巨大的差异,仅仅依靠私人投资者自身的力量往往无法令跨国投资获得必要的保护和救济。因此,主权国家之间依靠签订国际投资条约,从国家层面保护跨国投资变得尤为必要。然而,由于不同的主权国家之间的诉求差距过于巨大,国际社会企图达成一个全球性的、多边性质的国际投资保护公约的愿望久久无法实现。在这样的背景下,双边投资条约依旧是国际社会用于保护跨国投资的主流手段,也成了当前国际投资法律框架最核心的支柱。

我国签订BITs的历史开始于20世纪80年代。1982年3月29日,中国与瑞典签署了我国第一个双边投资保护协定。为了进一步保护我国投资者在境外的利益,中国与越来越多的国家和地区签署了双边投资保护协定。根据商务部于2012年12月发布的《中国对外投资合作发展报告》,我国已与130个国家和地区签署了双边投资保护协定。[3]

我们在此将对双边投资保护协定作出较为深入的分析,其原因首先在于BITs中约定的"争端解决条款"往往决定着东道国与外国投资者日后发生纠纷,应当按照何种程序和方式进行争议解决的问题。其次在于BITs中约定的其他条款也往往决定着对于双方争议中的"实体问题"应该如何认定的问题。

目前国际上通常将BITs分为两种模式,即欧式BITs和美式BITs。这

〔3〕 参见中华人民共和国商务部:《中国对外投资合作发展报告》,2012年版。

两种 BITs 的最基本的区别在美式 BITs 在外资准入、外资待遇、国有化和征收标准、保护投资的力度等方面比欧式 BITs 更为严格。

不同的 BITs 在具体内容上往往有很大差异，但是大部分 BITs 基本上包含如下内容：

（一）投资和投资者

从全球范围来说，BITs 对于投资的定义一般来说都设定得较为广泛，尤其在国际经济高度发展的今天，投资不仅限于有形资产，还包括各种各样资本、知识产权、特许权等。以 2010 年重新签订生效的《中华人民共和国政府和瑞士联邦委员会关于促进和相互保护投资协定及其议定书》（以下简称中瑞 BIT）为例，中瑞 BIT 的第 1 条约定“投资”一词应包括各种财产，特别是：

（1）动产和不动产，以及其他各种物权，如使用权、抵押权、留置权、质押权和用益权；

（2）公司股票，股份或其他形式的参股；

（3）金钱请求权或其他具有经济价值的行为请求权；

（4）知识产权，工业产权（如专利、实用新型、工业设计或模型、贸易或服务商标、商号、原产地标志），专有技术和商誉；

（5）依照公用法律给予的商业特许，包括依法由法律、合同或者行政机关决定授予的勘探、提炼或开发自然资源或其他权利的特许。

关于投资者的定义，几乎所有 BITs 都约定两国的自然人（拥有一国国籍）、法人或其他组织都将被归入投资者的范畴。另外，为了适应在开曼、英属维尔京群岛等地区设立的特殊目的公司（SPV）的广泛运用这一现状，新近的某些 BITs 还将由协议一国的投资者有效控制的 SPV 纳入投资者的范畴。同样以中瑞 BIT 为例，其第 1 条约定，对缔约任何一方，“投资者”一词系指：

（1）根据该缔约方法律被认为具有其国籍的自然人；

（2）依照该缔约方法律设立或以其他适当的方式组建且在其领土内有住所和实际经营活动的法律实体，包括公司、社团、商业团体和其他组织；

（3）根据第三国法律设立、但为本条第二款第（1）项所定义的自然人或第（2）项所定义的法律实体有效控制的法律实体。

（二）投资待遇

投资待遇条款通常包括：公平平等待遇、国民待遇和最惠国待遇。各国

投资待遇的种类虽然大致相似,但是对于各个待遇的具体约定却并不相同。我们在此提醒投资者特别关注以下几个问题:

1. 国民待遇是否涵盖“外资准入”阶段

大多数国家出于保护国家经济、政治安全的需要,往往在外资准入阶段设置一些障碍。我国就制定有《外商投资产业指导目录》,将外商投资产业分为“鼓励类”、“限制类”、“禁止类”和“允许类”。因此,投资者需特别注意BITs中关于此条款的措辞。比如,中国与赤道几内亚间的BIT约定的给予外国投资者国民待遇的前提是“在不损害法律和法规的前提下”。[4] 如果国民待遇不包括准入阶段,则投资者在进行境外投资决策的时候,需要首先研究其欲投资的领域是否符合该国的外资准入法律法规。

2. “公平平等待遇”的具体解释和理解问题

何为“公平平等待遇”? 对于其具体含义的规定和解读通常有两种:一种是只要给予外国投资者以本国国民待遇和最惠国待遇即实现了“公平平等待遇”。另一种是“公平公正待遇”应当由“无差别待遇、国际最低标准和东道国保护外国财产的义务等内容组成”。[5] 即如果东道国给予了外国投资者国民待遇和最惠国待遇,但如果没有满足国际最低标准,则依然没有达到“公平平等待遇”。中国与马达加斯加缔结的BIT即基本属于后一种的标准[6]。

3. “最惠国待遇”扩张到“程序法”问题

最惠国待遇是指根据条约,缔约一方有义务使缔约另一方国民享受该国给予第三国国民的同等权利。也就是说,一旦缔约一方给予第三国更加优惠的条件,则缔约他方就有权享有这种新的更优惠的条件,其特点是创设同第三国国民的平等待遇。[7]

最惠国待遇条款在以前的投资条约中一直是用于保护海外投资者的实

---

[4] 《中华人民共和国政府和赤道几内亚共和国政府关于促进和保护投资的协定》第3条第二款规定:“在不损害其法律法规的前提下,缔约一方应给予缔约另一方投资者在其境内的投资及与投资有关活动不低于其给予本国投资者的投资及与投资有关活动的待遇。”

[5] 刘笋:《双边投资条约中的绝对待遇标准评析》,载《武汉大学学报》(社会科学版)2003年第2期。

[6] 《中华人民共和国政府和马达加斯加共和国政府相互促进和保护投资协定》第3条第一款规定:“缔约任何一方应依据国际法原则,给予缔约另一方投资者在其领土内的投资以公正和公平的待遇,该待遇在法律上和事实上都不应受到阻碍。”

[7] 余劲松主编:《国际投资法》,法律出版社2007年版,第236页。

体权利，但是自“解决投资争议国际中心（ICSID）”成立以来，最惠国待遇条款出现了一种的新的适用方式，即将该条款适用于争端解决领域。例如，“Maffezini（阿根廷国民）诉西班牙”即是最惠国待遇条款在争议解决问题上成功运用的典型案例。在该涉及西班牙政府不当征收的案件中，Maffezini通过引用阿根廷—西班牙BIT（以下简称阿西BIT）中的“最惠国待遇条款”成功地绕开了阿西BIT中规定的“双方有争议的，可以先进行6个月的磋商，磋商不成，一方需要提交国内法院的，在18个月后若法院没有判决，或者法院作出判决但是争议仍然存在的，则一方可以提交仲裁”的要求，从而未经过西班牙法院，直接向ICSID申请国际仲裁，其理由即是西班牙—智力BIT中规定“在6个月磋商期之后就可以直接向ICSID提起仲裁”，因此根据最惠国待遇条款，Maffezini也可以直接申请国际仲裁。关于这一问题，虽然ICSID的仲裁曾经出现过截然不同的裁决结果，但是其成功的案例也提醒海外投资者在希望通过国际仲裁方式解决与东道国的投资争端但是又遇到双边投资条约设定的重重阻碍的情况下，可以尝试从“最惠国待遇”条款入手，直接请求通过ICSID予以仲裁。

（三）征收、国有化及补偿

征收和国有化几乎是外国投资者在东道国投资可能遇到的最严重的政治风险。几乎所有的双边投资协定都约定了主权国家在一定条件下对外国投资者的投资享有征收、国有化和采取类似措施（以下简称征收）的权力，这是国家主权权力的一种体现。但是征收必须“合法化”。被世界各国认可的合法征收的三大条件包括：“第一，征收必须是出于国家的公共利益；第二，征收不得对外国投资者实行歧视待遇，并且按照东道国相关法律的正当程序进行征收；第三，征收必须对外国投资者予以公正赔偿。”[8]

我们认为投资者最应关注的，也是与投资者利益最为相关的就是“赔偿的标准问题”，这也是各种BITs在这一条款上区别最大的一个问题，它决定着投资者一旦遭遇征收，将获得何种补偿的问题。

目前，从世界范围来看，征收补偿标准通常有两种，即“适当补偿原则”以及“充分、及时和有效补偿原则”，但是这两种原则被写进BITs时又有更为复杂的表述方式。如中国与英国缔结的BIT约定：“（1）补偿应等于该投资在

---

〔8〕 辛柏春、张毫：《论国际投资保护中的法律冲突与协调》，载《学术交流》2001年第2期。

征收或征收之前的真正价值;(2)补偿的支付不应当不适当地延迟;(3)并应能够自由兑换和转移。”中国与西班牙缔结的BIT约定:“本条第一款所述的补偿,应等于采取征收或即将采取的征收为公众所知的前被征收投资的市场价值,以在先者为准。该价值的确定应根据普遍承认的估价原则。补偿应当包括以正常商业利率计算的从征收发生日起到支付日之间的利息。补偿应不迟延地支付,并应可有效地兑换和自由转移。”这类的表述从实质上更接近于“充分、及时和有效补偿原则”。

(四)“保护伞”条款

保护伞条款通常会有以下类似的表述:“缔约一方应遵守与缔约另一方投资者关于投资所达成的任何承诺”(中国与荷兰缔结的BIT);“缔约任何一方应恪守其就缔约另一方投资者在其境内的投资所承担的任何其他义务”(中国与德国缔结的BIT)。保护伞条款的作用在于是将东道国与外国投资者之间的合同义务上升到两国之间缔结的双边投资保护协定下的义务,使东道国违反合同义务的行为转化成对BIT的违反,从而将东道国的责任从国内法上的义务上升为国际法上的义务。

简单举例说明保护伞条款的实践应用,即A国投资者与B国(即东道国)政府签订了特许协议或类似协议。该协议约定如果日后双方发生争议,应首先通过友好协商解决;如果不能解决,则应当根据东道国的国内法在东道国国内的某仲裁机构进行仲裁。通过此类约定,此协议今后可能引起的争议即被限定在了东道国国内法和国内争议解决机制的框架内。然而,一年之后东道国政府违反了协议的约定给此A国投资者造成了损失。本来按照协议约定,该争议只能提交东道国国内仲裁庭解决。但是,由于“保护伞条款”的存在,原本协议上的义务被上升为BIT上的义务,从而令A国投资者有权通过保护伞条款,利用BIT中的争端解决方法和其他条款解决其与东道国政府的争议。

虽然目前相当多的BITs都会约定保护伞条款,但是海外投资者能否依据该条款将原本是合同上的争议上升到条约层面进行解决以及如何解决,实践中却存在不同的,甚至是截然不同的判例。

关于保护伞条款,实践中有几个经典的案例。(1)SGS v. Parkinstan案。在该案件中,ICSID对保护伞条款采取了限定性的解释,否定了SGS(他国投资者)可以通过保护伞条款将合同义务上升为BIT的义务。(2)SGS v. Philippines 案。在该案件中,ICSID 对保护伞条款采取了扩大性的解释,肯定了 SGS 可以通过保护伞条款将合同义务上升为 BIT 的义务。(3)El Paso v. Argentine 案。在该案件中,ICISD 对保护伞条款采取了折中性的解释,即将东道国政府违反合同的行为分为两种情形:(a)在东道国政府作为主权国家身份时针对合同采取的具有国家强制力的行为将被认定为违反 BIT 义务的行为,由此可以适用保护伞条款;(b)在东道国政府作为一般的商事主体做出了违反合约的行为将被仅仅认定为违反合约的行为,保护伞条款将不能被适用。[9]

当然上述案例采用不同的解释方法也与保护伞条款在不同 BIT 中的措辞、在 BIT 中的位置以及案件的具体情况有关。由于篇幅,笔者在此无法进一步进行详细阐述。但是我们建议,如果海外投资者有意向与东道国政府签订特许协议等类似协议,应当重视对涉及的 BIT 中的保护伞条款的研究,必要时聘请专业人士,分析研究一旦与东道国政府发生纠纷,可以通过保护伞条款将争议提升到 BIT 层面进行解决的可能性。

(五)代位权

代位权一般是指如果缔约一方或代理机构,依据其对缔约另一方领土内的某项投资的保证向其国民投资者进行了支付,则缔约另一方应当承认该投资者的权利和请求权已经转让给了前者一方或代理机构并承认缔约一方或代理机构对上述权利和请求权的代位求偿权。

关于代位权项下涉及海外投资担保问题,笔者将在本章的第四节“海外投资风险防范”中予以详述。

二、双边投资保护协定的争端解决机制

双边投资保护协定的争端解决条款一般会涉及两类争端的解决:一类是缔约国之间就 BIT 本身的解释或适用而产生的争端,另一类即是投资者和缔约一方(即他国投资者和东道国)之间由于投资所产生的法律争端。正如我们在第一节中所述,缔约国之间的争端属于国际公法的内容,不属于本章中的重点,因此不在此赘述。

---

〔9〕 张钊:《双边投资条约中保护伞条款解释方法研究》,大连海事大学 2011 年硕士毕业论文,第 20~30 页。

就另一类争端，即东道国和他国投资者之间由于投资而产生的法律争端的解决机制问题，BITs 一般会规定如下几种争端解决方式，包括：(1)协商一致；(2)东道国国内救济；(3)国际仲裁。中国在早期签订的 BITs 与新版的 BITs 中，虽然在争端解决种类方面基本相同，但是在解决方式的适用顺序、对投资的定义等多个方面存在较大不同，笔者将在下文中就这些不同点作具体阐述。

(一)友好协商

友好协商是解决国际争端最基本的方法。绝大多数 BITs 中都会约定，他国投资者和东道国就东道国领土上产生的投资的任何法律争议，应尽可能由争议双方当事人通过友好协商解决。至于友好协商的期限问题，大部分 BITs 都会予以约定，其中又以 6 个月最为常见，当然也有一些 BITs 并未规定具体的期限，仅仅要求在"一定的合理期限内"。如果双方之间的争端可以通过友好协商的方式予以解决，则可以最大限度地减少对双方之间的经济合作关系的破坏，我们认为这也是为何友好协商往往作为予以首先被适用的争端解决方式。

(二)东道国国内救济

如果友好协商未能有效解决东道国和他国投资者之间的争议，一般来说，将被适用的争议解决方式即为东道国国内救济方式。关于这一争议解决方式，通常会涉及的一个问题即是"用尽当地救济原则"的适用问题，即他国投资者是否必须用尽东道国的国内救济，方能利用其他国际性的救济方式(如国际仲裁)来维护自己的权益呢。值得肯定的一大趋势是就中国最近几年新签订的 BIT 来说，已经有相当一部分放弃了过去强制要求用尽当地救济的原则，转而采取了允许争议方在友好协商失败之后，直接选择国际仲裁，或者在国际仲裁和东道国国内救济之间做出选择的方式，或者将是否用尽当地救济的问题的决定权交予争议双方。

例如，中国与赤道几内亚间的 BIT(第 9 条)约定：

"如争议自争议一方提出协商解决之日起六个月内，未能通过协商解决，争议应按投资者的选择提交：

(1)作为争议一方的缔约方有管辖权的法院。

(2)依据 1965 年 3 月 18 日在华盛顿签署的《解决国家和他国国民之间投资争端公约》设立的'解决投资争端国际中心'。前提是争议所涉及的缔约方可以要求有关投资者在提交‘解决投资争端国际中心’之前，用尽该缔约国法律和法规所规定的行政复议程序。

一旦投资者已决定将争议提交相关缔约方的有管辖权的法院或‘解决投资争端国际中心’，对上述两种程序之一的选择应是终局的。”

再如，中国与德国间的 BIT（第 9 条）约定：

“如争议自其被争议一方提出之日六个月内，未能解决，应缔约另一方的投资者的请求，可以将争议提交仲裁。争议应依据 1965 年 3 月 18 日《解决国家和他国国民之间投资争端公约》提交仲裁，除非争议双方同意依据《联合国国际贸易法委员会仲裁规则》或其他仲裁规则设立专设仲裁庭。”

（三）国际仲裁

在中国签订的旧版 BITs 中，一般都规定投资者仅仅对因国有化或征收而产生的补偿额的争议可以提起国际仲裁。但是中国签订的新版 BITs 与旧版 BITs 相比，扩大了可以利用国际仲裁解决争议的范围，即从之间的限于“征收补偿金的争议”扩大到几乎任何由于投资产生的法律争议。

第三节　国际仲裁争端解决方式

一、ICSID 仲裁

（一）概述（成立背景和发展现状）

东道国与他国投资者之间的争端是最难解决的争端之一。双方之间政治地位的极度失衡，导致其法律地位的巨大不平等，此时东道国国内争端解决方式往往难以不偏不倚地解决双方的纠纷，故而国际社会迫切需要一个国际性的组织通过一套特殊的程序来解决此类争端。ICSID 正是在这样的背景中应运而生的。

1965 年 3 月 18 日，在世界银行的主持下，一些国家在美国华盛顿缔结了《解决国家与他国国民之间投资争端公约》，又称为《华盛顿公约》（以下简称《公约》），《公约》于 1966 年 10 月 14 日生效。根据该《公约》，一个处理外国投资者与东道国之间因投资而引发的法律争端的专门机构，即“解决投资争议国际中心”（International Center for Settlement of Investment Disputes，ICSID）正式成立。ICISID 旨在扫清由非商业风险以及缺乏专业化的国际投资争端解决方式而引起的国际私人投资自由流动障碍。中国政府于1990年2月9日签署了该《公约》,并于1993年1月7日批准了《公约》,并于1993年2月6日对中国生效。

截至2014年2月26日,《公约》的成员国已经达到了150个国家。通过ICSID审结的案件已达262件,仍然在审理中的案件尚有184件。[10]

尤其值得一提的是,随着双边投资保护协定的产生以及数量的扩张,其对于ICSID仲裁的影响力也越来越大。"多数ICSID晚近的案件都是基于BIT提交的争端,BIT成为了ICSID行使管辖权的最主要依据。"[11]

(二)ICSID争端解决方式

ICSID的争端解决方式一共分为三种:第一,根据ICSID《公约》为缔约国和另一缔约国的国民之间发生的争端,提供仲裁或调解。这种也是ICSID提供的最主要的争议解决方式。第二,除了在《公约》项下提供调解和仲裁便利以外,ICSID于1978年授权ICSID秘书处管理非《公约》范围内的国家和外国投资者之间的某些种类的调解、仲裁或事实调查程序。第三,ICISD在争端解决领域的第三个职责是,由ICSID秘书长经授权委任临时仲裁(非机构仲裁)的仲裁员进行仲裁。此步骤通常是按照《联合国国际贸易法委员会国际商事仲裁法》(UNCITRAL),针对临时仲裁进行的。

1. 基于ICSID《公约》的争端解决方式

ICSID《公约》提供的争端解决方式主要的两种,即调解和仲裁。

调解程序独立于仲裁程序之外。争端一方可以要求仅仅进行调解而不进行仲裁,从而通过调解程序来解决纠纷;也可以要求先行通过调解解决争端,如果调解程序无法解决,则再另行启动仲裁程序。需要强调的是:第一,无论是调解委员会提出的调解建议还是争议双方达成的调解协议均没有法律约束力;第二,调解并不是仲裁的必经程序,争端当事方完全可以不经过调解程序,而直接申请仲裁程序。以下我们主要从ICSID的管辖权、仲裁程序运作、法律适用、仲裁裁决的撤销等问题进行详细解析。

---

〔10〕 https://icsid.worldbank.org/,最后访问日期:2014年2月27日。

〔11〕 程璐:《论双边投资协定对ICSID管辖权的影响》,载《商业时代》2011年第6期。

(1)ICSID管辖权

根据《公约》第25条的规定,ICSID的管辖权应延伸至任何直接产生于投资的,在缔约国(或任何缔约国指派至ICSID的该国组成部分或者机构)与他国缔约国国民之间的任何法律争端,且该争端经当事方书面同意提交给ICSID。当争端当事方表示同意后,任何一方不得单方面撤回其同意。因此,ICSID行使其管辖权的三大要件为:(a)争端主体适格——分别为《公约》缔约国和另一缔约国国民;(b)争端性质适格——因直接投资而引起的法律争端;(c)争端经双方当事人书面同意递交ICSID管辖。

如无法满足上述三大要件,ICSID将无法行使其管辖权,当事方的争议也就无法通过ICSID进行解决。因此,恰当全面地理解这三大要件对于仲裁程序的启动具有至关重要的作用。在此,我们将就上述三大要件进行详细的阐述。

①适格主体

[i]“另一缔约国国民”

如果“缔约国国民”是“自然人”,则需要读者尤为关注的是“国籍时间判断标准”问题。根据《公约》第25条第(2)款第(a)项规定,对自然人国籍的审查,是在“投资争端的双方同意将争端交付调解或仲裁之日以及在根据《公约》第28条第(3)款或第36条第(3)款将请求予以登记之日”。因此,缔约国国民只有在上述两个期限内都具有《公约》某一缔约国国籍时,该自然人才有权利利用《公约》的机制进行仲裁或调解。

如果“缔约国国民”是“法人”,则对法人管辖权的判断标准有两项,满足任何一项的要求,ICSID均可予以仲裁。第一,具有某一缔约国国籍,且不具有争端当事国国籍的法人;第二,具有争端当事国国籍,但是因为受“外来控制”,并经争端双方同意为了利用《公约》机制解决彼此争端的目的,而视为是另一缔约国国民的法人。当然,上述条件成立还需要一定的时间要求,即“在投资争端当事方同意将争端交付调解或仲裁之日”[《公约》第25条第(2)款第(b)项]。何为“外来控制”,《公约》没有给出明确的解释,但是根据ICSID过去的案例可以发现其对“外来控制”的界定标准越来越宽泛,一般来说,该“控制”首先必须是“有效控制”。至于何为“有效控制”,持股比例、公司的表决权、公司决策层(如董事长)的身份等都曾被ICSID认定为用以确定有效控制的重要考察因素。

[ii]“缔约国”

根据《公约》规定,东道国和海外投资者的母国都必须是《公约》的缔约国,并且根据《公约》第68条,《公约》必须是在缔约国通过宪法程序予以批准、接受或核准《公约》,并且在缔约国交存《公约》的批准、接受或核准书之日后的三十天开始对该国生效。

除了缔约国之外,《公约》第25条第(3)款亦规定“缔约国的组成部分或机构”也可以作为有效的“缔约国”范畴。但是,必须满足以下两个条件:第一,该组成部分或机构需要经该缔约国指定;第二,除非缔约国已经通知ICSID无须经该国许可,否则该组成部分或机构将投资争议提交ICSID仲裁时应当通过该缔约国的许可。

②适格争端

如上所述,适格争端需要满足两大条件,第一,投资争端是直接因“投资”而产生的;第二,投资争端是“法律”争端。

[i]何为“投资”

《公约》未对“投资”作出具体定义,而将该问题直接抛给了当事方。《执行委员会报告书》中指出,“鉴于当事方可以在其同意中对‘投资’进行定义,或者缔约国可以根据《公约》第25条第(4)款在批准、接受或认可《公约》时或者在此后的任何时候将其考虑(或不考虑)提交ICSID管辖的某类(或几类)争端通知ICSID,故《公约》不想对‘投资’进行定义。”[12]鉴于此,《公约》对投资双方的建议是“为消除任何语言上的模糊不清,当事方可以在相关文件中明确声明依照《公约》之目的的当事方彼此之间的某项特定交易构成一项投资。如果当事人希望条款更加明确,还可以对一项投资的某些特点,如投资的性质、规模或期限作出补充说明。”[13]事实上,双边投资保护协定中关于“投资”的定义已经构成了ICSID仲裁认定“投资”的最重要依据。

[ii]何为“法律争端”

与“投资”相同,《公约》对何为“法律”争端同样未作出定义。《执行董事会报告》对这一问题的论述可以帮助读者理解ICSID的判断标准。《报告》指出“使用‘法律争端’一词,目的在于明确权利的冲突属于ICSID的管

〔12〕 ICSID Reports, Vol. 1, 1993, p. 28.

〔13〕 ICSID Reports, Vol. 1, 1993, p. 201.

辖范围,而单纯的利益冲突则不属于其管辖范围。争端必须涉及法律权利和义务的存在和范围,或者是由于违反法律义务而产生赔偿的性质和范围”。[14] 双边投资保护协定作为国际投资领域最重要的法律文件,也已经实际上构成了 ICSID 仲裁认定“法律争端”的最重要依据。至少,凡是违反海外投资者的母国和东道国之间订立的双边投资保护协定而引起的争议即可以被认为是“法律争端”。

③当事方书面同意

[i]何为“同意”

至于何种类型的“当事方书面同意”是 ICSID 认可的同意方式,《执行董事会报告书》解释到“该同意可以规定在争端当事方订立的投资协议中,约定将来因该投资协议而产生的争端将提交 ICSID,或者规定在某项投资争端发生后争端当事方双方达成的仲裁协议中;此外,《公约》没有要求该项同意需要在同一份文件中表达,因此,东道国可以在其有关投资促进的立法中发出要约,将因某些类型的投资而产生的争议提交 ICSID,而投资者则可以书面接受该项要约的方式表达其同意。”[15] 总结上述《报告》的内容,我们可以得出这样的结论,即“当事方投资协议”、“仲裁协议”,当事方接受“东道国国内立法、双边投资协定”等对“ICSID 管辖的要约”等都可以视为 ICSID 认可的“当事方书面同意”的类型。

[ii]撤销同意

根据《公约》第 25 条第(1)款的规定,“双方在表示同意之后,任何一方不得单方面撤销该同意”。因此,我们在此提醒,一旦争议一方同意了 ICSID 的管辖,并且另一方也作出了同意的表示,则除非双方都同意撤销 ICSID 的管辖,任何一方撤销其同意都将是无效的,ICSID 都不会因此丧失对该争议的管辖权。

[iii]相对的排他管辖权

《公约》第 26 条和第 27 条体现了 ICSID 管辖权所具有的相对排他性的特点。这种相对排他性体现为对东道国救济和母国外交保护的排他性管辖权,基于此排他性,在此特提醒海外投资者应关注以下问题:

---

[14] R. Rayfuse(ed),ICSID Reports,Grotius Publications,1993,Vol. 1,p. 28.

[15] ICSID Reports,Vol. 1993,p. 28.

第一，基于《公约》第26条〔16〕，提醒海外投资者关注东道国是否存在类似的规定，即要求海外投资者必须在用尽东道国救济的前提下才能将争议提交ICSID管辖。如果有此规定，则用尽东道国救济将成为ICSID管辖的一个前提条件。关于东道国当地救济的问题通常可以从东道国与海外投资者母国之间签订的双边投资协定中得到答案。

第二，基于《公约》第27条〔17〕，在此提醒海外投资者注意，一旦争议双方同意将争议提交ICSID管辖，并且ICSID接受了该申请，则除非东道国未能遵守和履行ICSID针对该争端作出的裁决，否则海外投资者的母国将不得给予其外交保护或提出国际要求。

（2）仲裁程序运作

仲裁庭的成立：争议当事方如希望启动仲裁程序，应当向秘书长递交一份有效的书面请求，秘书长经审查同意并登记了双方的申请后，将立即着手成立仲裁庭。仲裁庭一般由一名仲裁员或奇数名的仲裁员组成，具体组成人数由当事方协商决定。如果当事方未就仲裁员人数达成协议，仲裁庭将由三名仲裁员组成，其中争议双方有权各自指定一名仲裁员，另一名仲裁员即仲裁庭主席由双方协商一致后进行指定。如双方不能在《公约》约定的时间内协商确定仲裁庭的组成，则经行政理事会主席在适当询问后有权任命尚未被指定的仲裁员。

开庭日期的确定：仲裁庭应当在成立后的60天内或双方同意的日期首期开庭。仲裁庭庭长应在与仲裁庭成员和秘书长商议后指定开庭日期。如果争议双方达成协议由仲裁庭成员推选产生庭长，而庭长尚未选出，则由秘书长指定开庭日期。

仲裁庭评议和决定：评议仅由仲裁庭成员参加，且应保守秘密。仲裁庭之决定由全体成员多数票决定；弃权票即为否决票。

一般仲裁程序：应包括两个阶段，即“书面审理”和“口头辩论”阶段。书

---

〔16〕《公约》第26条规定：“除非另有规定，双方同意根据本公约交付仲裁，应当被视为同意排除任何其他补救办法而交付上述仲裁。缔约国可以要求将用尽当地各种行政或司法补救办法，作为其同意根据本公约提交仲裁的一个条件。”

〔17〕《公约》第27条第（1）款规定：“缔约国对于它本国国民和另一缔约国根据本公约已同意交付或已交付仲裁的争端，不得给予外交保护或提出国际要求，除非该另一缔约国未能遵守和履行对此项争端所作出的裁决。”

面审理包括争议双方提交的申诉书和答辩状。口头辩论则由争议双方、代理人、律师、证人以及专家等参加。

特别程序:包括管辖权异议程序和保全程序。就管辖权异议程序,争议当事方应当在提交答辩状期限届满前向秘书长提出异议;若此管辖权异议涉及附带请求,则应在提交第二次答辩状期限届满前提出。一旦争议当事方提出管辖权异议,仲裁庭将中止对实体问题的审理程序。一般来说,该异议通过书面方式审理,必要时也可通过口头辩论方式审理。仲裁庭既可以将该异议作为先决问题予以解决,也可以将其并入实体争议事项一并审理。如经审议,该异议成立,则仲裁庭应作出裁决驳回争议当事人申请 ICSID 仲裁的请求。

(3)法律适用

根据《公约》第 42 条的规定,①仲裁庭应当依据当事方协议同意的法律解决争议。如果无此协议,则仲裁庭应适用争端一方缔约国的法律(包括其关于冲突法的法律)以及可以适用的国际法规则。②仲裁庭不得以法律无明文规定或者没有含义不清为借口而暂不作出裁决。③上述第①、②款不得损害仲裁庭在双方同意的情况下对争端作出公平和善意的决定的权利。

经研读该条款不难发现仲裁庭将按照如下顺序和范围对法律进行适用。

①当事人协商一致选择的法律

当事人意思自治原则已经成为国际上被普遍接受并适用的用于选择商事纠纷的法律适用的首选原则。《公约》第 42 条第(1)款明确规定,仲裁庭应当根据当事方协商一致选择的法律规则进行仲裁。在此将就“意思自治原则”的具体适用问题作出具体解析。

第一,选择的法律种类。不同于一般的国际商事仲裁,即当事人可以选择的法律一般被限定在至少与合同的签订、履行等有必要的联系的范围内,且一般来说不得为了规避某一强行法而选择适用其他国家的法律,《公约》对此没有限制,当事人可以任意选择其希望被适用的法律。至于当事人选择的一国国内法律是否包含该国的冲突规范,学术上对此也有不同的观点。一般来说,大多数的观点都支持认为双方选择的国内法应仅限于该国的实体性法律,而不应包含冲突规则。

第二,选择何时的法律。如果当事人在投资合同中选择的国内法在争议提交ICSID管辖后发生了变更，则仲裁庭应当适用当事方约定时的法律还是适用仲裁时已经发生变化的法律，就这一问题，《公约》没有进行明确规定，学术上和实践中就此问题也持有不同的观点。为此，提醒海外投资者，如果希望适用投资合同订立时的法律，请务必在投资条约中明确该投资不受未来法律修改的影响，即订立所谓的“稳定条款”，以保证在未来双方发生争议时仍然可以适用缔结合同时的法律法规。

第三，何时选择法律。根据ICSID的实践，当事方既可以在投资合同订立时，也可以在争端发生之时，甚至可以在仲裁庭裁判过程中协商一致选择被适用的法律。

第四，以何种方式选择法律。虽然在ICSID的实践中，默示约定被适用法律的方式也曾经被承认，但是我们建议投资者尽量以明示的方式选择法律，以防止可能出现的纠纷。

②东道国法律和国际法律规则的适用

《公约》第42条第(1)款规定，“如果当事方未就法律的适用达成一致意见，则仲裁庭应当适用东道国的法律(包括其冲突法)以及可以适用的国际法规范解决纠纷”。其中，根据《执行董事会报告》的解释，本句中的“国际法”是指《国际法院规约》(The Statute of the International Court of Justice)第38条第(1)款对国际法范围的界定，即包括国际条约(协定)；国际惯例；一般法律原则；司法判例和权威学说。

至于东道国国内法和国际法适用关系和顺序问题，李万强先生通过分析和总结相关案例，发现了如下一般性规律，即在实践中，一般来说，(1)ICSID会首先适用东道国国内法，再适用国际法，两者的适用缺一不可。(2)在国内法存在缺漏时，国际法起到补充作用；在国内法和国际法相抵触时，国际法起到纠正作用。[18]

③不得拒绝作出裁决原则以及“公平和善意”原则

根据“不得拒绝作出裁决原则”，即使在裁判过程中缺乏可以适用的法律或者有关规定模糊不清，仲裁庭也必须作出仲裁裁决，从而避免了处于投资法律争端中的投资者投诉无门的情况。

“公平和善意原则”(ex aequo et bono)是一项在国际仲裁中经常被使用

---

〔18〕 参见李万强:《解决投资争议国际中心仲裁的实体法律适用》，载《国际经济法论丛》(第5卷)。

的原则，该规则的制定也是为了解决国际法规范的欠缺问题，以填补缺乏法律规定时的空白。该原则的适用以“当事方的同意”为基础，即只有在当事方同意的前提下，仲裁庭才可以适用该原则解决纠纷。但是，需要特别注意的一点是，仲裁庭在解决纠纷时所做的公平考虑并不等同于适用“公平和善意原则”，两者不可混为一谈。

(4)仲裁裁决的撤销

《公约》的裁决撤销机制是指中心的《公约》第51条第(1)款共规定了五种可以供当事方申请撤销裁决的理由，包括：①仲裁庭的组成不恰当；②仲裁庭明显超越其权力；③仲裁庭的成员有受贿行为；④存在严重的背离基本程序规则的情况；⑤裁决未陈述其所依据的理由。其中，前四种都是明显关于程序性问题的审查，第五种理由较为复杂，适用的时候需要格外谨慎，大体上来说，《公约》仍然将该理由认定为程序性撤销裁决的理由。

在此提醒大家注意，《公约》的裁决撤销机制并非是一种上诉机制，因此不涉及实体问题的审查。另外，不同于一般性的商事仲裁的外部裁决监督机制(通常由法院进行审查并撤销)，该撤销机制完全是由ICSID内部机构来完成的，属于内部监督。

2. ICSID附加便利规则

ICSID于1978年设立了附加便利规则(Additional Facility Rules)。附加便利规则的设立缘由在于“ICSID可以提供缔约国与他国缔约国国民之间关于投资的法律争端的调解和仲裁解决机制，ICSID作为一个专门从事投资争端处理且具有高度公信力的争端解决机制，受到了各界信赖，因此自《公约》成立以来，ICSID秘书处收到来自众多企业和一些政府部门的请求，希望可以扩大ICSID争端解决机制的适用范围，服务那些依据《公约》不属于ICSID管辖的国家与私人投资者之间的争端”，[19]附加便利规则正是在这样的期盼中设立了。依据附加便利规则，ICSID秘书处可以对超出《公约》之外的某些东道国和他国投资者之间的争端提供事实调查、调解和仲裁服务。

根据《附件便利规则》第2条，附加便利规则的适用范围主要分为三类，包括：(a)超出ICSID管辖权的，直接产生于投资的法律争议之解决的调解

〔19〕 Aron Brohes, *Selected Essays – World Bank, ICSID and other Subjects of Public and Private International Law*, Kluwer Academic, 1995, p. 250.

和仲裁程序,其中作为争端一方的缔约国或者作为争端另一方的外国投资者的母国,两方中有一方不是《公约》的缔约国;(b)超过ICSID管辖权的,非直接由投资产生的法律争议之解决的调解和仲裁程序,但前提是作为争端一方的缔约国或者作为争端另一方的外国投资者的母国,至少有一方是《公约》的缔约国;(c)事实调查程序。[20]

通过上述关于适用范围的规定,附加便利制度解决了《公约》所不能解决的直接产生于"投资"事项之外的,以及《公约》缔约国(及其缔约国国民)主体之外的争端,并且增加了事实调查程序这一《公约》所未涉及的争端解决方式。笔者将着重为大家介绍附加便利规则中较为特别的事实调查程序的运作模式。

事实调查程序以争端一方当事人单独或双方共同向ICSID秘书处书面申请为起点,秘书处根据附加便利规则之事实调查规则第2条之规定进行形式和实质审查。如审查通过,则秘书处将注册该申请,并通知另一当事方。另一当事方应当在收到通知之日起30天内通知秘书长其是否同意接受该申请。如果另一当事方对该申请提出异议,则其应当通知秘书长并告知其理由。ICSID秘书长在收到异议通知后通过一定程序对该"异议"进行处理。如经过一定异议处理程序,双方仍然无法消除异议,达成共识,则事实调查程序将终止。如果另一当事方同意该申请,或者通过异议处理程序后同意该申请,则事实调查程序将正式开始。

事实调查程序将通过设立"事实调查委员会"进行。除非当事方另行同意,则委员会将由奇数位的委员组成,如果委员为三名及以上的,则其中一名委员将被指定为委员会主席。委员会会议不对外公开进行。除非经当事

---

〔20〕 Article 2 Additional Facility Rules The Secretariat of the Centre is hereby authorized to administer, subject to and in accordance with these Rules, proceedings between a State (or a constituent subdivision or agency of a State) and a national of another State, falling within the following categories: (a) conciliation and arbitration proceedings for the settlement of legal disputes arising directly out of an investment which are not within the jurisdiction of the Centre because either the State party to the dispute or the State whose national is a party to the dispute is not a Contracting State; (b) conciliation and arbitration proceedings for the settlement of legal disputes which are not within the jurisdiction of the Centre because they do not arise directly out of an investment, provided that either the State party to the dispute or the State whose national is a party to the dispute is a Contracting State; and (c) fact – finding proceedings. The administration of proceedings authorized by these Rules is hereinafter referred to as the Additional Facility.

方另外同意,委员会的所有决定应以全体委员投票过半数同意的方式予以通过,且委员会成员的弃权将视为反对票。在所有当事方均陈述了所有理由和证据,并且听取了证人的证言之后,事实调查程序则被宣告终结。如果一方在任何一个阶段未参加该程序,并且委员会认为此缺席将导致其无法完成其工作,则其在通知当事方后,应当终止该事实调查程序。

事实调查程序终结之后,委员会应当起草调查报告,报告的内容应当仅限于对事实的调查,不应包含任何对当事方的建议,也不得具有仲裁裁决的性质。报告应当经全体委员投票过半数同意的方式通过。当事方有权自由决定是否赋予该报告任何效力。

通过我们对事实调查程序的介绍可知:事实调查程序是以争端当事方的自愿和共同同意为基础的,通过成立"事实调查委员会"对争议的事实问题进行调查,并由委员会起草调查报告作为调查结果的程序,其以"事实调查"为限,不包含对当事方的建议,也不具备任何仲裁裁决的性质,其效力完全由当事方自由决定。[21]

二、临时仲裁

临时仲裁(Ad Hoc Arbitration)是相对于机构仲裁(Institutional arbitration)而言的仲裁制度。"临时仲裁中,当事人自己依协议组建仲裁庭,或即使常设仲裁机构介入,仲裁机构也不进行程序上的管理,而是由当事人依协议约定临时程序或参考某一特定的仲裁规则或授权仲裁庭自选程序。"[22]

在我国对外签订的多个双边投资保护协定中,也使用了临时仲裁的方式用以解决东道国与另一国投资者之间的投资争端。比如,中国—埃及 BIT 第 9 条即约定:"如涉及征收补偿款额的争议,在诉诸本条第一款的程序后六个月内仍未能解决,可应任何一方的要求,将争议提交专设仲裁庭。如有关的投资者诉诸了本条第二款所规定的程序,本款规定不应适用。该仲裁庭应按下列方式逐案设立:争议双方应各任命一名仲裁员,该两名仲裁员推选一名与缔约双方均有外交关系的第三国的国民为首席仲裁员,头两名仲裁员应在争议任何一方书面通知另一方提出仲裁后的两个月内任命,首席

---

〔21〕 Additional Facility Rules, Schedule A Fact – Finding(Additional Facility) Rules.

〔22〕 刘晓红、周祺:《我国建立临时仲裁利弊分析和时机选择》,载《南京社会科学》2012 年第 9 期。

仲裁员应在四个月内推选。如在上述规定的期限内,仲裁庭尚未组成,争议任何一方可提请解决投资争端国际中心秘书长作出必要的委任。”

三、仲裁裁决的承认与执行

(一)ICSID《公约》的仲裁裁决的执行

在国际商事仲裁中,仲裁裁决能否得到承认和执行取决于承认与执行地法院依据一定的法律法规或条约(如《纽约公约》的缔约国将依据《纽约公约》对仲裁裁决进行审查,并决定是否予以承认和执行)对裁决审查的结果。不同于一般的商事仲裁,基于ICSID《公约》作出的仲裁裁决的承认和执行具有独立性和强制性,即除非裁决被ICSID内部机构撤销,否则该裁决将成为终局裁决,相关的缔约国法院必须在不进行任何司法审查的情况下,无条件得强制执行该仲裁裁决。而且,尤为引人注意的一点是不仅是争端当事双方所在国的法院,而且《公约》的任何第三方缔约国也有义务承认与执行ICSID仲裁裁决,这就解决了在被执行方财产位于第三国的情况下的执行问题,从而更好地保障了胜诉方的利益。

但是,不得不指出的是,《公约》的规定存在一定的缺陷,导致ICSID仲裁裁决的执行在多个案件中受挫。虽然《公约》一方面要求“联邦法院应把该裁决视为组成联邦的某一邦的法院作出的最后判决”[第54条第(1)款],但是另一方面又要求“裁决的执行应受要求在其领土内执行的国家关于执行判决的现行法律的管辖”[第54条第(3)款],并且“第五十四条的规定不得解释为背离任何缔约国现行的关于该国或任何外国执行豁免的法律”。

正是由于此类有些自相矛盾的规定,多个案件涉及的执行国法院在承认和执行ICSID裁决的过程中,利用了本国的“绝对主权执行豁免”方面的法律规定,拒绝了ICSID裁决在当地的被执行,从而导致了一些胜诉方当事人无法依据裁决获得应有的财产补偿。

基于此种情况,笔者的建议是:第一,由于被执行方的财产往往有可能分布在多个缔约国,因此胜诉方当事人在决定选择希望被执行的财产的过程中,应当充分研究各个缔约国的法院执行ICSID裁决的先例,并从中选择一个最有可能执行ICSID裁决的缔约国,并申请位于该缔约国的被执行人财产的执行。第二,海外投资者可以在投资协议缔结过程中要求加入一条放弃条款,即规定东道国在今后的执行中放弃ICSID仲裁裁决的执行豁免。

当然，投资者是否得以在协议中加入此类条款往往取决于双方的实力对比、谈判水准等因素。第三，如果被执行人坚决不予履行裁决或者裁决根本无法得到执行地法院的协助执行，则胜诉方还可以采用以下两种方法维护自己的利益：(1)根据《公约》第27条第(1)款的规定向其母国申请外交保护。根据《公约》第27条，一般来说，缔约国对于其国民和另一缔约国根据本公约已同意交付或已交付仲裁的争端，不得给予外交保护或提出国际要求。但是，如果该另一缔约国未能遵守和履行对此项争端所作出的裁决，则作为母国的缔约国可以通过行使外交保护权来保护其国民的合法权益。(2)海外投资者的母国可以根据《公约》第64条的规定，就东道国的不履行ICSID仲裁裁决的行为向国际法院提起诉讼，要求东道国承担国际责任。

(二)ICSID附加便利规则仲裁和其他国际仲裁裁判的承认与执行

不同于基于ICSID《公约》作出的裁决，基于ICSID附加便利规则、国际商事仲裁机构，以及临时仲裁作出的仲裁裁决并没有自身独立的仲裁裁决的承认与解决机制，因此其能否被得到执行往往取决于东道国是否采纳《联合国国际贸易法委员会国际商事仲裁示范法》(以下简称《示范法》)及《承认及执行外国仲裁裁决公约》(以下简称《纽约公约》)，以及是否存在一些保留。

1.《示范法》

《示范法》由联合国大会于1985年批准通过，其基本目的在于促进世界仲裁立法的现代化和统一化。联合国建议各会员国从仲裁程序法统一的愿望和国际商事仲裁实践的特定需要出发，对《示范法》给予适当的考虑。[23]《示范法》的出台对各国的仲裁立法产生了广泛认可。很多国家或者完全采纳了《示范法》，或者经稍加修改采用。还有一些国家在起草本国的仲裁法时，也充分参考了《示范法》。[24] 其中，关于裁决的承认和执行的条件，《示范法》以《纽约公约》为基础，并增加了两条有利于仲裁的规定，以更好地保证仲裁裁决的执行。

2.《纽约公约》

《纽约公约》是由联合国于1958年主持创设的，关于执行地法院承认和

---

〔23〕 朱克鹏、笪恺：《联合国国际商事仲裁示范法评述》，载《武汉大学学报》1996年第5期。

〔24〕 See Additional Facility Rules, Schedule A Fact – Finding (Additional Facility) Rules, p. 21.

执行外国仲裁裁决的国际公约,其也是在跨境执行仲裁裁决方面最具影响力,也最为重要的公约。截至目前,《纽约公约》共有包括中国在内的149个国家和地区成为了该《公约》的缔约方[25]。

(1)《纽约公约》的适用范围

《纽约公约》第1条第一款规定:"由于自然人或法人间的争议而引起的仲裁裁决,在一个国家的领土内作成,而在另一个国家请求承认与执行时,适用本公约。在一个国家请求承认和执行这个国家不认为是本国裁决的仲裁裁决时,也适用本公约。"由此可知,《纽约公约》的适用范围非常广泛,第一,只要该裁决在申请执行地国以外的国家作出,不管该裁决作出国是否为公约的缔约国,都属于公约项下的外国裁决。第二,即使裁决在承认和执行地国家作出,但是如该国并不认为其为本国裁决,则该裁决也属于《纽约公约》项下的外国裁决。

就《纽约公约》的适用范围是否包括主权国家的问题,虽然《纽约公约》没有明确地提到国家作为当事人的情形,但在某些情形下,《纽约公约》对作为仲裁协议和仲裁裁决的一方的主权国家或国家机构同样适用。Albert Jan van den Berg 在"The New York Arbitration Convention of 1958:Towards a Uniform Judicial Interpretation(《纽约公约》:针对一套统一的司法解释)"一文中论述到,包括多个国际法律文本都认为当主权国家作为仲裁协议或仲裁裁决的一方,并且其涉及商业性的交易和活动时,《纽约公约》将被适用;但是,Albert 同时也提出这一问题仍然存在争议。Lionello Capelli - perciballi 在"The Application of the New York Convention of 1958 to Disputes Between States and Between State Entities and Private Individuals:The Problem of Sovereign Immunity(《纽约公约》在主权国家或国家实体与私人之间的适用:主权豁免问题)"一文中提到了多个《纽约公约》适用于主权国家作为仲裁裁决被执行人的案例。例如,海牙上诉法院就曾于1972年将《纽约公约》适用于 *St. europenne v. Yugoslavia* 的案件的仲裁裁决执行。荷兰最高法院也曾于1973年就某案件的仲裁裁决执行适用了《纽约公约》,并且强调主权国家和私人主体在平等的基础上达成交易协议应当受到私法的管辖。

---

[25] http://www.uncitral.org/uncitral/en/uncitral_texts/arbitration/NYConvention_status.html,最后访问日期:2014年3月11日。

可见,就《纽约公约》是否可以适用于主权国家这一问题,无论是在理论还是实践中都存在一定的争议。这其中最主要的因素之一就在于众多主权国家强调的主权执行豁免问题。正如笔者在上文中分析的一样,提醒投资者在考虑选择裁决执行地的时候,应通过调查各国案例,尽量向那些承认《纽约公约》对东道国政府或政府性机构适用的国家,并且奉行相对主权执行豁免,甚至是不主张主权执行豁免的国家申请执行,当然前提是该国家中存在可执行的被执行人的财产。

当然,对于政府的征收和国有化等公权力行为或者是战争、暴乱等事件而引起的仲裁裁决的执行则往往很难依赖于《纽约公约》。在这种情况下,国家内部对于法院判决或仲裁裁决执行的法律法规和司法实践就变得尤为重要。目前,笔者与一家意大利的律所就在利比亚动乱过程中遭受的损失的中国企业如何进行索赔事宜进行合作。意大利近期的一些案例表明意大利法院仅仅对基于主权目的的国家财产的执行实行主权执行豁免原则,并且应当由主张主权执行豁免的外国主权国家承担证明财产用于“主权目的”的证明责任。而事实上,卡扎菲家族在意大利的银行和大型企业的大多数投资都属于私人投资,因此主权执行豁免原则将难以得到适用。另外,不止意大利,据我们所知,在欧洲其他国家也或多或少地存在卡扎菲家族的投资。正因如此,因利比亚动乱遭受损失的中国企业将有可能通过恰当的途径获得利比亚通过此前卡扎菲家族在意大利和其他欧洲国家所投资的财产作为相应的赔偿。而事实上,笔者的合作律所已成功协助中国一家建筑和工程企业就利比亚动乱过程所遭受的损失获得了赔偿。

(2)互惠保留和商事保留

《纽约公约》第1条第三款规定:“任何国家得于签署、批准或加入本公约时,或于本公约第十条通知推广适用时,本着互惠原则声明该国适用本公约,以承认及执行在另一缔约国领土内作出之裁决为限。任何国家亦得声明,该国唯于争议起于法律关系,不论其契约性质与否,而依提出声明国家之国内法认为系属商事关系者,方适用本公约。”由此可见,《纽约公约》允许缔约国在承认和执行公约时,作出互惠保留和商事保留。

(3)拒绝承认和执行外国仲裁裁决

《纽约公约》第5条规定了承认和执行地国法院可以予以拒绝承认和执行外国仲裁裁决的理由,总结来说,具体包括:(a)当事人依据对其适用之法律为无行为能力者;(b)仲裁协议依据协议准据法律是无效协议;(c)未获得关于指派仲裁员或者仲裁程序的适当通知,或者因为其他原因,导致未能获得申辩,简单来说,即违反正当程序;(d)仲裁裁决超越应予仲裁事项之范围(但对于未超越的部分仍应当予以承认和执行);(e)仲裁庭的组成或仲裁程序与仲裁协议不符或者与仲裁地所在国法律不符;(f)裁决对各方无约束力,或者已经被裁决所在地国或裁决所依据法律之国家的主管机关撤销或停止执行;(g)依据承认与执行地国法律,争议具有不可仲裁性;(h)承认或执行裁决违法该国公共政策。

3.《示范法》和《纽约公约》的关系

朱克鹏和笪恺先生在《联合国〈国际商事仲裁示范法〉评述》一文中非常恰当地对两者的关系进行了描述:"第一,《示范法》无意取代《纽约公约》,因此那些尚未参加公约的国家,在国内立法时充分考虑《示范法》的规定,可以为其参加(纽约)公约开辟道路;第二,即使是已经参加《纽约公约》的国家,采用了《示范法》有关仲裁裁决承认和执行的规定,就可以对非(纽约)公约裁决以相同的方式来对待。另外,某些裁决的承认和执行也不会因(纽约)公约的所谓互惠保留而受到区别或歧视待遇;第三,以《示范法》为基础的国内立法,由于建立起一种适当的国际商事仲裁程序,在适用实体法问题上更为统一。"由此可见,《示范法》和《纽约公约》之间是一种相互补充、相互促进、相形益彰的关系。

4. 中国的海外投资者执行非 ICSID 仲裁裁决

中国的海外投资者如果需要执行一项非 ICSID《公约》项下的仲裁裁决,需要尤其关注执行地国家或地区是否是《纽约公约》的缔约国,是否采纳和接受《示范法》。一般来说,如果执行地国是《纽约公约》的缔约国,并且该国接受了《示范法》,或者其仲裁法是参照《示范法》制定的,则该国执行外国仲裁裁决的可能性即会大大增加。

另外,即使一国是《纽约公约》的缔约国,投资者还需要关注其是否对作出过"互惠保留"和"商事保留"声明。尤其是,如果其做出过"商事保留"声明,笔者建议投资者关注其对商事争议的定义是否包括"外购投资者和东道国政府”争议。中国对“商事争议”的定义即排除了这点[26]。一旦拟申请执行地国作出过商事保留,并将“外国投资者和东道国政府”争议排除在商事争议之外,则该国将无法利用《纽约公约》执行海外投资者与东道国政府之间的仲裁裁决。

最后,我们还建议投资者系统分析拟执行地国依据《纽约公约》或《示范法》执行外国仲裁裁决的历史情况。比如,该国是否经常以仲裁裁决违反“公共政策”为由拒绝承认和执行裁决。一般来说,考虑到“公共政策”较大不确定性,我们建议投资者尽量选择那些“严格限制公共政策的运用”的国家作为仲裁执行地国家。

四、国际投资争端案例简析

目前涉及中国的ICSID《公约》项下的仲裁案例共有三个,分别是(1)谢业深诉秘鲁共和国(Tza Yap Shum v. The Republic of Peru)(以下简称谢业深诉秘鲁案);(2)Ekran Berhad 诉中华人民共和国(Ekran Berhad v. People's Republic of China)(以下简称 EB 诉中国案)和(3)平安保险诉比利时王国[Ping An Life Insurance Company of China, Limited and Ping An Insurance (Group) Company of China, Limited v. Kingdom of Belgium,以下简称平安诉比利时案]。

通过研究上述三个案例,我们发现:三个案件中都曾涉及 ICSID 的管辖权问题。尤其是谢业深诉秘鲁案以及平安保险诉比利时案两个案件,我们通过查询 ICSID 官网的案件数据库,均发现被告曾就管辖权问题提出管辖权异议。事实上,ICSID 管辖权的问题经常成为被告抗辩的一大理由之一。

相对于谢业深诉秘鲁案(秘鲁共和国曾以谢业深为香港公民等原因提出管辖权异议)和 EB 诉中国案(他国投资者诉中国,中国作为东道国应诉)

---

[26] 最高人民法院于 1987 年发布《最高人民法院关于执行我国加入的〈承认及执行外国仲裁裁决公约〉的通知》(以下简称《通知》)。根据该《通知》,我国加入公约时做出了“互惠保留”和“商事保留”。其中,关于“商事”争议,《通知》给出的定义是“契约性和非契约性商事法律关系”所引起的争议,具体是指由于合同、侵权或者根据有关法律规定而产生的经济上的权利义务关系,如货物买卖、财产租赁、工程承包、加工承揽、技术转让、合资经营、合作经营、勘探开发自然资源、保险、信贷、劳务、代理、咨询服务和海上、民用航空、铁路、公路的客货运输以及产品责任、环境污染、海上事故和所有权争议等,但不包括外国投资者与东道国政府之间的争端。

来说，平安保险诉比利时案对海外投资者更具有参考意义，这一案件是中国的海外投资者首次运用 ICSID 公约仲裁和双边投资保护协定的规定来维护其在海外投资的利益。

"2007 年至 2008 年期间，中国平安以约 240 亿元收购富通（Fortis，荷兰、比利时合资银行保险公司）4.99% 股权，成为中国保险行业在海外的最大投资。2008 年金融危机爆发后，富通蒙受巨大损失，即便遭到平安等股东反对，富通仍然被比利时政府国有化。2008 年年底，中国平安为富通股票投资计提减值准备 227.9 亿元。此后，中国平安通过各种途径与比利时政府磋商，但始终未有进展。2012 年 9 月，中国平安借助 ICSID 这一平台起诉比利时政府。"〔27〕

根据相关报道推测，平安保险主要诉求可能是东道国实施国有化而没有采取适当的程序和步骤，也没有给予其适当赔偿，以及没有向投资者提供公平公正的待遇。〔28〕 由此可以大致确定平安保险的诉求依据主要是来源于中国与比利时之间签订的《中华人民共和国政府和比利时—卢森堡经济联盟关于相互促进和保护投资的协定》（以下简称中国比利时 BIT），该协定于 2005 年 6 月 6 日进行了重新签订。

中国比利时 BIT 第 2 条确定了公平和公正待遇原则；第 3 条确定了国民待遇和最惠国待遇原则；第 4 条确定了东道国政府可以进行的征收和国有化的条件以及补偿标准；第 8 条确定了缔约一方投资者和另一方之间的投资争议解决方式。具体涉及的条款如下：

公平公正待遇原则："缔约一方的投资者的所有投资在缔约另一方的领土内应享受公正和公平的待遇。"

国民待遇原则："缔约各方给予缔约另一方投资者的投资和与该投资相关的活动的待遇不应低于其给予本国投资者的投资及与投资有关的活动的待遇。"

征收和国有化："一、缔约各方承诺不采取任何征收或国有化措施，或任何具有直接或间接剥夺缔约另一方投资者在其领土内的投资的效果的措

---

〔27〕 杨倩雯：《平安 vs. 比利时　意义远超案件结果本身》，载《第一财经日报》：http://www.yicai.com/news/2012/11/2277423.html，最后访问日期：2012 年 11 月 30 日。

〔28〕 《三年维权无果　中国平安状告比利时政府》，载人民网：http://finance.people.com.cn/insurance/n/2012/1116/c59941－19598332.html，最后访问日期：2012 年 11 月 31 日。

施。二、如果由于公共目的、安全或国家利益的原因需要违反第一款的规定,应符合下列条件:(一)应根据国内法律程序采取措施;(二)措施不应具有歧视性;(三)措施同时应有给予补偿的规定。三、该等补偿应等于在采取措施或措施公开之日投资的实际价值。该等补偿应以可兑换的货币支付。补偿的支付不应不合理地迟延,并应可自由转移。补偿应包括自确认其数额之日起到付款之日按正常商业利率计算的利息。”

争议解决:“一、缔约一方投资者和缔约另一方间产生法律争议,争议任何一方应书面通知争议另一方。争议当事方应尽可能通过磋商、在必要的情况下通过寻求第三方的专业建议或通过缔约方间经由外交途径进行磋商解决争议。二、如果争议在争议一方将争议通知争议另一方六个月内未能通过磋商解决,缔约各方同意根据投资者的选择将争议提交:(一)作为争议一方的缔约方国内有管辖权的法院;(二)依照一九六五年三月十八日在华盛顿开放签字的《关于解决国家与他国国民投资争端的公约》设立的‘解决投资争端国际中心’。一旦投资者将争议提交相关缔约方国内有管辖权的法院或‘解决投资争端国际中心’,对上述两种程序之一的选择应是终局的。三、仲裁裁决应是终局的并对争议双方具有拘束力。缔约各方承诺根据其国内法规执行裁决。”

由此可见,如第二节中所述,双边投资保护协定在解决中国的海外投资者和东道国之间的投资争议方面发挥着非常关键的作用。海外投资者在进行海外投资决策分析时应当考察目标东道国是否与中国签订有双边投资保护协定或类似协定,并尽量投资那些与中国签订 BIT 的国家。另外,笔者也鼓励海外投资者在投资之前仔细分析 BIT 的条款,以明晰自己可享有的权利。

根据 ICSID 官网上关于本案的记录,2012 年 9 月 19 日,ICSID 秘书长登记了关于组建仲裁庭的请求。2013 年 2 月 26 日,仲裁庭正式成立。2013 年 12 月 20 日,被告向仲裁庭提出了管辖权异议,由此导致仲裁庭中止实体问题的审查。截至 2014 年 5 月 12 日,仲裁庭仍然在就 ICSID 管辖权问题进行书面审理。[29]

---

〔29〕 Ping An Life Insurance Company of China, Limited and Ping An Insurance (Group) Company of China, Limited v. Kingdom of Belgium (ICSID Case No. ARB/12/29) Case Details: https://icsid.worldbank.org/ICSID/FrontServlet Accessed May 12, 2015.

一般来说，ICSID公约仲裁的审理时间往往需要经历2~3年之久，但是在协商谈判无解的情况下，国际仲裁较之东道国国内法院或仲裁救济方式，也确实以其相对的专业性、公允性更有利于保护海外投资者的利益。正如美国众达律师事务所合伙人Tim Cullen在接受《第一财经日报》时表示："中国公司迫切需要熟悉国际投资保护的方式，而不是单纯依赖中国使馆或当地法院来保护他们易受损害的财产。无论输赢，案件本身的意义远超其结果。"[30]

◇ 第四节 海外投资风险防范

海外投资风险重重，一旦风险变为现实的损害，受损方往往需要花费巨大的精力和财力来解决争议，以获得损害赔偿。因此，在损害发生之前对风险进行控制和防范即变得十分重要，正所谓"居安思危，思则有备，有备无患"。本节就将结合前三节中关于国际投资争端解决的相关内容，对海外投资过程中可能遇到的风险进行总结和分析，并提示海外投资者如何恰当地管理和控制风险。

一、构建海外投资风险管控体系

商务部发布的《2011~2012年中国对外投资合作发展报告》（以下简称《商务部报告》）中多次提出了鼓励进行海外投资的中国企业构建"风险管控体系"，加强海外投资风险管理的建议，足见其已经将海外投资风险管控提到十分关键的层面。

2006年，国家资产监督管理委员会发布了《中央企业全面风险管理指引》（以下简称《指引》），对中央企业开展全面风险管理工作进行指导，并提供了四种风险管理的常用技术和方法（《风险管理常用技术方法简介》），从而使《指引》更具有操作和实用性。该《指引》借鉴了发达国家有关企业风险管理的法律法规和国外先进的大公司在风险管理方面的通行做法，以及国

---

〔30〕《平安vs比利时 意义远超案件结果本身》，载《第一财经日报》：http://www.yicai.com/news/2012/11/2277423.html，最后访问日期：2012年11月28日。

内有关内控机制建设方面的规定，对企业进行风险管理具有一定的意义。虽然目前海外投资的主体仍然是中央企业，但是民营企业进行海外投资的数量和金额也在逐年上升。因此，在此建议进行海外投资的企业，无论是中央企业还是民营企业均可以参考《指引》建立自身的风险管控体系，对风险进行全面评估和恰当管理，并且在企业遇到危机时可以进行及时地应对和处理，以确保企业不因海外投资风险遭受难以预计以及不可承受的损失。

尤其应站在东道国和海外投资者法律争端防范的角度，建议企业在建立海外投资风险管控体系的过程中，不仅要重视建立市场风险、财务风险、运营风险等风险防控，还应重视东道国政治风险的评估和管控。政治风险主要包括征收及国有化风险、战争及政治暴乱风险、政府违约风险以及汇兑风险。"政治风险经常来源于东道国政治和社会经济环境在项目协议签署后的改变。很多境外投资项目都具有项目金额大，投资周期长的特点，这就决定了对项目长期进行风险管理的重要性。资源的短缺与其价格的高涨，民族主义和投资保护主义的盛行，政府的频繁更迭，政策和法律的变幻莫测，贫富差距的扩大，当地分裂分子的袭扰，种族、宗教和文化冲突，环境污染的加重以及各种形式的内战等让很多境外投资项目在东道国面临极大的政治风险。"[31] 因此，建议海外投资者在对政治风险进行全面评估之后，结合其他的风险评估结果，综合考虑并决定海外投资的金额、投保海外政治风险的种类和金额、海外投资的架构搭建等。

二、东道国法律体系评估

作为律师，我们着重从法律角度对海外投资的法律风险防范角度，提醒海外投资者对东道国的法律体系进行如下分析和判断。

（一）分析东道国的法治环境

对此，可从以下几个角度进行具体考察，包括：(1)东道国的立法体系是否完备；(2)东道国的法律是否具有稳定性，是否"朝令夕改"；(3)东道国的法律是否被有效地实施和执行，即行政机构是否依法行政，民众是否依法办事；(4)东道国的司法体系是否独立，即法官是否可以不受外部力量（如行政机关、立法机关、社会团体等，甚至是司法机关内部）干预，作出独立的判决；

---

〔31〕 参见王宇：《加强风险管理，保障对外投资安全》，载《中国对外投资合作发展报告》(2011～2012)。

(5)东道国的司法判决的被强制执行的程度,是否经常存在执行难的情况。

（二）分析东道国对于外资的具体法律和政策

分析东道国对于外资的具体法律和政策主要包括:

1. 东道国是否对外资设有外资准入限制

研究拟投资领域是否属于东道国法律规定的外资准入的限制或禁止性领域,往往是拟进行海外投资的企业需要考察东道国法律的第一步。如前文所提到的中国的《外商投资指导目录》(以下简称《目录》)对外资准入的限制。《目录》对外商投资的限制主要分为禁止性限制;合资性限制;中方(相对)控股性限制。

2. 东道国是否对外商投资可能导致的经营者集中进行反垄断限制

美国、中国、加拿大、欧盟等众多国家和地区都制定了反垄断法。跨国并购必须要考虑的一点是该并购是否会触犯相关市场的反垄断法的相关规定。2006 年,中集集团收购荷兰博格工业公司案就曾遭遇了欧盟委员会的反垄断调查。这也是欧盟首次对中国在欧盟的投资进行反垄断审查。由此,中集集团不得不暂停其收购进程。之后,通过调整收购架构,剥离了有垄断嫌疑的标准罐箱业务,才得以绕过欧盟反垄断委员会的调查。

3. 东道国是否对外资进行国家安全审核

比如,我国政府在 2011 年出台《商务部实施外国投资者并购境内企业安全审查制度的规定》、《国务院办公厅关于建立外国投资者并购境内企业安全审查制度的通知》,对军工类、国防安全类,以及其他关系国家安全类(实际控制权可能被外国投资者取得的前提下),即关系国家安全的重要农产品、重要能源和资源、重要基础设施、重要运输服务、关键技术、重大装备制造等的外资并购进行国家安全审查,并根据审查结果决定是否终止当事人的交易,或采取转让相关股权、资产或其他有效措施,以消除该并购行为对国家安全的影响。美国是世界上对外资准入限制最少的国家之一,但是1988 年,《埃克森—佛罗里奥修正案》的出台正式确定了美国外资并购的国家安全审查制度。美国的外资并购的国家安全审查由美国外国投资委员会负责,审查内容具体包括国防安全审查和关键产业安全审查。我国企业在并购美国企业的过程中,曾多次遭遇美国的国家安全审查,如联想收购IBM、中海油收购尤尼科等。以中海油为例,2005 年中海油希望收购美国第九大石油公司尤尼科,但是美国众议院援引《埃克森—佛罗里奥修正案》,认为该项收购可能影响美国的国家安全。之后,美国国会又通过能源法案新增条款,要求政府在120天内对中国的能源状况进行研究后方可决定是否批准该项并购。在重重阻力之下,中海油被迫放弃了此次收购。

4. 东道国的税负对海外投资者收益水平的影响大小

在策划境外投资结构的过程中,税收因素往往是投资结构搭建的重要考量之一。尤其是那些投资额巨大的交易,税种和税率往往会对投资方的收益产生重大影响。因此,提醒海外投资者在进行海外投资结构搭建的过程中,重点关注东道国的税收政策,包括交易涉及的税收种类和税率;对外资的税收优惠政策;是否存在出口退税政策;东道国与投资者的母国之间是否签订了避免双重纳税的协定;如涉及并购,则股权收购和资产收购产生的税负是否存在较大差别;是否可以借道第三国进行合理避税等。海外投资者通过对东道国税收政策的研究,并搭建合法的投资架构,将有可能为投资者节省一大部分税收负担。与此同时,投资者还需要防止不合理的避税行为有可能引起法律上的后果。例如,中国国家税务总局于2009年出台《国家税务总局关于加强非居民企业股权转让所得税管理的通知》,即通常所称的“国税698号文”就通过对境外投资方(实际控制方)间接转让中国居民企业股权征税的方式防止境外投资者方通过特殊目的公司(SPV)间接转让中国公司的股权达到避税目的的行为。2012年,山西晋城国家税务局就曾对一起境外非居民企业BVI公司间接转让山西某煤炭公司补征了近4亿元人民币的税收。在我们主办的多个跨国并购和海外上市项目中,都提醒客户关注“国税698号文”的规定,并通过投资结构搭建,尽量减少698号文对交易的影响。美国于2010年出台《海外账户税收合规法案》,该法案要求所有的美国税务居民和外国金融机构必须向美国国税局报告其美国客户的账户信息,对于不合作的金融机构若有源自美国的任何收入,包括获得投资处置收入和来源于美国资产的利息、股息收入,将会被惩罚性扣罚30%的预提所得税,从而实质是把美国的征税管辖权延伸到了其他国家境内。据英国《金融时报》于2014年5月7日的报道,世界最大的离岸金融中心瑞士承诺,将自动向其他国家交出外国人账户的详细资料。这也标志着各国联合打击偷逃税收的力度的进一步加强。

5. 东道国的劳动法律对海外投资的影响程度

劳动法律往往属于一国法律体系中带有强行法性质的法律,尤其是那些侧重于保护劳动者权利的国家的劳动法律，劳动法律往往会赋予雇主更多的法律责任和法律义务，在很多发达国家，一个企业中工会的力量也不容小觑。由于在中国，工会这一组织“形同虚设”，导致中国的海外投资者往往特别容易忽略东道国工会的影响力。在有些案例中，劳资关系的不恰当处理甚至最终导致了交易的失败。例如，在上汽收购韩国双龙汽车案例中，上汽为了令面临破产的双龙“起死回生”，决定采用大规模裁员的方案，但是这一方案遭到了双龙工会的强烈反对，工会以“核心技术外漏”为由，采取了大规模罢工、扣留中方管理层，甚至是前往中国驻韩国大使馆示威的方式来进行抗争，从而导致这一收购行为的彻底失败。因此，提醒投资者在进行海外投资的过程中，要特别关注当地的劳动法律的规定，例如，员工解雇时所需要支付的解雇金金额的计算方法；解雇员工是否有提前通知的义务等。同时，也要学会如何与工会协商共处。

6. 东道国是否对外资持有土地等不动产设有限制

如果海外投资者希望在东道国获得土地所有权（使用权），并建造厂房或其他建筑物，则还需要了解东道国法律对不动产的可能性限制。在中国，建设部、商务部等部委于 2009 年联合发文《关于规范房地产市场外资准入和管理的意见》，即通常所称的 171 号文，规定境外机构和个人在中国购买非自用房地产必须遵循商业存在的原则，即必须通过在中国设立分（子）公司或分支机构来持有非自用房地产，从而终结了境外实体直接购买中国房地产的历史。在泰国，法律禁止外国实体持有泰国的土地，除非外资企业获得了泰国投资促进委员会（Thailand Board of Investment）颁发的投资促进证书方能有权拥有泰国的土地。

7. 东道国关于环保的要求和标准

中国环境规划院综合部主任葛察忠在接受《中国日报》的采访介绍道：“我国的对外直接投资和援助项目主要涉及矿产资源开发、石油、加工制造及基础设施建设等行业，并集中在东南亚、非洲、拉丁美洲等国。这些地区的生态非常脆弱，容易引起环境问题。目前中国海外投资中环保争议较多的主要集中在水电开发及资源开发利用类的项目。”鉴于此，提醒海外投资者在东道国投资的过程中一定要注意遵守东道国关于环境方面的法律和政策性规定，遵守中国已经加入的国际环境公约，对投资项目进行环境风险评估，配备相应的环保设施。笔者在此向海外投资者推荐在海外投资环境保护方面分量颇重的一本书，即由环保部环境规划院、全球环境研究所、对外经贸大学等单位于2010年6月共同完成并出版的《中国对外投资中的环境保护政策》一书，这本书从维护中国良好的国际形象、提升国家软实力、促进东道国可持续发展、创建和谐世界的理念出发，对中国对外投资和援助中存在的环境问题或潜在环境风险进行归纳和反思，同时借鉴国际组织的海外投资管理先进经验，提出促进我国对外投资和援助的环境管理政策及银行对外信贷绿色化的政策建议和操作指南，以推动中国对外援助和投资的可持续发展，实现绿色全球化。

8. 东道国对于知识产权境外转移的限制以及知识产权的审查标准

与发达国家相比相对处于技术、品牌劣势的中国而言，知识产权的获取经常是海外收购的重要目的之一。需要海外投资者注意的是，股权的全部收购并不意味着收购了目标公司的全部知识产权。在对知识产权进行法律尽职调查过程中，通常来说，需要对如下几个方面进行详细的审查：第一，知识产权的权属和权利瑕疵问题，即该知识产权的所有权人（包括是否有共同所有权人）；该知识产权是否有权利瑕疵（如担保、抵押、质押、许可使用等）；该知识产权的剩余保护期限。第二，知识产权的地域性保护问题。需要海外投资者明确的是购买一个商标或专利在某一个国家的知识产权并不意味着购买了该商标或专利在全球的知识产权，即知识产权具有地域性。因此，投资者需要根据其商业战略综合考虑其需要获得的知识产权的国家范围。第三，东道国对于目标知识产权的转让是否具有限制性规定。某些国家对于核心技术、著名商标等的境外转让往往会设定某些限制，因此海外投资者需要调查目标知识产权的转让是否会触犯该等限制性规定。

9. 东道国的外汇限制是否影响投资利润、红利等的汇出

在世界上很多国家，尤其是发展中国家仍然存在不同程度的外汇管制。海外投资者在进行境外投资时须对东道国的外汇政策进行研究，确定该国的外汇政策，以防止投资收益无法正常汇出。

（三）分析东道国对法院判决和仲裁裁决的执行情况

除非诉讼判决或仲裁裁决的败诉方主动履行其给付义务，否则判决或者裁决只能通过国家强制力获得强制执行以保障胜诉方的利益。通常来说，仲裁庭没有强制执行力，仲裁裁决的执行需要依靠一国法院的支持和协助。如果涉及跨国仲裁或跨国诉讼（即判决或裁决的作出国与其执行地国

是两个甚至多个国家),则这一问题又将变得更加复杂。

对于司法判决来说,由于各个国家的法律制度的不同以及主权方面的考虑等多重原因,目前国际上鲜有具有较大影响力的、参与国家众多、涉及多个法域的关于承认和执行外国法院判决的国际公约。因此,国际上规定承认和执行外国判决的条约多数是双边条约,或者是两个主权国家通过互惠原则执行判决。对于仲裁裁决来说,如上文所述,《纽约公约》是迄今为止在跨境执行仲裁裁决方面最具影响力的公约。

基于以上的分析,建议海外投资者在选择争议解决途径这一问题方面,着重考虑以下几个问题,从而选择相对来说较为合适的争议解决方式。

(1)东道国的司法是否具有独立性,是否具备较大的公正性。法院在进行判决时能否不偏不倚。考虑到司法系统和行政系统可能具有的微妙关系,如果协议的另一方是国家或地方政府,则这一问题尤其需要引起重视。

(2)东道国法院对于仲裁裁决的执行是否会给予强有力的配合和支持。

(3)协议另一方将来可以用以执行的资产位于东道国境内还是位于第三国境内。如果另一方重大的可以予以执行的资产位于第三国境内,则该第三国是否是《纽约公约》的缔约国(如果是缔约国之一,则是否作出过任何保留声明);是否与东道国之间存在关于互相承认与执行法院判决的双边或多边协议;是否存在以“互惠原则”承认他国法院判决的法律规定(该“互惠原则”是否是“事实互惠原则”,即他国必须有承认与执行东道国法院判决的先例,东道国法院才予以执行该国的法院判决)。特别注意,潜在的被执行的财产如果涉及一国的国有财产,则海外投资者还需要调查可能的执行地国是否奉行“绝对主权执行豁免”原则,从而可能拒绝执行判决或裁决。

(四)分析东道国与中国之间的双边投资保护协定

如第二章中详细论述的双边投资保护协定的重要性,对于那些与中国签署 BITs 的国家意味着其从主权国家的层面对于中国投资者在该国的投资作出了某些承诺。因此,建议海外投资者尽量在那些与中国签订 BIT 的国家进行投资,并且按照第二章中的提示对 BIT 的条款进行研究分析,从而明确自己在该国进行投资的过程中将享有那些优惠、权利和权益,并且一旦发生争议可以诉诸何种方式对争议进行解决。

三、恰当投保海外投资商业险和政治险

海外投资过程中的商业保险无疑已是广为人知并被广泛运用的，但是对海外投资过程中可能的政治风险进行投保，对很多企业来说可能还是新鲜事。但海外投资往往也面临着较大的政治风险。2011 年，商务部发言人姚坚强强调："未来五至十年，中国在海外的投资可能会超过中国的吸收外资，故建立有效的海外投资安全保障机制显得尤为迫切和重要。"[32]

在这一背景下，海外投资保险制度的建立和实施对中国企业进行海外投资的风险防控起到了极为重要的作用。这其中，最为典型的案例是 2011 年的利比亚动乱。据商务部不完全统计，当时中国企业在利比亚的投资所涉及合同金额高达约 188 亿美元。此次动乱造成了中国企业在利比亚的投资遭受重大损失。但是，其中少数中国企业由于向中国出口信用保险公司进行了投保，从而获得了数额相当可观的赔偿金。

目前，中国境内可以承包海外投资政治风险的国内公司只有中国出口信用保险公司和中国人民保险集团股份有限公司，其中作为一家国有独资的纯粹的政策性保险公司，中信保在中国企业海外投资保险方面发挥了更为重要的作用。中信保的提供的海外投资保险的承保的政治风险主要包括征收、汇兑限制、战争、东道国政府违约。海外投资保险的保险产品主要包括：(1)股权保单，即承保投资者的股本投入和预期收益；(2)债权保单，即承保贷款的本金和利息。

除了上述国内公司以外，中国还是《多边投资担保机构公约》的缔约国之一。多边投资担保机构(以下简称 MIGA)是由联合国的专门机构世界银行设计的一种专门为投资于发展中国家可能遭遇的政治风险提供担保的机制，其宗旨在于鼓励成员国之间，尤其是向发展中国家的投资，其主要职能是为国际投资者向发展中国家投资时可能遭遇的非商业风险(政治风险)提供担保。[33] 但请注意，MIGA 仅对发展中国家会员国领土内所做的投资予以担保。截至 2013 年 12 月 17 日，公约共有 180 个会员国，其中包括 155 个

---

〔32〕 蔡倩茹：《中国海外投资　善其身方可济沧海》，载和讯网：http://news.hexun.com/2011-03-28/128283550.html，最后访问日期：2011 年 3 月 28 日。

〔33〕 参见陈治东：《关于保障和促进企业海外投资的国际制度的探讨》，载《中国对外投资合作发展报告 2011～2012 年》。

发展中国家，和25个发达国家。[34]

考虑到海外投资过程中可能发生的政治风险，以及一旦发生可能对投资者的利益造成的巨大损害，建议海外投资者在进行海外投资时综合评估东道国的政治风险，充分利用中信保和MIGA的投资担保机制，选择适合自身的政治风险保险产品进行投保，从而在海外投资的过程中获得更大的安全保障。

四、投资结构的设计和搭建

在中国企业进入海外市场进行投资的过程中，设计一种最符合投资者利益，同时又能适应当地的投资环境和法律政策的投资结构往往是海外投资过程中最核心的环节。尽管具体的投资结构需要由于东道国的不同进行个性化设计，但是仍然有一些通行的因素可以在搭建投资结构的过程中被借鉴。其中，"投资本土化"战略即是海外投资过程中一个值得予以重视的方面。投资本土化具体体现在以下几个方面：

（一）在当地设立项目公司

当前海外投资过程中的一个通常做法是在当地设立项目公司，由该项目公司作为业务运营的主体。设立项目公司一方面可能是当地法律的要求，有些国家的法律要求必须在当地设立分支机构或者分（子）公司对项目进行营运，从而便于当地的监管、税收的落地等；另一方面，项目公司（尤其是可以独立承担责任的子公司或其他类型的公司）可以起到风险隔离的作用，也就是万一将来发生任何损失或者需要作出任何赔偿，可以尽量达到仅以项目公司的资产为限承担所有损失和责任的目的，从而很好地保证了境内母公司的安全。

（二）采用合资公司形式

就是否采用合资公司形式，以及如何确定合资形式中海外投资者的具体出资比例问题，也是因地制宜的。一般来说，可以综合以下的几大因素进行考量：东道国是否对某些行业的外资持股比例有一定限制；海外投资者的资本是否充足，是否需要东道国合资者的投资；海外投资者对于东道国的国

[34] MEGA官方网站：http://www.miga.org/whoweare/index.cfm?stid=1789，最后访问日期：2014年2月10。

情是否足够了解，是否需要东道国合资者的管理经验、人脉等本地化优势；东道国是否具有较严重的民族主义情绪，外国人全资控股的企业是否存在较高的被东道国政府征收的风险；海外投资者是否具有对其品牌和技术等有较强的控制要求，从而不希望东道国当地投资者的参与。

（三）重视海外安全管理

海外投资中的安全问题已经是一个亟待解决的课题。利比亚危机，泰国的反政府示威，埃及动乱等事件都曾对中国企业在海外的人员和财产造成了重大的损害。因此，海外投资者应当重视投资的安全管理问题，尤其是如果投资者投资于政治形势错综复杂，宗教种族矛盾严峻，武装暴乱时有发生的国家，以及投资东道国的矿产油气等资源性或者在东道国进行国际工程承包的企业更应当对安保问题予以更多的关注和重视。

由于大部分国家对于持枪安保业设有外资准入限制，因此海外投资者往往需要聘请本土的安保服务公司。另外，聘请本土的安保服务机构的好处还在于这些机构往往对于当地的政治、安全形势更为了解和熟悉，甚至与当地的高层官员有着千丝万缕的联系，从而可以更有利地保障海外投资者的安全。在笔者律所主办的某非洲矿产投资项目中，客户即采取了和当地安保公司设立合资企业的形式，其中安保企业以其安保服务费所产生的债务转换成了对合资企业的股份。

（四）融入当地文化，承担企业社会责任

雇佣当地员工是投资本土化的一大体现，也是企业回馈当地社会的重要方式。事实上，很多国家的法律政策对于雇佣外籍员工往往也会设定一定的限制。例如，在泰国，雇主每雇佣 4 名泰国员工才可申请 1 名外籍员工，并且外籍员工只能从事被授予的工作许可证所允许的工作。另外，雇佣外国员工的成本往往较高，申请工作签证、工作许可证等证件的流程也较为复杂。相反的，无论是在语言沟通方面，还是对当地文化、政策法律方面的熟悉方面，当地的员工往往具有更大的优势。

无论是在哪一个国家投资，如果可以积极为当地员工提供工作，帮助缓解当地就业压力，积极投身当地公益慈善事业，担负起企业的社会责任，对于提高企业在当地的社会影响力，赢得当地民众的信任，获得当地政府的支持，开拓当地市场都会产生十分有益的效果。在这一点上，注重于开拓海外市场的华为公司就以其“本土化”战略获得了海外投资领域的赞赏。

五、专业人员的尽早参与

无论是通过绿地投资方式还是通过跨国并购方式投资海外市场，笔者都建议尽早聘请国际律师、审计师等专业人员协助进行法律（财务）尽职调查、前期风险的分析和评估、交易结构的设计、投资协议（包括争端解决条款）的起草和谈判、东道国法律政治环境的调查等。这些工作对于海外投资的成败、投资风险的防范，以及将来若发生投资争议是否可以获得最有利于投资者的救济，都将起到至关重要的作用。

第十二章 促进境外投资的融资和保险机制

第一节 境外投资的融资机制

一、发达国家促进对外投资的金融机构概览

(一)美国境外投资的融资支持机构

美国私人境外投资的资金来源方式主要为公司自有资金积累,以及从银行或其他金融机构的借贷,还包括起补充作用的政府廉价借贷资本。目前,美国负责为境外投资提供融资支持的机构主要有三个:

1. 美国进出口银行

该行是隶属于美国政府的独立机构,其作用是为美国产品和服务在海外销售提供贷款支持,即向国外买主提供有竞争力的固定利率贷款,用于从美国购买产品和服务。截至 2002 年,该银行支持了价值 3000 亿美元以上的美国出口业务。除了直接贷款,美国进出口银行还建有“小企业项目”,为企业提供流动资金担保和出口信用保险。

2. 美国私人海外投资公司(OPIC)

该公司于 1971 年设立,是美国政府鼓励美国私人在第三世界国家投资的一项重要措施。OPIC 的主要任务是协助美国在发展中国家的私人投资以促进这些国家的经济和资本主义的发展。其具体表现为为美国境外私人

投资提供政治风险保险、贷款担保、直接贷款。

3. 美国小企业管理局(SBA)

该局是美国中小企业的最高政府管理机构,负责向中小企业提供资助和支持,并维护中小企业的利益。其主要职责包括资金支持、促进中小企业的进出口贸易等。其中资金支持并非直接提供贷款,而只是为中小企业向银行和私营货方提供贷款担保,从而帮助中小企业获得贷款。〔1〕

(二)法国境外投资的融资支持机构——Natixis银行

Natixis银行的前身是法国外贸银行BFCE。1996年,BFCE与国家信贷部合并为Natexis公司,1998年该公司又被法国大众银行(Banaues populaires)收购重组。2006年,国家储蓄银行下的IXIS银行和大众Natexis银行重组创立Natixis银行,成为法国最年轻的外贸银行。根据1997年12月29日颁布的法令法规,Natexis银行及其全部控股公司,负责管理出口信用的利率的调整,经营国库司对外援助项目,以及负责根据1967年12月21日颁布的第67—114号法律第90条规定的赔付,负责管理之前由法兰西外贸银行签订的对外投资担保协议等。目前,Natixis银行已全面继任了Natexis银行集团这一职责。〔2〕

(三)德国境外投资的融资支持机构

1. 政府为境外投资提供担保

从1959年起,德国政府开始为其境外投资提供担保,德国《海外投资担保准则》规定双边投资协定中包含的所有类型的投资都可获得担保,担保风险包括东道国征用、战争破坏、资本自由流通受阻、东道国毁约等。担保一般持续15年,担保期满时,可延长5年。〔3〕 截至2009年年底,德国为总额达243亿欧元的境外业务提供政府担保,不仅对支持中小企业开拓海外业务发挥了关键作用,而且为提高德国经济界的竞争力作出了重要贡献。

2. 境外投资融资服务

德国促进到境外投资的主要机构包括德国复兴信贷银行(KFW)、德国投资发展有限责任公司和德国技术合作公司三家机构。

---

〔1〕 赵英奎:《英美促进海外投资的做法及其启示》,载《全球科技经济瞭望》2002年第9期。

〔2〕 赵芳:《法国对外投资保险制度研究》,载《现代商贸工业》2010年第19期。

〔3〕 郝红梅:《德国的海外投资及促进和保护措施》,载《世界观察》1997年第3期。

（1）德国复兴信贷银行（KFW）是一家政策性银行，该银行主要业务之一是为投资项目提供融资服务，特别是为中小企业走出去进行境外投资提供支持。（2）德国投资发展有限责任公司是直属于德国政府的一家金融、咨询机构，其基本任务是，通过提供长期贷款和资本金两种方式为德国私人企业在发展中国家和转型国家投资提供资金支持。（3）德国技术合作公司是隶属于德国经济合作部的一家促进德国与发展中国家经济技术合作的公司。该公司的主要业务是对发展中国家提供无偿援助项目。因此该公司能够利用其信息优势为德国中小企业的境外投资介绍适宜的合作伙伴，提供有潜力的投资机会。

（四）英国境外投资的融资支持机构

英国贸易部下设“出口信贷担保部”以及成立英联邦开发公司为本国企业海外投资提供资金支持，具体表现在以下方面：

1. 资金或实物支持

向境外投资者提供资金或实物，如厂房、机械设备、技术和服务等。作为回报，境外投资者要给英国出口信贷担保局一定的股份。

2. 支持贷款

向有英国赞助的投资项目提供支持贷款，通常需由双方签订货款协议。

3. 银行债券贷款

向在没有英国赞助商或出口商品的国家和地区投资的英国公司提供银行债券贷款。

（五）日本境外投资的融资支持机构

日本是发达国家中促进跨国公司境外直接投资最为积极的国家之一。除设立境外投资行政管理机构外，日本政府还专门出资建立一批官助民营、官民合营的境外投资中介服务机构，如日本贸易振兴协会、中小企业振兴事业团和各种形式的友好协会等。另外，日本政府还建立了境外投资资金保障制度，如政府开发援助（ODA）和境外经济合作基金（OECF），二者虽不直接参与境外投资，但却引导着日本境外投资的投向、投量。此外，日本还与部分国家成立促进投资机构，如1991年建立的日中投资促进组织，专门致力于保护和促进对中国的直接投资。在以上日本为促进境外投资活动成立的众多机构组织中，对境外投资活动提供最直接融资支持的主要包括以下两种：

1. 成立境外投资的官民联合投资机构

在日本的境外投资体制中，官民联合投资机构是一支不可忽视的力量。例如，成立于1989年的日本国际发展组织是官民联合出资的海外投资促进机构，其中日本海外经济合作基金控股1/3，其他98家私人企业控股2/3。该机构成立的目的是实现发展中国家产业结构建设计划，对有经济合作关系的发展中国家的制造业建设项目进行股份投资。另外，该机构也对那些中小企业独立承办难度大、风险高的项目给予大力支持。〔4〕

2. 设立日本国际协力银行（JBIC）、日本进出口银行、日本开发银行等金融机构，为境外投资直接提供融资支持

JBIC的前身是1952年的日本输出入银行和1961年的海外经济协力基金，其宗旨之一就是通过提供贷款和其他金融手段支持日本经济和国际经济的发展，促进日本的进出口业务和日本的海外经济活动。日本进出口银行的业务范围按照政府颁布的《日本进出口银行法》，主要是为进行境外股份投资的企业提供信贷，扩大对日本企业海外投资的信贷支持度。〔5〕

日本政府建立的境外投资融资制度，为缺少资金的企业提供了开展境外投资的可能，鼓励了大批有潜力的新兴企业扩大发展空间，走向国际舞台。

二、我国目前促进境外投资的融资机制

实施"走出去"战略，扩大境外直接投资的关键在于是否具有稳定持续的资金储备。在我国境外投资实践中，大部分境内企业缺少充足的自有资金来独立支撑项目所需的全部投入，需要借助银行贷款或者其他融资途径来满足项目的资金需求。因此，能否成功获得融资支持是决定我国境内企业能否"走出去"的一个重要因素。〔6〕

我国目前境外投资的融资方式主要包括：

1. 专项资金

2005年12月，财政部、商务部制定并发布的《对外经济技术合作专项资金管理办法》中规定了对符合条件的境外投资进行直接补助或者贴息等专

〔4〕 参见寇斌、梁旭、赵俊冬：《日本境外投资保障机制的启示》，载《金融时报》2013年9月。

〔5〕 金伯生：《日本进出口银行的职能》，载《日本研究》1990年第1期。

〔6〕 徐萍：《跨国战略——中国企业境外投资法律与实务》，法律出版社2013年版，第129页。

项资金支持。其中专项资金直接补助内容包括境内企业在项目所在国注册（登记）境外企业之前，或与项目所在国单位签订境外经济技术合作协议（合同）之前，为获得项目而发生的相关费用，包括聘请第三方的法律、技术及商务咨询费、项目可行性研究报告编制费、规范性文件和标书的翻译费用；购买规范性文件和标书等资料费；对外劳务合作，境外高新技术研发平台，对外设计咨询项目运营费用等。专项资金贴息内容包括境外投资、合作和对外工程承包等项目所发生的境内银行中长期贷款。[7]

另外，由财政部、国土资源部于2010年5月发行的《国外矿产资源风险勘查专项资金管理办法》中对进行国外矿产资源风险勘查规定了专项资金支持。该专项资金不支持企业之间并购等重组性质的项目及单纯购买矿业权的项目，其支持范围包括以下三种：（1）对前期地质矿产调查与评价，以及综合研究、信息服务和管理项目，专项资金给予一定额度的经费支持；（2）对矿产资源勘查项目，专项资金以无偿补助的方式予以支持，补助额度不超过项目中方总投资的50%；（3）对矿产资源开发项目，专项资金以贷款贴息的方式予以支持。贴息资金根据国内银行中长期贷款实际到位数、合同约定利息率以及实际支付利息数确定，贴息年限1～3年，年贴息率最高不超过3%。

2. 信贷融资

2004～2005年国家发展改革委分别和中国进出口银行、国家开发银行共同建立了境外投资信贷支持机制，并分别联合发布了《关于对国家鼓励的境外投资重点项目给予信贷支持政策的通知》、《关于进一步加强对境外投资重点项目融资支持有关问题的通知》。根据以上通知，中国进出口银行及国家开发银行在每年的出口信贷计划中，专门安排一定规模的信贷资金用于支持国家鼓励的境外投资重点项目。境外投资专项贷款享受中国进出口

---

〔7〕《对外经济技术合作专项资金管理办法》第3条规定，“本办法所称对外经济技术合作业务范围包括：境外投资，境外农、林和渔业合作，对外承包工程，对外劳务合作，境外高新技术研发平台，对外设计咨询等”。第4条规定，“专项资金对企业从事上述对外经济技术合作业务采取直接补助或贴息等方式给予支持”。第5条规定，“专项资金直接补助内容包括境内企业在项目所在国注册（登记）境外企业之前，或与项目所在国单位签订境外经济技术合作协议（合同）之前，为获得项目而发生的相关费用，包括聘请第三方的法律、技术及商务咨询费、项目可行性研究报告编制费、规范性文件和标书的翻译费用；购买规范性文件和标书等资料费；对外劳务合作，境外高新技术研发平台，对外设计咨询项目运营费用等。专项资金贴息内容包括境外投资、合作和对外工程承包等项目所发生的境内银行中长期贷款”。

银行及国家开发银行的出口信贷优惠利率。

我国目前境外投资的融资途径主要为中国进出口银行和一些商业银行，如下表所示：

银行	业务
中国进出口银行	中国进出口银行信贷业务下的对外工程承包贷款、境外投资贷款等业务，不仅提供贷款，还提供投资担保，发挥出口信用保险的作用，进一步完善为国家鼓励的境外投资项目提供政治风险和非商业性保险的制度，在实施“走出去”战略中发挥金融系统的强大支持作用。
中国建设银行	在国际融资业务中包含出口信贷业务，出口信贷指国家为支持本国产品出口，加强本国产品在国际市场上的竞争力，通过官方金融机构采取直接融通资金或通过提供保险/利息补贴等方式鼓励本国金融机构对本国出口商或外国进口商或进口商银行提供信贷支持的中长期政策性融资业务。具体包括出口买方信贷、出口卖方信贷以及出口信贷再融资三种方式。
中国银行	中国银行设立全球公司金融业务顺应国际金融形势和客户需求的变化，不断创新产品和服务，为中国企业“走出去”提供强有力的支持，为企业寻求全球机遇、实现国际化发展提供狭义金融的全方位、一条龙整合商业服务。并在该业务下特设了“境外投资型”企业业务流程及金融服务。提供的服务具体包括：获得融资支持；增强自身信用；规避和防范信用风险、市场风险和汇率风险；确保资金汇划的及时性和准确性；获得符合企业特征的个性化服务。
国家开发银行	开拓国际合作业务，积极落实上合银联体、中国东盟银联体合作框架成果，进一步深化金砖国家银行合作机制下的金融合作，推动设立中葡基金，继续推进重大国际合作项目，支持合作国基础设施、农业、民生、能源等领域发展，服务中国企业“走出去”，为促进世界经济健康发展作出积极贡献。
中国工商银行	设有境外并购贷款与国际银团业务。境外并购贷款是指满足并购方在跨境并购交易中用于支付并购交易价款的需要，以并购后企业产生的现金流、并购方综合收益或其他合法收入为还款来源而发放的贷款。国际银团指对境外注册债务人的各类银团或双边融资业务，或境内注册债务人的各类境外融资业务。工行致力于为中国企业“走出去”投资、并购、工程承包、矿产开发提供境外并购融资、国际银团贷款和结构及项目融资支持。
中信银行	在其国际业务中开展融资性对外担保业务，是指中信银行应中国境内机构的申请出具担保，向境外机构或境内的外资金融机构（受益人）承诺，当被担保人（您的境外投资企业）未按有关合同偿还债务时，由中信银行偿还此担保项下的债务。

3. 私募基金融资

由于银行对中小企业贷款具有较高的企业规模、资信能力等要求，使实践中大量中小企业难以通过银行贷款获得境外投资所需的资金。私募基金的存在解决了中小企业贷款难的问题，为企业提供了另外一条融资渠道。私募基金向境外投资企业提供融资的典型方式是私募基金作为财务投资人和收购企业共同参与并购项目，获得目标公司的部分股权，以此为并购项目提供资金支持。[8] 近年来，通过私募基金融资进行海外并购的典型案例有：2008年中联重科联合弘毅资本、高盛和曼达林基金收购意大利CIFA公司；得克萨斯太平洋集团、美国新桥投资及General Atlantic向联想集团提供3.5亿美元供联想收购IBM全球PC业务；三一重工联合中信产业投资基金斥资3.6亿欧元收购德国工程机械企业普茨迈斯特100%的股权；等等。

三、我国促进境外投资的融资机制中存在的问题

境外投资的融资机制对对外投资十分重要。境外投资的融资机制支撑和促进境外投资的发展速度与规模，不仅影响着境外投资能否最终实现，而且对投资后的整合效果也产生影响。据麦肯锡的统计数据，过去二十年全球大型企业兼并案例中，成功率不到50%，而我国海外收购失败率更高达67%。曾被称为“中国首起成功的海外敌意收购”的中钢收购澳大利亚铁矿项目，却因资产缩水而得不偿失，并于2011年6月暂停在西澳洲的Weld Range铁矿项目，停止与之相关的所有工作，对在建项目收尾。我国失败的海外并购案还有，中信泰富，其在西澳的铁矿石项目上深陷泥潭，面临着投产就亏损的局面。另外，武钢在巴西投资50亿美元建厂，最终也不了了之。综观这些失败的案例，我国企业对境外投资保持高度的积极热情，越来越愿意参与国际市场，却频频受挫，究其原因，本书从以下几个方面进行分析。

（一）融资渠道来源狭窄

在市场经济条件下，国际市场上虽然针对并购目标的参与者多，竞争激烈，不确定的影响因素很多。但资本实力往往占据了首要位置，财雄势大的企业才能在并购中笑到最后。巨额资金需求促使部分企业开始尝试海外上

---

〔8〕 徐萍：《跨国战略——中国企业境外投资法律与实务》，法律出版社2013年版，第141～144页。

市、海外发债、换股等多元化的融资手段,但我国境外投资融资主要还是来源于自有资金、国内银行贷款以及国际银团贷款等负债融资渠道。

而资金恰恰是我国民营企业的短板。从目前民营企业的国内经营情况看,虽然部分企业开始尝试海外上市、海外发债、换股等多元化的融资手段,多数企业仍主要依靠自有资金、银行融资和民间融资(主要资金来源)来满足产业调整、结构升级和扩大规模的资金需求。企业自身资金实力的匮乏,使民营企业参与对资本实力要求更高的海外并购显得力不从心。[9]

(二)融资支付方式手段单一

在国际上,就并购支付方式来看,主要有现金支付、换股支付以及综合证券支付。现金支付是指直接支付一定数量的现金;换股支付,是指收购公司将目标公司的股票按照一定比例换成公司股票,目标公司被终止或成为收购公司的子公司;综合证券支付是指收购公司对目标公司提出要约时,其支付方式中包括现金、股票、认股权证、可转换债券以及公司债券等多种混合形式。

目前,虽然我国企业境外并购中支付方式包括以上三种,但是现金收购仍然是我国企业海外并购最主要的支付手段。例如,2002 年中石油出资 216 亿美元收购印尼油气田时,采用了银团贷款的方式。2012 年,三一重工联合中信产业投资基金出资 3.6 亿欧元收购德国普茨迈斯特。

(三)国内资本市场及金融业发展不成熟

在我国,政策壁垒的存在使我国企业不利于在国外资本市场进行融资,根据中华人民共和国商务部于 2009 年 3 月 16 日正式发布的《境外投资管理办法》的相关规定,我国企业海外上市,发债必须报经对外经贸部门的审批,手续极其烦琐,复杂漫长的程序往往使得企业错失境外投资的最佳时机。

另外,目前国内银行离岸金融业务仍处于起步阶段,国际上缺乏分支机构,对国内企业的海外投资和再融资支持力度不足,加大了企业海外投资的资金约束,增加了企业投资的成本和风险。且目前投资银行作用不足,在国内外投行的比较中,我国的投行相比英、美、德等西方发达国家的投行还比

---

[9] 《破解民企海外并购的融资困局》,载中国出口信用保险公司网站:http://www.sinosure.com.cn/sinosure/xwzx/jmtx/hgjj/hgjj2/ydckfx/143752.html,最后访问日期:2011 年 12 月 20 日。

较年轻，经验相对不足。尽管华泰证券、国泰证券、建银国际等投行开始初露头角，但从整体上看，我国现有的从事投资银行业务的机构整体实力单薄、业务范围狭窄，导致其在我国企业境外投资融资中发挥的作用非常有限，不能及时、有效地对目标企业和产品市场作出足够的分析和客观的判断。[10]

四、建立符合我国国情的境外投资融资制度体系

(一) 多方位完善政策体系

健全完善的融资政策体系指引着我国境外投资的发展方向与速度，是我国境外投资的根本基础。而如上所述，我国相关政策中对境外投资企业融资手续的规定相对复杂，不利于境外投资的发展。因此，为配合我国境外投资的发展速度，需要修订完善现有政策，进一步推进境外投资融资体系的国际化进程。境外投资融资体系的国际化进程，对企业发展多元化境外投资融资渠道至关重要。这既需要对我国法律法规中与国际惯例脱轨的规定进行修订，为境外投资企业融资创造宽松的空间；同时也要尽量减少相关政策对境外投资企业融资的限制，使我国金融资本市场切实做到市场化运作。

(二) 充分发挥我国银行机构在境外投资中的作用

首先，要加快国内银行业务的国际化进程。将我国银行业境外投资业务的重点放到建设广泛的国际金融网络和资金传输系统，为境外投资企业提供丰富多元的业务，如办理资金调拨、外汇交易、发行证券，以及为国际租赁、跨国企业的现汇管理、汇率变动预测、国际金融市场行情变化预测等提供多样化和高效率的服务。

其次，充分发挥国内投资银行在境外投资中的功能。投资银行是规范运作、具有较强公信力的中介机构，能有效促进资本市场的信息流动并保证信息的真实性，同时其具有的强大的金融创新能力，能够及时、有效地对目标企业和产品市场作出足够的分析和客观的判断，提升企业管理层的经营理念和能力，最大限度地满足企业境外投资的需求。

(三) 创新利用多种融资渠道及融资支付模式

首先，在境外投资支付方式中应综合运用现金支付、换股并购、定向增

---

〔10〕 陆青：《我国海外并购融资现状分析及对策初探》，载《金融纵横》2011 年第 7 期。

发、可转换债券等多种支付方式。相对现金支付方式而言，股票支付方式具有不受并购方获现能力制约、规避股价风险、延期纳税等明显的优势，已成为国际企业海外并购的首选支付方式。可转换债券具有债券的安全性和股票的营利性相结合的双重性质，一些偿债能力较强，有可靠的业绩增长基础的公司可以考虑运用可转换债券进行并购支付。[11] 在并购融资中，银行作为中介机构和财务顾问，为促进境外投资的发展，应根据企业综合情况设计个性化的综合支付方式。

其次，发展战略投资、融资租赁、并购基金等新型融资渠道。在综合运用国内外多种渠道融资外的基础上，也要积极开拓创新融资方式。例如，利用融资租赁方式，融资租赁可以根据投资目的和对象的不同设计不同的信托计划，是融资、融物、直接融资和间接融资的单独或者混合。另外，积极发展海外并购基金，公司并购基金在 20 世纪 80 年代美国公司并购过程中发挥了非常突出的作用。建立适合中国国情的公司并购基金，对开辟并购重组资金来源新渠道具有重要意义。

第二节　境外投资的保险机制

一、发达国家促进对外投资的保险机构概览

所谓境外投资保险制度，是资本输出国对本国海外投资者在国外可能遇到的政治风险，提供保证或保险，投资者向本国投资保险机构申请保险后，若承保的政治风险发生，致使投资者遭受损失，则由国内保险机构补偿其损失的制度。[12]

境外投资保险制度是资本输出国为了保护本国海外投资、消除本国国民海外投资的政治风险而建立的一种保护制度。该制度的设立有利于减少海外投资政治风险从而有效保护资本输出国海外投资的安全和利益。随着世界经济一体化进程的进一步深化，为了减少形形色色的政治风险所带来的损失，促进和保护日益频繁的海外投资，世界上许多国家纷纷建立了这种

---

〔11〕 陆青：《我国海外并购融资现状分析及对策初探》，载《金融纵横》2011 年第 7 期。

〔12〕 余劲松：《国际投资法》，法律出版社 1997 年版，第 245 页。

制度。特别是美国、德国、日本、瑞士、法国等发达国家已经形成了比较完善、成熟的境外投资保险机制，但综合起来看，主要有美国的双边模式和日本的单边模式两种。

(一) 双边对外投资保险制度

1. 双边对外投资保险制度概述

双边模式是以资本输出国与东道国之间存在双边保护协定作为承保境外投资风险的前提，具体表现为承担保险责任的保险机构如果对境外投资者的损失支付了赔偿，则其可依资本输出国与东道国签订的双边投资保护协议代位取得该投资者对投资东道国所享有的索赔权和其他权利，向东道国政府求偿。美国是此模式的典型代表。

采用双边海外投资保险模式的制度设计对保护资本输出国的海外投资具有显著的优势，主要体现在如下两个方面：

第一，此模式给予本国海外投资保险机构代位求偿权法律效力。

境外投资保险机制的运作机制使资本输出国的承保机构在支付了境外投资者的损失后，依协议代位取得境外投资者对东道国所享有的索赔权，因为资本输出国的海外投资保险机构几乎都是官办或半官办(但代表政府)的机构，所以这种代位权的行使将东道国政府与私人投资者之间的法律关系变更为东道国政府与投资者母国这些官办或半官办机构之间的关系，求偿主体发生变更，东道国政府当然完全有理由拒绝资本输出国海外投资保险机构的代位求偿权。[13] 再加上各东道国的国内法中往往都没有对资本输出国海外投资保险机构的代位求偿权进行相关规定，进一步增加了承保机构获得赔偿的困难。双边模式为解决此难题提供了一种方式。因为双边模式是建立在资本输出国与东道国的双边保护协定的基础之上的，所以承保机构可以依据两国之间签订的双边投资条约来行使代位求偿权。这种采用双边投资条约为依据行使代位权的方式，符合国际法的最主要的渊源——国际条约，凡现行有效的条约对各当事方均有约束力，必须由其善意履行。因此，如果东道国在条约对两国海外投资保险机构的代位求偿权进行了相关规定，就受到国际法的相关约束，承担了国际上的履约义务。双边保护协定

---

〔13〕 吴智：《建立我国海外投资保险制度体系的法律思考》，载《现代法学》2002年10月第24卷第5期。

下的代位求偿权在一定程度上可以绕开东道国的司法管辖权，使原属于国内私法契约关系上的代位求偿权国际化、公法化了。这种规定实质上是将资本输出国国民与投资东道国之间的投资争议从国内法的水平提高到了国际法层面的保护水平，赋予资本输出更加强有力的风险保护。

第二，该模式解决了资本输出国在境外投资保险机构代位求偿中的出诉权问题。[14]

出诉权，是指投资者母国政府将本国海外投资保险机构向东道国政府行使代位求偿权的诉求提交或者通过外交途径支持这种代位求偿请求的资格。[15] 在国际习惯法下，如果资本输出国要为有关的私人（自然人或法人）在东道国所遭受的损害向东道国提出求偿必须遵循"国籍连续原则"（the principle of continuity of nationality）。然而在海外投资保险制度下，存在国籍不连续或不具真实联系的情况，如法国规定，凡是对外投资对法国经济起积极作用的企业，都视为可投保的法国企业；又如美国海外投资保险制度中的合格投资者包括：其资产的全部或至少95%为美国公司、公民、合伙或社团所有的外国公司、合伙、社团。但是，实际操作中常常会碰到投保人和保险人国籍不同的情况，出现被保险的投资在东道国遭遇损害，而投保人的投资者并不具有保险人所属国的国籍，在此情形下，作为代位权人的保险人如果向东道国政府求偿，那么保险人所属国就此是否有为保险人向东道国政府提出求偿的资格就是个问题。对此问题，一些学者认为应该将"国籍连续原则"适用于保险中的代位求偿关系，也就是说，如果保险人与被保险人国籍不同，保险人所属国无权为保险人出诉；而另一些学者则认为即使保险人与被保险人国籍不同，也不影响保险人所属国获得出诉权。对此问题存在争议，国际上尚未达成共识。然而国际习惯法上有允许通过条约来排除"国籍连续原则"适用的规定，这使双边协议的存在具有法律依据。因此，资本输出国通过签订双边投资条约就可排除"国籍连续原则"的适用，从而获得出诉权。[16]

然而，把两国间存在双边投资保护协定作为承保的前提条件，从表面上

---

〔14〕 曾华群：《国际投资法学》，北京大学出版社1999年版，第392页。

〔15〕 See T. Meron, *Investment Insurance International Law*, Oceana Publication Inc., 1976.

〔16〕 吴智：《建立我国海外投资保险制度体系的法律思考》，载《现代法学》2002年10月第24卷第5期。

看，将对本国的海外投资者产生不公平待遇的问题，因为这种运作机制将把到与本国政府未签订有投资保护协议的国家去投资的投资者排除在受保护的范围之外。

2. 美国

美国是世界上最早实行海外投资保险制度的国家，同时也是典型的双边模式国家。1948 年 4 月，美国根据《对外援助法》制定了《经济合作法》，开始实施复兴欧洲经济的“马歇尔计划”，并设立“经济合作署”，管理援外事务及海外投资，并开始实行海外投资保险制度。1969 年美国再次修订《对外援助法》，同时设立“海外私人投资公司”，直属国务院领导，成为美国私人境外投资保险和保证的专门机构。

美国作为一个庞大的资本输出国，境外投资保险业务的启动是以美国与资本输入国签订有双边投资保证协定为前提条件的，具有明显的双边性。美国通过该种双边协议让资本输入国在其国家接受这样的保险，以增强由他们的投资保险制度提供的政治风险保险的稳定性。〔17〕 目前，美国已经总共订立了 140 多个双边投资保证协定。

根据美国《对外援助法》的相关规定，美国境外投资保险制度的基本内容主要有以下几项：(1)投资保险的范围。美国境外投资保险的范围限于非商业风险，即与资本输入国政治、经济状况有关的特别政治风险，主要限于外汇险、征用险和战乱险三种政治风险。凡经海外私人投资公司认可的投资项目，该公司均可就三种风险全部或之一对合格投资者承担保险责任。(2)保险人。保险人是指承担保险的责任者。美国承保境外投资风险的是“海外私人投资公司”(Overseas Private Investment Corporate)，该公司是直属国务院领导的独立的政府公司。从性质上看，美国的 OPIC 是典型的政府公司型的海外投资保险机构。并且，独立负责海外投资保险的审批和具体保险业务的经营，又属于单一制的类型。〔18〕 (3)被保险人。被保险人就是美国法律中所称的“合格的投资者”，即依法有申请投资保险资格的海外投资者。《对外援助法》第 238 条规定，合格投资者包括：具有美国国籍的公民；

〔17〕 See UNCTC and International Chamber of Commerce. Bilateral Investment Treaties(1951 - 1991), United Nations New York, 1992, 1.

〔18〕 薛平智：《论我国海外投资保险制度的构建(下)》，载《传媒与法》2011 年第 4 期。

依美国联邦、州或属地法律所设立的法人或其他社团，其资产至少有51%为美国公民、法人或社团所有；依外国法律设立的法人或其他社团，其资产的全部或至少95%为美国公民、法人或社团所有。根据以上规定，可以看出，美国采用了“资本控制主义”标准来筛选合格投资者。(4)保险对象。根据美国法律的规定，被保险人可以申请保险的合格投资的项目限于下列四项：限于新投资项目，但在一定条件下，可包括“现有企业的扩大、现代化及其发展”的投资；限于经美国政府同意实行保险、再保险、保证的，在不发达地区和国家投资的、经海外私人投资公司认可的项目；必须是经外国政府批准的项目；限于在同美国订有投资保证协定的国家和地区投资的项目。(5)保险期限、保险费及保险金。保险的有效期限根据投资种类、承保险别的具体情况确定，但股份投资保险的法定最高期限，自承保之日起，一般不超过20年。投资者所应缴纳的保险费，依不同的承保行业、险别及范围，由海外私人投资公司决定。一般保险费年率对中小型企业的规定为：外汇险为承保金额的0.3%，征用险为0.4%～0.8%，战争险为0.6%。同时投保三项风险者，按年率1.5%征收。特别保险费的年率，可以低于或高于上述比率。保险金额是指约定的保险事故发生时，保险人应向被保险人实际支付的保险金额。美国海外私人投资公司承保的保险金额，以被保险人最初投资时公司批准的投资项目的美元票面价值加上保险契约所定限度内该投资实际上应得的利润、利息或其他收益为限额。但公司只按被保险人投资金额的90%承担责任，被保险人承担投资金额10%的风险责任。[19]

美国境外投资保险制度启于马歇尔援欧计划所实施的投资方案。由于这项制度行之有效地保护了资本输出国海外投资的安全与利益，刺激了国内资本输出的欲望，拉动经济增长，日本、德国、法国、挪威、加拿大、瑞士、英国等也纷纷效仿，先后建立了本国的海外投资保险制度。

3. 德国

德国的海外投资保险制度最终形成于1959年，由国营“黑姆斯信用保险公司”和“德国信托与监察公司”经营，于1960年正式开始实行。德国《对外直接投资担保条例》对担保的前提条件进行了规定，“德国政府提供对外投资担保的前提是德国与投资所在国签订有投资促进与保护协定，或者虽

---

〔19〕 张志元：《比较与借鉴：海外投资保险制度研究》，载《世界经济与政治》1998年第6期。

没有此类保护协定,但相关国家现行的法律法规使该项投资可享有充分的法律保护……”虽然,德国未将双边投资保证协定作为法定的绝对条件,但是其对相关国家法律规定的要求事实上起到与美国的双边制度一样的功效,而且在实践中,德国还是趋向于要求承保的海外资本来自与之签订了双边投资保证协定的发展中国家,因而德国在本质上也是采用双边模式的国家。

德国海外投资保险制度的基本内容主要有以下几项:(1)投资保险范围的政治风险的范围限于五项,前三项为外汇险、征用险、战乱险,与美国海外投资保险制度的范围大体相同。第四项为停止支付或延期支付的风险,主要指用于停止支付或延迟支付,致使投资者资本参加所产生的到期债权、资本债券的贷款所产生的债权,应得利润所产生的到期债权的全部或一部分完全不能得到保证或完全不能收益。第五项为因停止支付、延迟支付及因不能兑换外汇致使货币贬值而受到损失的风险。(2)保险人。德国政府是海外投资的法定保险人,但具体的保险业务经德国财政部长同意,委托黑姆斯信用保险公司和德国信托与监察公司执行。保险人依照契约支付保险金后,可以根据德国政府与东道国政府订立的双边投资保证协定,行使代位求偿权。与美国不同的是,德国信托与监察公司和黑姆斯信用保险公司分别负责保险业务的审批和具体业务的经营,属于分离制的类型。(3)被保险人。作为合格的投资者的被保险人,必须是在德国有住所或居所的、进行海外投资的企业,主要是与产品生产、采购、销售及运输有关的企业。被保险人要取得政府的保险,必须按照法定程序,提供必要资料,并向有关主管部门申请。(4)作为保险对象的投资内容。保险对象是指在外国的直接投资及其所产生的利润,主要包括三项内容:资本参加,指对外国企业以资本、商品或提供劳务的形式投资,并对企业享有投票权、控制权、同意权或关于利润处分权等而言;向支店投资,指对本店在德国的企业的国外分店或营业所,提供类似于资本金的创业资金而言;贷款,指具有资本参加性质的贷款。(5)保险期限与保险费。德国海外投资保险的法定期限原则上为15年,但如果涉及生产设备的制造而所需时间较长者,可以延长至20年。对于投资者所应纳的保险费费率,德国各州规定不一,而且不同保险期限的费率也各不相同。如保险期限在5年以内者,年保险费率为0.6%;期限在5~10年者,保险费率为1.0%;期限在15~20年者,保险费率为1.5%。(6)保险赔偿责任。对于保险人应向被保险人实际支付补偿金额的限度，德国的法律作了明确的规定：对于投资的损失，保险人应支付补偿金额的最高额为资本设备的取得价额，但最高额中还须减去资本回收、资本设备损耗的部分。对于利润的损失，即在保证期限内应得利润的债权不能回收的那部分，在保险期限内约定的期间，保险人的承保金额可达到资本设备取得价格的24%。在最高保证期限内，保险人承担损失的补偿为80%～95%，其余5%～20%的损失由被保险人自己承担。[20]

德国与美国均属于采用双边模式的国家，在立法上对于境外投资保险制度的许多相关规定具有相似性，但是在具体规定中德国形式上并没有像美国一样将双边投资保险协定作为绝对的法定条件，另外，在保险机构的立法体例上，美国采用了单一制，德国采用的是分离制，等等。尽管形式上有所出入，但这并不影响美、德两国在本质上的同一归属。

（二）单边对外投资保险制度

1. 单边对外投资保险制度概述

单边海外投资保险制度之核心在于，保险人承保与否不以资本输出国与投资东道国存在双边投资条约为前提。因此，其具有双边模式不可比拟的优势。首先表现在扩大了投保对象范围，因为投资者母国政府无须投资东道国政府签订双边投资条约，毕竟协议的签订是一道严格的程序；其次，投资者无论到哪个国家去投资，都可以投保，因此本国的海外投资者相互之间是平等的。

尽管单边模式具有一定的优势，但是不容忽视的是，单边海外投资保险制度本身存在无法克服的缺陷。在此制度下，承保机构不能依靠双边协议避开东道国国内法的司法管辖，而只能选择国际法上外交保护的一般原则。外交保护权产生所采取的属人管辖权，在国际投资领域主要是指在外国投资者在该国受到不法侵害或不公正待遇，东道国不提供救济或救济不合理时，其本国政府为投资者实施保护，通过正当的外交途径，向东道国提出要求，以使本国投资者获得适当的救济。但是在国际习惯法中，国家代表其国民向他国提出国际求偿，行使外交保护权，要受到一定条件的限制，如果不符合这些条件，他国便可以通过“预先异议方式”拒绝承认该国有权行使外

---

〔20〕 张志元：《比较与借鉴：海外投资保险制度研究》，载《世界经济与政治》1998年第6期。

交保护。当该项请求已提交国际法庭时,则可要求法庭在对实质问题审查之前即可驳回该请求。[21] 可见,依据国际法上外交保护的一般原则行使代位求偿权时,如果不能满足一定的条件则会对代位权的行使产生不利的影响,以至于不利于整个保证制度。例如,“用尽当地救济原则”是一项古老的习惯国际法原则。在国际投资领域,该原则要求海外投资者母国行使代位权之前,投资者首先要穷尽当地救济,唯有穷尽当地救济仍未获得合理赔偿时,才能寻求本国海外投资保险机构的赔偿,一般时间较长。但是,投资者投保的目的是遭受损失后能及时得到赔偿,而不希望卷进投资争议的旋涡之中。保险人向投保人支付了赔偿金后,如果必须等到投资者用尽当地救济之后才能向东道国索赔,自然使其资金不能及时到位,增加其机会成本,从而影响保险机构的正常运行。所以这一单边模式无论是对投资者还是对保险人都很不利。

2. 日本

日本式属于典型的单边海外投资保险制度。日本的单边模式是经过一段历史发展自主选择形成的。为了满足日益扩张的海外私人投资的需要,日本借鉴美国、德国的经验,建立了海外投资保险制度。根据日本 1956 年《输出保险法》的规定,日本海外投资保险原为“海外投资原本保险”和“海外投资利润保险”两种制度。为了进一步充实投资保险制度的内容,提高其利用率,1970 年 5 月日本政府对这两种制度实行了一元化,形成了现在的单边保险制度,即完全作为国内法所规定的制度,其适用不以日本与东道国订立的双边投资保证协定作为法定条件,日本自然人、法人在国外的投资,都可以申请保险。

根据日本《输出保险法》(1978 年修订)第 5 章的规定,日本海外投资保险制度的基本内容主要有以下几项:(1)投资保险的范围。日本海外投资保险的范围限于外汇险、征用险、战争险这三种政治风险。除了上述三种政治风险外,对于有关资源开发的投资如由于不可归责于投资者的事由、投资对方破产或其债务在 6 个月以上延迟履行等信用风险,也属保险范围之内。(2)保险人。日本承担海外投资保险责任的保险人为日本通产省大臣,其具体保险业务由通产省企业局长期输出保险课承办。通商产业大臣偿付保险

---

〔21〕 孟国碧:《论我国宜建立海外私人投资双边保证制度》,载《河北法学》1998 年第 5 期。

金后，取得代位求偿权。(3)被保险人。日本具有保险资格的被保险人，限于向海外投资的日本自然人和法人。但保险契约者不限于投资者，经过被保险人认可的任何人都可以成为保险契约者，即被保险人与保险契约者可以不是同一人。(4)作为投资保险对象的投资内容。可以作为海外投资保险对象的投资内容包括以下几类：以参加事业经营为目的而投向外国法人或社团的股份股本等；合营公司(外国法人)的当地股东向该公司的长期贷款，其债务偿还期在5年以上者，但以该公司与股东具有同一国籍为限；日本投资者能直接支配经营的外国法人的长期贷款；为进行"海外直接事业"，直接以日本人名义取得的不动产或其他权利；以开发输入资源为目的的外国法人(非日方经营支配的)为期5年以上的长期贷款。(5)保险期限和保险费。日本海外投资保险的有效期限一般为5～15年，但因被投资企业的建设需要，可以超过15年。投资者所应缴纳的保险费率按保险契约期限内年保险金额每100日元为55钱计算(根据日币制，每1日元等于100钱)。如属资源开发投资，其保险费率按保险金每100日元70钱计算。(6)保险金额。日本通产省应向被保险人支付的保险金额可分为以下两种：一是契约保险金额，指按照保险契约确定的、政府对被保险人所受损失应填补原本及利润的最高额。其中投资原本的契约保险金额为股份或贷款债权额乘以90%以内所得金额；利息、红利等的契约保险金额，为各年可产生的预期额乘以90%以内所得的金额。二是实际支付保险金额，指损失发生时实际支付的保险金额，其计算公式是把实损额乘填补率(90%)所得的金额同契约保险金额相比，取其较低额。

(三)主要发达国家对外投资保险机构概览

国别	境外投资承保机构	类型	功能
美国	OPIC	同一制	审批与保险业务一体化
德国	黑姆斯信用保险公司和德国信托与监察公司	分离制	德国信托与监察公司和黑姆斯信用保险公司分别负责境外投资保险业务的审批和具体业务的经营
日本	日本通产省	同一制	审批与保险业务一体化
法国	La Coface	同一制	审批与保险业务一体化
澳大利亚	澳大利亚贸易委员会		

续表

国别	境外投资承保机构	类型	功能
英国	英国出口信贷担保署(the Export Credits Guarantee Department,ECGD)		主要职能是为英国的出口企业提供出口信用保险和金融支持服务
俄罗斯	外经银行下设的出口信贷和投资保险署		将协调和鼓励对外投资以及对出口贷款实施保险两个功能结合于一身
巴西	巴西出口信贷保险公司(SBCE)		处理出口信贷保险业务

二、我国目前促进境外投资的保险机制现状

我国境外直接投资保险机制开始于2002年年底,由中国出口信用保险公司负责承保。中国出口信用保险公司是中国政府全资拥有的政策性出口信用保险公司,也是目前我国唯一能为海外投资提供投资保险的保险公司。我国境外直接投资保险机制不仅促进了我国对外贸易的发展,而且充分发挥了稳定外需、促进出口成交的杠杆作用,帮助广大外经贸企业破解了“有单不敢接”、“有单无力接”的难题,在“抢订单,保市场”方面发挥了重要作用。

我国目前境外投资保险机制主要体现在中国出口信用保险公司的《担保指南》中,具体规定规定如下:

1. 关于被保险人资格的规定

相关内容包括:(1)在中华人民共和国境内(香港、澳门、台湾地区除外)注册成立的金融机构和企业,但由在香港、澳门、台湾地区的企业、机构、公民或外国的企业、机构、公民控股的除外;(2)在香港、澳门、台湾地区和中华人民共和国境外注册成立的企业、金融机构,如果其95%以上的股份在中华人民共和国境内的企业、机构控制之下,可由该境内的企业、机构投保;(3)其他经批准的企业、社团、机构和自然人。

2. 关于承保对象的规定

对合格投资的要求包括:(1)投资内容:可以享受保障的项目必须符合中国国家政策和经济、战略利益。(2)投资类型:下列形式的境外投资,不论是否已经完成,可投保海外投资保险:直接投资,包括股权投资、股东贷款、

股东担保等;金融机构贷款;其他经批准的投资形式。

3. 关于承保范围的规定

承保的风险包括:(1)征收指投资所在国政府采取、批准、授权或同意的对投资实行的强行征用、没收、国有化、扣押等行为。这些行为需持续一段时间,且使投资者无法建立或经营项目企业,或者剥夺、妨碍投资者的权益;(2)战争指投资所在国发生的战争、内战、恐怖行为以及其他类似战争的行为。战争项下的保障包括战争造成的项目企业有形财产的损失和因战争行为导致项目企业不能正常经营所造成的损失;(3)汇兑限制指投资所在国政府实施的阻碍、限制投资者把当地货币兑换为可自由兑换货币或汇出投资所在国的措施,或者使投资者必须以远高于市场汇率的价格才能将当地货币兑换为可自由兑换货币或汇出投资所在国的措施;(4)政府违约指投资所在国政府非法地或者不合理地取消、违反、不履行或者拒绝承认其出具、签订的与投资相关的特定担保、保证或特许权协议等。

4. 关于保险金额的规定

保险金额指保险事故发生时,保险人应向投保人实际支付的补偿金额。发生保险事故,海外投资保险承保投资者的投资及已赚取的收益因承保风险而遭受的损失。即作为保险人的中国出口信用保险公司,在收到投保人理赔申请后若依据法律和保险合同确定应予以赔偿,应支付的保险金包括投资者投资及利润遭受的损失。

5. 关于投保手续的规定

投保海外投资保险,投资者需提供以下资料:(1)投资者情况介绍,包括营业执照复印件、有资格进行海外投资的证明文件、最近三年的年报和财务会计报表、与投资项目相关的经验以及能够证明投资者有能力经营投资项目的其他资料;(2)投资项目背景情况及简要介绍,包括投资金额、方式、期限,出资方式及来源,目前的进度、对中国和投资所在国的影响等;(3)融资情况介绍,包括融资银行、融资金额、还款期限等,项目建议书和可行性报告;(4)与投资项目相关的协议、担保、保证和投资所在国和中国政府的批准文件。

另外,根据2005年国家发展改革委与中国出口信用保险公司联合下发的《关于建立境外投资重点项目风险保障机制有关问题的通知》中的相关规定,国家发展改革委和中国出口信用保险公司共同建立境外投资重点项目风险保障机制。根据国家境外投资发展规划,依照国家出口信用保险风险基金安排,中国出口信用保险公司向国家鼓励的境外投资重点项目提供投资咨询、风险评估、风险控制及投资保险等境外投资风险保障服务。

虽然我国已经建立了境外投资保险机制,但其发展远远落后于境外投资的发展,不能满足境外投资的需求。因此,我国在完善引进外资立法的同时,应该建立和完善海外投资保险制度。

三、我国现有保险机制在促进境外投资中存在的问题

(一)立法层次低、体系混乱,缺乏宏观管理体制

在境外投资保险领域,现行有关立法大多是关于境外直接投资,我国目前尚没有一部相关的基本法。并且,实践中对境外投资保险作出相关规定的一般也是国务院各部门内部规范性文件,未上升到行政法规和法律的高度,缺乏统一的法律规范。

另外,在实践中则缺乏宏观管理体制,政府指引和扶持不够,另外,我国现有法律规定海外投资管理实行是分级管理、多头审批,导致海外企业受多重主管,审批程序烦琐,期限冗长的现象。

这些客观存在的情形不仅不能满足市场经济条件下市场主体所面临的日益复杂的市场竞争的客观要求,不能充分发挥投资主体的主动性与创造性,而且也不利于对海外直接投资的管理,阻碍国内企业快捷地参与国际竞争。

(二)模式选择不合理

根据中国出口信用保险公司发布的《投保指南》中对承保对象的规定,我国并没有将与我国订有双边投资保护协定作为绝对的法定条件,故而可以推断我国事实上采取的是单边海外投资保险制度。如前所述,这种保险体制有着固有的缺陷,在风险发生时,投资者只能在穷尽当地救济仍未获合理赔偿时,才能寻求本国海外投资保险机构的赔偿。这种方法费时费力,不利于对海外投资者的有效保护。此外,由于没有国家间的双边协定作为基础,资本输出国海外投资保险机构在风险发生后只能以外交保护的方式来代位寻求东道国违约的赔偿,这不仅提高了要求,而且极易导致外交保护权的滥用,从而引起国家间的纠纷。

(三)机构设置不合理

目前,根据《投保指南》的相关规定可以看出,我国海外投资保险业务的

开展由中国出口信用保险公司全权负责,采用的是"同一制"模式。然而,当前,从我国实际出发,采取这一模式存在较大弊端:我国当前并不具备由政府机构或政府企业单独承担海外投资保险业务的可行性。在实践中,保险行业乃至各个行业的管理,大多采用分离制,由国有公司负责具体的业务经手,而政府机构负责宏观调控,市场受相对较强的政策性调控,这是我国的现状。中国出口信用保险公司虽然是政府全资成立的政策性公司,但实质上仍然是一个独立的市场经济主体而非行政主体,不应当享有政府专属的审批权,当前的机构设置在一定程度上加剧了海外投资保险制度的混乱局面。因此,我国承保机构的设置也有待进一步完善。

(四)险别设置不全面

中国出口信用保险公司现今的承保险别包括汇兑限制、征收、战争和政治暴乱、政府违约以及承租人违约五项,这是根据传统政治风险存在的主要形式进行的险别划分。但是,由于国际形势的迅速变化,使政治风险的形势也开始呈现日新月异的变化,传统的险别设置已无法真正全面、有效地实现对投资者的保护。具体表现为:一是传统险别的涵盖不够全面,二是全新领域的险别尚未设置。譬如,目前广受关注的并购禁止事件,由于国家安全界定标准的不确定性,导致为数众多的中国企业在近几年的并购热潮中损失惨重。其中,比较著名的案例有 2002 年香港和黄公司收购美国环球电讯案以及 2007 年中国华为公司并购美国网络设备制造商 3Com 案。在这两起并购事件中,虽然中方企业均正当履行了相关的法律手续,和黄公司甚至获得了破产法院的批准,但最终都因美国政府援引"国家安全"为由进行干涉而不得不以失败告终;再如,现今许多限制性政策和财产性剥夺措施明转隐,针对这些情况的险别在我国海外投资保险制度中都没有相关设置。

(五)投资主体不适当

我国当前关于投资主体范围的界定非常混乱。原则上,我国采取的主要是最密切联系原则,但因为我国当前实施的单边境外投资保险制度模式,导致我国境外投资保险机构对于我国企业设立在海外的子公司缺乏保护能力。这主要是因为,首先,在单边模式下,境外投资保险机构无法通过国内法行使代位求偿权;其次,在单边模式下,国际法中的"国籍持续原则"限制阻碍了行使代位权的基础——外交保护理论。此外,中国出口信用保险公司发布的《投保指南》中将"依中国法设立的由香港、澳门、台湾的企业、机构、公民控股的企业”排除在投资保险范围之外,这实际是不恰当地缩小了适格的投资主体的范围。

四、建立符合我国国情的海外投资保险制度体系

(一)变更当前境外投资保险制度模式,建立双边的海外投资保险机制

对于我国的境外投资保险制度建立问题上,国内部分学者认为我国应建立单边境外投资保险制度。但是,结合我国的国情,作者认为我国宜建立双边的海外投资保险机制。第一,从上文中对境外投资保险制度的法理分析中我们看到,双边的海外投资保险制度具有不可比拟的优越性。第二,从对境外投资者提供保护的实际效果看,双边的境外投资保险制度更能有效地保护投资者。投资者是否得到有效的保护,不仅要考虑其所受的损失能否及时得到赔偿,而且要考虑其得到赔偿后是否及时摆脱了与东道国之间的投资争议。在双边的海外投资保险制度中,一旦投保人获得损害赔偿之后,保险人即依双边投资条约取得了代位求偿权。如此,对投资者而言不仅及时获得了赔偿,而且及时摆脱了纠纷,能将更多的时间和精力放到其他的投资项目中去。从美国和德国建立双边的海外投资保险制度所受欢迎程度及其实际效果来看,说明这种保险机制是切实可行的。第三,我国已具备建立双边的海外投资保险制度的基础。一方面,我们自 20 世纪 80 年代开始就有签订双边投资保护协定的历时,至今已签有 87 个。这些双边投资保护协定中,除极少数外(如中国与前苏联协定、中澳协定),都订有代位权条款,另外我国还与美国、加拿大签订有双边投资保证协定,其中也有代位权条款,这样为我国海外投资保险机构行使代位权提供了法定的依据。第四,建立双边的海外投资保险制度,是完善我国海外投资保险制度体系的需要。由于海外投资保险制度在法律性质上是一种政府保证或国家保证,它是以国家为后盾,减少海外投资者的风险,解除投资者的后顾之忧,使海外直接投资更具保证与安全。双边的海外投资保险制度,能使国际法与国内法紧密结合,相互为用,从而完善我国境外投资保险制度的体系。

(二)积极利用《汉城公约》和《华盛顿公约》

1988 年 4 月,根据《汉城公约》建立的多边投资担保机构(MIGA)是世界上第一个也是目前唯一的一个专营政治风险的国际组织。该机构是鼓励成员国之间,尤其是向发展中国家成员国融通生产性投资,并致力于促进东

道国和外国投资者间的相互了解和信任，为发达国家在向发展中国家的海外私人投资提供担保，以加强国际合作。《华盛顿公约》及依该《公约》设立的“解决投资争议国际中心”（简称ICSID）的宗旨是，依照该公约规定，为解决各缔约国和其他缔约国国民之间的投资争端提供调解和仲裁的便利，从而促进私人投资的跨国流动。ICSID受理和判断国际投资争端，为海外投资者在东道国可能遇到的各种政治风险提供了法律上的保障。

我国已先后成为这两个《公约》的缔约成员方，因此，在完善我国的境外投资保险制度体系时，我国应加强对这两个《公约》研究，充分利用这两个《公约》，减小和防范我国境外投资所面临的政治风险，以更好地利用《公约》来保护我国境外投资者。

（三）制定完善的《境外直接投资法》

为了推进“走出去”战略，肯定发展境外直接投资对我国开拓两个市场、利用两种资源、实现内外双向良性循环的积极作用，我国应该由立法机构起草制定《境外直接投资法》，其内容应具体包括：我国对境外直接投资的原则；境外直接投资管理制度；境外直接投资主体范围和投资形式；境外投资保险制度；境外投资的法律责任规定。另外，在基本法的指导下，还可以适时根据我们境外直接投资的发展情况，及时制定境外投资基本法的实施细则和其他相关的单行法规，以此形成一个以境外直接投资基本法为主体，各种单行法律为辅的调整我国境外直接投资的法律体系。

（四）选择适合我国国情的机构设置方案

为促进我国境外投资，我国应明确境外投资保险机构的立法模式。关于境外投资保险机构设置的立法体例有以德国为代表的分离制，即分别设立审批机构和经营机构，以及美、日为代表的同一制，即统一由单一的海外投资保险机构行使审批和经营职能。本书以为，如上所述，根据我国实际情况，我国的市场经济尚不成熟，市场对政策的依赖性较强，我国尚不具备由政府机构或政府企业单独承担海外投资保险业务的可行性，因此我国应借鉴德国的分离制立法体例，采取审批机构和经营机构相分离的立法模式。在具体的机构设置上，由政府机构掌握审批权，由中国出口信用保险公司负责具体业务操作的“分离制”模式应当是更好的选择。这样使审批机构和保险业务机构明确分工、各施所长。同时，“分离制”也可以充分利用现有机构，如审批机构可由具备境外投资保险制度相关职能的商务部、财政部和外交部等组成，其中商务部负责监管国际投资，财政部负责提供国家财政支持，外交部负责协调外事关系，从而建立完善的体系而无须浪费额外的人力、物力等资源。另外，介入的政府机构具有海外投资保险的官方保险性质，在一定程度上可以实现国家对海外投资的引导和调控。

（五）规划设置全面的险别

除了上述几种传统的国际通用的险别外，伴随着国际投资环境的不断变化，各种新型的政治风险开始出现，各国的海外投资保险制度中也纷纷出现了与之相应的新型险别，如恐怖主义险、营业中断险等。

由于我国当前的海外投资保险制度尚处在发展时期，无论是立法还是实践都缺乏足够的经验。因此，我国在确立新险别时应当保持清醒认识，以国家和境外投资企业的利益为标准，采纳和开发那些切实影响中国大多数投资企业利益的险别，并通过双边投资保护协定加以确立，防止外国政府对于中国企业的境外投资活动进行不正当干预和限制，从而切实保护对我国海外投资企业的保护。

（六）重新考量投资主体的范围

目前，国际上关于投资者适格的判断标准主要有最密切联系原则和国籍国原则。我国现在采取的最密切联系原则，是符合中国国情的。但是，由于我国在实践中采用的单边模式，导致我国境外投资保险机构对于我国企业设立在海外的子公司缺乏保护能力，不能满足境外投资规模发展的要求。

如果我国将单边模式变更为双边境外投资保险制度，原先的最密切联系原则由于双边投资保护协定的存在完全可以实现对海外子公司的保护，可以继续保留，有助于避免过大的改动对境外投资保险制度带来冲击。

另外，我国还应将“依中国法设立的由香港、澳门、台湾地区的企业、机构、公民控股的企业”纳入适格的投资主体范围中来。虽然这可能会导致部分外国公司对于我国境外投资保险资源的占用，但从总体上讲，仍然有助于实现对中国公司的全面保护。[22]

---

〔22〕 见王文治：《对完善我国海外投资保险制度的构想》，载《法律与生活》2013 年第 3 期。

第十三章 避免国际税收双重征税的机制

第一节 我国税收政策在中国企业境外投资中的安排

一、我国企业境外所得税收政策——间接抵免

(一)概况

我国《企业所得税法》规定,我国居民企业来源于中国境外的应税所得;非居民企业在中国境内设立机构、场所、取得发生在中国境外但与该机构、场所有实际联系的应税所得已在境外缴纳所得税的,其已缴税额可以从其当期应纳税额中抵免,抵免限额为该项所得依照本法规定计算的应纳税额。超过抵免限额的部分,可以在以后五个年度内,用每年度抵免限额抵免当年应纳税额后的余额。居民企业从与我国政府订立税收协定的国家取得的所得,按照该国税法享受了免税或减税待遇,且该免税或减税的数额按照税收协定规定应视同已缴纳税额在中国的应纳税额中抵免的,该免税或减税数额可作为企业实际缴纳的境外所得税额用于办理税收抵免。

需要注意的是,居民企业境外业务之间的盈亏可以互相弥补,但对其境内外业务之间的盈亏不得相互弥补。

我国实行分国别(地区)不分项的限额抵免制度。可抵免境外所得税税额是指企业来源于中国境外的所得依照中国境外税收法律以及相关规定应

当缴纳并已实际缴纳的企业所得税性质的税款。本章主要介绍企业所得税的抵免规定。

(二)相关法律法规

企业所得税是对企业来源于中国境内、境外的生产经营所得和其他所得征收的一个税种。企业所得税以应纳税所得额为计税依据,每个纳税年度的收入总额减去准予扣除项目以后的余额为应纳税所得额。我国依据“公平”和“中性”的所得税原则对企业境外所得已纳税款作出了“限额抵免”的配套规定,主要有《中华人民共和国内资企业所得税暂行条例》、《境外所得计征所得税暂行办法》(财税字[1997]116号)等。[1]

1.《中华人民共和国企业所得税暂行条例》及其细则

《中华人民共和国企业所得税暂行条例》第12条,对企业的境外所得已纳税款作出了“限额抵免”的原则规定,即纳税人来源于中国境外的所得已在境外缴纳所得税税款的,准予在汇总纳税时从其应纳税额中扣除,但是扣除额不得超过其境外所得依照本条例规定计算的应纳税额。

为便于税法规定的贯彻实施,《中华人民共和国企业所得税暂行条例实施细则》第39条至第41条分别对“境外缴纳的所得税税款”、“扣除限额的基本计算方法”、“扣除限额应当分国(地区)不分项计算的原则”和“超过扣除限额的可以延期5年补扣”等基本事项均作出了细化规定,使“限额抵免”法更加科学和完善。具体规定如下:

(1)第39条:条例第12条所称已在境外缴纳的所得税税款,是指纳税人来源于中国境外的所得,在境外实际缴纳的所得税税款。不包括减免税或纳税后又得到补偿以及由他人代为承担的税款。但中外双方已签订避免双重征税协定的,按协定的规定执行。

(2)第40条:条例第12条所称境外所得依本条例规定计算的应纳税额,是指纳税人的境外所得,依照条例及本细则的有关规定,扣除为取得该项所得摊计的成本、费用以及损失,得出应纳税所得额,据以计算的应纳税额。该应纳税额即为扣除限额,应当分国(地区)不分项计算。其计算公式如下:

---

[1] 如无特别说明,本书法律法规、数据统计等资料来源于国家税务总局网站“走出去”企业税收指南,载http://www.chinatax.gov.cn/n480462/n4273674/,最后访问日期:2015年5月10日。

抵免限额 = 企业境内、境外所得按税法计算的应纳税总额 × 来源于某外国的应纳税所得额 ÷ 中国境内、境外应纳税所得总额

(3)第 41 条:纳税人来源于境外所得在境外实际缴纳的税款,低于依照前条规定计算的扣除限额,可以从应纳税额中按实扣除;超过扣除限额的,其超过部分不得在本年度的应纳税额中扣除,也不得列为费用支出,但可用以后年度税额扣除的余额补扣,补扣期限最长不得超过 5 年。

2.《境外所得计征所得税暂行办法》

为了落实《中华人民共和国企业所得税暂行条例》第 12 条及其实施细则的相关规定,财政部、国家税务总局于 1995 年 9 月 22 日发布了《境外所得计征所得税暂行办法》,并于 1997 年进行了修订。该办法的主要规定如下:

(1)将境外所得区分为企业设立全资境外机构的境外所得和企业未设立全资境外机构取得的境外投资所得,同时规定境外实际发生的成本、费用,是指我国财务会计制度允许列支的成本、费用。

(2)企业境外业务之间的盈亏可以互相弥补,但企业境内外之间的盈亏不得相互弥补。

(3)规定境外已缴纳所得税税款可以采取分国不分项抵扣方法或统一按 16.5% 的比例定率抵扣的方法,抵扣方法一经确定,不得任意更改。

(4)居民企业在与中国政府缔结避免双重征税协定的国家,其境外投资、经营活动按所在国税法及政府规定获得的所得税减免税,可由纳税人提供有关证明,经税务机关审核后,视同已交所得税进行抵免。

(5)居民企业在境外的企业或其他投资活动遇有不可抗力[2],损失较大且继续维持投资、经营活动确有困难的,应取得中国政府驻当地使、领馆等驻外机构的证明后,按现行规定报经税务机关批准,按照条例和实施细则的有关规定,对其境外所得给予一年减征或免征所得税的照顾。

(三)在境外设立子公司或分支机构的抵免规定

我国居民企业在境外投资设立不具有独立纳税地位的分支机构,其来源于境外的所得,以境外收入总额扣除与取得境外收入有关的各项合理支出后的余额为应纳税所得额。各项收入、支出按企业所得税法及实施条例的有关规定确定。居民企业在境外设立不具有独立地位的分支机构取得的

---

[2] 指风、火、水、震等严重自然灾害,或战争、政治动乱等不可抗拒的客观因素。

各项境外所得,无论是否汇回中国境内,均应计入该企业所属纳税年度的境外应纳税所得额。

居民企业从其直接或者间接控制的国外企业分得的来源于中国境外的股息、红利等权益性投资收益,外国企业在境外实际缴纳的所得税税额中属于该项所得负担的部分,可以作为该居民企业可抵免境外所得税的税额,在规定的抵免限额内抵免。所谓直接控制,是指居民企业直接持有外国企业20%以上的股份;间接控制,是指居民企业及间接持股的方式持有外国企业20%以上股份。法律明确规定间接控股架构的抵免层级为三层外国企业,即第一层,单一居民企业直接持有20%以上股份的外国企业;第二层,单一第一层外国企业直接持有20%以上的股份,且由单一居民企业直接持有或通过一个或多个符合本条规定持股条件的外国企业间接持有总和达到20%以上股份的外国企业;第三层,单一第二层外国企业直接持有20%以上股份,且由单一居民企业直接持有或通过一个或多个符合本条规定持股条件的外国企业间接持有总和达到20%以上股份的外国企业。也就是说,不管是直接控制还是间接控制,只有持股比例20%以上的居民企业才能够对股息进行间接抵免。

例如,母公司持有其在境外设立的子公司(A公司)50%的股份,A公司持有其设立的子公司B30%的股份,则税收抵免的情况为:母公司对A公司直接持有的股份符合间接抵免条件,因此,母公司来源于A公司的股息在境外缴纳的预提所得税和股息所承担的A公司在甲国缴纳的所得税的部分均可以在母公司的居民国缴纳所得税款时抵免;母公司对B公司持股比例为15%(50%×30%),不符合税法规定的间接抵免条件,因此母公司在居民国计算缴纳企业所得税时不得抵免B公司来源于C公司的股息缴纳的预提所得税和这部分股息承担的C公司的企业所得税。[3]

二、企业境外所得税的征收管理

财政部和国家税务总局印发的《境外所得计征所得税暂行办法(修订)》(财税字[1997]116号)还对境外所得的有关申报和缴税管理作出了规定。

---

〔3〕 郑琳编著:《国际税法学》,北京师范大学出版社2012年版,第98页。

（一）纳税年度和申报

纳税人来源于境外的所得，不论是否汇回，均应按照条例和实施细则规定的纳税年度（公历 1 月 1 日至 12 月 31 日）计算申报并缴纳所得税。

（二）税款预缴和清缴

纳税人来源于境外的所得和境内的所得，应依照条例、实施细则和本办法，计算缴纳企业所得税。税款预缴分开进行，年终汇算清缴合并进行，即境内所得部分的税款预缴仍按统一规定执行；境外所得部分的应缴税款可按半年或按年计算预缴，具体预缴日期和税款数额由当地税务机关审核确定。纳税人应于次年 1 月 15 日之前预缴全年应交税款。年度终了后 4 个月内，税务机关对纳税人来源于境外的所得和境内的所得，合并统一进行汇算清缴。

（三）税收证明

国家税务总局、国家外汇管理局于 2005 年联合下发了《关于个人财产对外转移提交税收证明或者完税凭证有关问题的通知》（国税发［2005］13 号）。明确了个人财产对外转移时，纳税人如何向税务机关申请领取税收证明以及税务机关如何开具税收证明等问题。

1. 税务机关对申请人缴纳税款情况进行证明。税务机关在为申请人开具税收证明时，应当按其收入或财产不同类别、来源，由收入来源地或者财产所在地国家税务局、地方税务局分别开具。

2. 申请人拟转移的财产已取得完税凭证的，可直接向外汇管理部门提供完税凭证，无须向税务机关另外申请税收证明。申请人拟转移的财产总价值在人民币 15 万元以下的，可无须向税务机关申请税收证明。

3. 申请人申请领取税收证明的程序。

（四）税务登记

按照《税务登记管理办法》（国家税务总局令第 7 号）第 18 条的规定："纳税人税务登记内容发生变化的，应当向原税务登记机关申报办理变更税务登记。"

纳税人在办理税务登记时，需要填写税务登记表，如实填写分支机构和资本构成等有关情况。当纳税人在境外设立分支机构，税务登记表和税务登记证副本中的分支机构和资本构成等情况发生了改变，纳税人应按照规定办理变更税务登记，向税务机关反映其境外分支机构的有关情况。

税务登记表和税务登记证的内容按照《国家税务总局关于换发税务登记证件的通知》(国税发[2006]38号)附件的规定执行。

第二节　主要投资东道国税制概览

一、美国税收政策

美国是以直接税为主的国家,实行联邦、州和地方(市、县)三级征税制度,属于彻底的分税制国家。现行的主要税种有:公司所得税、个人所得税、销售和使用税、遗产和赠与税、社会保障税、财产税、资本或净财富税、累积盈余税、消费税等。联邦税以个人所得税、社会保障税为主,其次有公司所得税、消费税、遗产和赠与税、关税等;州税以销售和使用税为主,辅之以所得税等;地方税以财产税为主。

(一)主要税种

1.公司税

(1)纳税人

在国际征税中,纳税主体分为居民公司和非居民公司。美国居民公司是在美国境内根据美国法律或者美国任何一个州的法律组成或者创建的公司,即使其在美国境内不进行经营活动或者不拥有财产。

(2)征税对象、税率

居民公司就其来源于全世界的所得纳税,而非居民公司仅就其来源于美国境内的所得纳税。非居民应纳税所得可分为积极所得和消极所得,在美国从事贸易或者经营活动的外国公司来源于美国的、与在美国的经营活动有实质性联系的所得,即积极所得,按美国一般公司税税率缴纳公司税;而对于与美国经营活动没有实质性联系的、固定或者可确定的、年度或者定期的(FDAP)所得,即消极所得,按30%的税率征收预提税[4]。然而,结合税收条约和法定免除,美国对消极所得(包括控股股东的消极所得)很少使用30%的税率。以2003年为例,美国对消极所得的预提税实际税率仅为

[4] 《美国税法典》第871条。

12.5%,其原因是,美国政府对大部分投资不课税。[5] 其中,对消极所得总额征收30%预提税的例外包括资本利得、利息、特许权使用费和股息。

表1 美国2007年联邦公司所得税税率表

级数	全年应纳税所得额	税率(%)
1	不超过50,000美元的部分	15
2	超过50,000美元至75,000美元的部分	25
3	超过75,000美元至100,000美元的部分	34
4	超过100,000美元至335,000美元的部分	39
5	超过335,000美元至10,000,000美元的部分	34
6	超过10,000,000美元至15,000,000美元的部分	35
7	超过15,000,000美元至18,333,333美元的部分	38
8	超过18,333,333美元的部分	35

2006年,个人服务公司适用的公司所得税税率是35%的比例税率。

个人控股公司还要就个人控股公司未分配的所得缴纳附加税,2006年该附加税的税率为15%。

(3)应纳税所得额和应纳税额的计算

公司所得税的应纳税所得额等于毛所得减去允许的扣除额。毛所得对于国内公司来说是其来源于全世界的所得。

①存货计价。存货通常以先进先出法为基础,按照成本与市价中的较低者计价。只有按照成本计价时,为了纳税的目的,可以选择后进先出法,并要求在会计账簿上存货计价与税收上的存货计价一致。

②资本利得。出售或者交易持有时间超过12个月的资本性资产获得的利得或者亏损,被视为长期资本利得或者亏损来对待。出售或者交易持有时间不超过12个月的资本性资产获得的利得或者亏损,被视为短期资本利得或者亏损来对待。净长期资本利得超过净短期资本亏损的部分被视为净资本利得。资本亏损只允许被用来冲抵资本利得。应纳税年度中资本亏损超过资本利得的部分,可以向前结转3年或者向后结转5年,用来冲抵资本利得。

对于纳税人处置在贸易或者经营中使用的动产和某些非居住性不动产

〔5〕 参见[美]鲁文·S.阿维-约纳著:《国际法视角下的跨国征税——国际税收体系分析》,熊伟译,法律出版社2008年版。

获得的利得,首先应该对其净利得中相当于折旧(成本回收)的那部分作为普通所得征税,然后将剩余的部分作为资本利得征税。对于处置其他贸易或者经营使用的不动产获得的利得,首先应该对数额等于所申请的折旧或者成本回收超过直线折旧额的那部分净利得作为普通所得征税,然后将剩余的部分作为资本利得征税。

对以前年度经营资产产生的亏损采取特殊的资本利得处理办法。出售经营资产产生的净亏损作为普通亏损来处理。但是,将来某一年产生的、数额相当于前五年出售经营资产产生的亏损的利得作为普通所得来处理。

③公司之间的股息。通常,美国公司从其他美国公司获得的股息可以扣除70%。如果获得股息分配的公司拥有分配股息的公司不低于20%、不高于80%的股权,那么股息扣除可以从70%增加至80%。通常,如果获得股息分配的公司拥有分配股息的公司80%以上的股权,那么股息可以全部扣除。但是,美国公司从外国公司获得的股息不能扣除,极少数例外。

④外国所得。通常,美国公司要就其来源于全世界所得纳税,包括取得的外国分支机构所得和接受的外国股息,通过外国税收抵免或申请扣除在外国实际缴纳的税收可以避免双重征税。对于美国股东拥有50%以上股权的外国子公司(即受控外国公司),美国《国内收入法典》F部分规定,将对美国股东就外国子公司某些未分配的所得征税。通常,F部分规定的这些所得包括非勤劳所得,如股息、利息、租金、特许权使用费、外国货币以及商品净利得和出售某些投资财产获得的利得;某些保险所得;航运所得;与石油有关的所得;某些关联团体的销售和服务所得。另外,受控外国公司对美国财产的投资(包括给美国股东的贷款)被视同是给美国股东的股息。在2007年以前的纳税年度,“积极金融所得”不属于F部分规定的所得。

来源于某些消极外国投资公司(这类公司有75%以上的所得属于非勤劳所得,或者所持有的资产至少有50%是用于获得非勤劳所得)的所得也要纳税。如果上述公司选择成为符合条件的选择基金(Qualified electing fund)或者有实际分配额,那么现行征税制度就适用。如果上述公司没有选择成为符合条件的选择基金,但是进行了实际分配,那么该分配额中超过前三年有关股票的分配额的平均值125%的部分将被视为超额分配来对待。超额分配将分摊在纳税人控股期限内,按照现行的最高边际税率纳税(对推迟缴纳的税款要加收利息)。

⑤股票股息。美国公司可以把一定的普通股免税股票股息按照比例分配给所有普通股股东。如果公司给予股东选择得到现金作为股息的权利，那么无论股东得到的是现金股息还是股票股息，只要公司有足够的盈余和利润，公司分配给所有股东的股息都应该作为股息所得纳税。当然上述规定也有一些例外。

⑥对外国关联企业的支付。通常，美国公司可以申请扣除支付给外国关联企业的特许权使用费、管理服务费和利息费用，扣除限额为实际支付额，但是不得超过支付给非关联企业的数额，即根据正常交易原则支付的数额。另外，上述支付需缴纳美国预提税。

⑦集团征税。由母公司及其直接或者间接拥有 80% 股权的子公司组成的美国关联集团公司，可以通过填报联邦所得税合并申报表，用集团中一个关联公司的亏损来抵销集团中另一个关联公司的利润。在外国组建的子公司不能与美国集团公司合并申报联邦所得税，但是某些在墨西哥、加拿大组建的公司除外。某些州也允许或者要求填报合并纳税申报表。

⑧其他。新企业开办费用必须在 15 年的期限内进行摊销而不能扣除，除非纳税人选择在贸易或经营开始的纳税年度最多扣除 5000 美元的开办费用。总开办费用超过 50000 美元多少，最高扣除限额 5000 美元就被降低多少。特许权使用费、流通费用、矿山勘探和开发费用以及经营过程中发生的其他杂项费用，可以在满足一定条件的情况下进行有限的扣除。如何扣除研究和实验费用取决于纳税人采用的不同的税收会计方法，有些纳税人可以在研究和实验费用发生时扣除这些费用；有些纳税人的研究和实验费用则被视为递延费用，可以在不少于 60 个月的期限以内摊销。业务招待费用必须满足严格的测试条件才能扣除。允许扣除的企业招待费用是所发生的该项费用的 50%。另外，对国际、国内因公差旅费用的扣除也有一定的限制。

2. 个人所得税

(1)纳税人

美国税收主体主要分为居民和非居民。在美国，要确定一个外国人是否属于美国居民，必须依据一系列相关的客观标准。符合下列条件的外国人属于美国居民：

第一，所有为移民之目的，法律许可的永久性居民，即“绿卡”持有者。

第二,满足“实质性居住标准”的个人,即于当年在美国居住不少于31天,并且在最近三年内在美国居住的时间总数“相当于183天”以上的个人。“相当于183天”的计算方法是:当年(公历年度)在美国居住的每一天计为一天,倒数第一年在美国居住的每一天计为三分之一天,倒数第二年在美国居住的每一天计为六分之一天。

另外,在美国还有专门的规定,用于确定个人在美国居住的第一年和最后一年的哪部分时段被视为居民,哪部分时段被视为非居民。

(2)征税对象、税率

美国公民和属于美国居民的外国人就其来源于全世界的所得纳税,属于美国非居民的外国人只就其来源于美国境内的所得纳税。

(3)应纳税所得额和应纳税额的计算

应纳税所得额的计算以确定毛所得为起点。美国《国内收入法典》第61款定义,毛所得是指纳税人任何来源的所得(有特别规定的除外),并列举了15项应计入毛所得的所得,这些所得是:提供劳务获得的报酬,包括酬金、佣金、福利和其他类似项目;从事经营获得的毛所得;处置财产的利得;利息;租金;特许权使用费;股息;赡养费和分居抚养费;年金;来源于人寿保险和捐赠合同的所得;养老金;因豁免债务而获得的所得;合伙企业毛所得的分成;与死者有关的所得;来源于地产或者信托权益的所得。该条款还特别强调了毛所得不仅仅限于这15项所得。

毛所得在扣除《国内收入法典》第62款规定的调整项目后,就得到调整后的毛所得。“调整后的毛所得”这个概念只与个人纳税人有关,对法人纳税人、信托和合伙企业来说没有意义。《国内收入法典》第62款规定的调整项目有:纳税人从事任何贸易或者经营活动所发生的一般且必需的费用开支:如支付给提供劳务的个人的薪金或者其他报酬、为经营或者贸易之目的发生的差旅费等;出售或者交换财产发生的亏损;某些租金和特许权使用费;自营者的养老金、利润分成和年金;某些退休储蓄;抚养费或者赡养费;搬迁费用和教育贷款的利息等。

调整后毛所得减去个人免税额和标准扣除额或者分项扣除额就是应纳税所得额。即应纳税所得额 = 调整后毛所得—个人免征额和抚养免征额—标准扣除额(非居民外国人不能享受标准扣除额)。2007年,个人免征额和抚养免征额为3400美元。

对于资本利得和投资所得,若纳税人为美国非居民外国人,如果在利得发生的纳税年度期间,在美国境内居住了 183 天以上,那么其来源于美国的净资本利得要缴纳 30% 的税。不管纳税人在美国居住与否,其来源于美国不动产的资本利得都应纳税。对于非居民外国人来源于美国的利息、股息、租金和特许权使用费,通常要按 30% 的比例税率(或者是税收协定中规定的较低的税率)缴纳预提税。但是,非居民纳税人也可以选择申报不动产的净租赁所得,按累进税率纳税。另外,证券投资利息免税规则明确规定,支付给外国人的所有美国来源证券投资利息——即支付给非股东的利息——都将免除预提税,这项免除包括银行存款利息、政府公债利息以及私营公司债券利息。证券投资利息免税的标准在于,要看股东是否持有 10% 以上的股票,即支付给母公司或外国大股东的利息不能免税。[6]

(二)主要税收优惠

1. 境内投资

联邦政府通常不对境内投资实行税收优惠,但是投资债务和银行存款是两个例外。对投资债务的优惠是:在美国进行某些债务投资(必须是符合某些法定要求的投资债务)的非居民或者外国人,不必就其利息所得缴纳美国的所得税或者预提税。对银行存款的优惠是:非居民或者外国公司收到的在美国的银行存款利息不缴纳美国所得税。另外,某些州和地方政府还提供其他优惠。

2. 总经营抵免

为了对实现某些经济目标提供特别的税收优惠,美国税法中规定了各种各样的经营抵免。这些经营抵免通常被合并计算成"总经营抵免"。纳税人在某一纳税年度可以使用的总经营抵免额的限额是本纳税年度应缴纳的所得税额,未使用完的总经营抵免额可以向前结转 1 年,向后结转 20 年。总经营抵免包括对能源财产、修复费用、1986 年以前购置的应折旧的经营财产的投资抵免、工作机会抵免、工作福利抵免、酒精燃料抵免、生物柴油抵免、研究和实验抵免、低收入者住房供给抵免、促进石油回收抵免、适用于符合条件的小型企业的残疾人抵免、生产可再生电抵免等,共计 28 项抵免。

---

〔6〕 参见[美]鲁文·S. 阿维-约纳著:《国际法视角下的跨国征税——国际税收体系分析》,熊伟译,法律出版社 2008 年版。

3. 研究与开发费用抵免

公司可以就自己的研究与开发费用申请抵免。公司在1996年7月1日至2005年12月31日期间可以得到的抵免额等于:超过税法所规定“基数”和“基本研究支付”的符合条件的研究费用的20%,但是对1999年7月1日到2001年9月30日期间支付或者发生研究费用有特殊的填报要求。“基数”不能低于当年符合条件的研究费用支出的50%。在2005年8月8日以后结束的纳税年度,纳税人还可以就用于能源研究协会进行的符合条件的能源研究的费用申请20%的抵免。

另外,从2006年以后结束的纳税年度开始,纳税人可以使用新的可选择的简易抵免法(new alternative simplified credit, ASC),而不使用总收入因素法(a gross receipts factor)。根据简易抵免法计算的抵免额等于该纳税年度超过以前三年符合条件的研究费用的平均值50%的符合条件的研究费用的12%。在2006年和2007年财政年度,纳税人可以适用特别的过渡性规定。

对于尽管进行了大量的研究开发投资,但是由于其研究开发投资额低于1984~1988年期间抵免的“固定基数”(fixed base)而不能申请进行标准研究开发费用抵免的纳税人,可以使用“可选择的增量研究抵免”(alternative incremental research credit)。可选择的增量研究抵免额等于纳税人当年超过以前四年总收入平均值规定百分比(即“基数”)的符合条件的研究费用的一定比率,该比率是累进比率。由可选择的增量抵免制度规定的可选择的增量研究抵免适用于其颁布的当年以及以后的所有年度,除非联邦税务局取消该规定。

如果公司选择对研究开发费用进行抵免,那么其研究开发费用的扣除额就要被减少,减少的数额等于得到的抵免额。反之,如果公司愿意对研究开发费用进行扣除,那么其抵免额就要被减少。

4. 美国生产活动扣除

纳税人可以申请的美国生产活动扣除等于纳税人在某一纳税年度符合条件的生产活动收入的3%(2005~2006年),6%(2007~2008年),9%(2009年)。一般来说,纳税人在任何一个纳税年度申请的生产活动扣除额都不得超过下列二者之一,一是纳税人的应纳税所得额,二是超过纳税人在该纳税年度支付给雇员的工资的50%的数额。

纳税人符合条件的生产活动收入的计算公式是:国内生产总收入-(与

国内生产收入直接相关的所销售的货物的成本 + 与国内生产收入直接相关的其他扣除 + 与国内生产收入不直接相关的其他扣除的一定比例或其他收入）。

5. 符合条件的私营活动债券

某些符合条件的私营活动债券的利息所得免纳联邦所得税，该优惠使企业能以较低利率发行债券

6. 对非居民的投资限制

除需报告和缴纳预提税以外，美国政府对非居民投资几乎没有任何限制。但是，值得注意的是，如果被认为对国家安全存在威胁，美国政府可以暂停或禁止美国企业被外国人兼并或购买。

二、其他主要 OECD 国家税收制度

表 2 主要 OECD 国家税制情况

税种	国家	居民公司	非居民公司	税率
公司所得税	英国	来源于全世界的所得（包括公营公司）	来源于英国境内的所得	2003 纳税年度的标准税率为 30%；利润小于 30 万英镑的税率为 20%；小公司适用 10% 的税率
	德国	来源于世界范围内的全部所得	来源于德国境内的所得	从 2001 年起，公司所得税税率为 25%，团结附加税为 5.5%；地方所得税税率为 12% ~20%
	法国	公司在法国境内通过生产、经营活动取得的利润（包括居民公司从国外分支机构取得的所得）		33.33%
	日本	来源于世界范围内的全部所得	来源于日本境内的所得	按 10%、20%、30% 和 37% 超额累进
	澳大利亚	来源于全世界的所得，包括净资本所得	来源于澳大利亚境内的所得	采用比例税率，2001 ~2002 年财政年度税率为 30%

第三节 避免双重征税的国际税收协定

一、我国签订的税收协定概况

为吸引外资、引进技术,1981 年 1 月我国与日本国首开避免双重征税协定的谈判。截至 2013 年 6 月底,我国已对外正式签署 99 个避免双重征税协定,其中 96 个协定已生效,与香港、澳门两个特别行政区签署了税收安排。

与其签署并已经生效的 96 个协定国家是(依签字顺序):日本、美国、法国、英国、比利时、德国、马来西亚、挪威、丹麦、新加坡、芬兰、加拿大、瑞典、新西兰、泰国、意大利、荷兰、捷克斯洛伐克、波兰、澳大利亚、保加利亚、巴基斯坦、科威特、瑞士、塞浦路斯、西班牙、罗马尼亚、奥地利、巴西、蒙古、匈牙利、马耳他、阿联酋、卢森堡、韩国、俄罗斯、巴新、印度、毛里求斯、克罗地亚、白俄罗斯、斯洛文尼亚、以色列、越南、土耳其、乌克兰、亚美尼亚、牙买加、冰岛、立陶宛、拉脱维亚、乌兹别克、孟加拉、南斯拉夫、苏丹、马其顿、埃及、葡萄牙、爱沙尼亚、老挝、塞舌尔、菲律宾、爱尔兰、南非、巴巴多斯、摩尔多瓦、古巴、委内瑞拉、哈萨克斯坦、印度尼西亚、阿曼、突尼斯、伊朗、巴林、吉尔吉斯、摩洛哥、斯里兰卡、特立尼达和多巴哥、阿尔巴尼亚、阿塞拜疆、格鲁吉亚、墨西哥、沙特阿拉伯、阿尔及利亚、塔吉克斯坦、埃塞俄比亚、土库曼斯坦、捷克、赞比亚、叙利亚。

香港、澳门地区签署了避免双重征税安排均已经生效。

已经正式签署但尚未生效的 3 个协定国家是(依签字顺序):乌干达、博茨瓦纳、厄瓜多尔。

二、税收协定消除双重征税的抵免规定

在对各项所得的税收管辖权进行了划分之后,税收协定的缔约双方为了消除双重征税,特别规定对各自居民来源于缔约国对方并在缔约国对方缴纳了税收的所得,在计算国内应纳税额时,应通过免税、抵免或扣除等方式处理在境外已纳税款。不同的协定即不同的国家对境外税收本国抵免的规定不同,在协定中一般将各自国内法所规定或承担的抵免方式直接列出,

主要有免税法和抵免法。我国对本国居民采取全球所得征税的管理办法，对中国居民境外从事经营活动取得所得及已缴税款，在计算国内应纳税额时，按抵免法予以抵免。

根据对境外已纳税款在收入实现纳税年度中抵免数额的限制，抵免法可以分为全额抵免和限额抵免，其中后者为我国主要抵免方法。限额抵免法指在跨国纳税人的居民国政府对其居民的境外所得征税时，允许其用境外已缴纳的税款冲抵在本国应缴纳的所得税款，但规定本国应纳税款的抵免额不能超过境外所得按照居住过税率计算的在本纳税期限的应纳税额，从而实际征收的税款只为该居民应纳本国税款与已纳外国税款的差额。在计算出抵免限额后，政府会在抵免限额和公司境外实际纳税额之间进行比较，采用孰小原则，数额较小的被作为跨国纳税人在本纳税年度的实际抵免额。如果跨国纳税人的境外实际已纳税额大于抵免限额，其余额可以在以后年度的抵免限额余额中继续抵扣。[7]

根据所抵免的境外已纳税款的层级不同，抵免法又可分为直接抵免、间接抵免和饶让抵免。有些税收协定仅规定直接抵免，即仅对企业直接来源于境外的所得被予征税部分给予抵免。企业直接来源于境外的应税所得分为两大类：一类是来源于设立在境外的分支机构的所得；另一类是在境外未设立分支机构，但有来源于境外的利息、租金、特许权使用费、转让财产等所得。有些协定列有间接抵免的规定，即除对我国居民企业从其直接控制或间接控制的外国企业分得的股息、红利等权益性收益被予征税的税额给予抵免外，还对该项股息所含对方国家居民企业已缴纳的企业所得税部分给予抵免，但必须是在参股对方居民企业10%以上的情况下给予间接抵免。也就是说，间接抵免的税款不是境外分公司汇回的利润或其他受收入直接向当地政府交纳的税款，而是境外子公司分回的股息承担的所得税款。另外，个别协定也列有饶让抵免的规定，即中国居民从境外取得的所得如对方国家给予减税或免税，回国后仍按抵免法视同已征税给予抵免。

---

〔7〕 见郑琳编著：《国际税法学》，北京师范大学出版社2012年版，第89页。

表 3　我对外签署税收协定关于抵免规定一览表

<table>
<tr><th colspan="2">消除双重征税规定</th><th>国家</th></tr>
<tr><td rowspan="2">中国居民从下列国家取得所得已征税款在中国按限额抵免</td><td>包括间接抵免（条件：股份 10%）</td><td>日本、美国、英国、法国、比利时、德国、马来西亚、挪威、丹麦、新加坡、芬兰、加拿大、瑞典、泰国、意大利、荷兰、捷克、斯洛伐克、波兰、澳大利亚、保加利亚、巴基斯坦、科威特、瑞士、塞浦路斯、西班牙、罗马尼亚、奥地利、巴西、蒙古、匈牙利、马耳他、卢森堡、韩国、俄罗斯、印度、毛里求斯、白俄罗斯、斯洛文尼亚、以色列、越南、土耳其、乌克兰、牙买加、冰岛、立陶宛、拉脱维亚、爱沙尼亚、苏丹、葡萄牙、爱尔兰、克罗地亚、阿联酋、巴新、孟加拉国、印度尼西亚、突尼斯、墨西哥</td></tr>
<tr><td>不包括间接抵免</td><td>新西兰、亚美尼亚、乌兹别克斯坦、南斯拉夫、老挝、埃及、南非、菲律宾、摩尔多瓦、马其顿、塞舌尔、巴巴多斯、古巴、哈萨克斯坦、阿曼、伊朗、巴林、吉尔吉斯斯坦、委内瑞拉、斯里兰卡、阿尔巴尼亚、阿塞拜疆、格鲁吉亚</td></tr>
<tr><td>与下列国家协定规定居民境外所得税款互相给予饶让抵免</td><td></td><td>普通饶让抵免：
马来西亚、泰国、保加利亚、印度、毛里求斯、南斯拉夫、巴新、马其顿塞舌尔、古巴、阿曼、突尼斯、古巴、斯里兰卡（期限至 2015 年）、墨西哥、特多、摩洛哥
投资所得定率抵免：
意大利（股息：10%；利息：10%；特许权：15%）
捷克（股息：10%；利息：10%；特许权：20%）
巴基斯坦（股息：15%；利息：10%；特许权：15%；技术服务费：15%）
塞浦路斯（股息：10%；利息：10%；特许权：10%）
马耳他（股息：10%；利息：10%；特许权：20%）
韩国（股息：10%；利息：10%；特许权：10%）
越南（股息：10%；利息 10%；特许权：10%）
牙买加（股息：5%；利息：7. 5%；特许权：10%）
葡萄牙（股息：10%；利息：10%；特许权：10%；期限至 2008 年）</td></tr>
</table>

在实际操作中，中国居民个人、公司在向对方国家要求享受税收协定规定的相关待遇时，要向对方国家提供《中国居民身份证明》审批表，可有当地县、市级及其以上税务机关签署填发该证明。[8]

〔8〕《财政部税务总局关于印发执行避免双重征税协定的中国居民身份证明的式样和填发使用的通知》（〔86〕财税协字第 013 号）

第十四章 中国律师在中国企业和公民境外投资中的作用

第一节 发达国家律师对其本国企业在华投资中的服务概览

随着我国对外开放政策的实施和经济的快速发展,越来越多的发达国家企业为开拓新的销售市场,降低生产成本,纷纷来华投资。有的通过新设投资,如在中国设立中外合资经营企业、中外合作经营企业和外资企业,有的则通过资产和股权收购进行投资。发达国家企业凭借其先进的技术、管理经验、国际性知名品牌以及其独特的产品在我国市场占据重要地位。发达国家企业在我国获取利益的同时也面临着各种法律风险,根据性质的不同,主要有政策风险、外汇法律风险、税收法律风险、环境保护法律风险、知识产权风险、劳动法律风险等。为了满足对抵御法律风险的需要,随外国企业和投资者的步伐,外国律师事务所也纷纷在中国设立办公室。截至2013年年底,有超过230家外国律师事务所在中国境内(不含港澳台地区)合法设立了办事机构。这些外国律师事务所主要来自美国、英国、澳大利亚、法国、德国等西方发达国家,以及亚洲的日本、韩国和新加坡,它们所设立的办公室在中国主要分布在北京、上海、广州等一线城市和天津、大连、南京、青岛等二线城市。目前,全球最大的50家律师事务所中有一半以上在中国设立了办事处。

一、我国关于外国律师在境内提供法律服务的规定

外国律师事务所在华设立代表机构、派驻代表,应当经国务院司法行政部门许可。行政许可依据主要有《外国律师事务所驻华代表机构管理条例》和《司法部关于执行外国律师事务所驻华代表机构管理条例的规定》。根据《外国律师事务所驻华代表机构管理条例》的有关规定,外国律师事务所驻华代表机构及其代表,只能从事下列活动:(1)向当事人提供该外国律师事务所律师已获准从事律师执业业务的国家法律的咨询,以及有关国际条约、国际惯例的咨询;(2)接受当事人或者中国律师事务所的委托,办理在该外国律师事务所律师已获准从事律师执业业务的国家的法律事务;(3)代表外国当事人,委托中国律师事务所办理中国法律事务;(4)通过订立合同与中国律师事务所保持长期的委托关系办理法律事务;(5)提供有关中国法律环境影响的信息。代表机构业务活动有以下限制:(1)不得办理中国法律事务;(2)不得向当事人解释中国法律;(3)不得从事有损中国国家安全、社会公共利益的活动以及中国法律禁止外国人从事的其他业务活动。

二、发达国家律师为其本国企业提供法律服务活动的特征和优势

“二战”后,随着大型跨国公司的涌现,西方发达国家律师事务所的法律服务逐渐开始国际化,跟随本国大型跨国公司,将其业务拓展到世界各地。它们为其本国公司的在华投资提供法律服务的主要特征如下:

第一,在法律服务提供方式上,以境外提供与商业存在为主。境外提供是以电讯等通讯方式,从境外由外国律师向境内当事人提供法律咨询及有关文件资料,包括资信调查、项目可行性分析、市场调查等有关资料;商业存在是指外国律师事务所在我国境内设立事务所办事处,并派驻相关专业人员,在境内提供法律服务。

第二,在法律服务提供的内容上,主要以对外经济贸易领域的非诉讼业务为主,包括向国外客户提供对有关法律事务的服务,如法律政策咨询、公司资信调查、投资项目、融资信托项目等的法律服务。

第三,在法律服务的实际运作上,主要以中外律师事务所之间的业务协作与联手办案或相互委托为主要形式。

发达国家律师在为其本国企业提供法律服务的优势主要表现在以下几个方面：

第一，发达国家法律服务业的规模化和国际化可以为其本国企业提供优质法律服务。发达国家大型律师事务所在全球范围内扩张，在世界各地建立分支机构和办事处，律所的信誉不断提高，影响力逐渐扩大，形成了辐射全球的法律服务网络，拥有了在全球竞争的实力。在全球范围的资本市场、金融市场和公司业务中，发达国家的大型律师事务所占据了绝对优势。

第二，发达国家律师事务所专业化程度高、业务规模大、经济基础雄厚、管理体制先进、善于团队合作，并且积累了丰富的处理国际经贸纠纷的经验等。无论是投资、金融业务，还是谈判、仲裁业务，发达国家律师都可以为其本国企业提供专业化的全方位服务。

第三，通过在中国设立办事处和招募有中国背景的法律专业人员，外国律师事务所对中国与其他国家在商业和法律文化上的差异有所了解，能够较为准确地预测和分析未来可能出现的有关风险，更有效地为客户提供法律解决方案。同时，其也很注意与中国各级相关政府部门和机构保持密切联系，掌握立法和政策动态。

第四，发达国家法律服务业产业链完整，分工明确，合作充分。在法律服务业内，律师与包括企业管理人员、财务人员、计算机信息人员、后勤服务人员等其他专业服务人员互相合作，围绕法律服务业形成内部产业链。在法律服务业外，还有法学院、法律专业图书馆、法律咨询机构、法律培训等各种组织和机构，它们与法律服务业形成了完整的产业链。

第五，发达国家大型律所注重在中国的本土化建设。发达国家大型律所为适应全球化潮流，在我国设立了很多分支机构和办事处，并与我国的律所联合或者聘请我国律师到大型律所的分支机构工作，更大范围和更深层次上参与东道国法律服务市场的竞争，客户也因此得到更优质的法律服务。

第六，发达国家律师很多在国际商会仲裁院（ICCCA）、斯德哥尔摩仲裁院（SCCCA）、伦敦国际仲裁院（LCIA）、美国仲裁协会（AAA）、解决国际投资争端中心（ICSID）、香港国际仲裁中心（HKIAC）、新加坡国际仲裁中心（SIAC）等国际著名仲裁机构担任仲裁员，熟悉国际规则和惯例，可以为其本国公司提供操作性较强的跨国法律争端解决意见。

第七，由于英语当今所处的世界语言地位，发达国家律师大部分具有语言上的先天优势，再加上其丰富的实践经验，可以战略性地分析和预估各种挑战，处理跨时区、语言、文化、政府和司法管辖区的问题以及提前准备应对潜在问题的预案。

三、发达国家律师为其本国企业提供优质的法律服务

发达国家律师拥有在国际贸易、并购、融资等方面的丰富经验，同时具有在税务、知识产权、反垄断、基础设施和企业融资等方面的专业能力。因此，发达国家律师高水准的服务，体现在能以高效率的工作达成及完成交易，为其本国企业减少不必要的成本。总的来说，发达国家律师为其本国企业提供的法律服务是全面参与其本国企业在华投资的法律风险管理。

（一）法律风险管理的含义

法律风险管理一般包括风险识别、风险评估、风险控制和风险交流四个阶段。（1）参与法律风险管理始于风险识别，当事人只有对于具有法律意义的信息或信号保持敏感，真正感知到风险及其危害，才可以采取有效的风险防控措施。（2）参与法律风险评估识别之后还须评估。风险评估的目的，是通过定性和定量分析的方法，掌握各种风险与相关风险因素的合理性、可控性和可防性，为制订风险防控方案提供科学根据。法律风险的定性分析广泛应用于法律尽职调查。定量分析主要用于对特定法律风险和相关风险因素的可控性和可防性分析。（3）法律风险控制是指基于风险评估，对不同性质和程度的法律风险分别以风险接受、风险避免、风险减低和风险转移不同的态度和措施应对。（4）风险交流是风险管理的关键环节。风险交流普遍存在制度、文化、语言和技能等方面的障碍，影响交流的效果。成功的风险交流，涉及交流的主体、目标、技能和交流障碍之克服等问题。

（二）为其本国企业在华投资提供的项目服务

发达国家企业在华投资的项目开发前期、项目谈判中期以及项目交割后期等各阶段，均需要律师提供专业法律服务。发达国家律师在其本国企业在华投资中的服务主要是以下几个方面：

第一，进行可行性法律论证。发达国家律师根据对我国的市场、文化、法律环境及投资环境的了解，通过对我国外商投资领域的法律及与所投资项目行业相关的特定领域的法律政策进行调研，对在华投资项目进行初步判断，对潜在风险做出初步评估。综合分析社会、经济、技术、财务及法律等

方面的可行性，并出具法律意见书。

第二，开展法律尽职调查，评估法律风险。发达国家律师深入了解我国和投资项目所属行业相关法律政策后，对在华被投资主体或合作伙伴的经营状况、法律状况及资信情况进行调查，并在文件审查基础上，就发现的法律问题与其本国企业及中国政府有关部门进行沟通。对潜在的法律风险进行评估，提出解决意见和建议，并撰写法律尽职调查报告，为下一步选择投资方式、设计交易结构提供依据。

第三，参与项目谈判，就投资方式、交易结构提供法律意见。为促成投资，实现商业目的，发达国家律师对其本国企业的在华投资谈判提供协助或直接参与商业谈判，在谈判过程中控制法律风险。外国企业在华投资中，通常选择股权收购、资产收购、期权方式、债权转股权、承担债务等方式进行投资。在交易结构设计时，发达国家律师根据其本国企业的需要，在坚持己方交易目的原则下，利用其对交易的经验和资金优势，为保护本国企业的商业利益，对最优投资方式的选择和设计提供建议。

第四，起草、审核、修改和补充相关法律文件。在华投资项目涉及一系列的交易文件，包括但不限于股权购买协议、股东协议、公司章程或其他阶段性法律文件。发达国家律师可以协助其本国企业起草、审查和修改交易文件或提出相关法律建议。

第五，协助进行项目审批与交割。在华投资涉及国家发展改革委、商务部、国家外管局等多个政府主管部门，发达国家律师及时关注投资相关法律法规的变化，把握国内外投资动态，同时协助履行政府部门所需的审批手续。发达国家律师还可以协助在华投资项目按照约定的方式进行交割，审查项目交割的先决法律条件是否满足、有关政府批准文件是否及时取得等，确保拟开展的境外投资最终实现投资目的。

第六，推荐中国律师，监督管理中国律师的工作质量和进度。虽然发达国家律师拥有丰富的经验和较强的业务能力，但涉及中国法律的解释、执行等问题时，仍需我国律师的介入。发达国家律师会协助其本国企业选聘我国律师，并通过业务渠道，了解我国律师法律服务的质量、审阅我国律师准备的文件材料等，协助其本国企业与我国律师进行有效沟通。此外，发达国家律师还可协助其本国企业选聘会计师事务所等其他中介机构，推进项目的进展。

（三）为其本国企业在华投资提供的日常法律服务

发达国家律师除了在具体项目上为其本国企业提供法律服务，而且在企业日常经营活动中也提供诸多的服务，主要包括以下几个方面：

第一，向在中国设立子公司或常驻代表处的本国企业提供一系列的公司法律服务，其中包括为符合国家和地方审批及注册要求而提供的一次性或持续性公司合规服务，如个别企业的年度维护，以及由于公司名称、注册地址、法定代表人和其他因新增业务需要而发生的公司变更等相关事宜的具体申报。

第二，帮助完善其本国企业在华的外资审批、审查、申报、备案、信息披露等制度，以确保境外投资在东道国的合规性，就企业行政管理中的法律问题提出建议。

第三，担任其本国企业在华投资的法律顾问，提供法律和政策咨询。因发达国家与我国在商业和法律文化上存在差异，可能带来沟通问题，需要律师向其本国企业进行解释，尽量避免不必要的争议。

第四，在争议解决方面，虽然目前发达国家律师不能直接在中国法院担任其本国企业的代理律师，但可以协助挑选最适合的中国律师，为其本国企业在中国的诉讼提供协助。另外，发达国家律师还可以向其本国企业提供有关争议解决的有效策略和解决程序的咨询服务，并可以代表其本国企业参加中国境内外的仲裁。

第五，协助发达国家企业在华投资的过程中应对我国的反垄断审查，研究我国反垄断法律制度、我国参与签署的双边投资保护协定、避免双重征税协定以及其他投资促进和保障政策法规，为其本国企业在华投资对话与谈判机制提供法律支持。

第六，对其本国企业就各类与 WTO 相关的问题提供咨询意见，如通过地区和双边自由贸易协议来优化跨境货物和服务贸易、战略性物资和技术的出口管制、贸易制裁、当地法规与 WTO 承诺的相符性等方面。

四、对我国律师和律师事务所的启示

发达国家律师是跟随其本国企业走出国门的，凭借其语言优势、善于合作的精神、丰富的法律服务经验和强大的业务能力，从而拥有国际竞争力。发达国家律所具有规模化、专业化和国际化的特征，已经形成全球网络服务体系，可以为其本国企业在华投资提供全方位的优质法律服务。然而我国律师仍不能满足我国企业走出去的需要。因我国律师语言能力不过关，涉外经验少，跨境法律驾驭能力不足，我国律师事务所在国外办理分支机构的较少，也未与财务、管理等其他专业人员形成长期的稳定合作关系，服务链不完整。因此，我国的法律服务仍有较大的发展空间。

为更好地为我国企业走出去提供法律服务，我国律师应做到以下几点：(1)加强语言训练，扫清语言障碍；(2)不断学习国际法和外国法的学习，学习财务、管理等方面的相关知识；(3)不断积累法律服务经验，提高自己的业务能力。我国律师事务所应重视法律服务的本土化，完善法律服务产业链，树立法律品牌观念和团队合作意识。我国企业也应重视律师的作用，在项目的事前论证、事中控制和事后整合方面委托律师参与，控制法律风险。同时政府应重视法律服务业的发展，为法律服务业提供政策等方面的支持。

第二节 中国律师对中国企业走出去所提供的服务

随着经济全球化的不断推进，中国企业"走出去"的步伐不断加快，法律问题成为我国企业"走出去"遇到的最大问题之一，因法律障碍造成我国许多企业数以亿计的损失。为防范法律风险，我国律师在我国企业"走出去"过程中，提供了涉及对外投资、并购和国际贸易等方面的法律服务。

一、我国律师提供法律服务的必要性

我国企业境外投资和并购，因优秀律师的介入，不乏成功案例，如华能集团收购澳大利亚电力企业、中国工商银行收购南非标准银行等。而我国有些企业忽视我国律师的作用，法律风险估计不足，事后补救机制不完善，高度依赖境外律师，导致失败，轻则带给企业巨额经济损失和重大商誉损失，重则使整个项目失败，无法实现我国企业"走出去"的战略目标。例如，中国铝业收购力拓集团和中国平安收购欧洲富通集团。近年来，由于我国企业"走出去"步伐加快，经常受到西方国家诸如反倾销等法案的制裁，我国

成为世贸组织各成员国反倾销调查的重点，也成为贸易保护主义最大的受害者。

面对这种情况，如果我国律师能够通晓当地政治、文化和法律制度，熟悉国际经济的惯例和游戏规则，就可以帮助中国企业了解投资目标国的政策法律环境，对投资目标进行风险调查和商业调查，协助我国企业完成整个商业交易的谈判，结合我国企业的实际情况，更好地保护企业的合法权益。面对不同的法律管辖、繁多的商业条款和巨大的文化差异，我国律师积极介入，识别和防控法律风险，对于我国企业“走出去”有着极其重要的意义。而另一方面，积极参加跨境法律事务，对于我国律师经验的积累以及专业水平的提高，也有重要的提升作用。

二、我国律师为我国企业提供法律服务的优势

事实证明，我国企业“走出去”如果没有我国律师的参与和协助，仅仅依赖境外中介机构，我国企业很难得到质高价优的服务，最终会限制我国企业走出去的速度。我国律师为我国企业提供法律服务的优势主要有以下几方面：

第一，因历史原因及现有的社会和经济制度，我国的对外经济活动具备鲜明的“中国特色”，境外人士很难完全理解和把握，境外律师同样也不熟悉我国的政治、经济和文化问题，不能完全理解我国企业的真实需求。而我国律师知悉国内产业情况及企业的文化、运作规律和需求，深刻理解国内相关法律，能够把握国内政策和相关机构的监管要求，最大限度地满足我国企业期望实现的资源整合或产业调整需求。

第二，由于语言文化及思维方式的差异，有时境外律师与我国企业的沟通和理解存在问题，可能导致我国企业的意愿无法得到完全体现和落实。随着一批具有国际化业务水准的我国律师成长起来，我国一些大型综合性律所已在海外设立了分支机构，并积极争取当地资源，熟悉海外监管要求与商业操作，能够为我国企业“走出去”提供全方位的法律服务。

第三，我国律师的服务成本低于境外律师。我国企业境外投资和并购中常常需向境外律师支付“天价”服务费，高昂的收费使我国企业承受巨大的成本负担。如虽然中国铝业收购力拓集团以失败告终，但仅其中一家国际律师事务的律师费就超过 4000 万美元。

第四，我国律师可以为我国企业“走出去”提供持续、有效的服务，包括事前法律论证、事中法律支持和事后法律纠纷解决等。

第五，我国律师对我国企业涉及国家机密、敏感的商业信息及技术信息具有较强的保密性，从根本上保护了国家、行业与企业的核心机密。而国际化律师事务所服务的客户面非常广，可能与我国企业的境外竞争对手存在千丝万缕的联系，加之境外背景，有诸多不可控因素，能否严格保密，公正处理我国企业的业务也值得担忧。

三、我国律师为我国企业“走出去”提供服务的主要内容

（一）境外投资方面的法律服务

我国律师代表我国企业在境外主要进行直接投资、股权或资产收购等业务。境外投资方面提供的服务包括：（1）协助我国企业挑选境外律师及其他中介机构并组织、协调及监督他们的工作；（2）协助客户履行国家发展改革委、商务部、外管局、国资委等相关部门境外投资及外汇管理所需的各项审批手续；（3）对投资目标国的法律和市场做研究和调查，对投资目标国的法律监管环境、境外投资项目的项目结构、法律风险及其他法律问题提供意见；（4）与境外律师合作就目标公司或目标资产进行法律尽职调查，以评估和控制潜在法律风险；（5）对各种投融资安排（股东贷款、母公司境外担保、境内银行内保外贷、全球授信、出口信贷等）和结构进行分析，对投资方式的调整提出建议，发现可能潜在的风险并提前予以规避；（6）起草、审阅和修改交易不同阶段的法律文件，或对交易对方起草的法律文件进行分析、审阅和提供意见；（7）参加交易的法律和商务谈判，就谈判策略及谈判中涉及的法律及商务问题提供咨询；（8）协助进行项目交割以及交割后的整合；（9）就重大问题出具法律意见；（10）与境外服务机构合作设立离岸公司，应客户要求为其他境外投资事项提供法律服务等。

（二）并购、国际贸易等方面的法律服务

并购方面为客户提供服务的形式包括进行审慎性调查，提供法律咨询，参与谈判，起草收购以及处置业务和资产的法律文件，协助完成并购融资以及并购后合规运营支持。具体而言，（1）我国律师主要与企业内部律师共同帮助我国企业审慎考虑境外律师提出的意见和建议，从中国法、外国法和国际法的角度，参与提供股权收购、资产收购、企业合并等并购重组方式的全

程法律服务;(2)结合海外并购中的财务管理和所涉行业(如能源、医药、生物工程等)的专业知识,对相关法律进行阐述,充分考虑项目所涉及的市场准入、竞争与反垄断、产权确认和转让、股东权益保护、企业治理结构、债权债务清理、富余人员安置、税收和合同等法律问题,以及相关的程序法问题,为海外目标企业的并购和业务整合,提供最佳方案和路径的建议;(3)就我国企业海外并购中有关的专门法律问题,提出高质量的研究报告,深刻地认识知识产权、产品责任、环境保护、劳动安全用工等涉及企业社会责任的敏感问题;(4)起草我国企业海外并购各类别、各领域的指导方针,把法律风险管理的理论和方法运用到海外并购投资经营的实处;(5)做好海外并购的外延服务,协助我国企业寻找、遴选目标单位,参与甄选和聘请境外律师,监督境外律师的中介服务。

国际贸易方面主要涉及海关法和其他进出口事务、贸易救济、美国337条款调查以及WTO争端解决。具体包括:(1)律师参与国际贸易活动中有关的合同协议的谈判和签订过程。对国际贸易相对方进行必要的资信调查,把握好对我国企业有利的条款,保证合同条款符合国际贸易法的相关规定和国际贸易惯例。(2)律师参与国际贸易合同或协议的履行及争议解决。如合同履行发生纠纷,律师可与对方协商和解、进行调解或通过国际仲裁或诉讼的方式解决。(3)律师参与国际贸易活动中票据结算和国际贸易支付过程。(4)律师参与反倾销、反补贴调查过程。反垄断和反不正当竞争方面提供服务的形式包括经营者集中反垄断申报、反垄断及反不正当竞争合规咨询、协助企业应对反垄断行政调查、代理反垄断诉讼。

(三)争议解决方面的法律服务

争议解决方面的法律服务主要包括三个方面:(1)跨境争议咨询服务和风险管理分析;(2)跨境非诉讼争议解决方式;(3)跨境诉讼。

跨境争议咨询服务和风险管理分析方面的法律服务包括:(1)提示风险及避免潜在的不利因素;(2)诉前的策划和准备;(3)策划风险控制;(4)对非诉讼争议解决方式和解决途径出具法律意见。

跨境非诉讼争议主要是指代理企业参加的跨境仲裁,主要涉及合资协议、并购协议、知识产权、机械与制造、劳动争议、购销和许可证协议、长期供应协议等方面。提供服务具体包括:(1)针对非诉讼争议解决方式提供法律意见,并进行可行性论证;(2)针对各项争议和交易的特殊要求,起草和修改相关的非诉讼争议解决方式协议；(3)设计和制定合理的非诉讼争议解决方式及其程序；(4)代理非诉讼争议解决方式的各项程序，如制定和解策略、参与和解谈判；(5)起草仲裁协议及担任案件的仲裁员；(6)对复杂仲裁案件，策划有效且符合商业利益的解决方式；(7)就海外投资争议在国际投资争端解决中心或中国法院、行政机构进行的司法程序提供法律服务；(8)在仲裁各个阶段提供法律咨询服务；(9)就执行仲裁裁定的相关问题出具法律意见，并代理承认和执行程序。

跨境诉讼方面提供服务的形式主要包括：(1)为客户提供咨询意见，帮助客户避免业务决策中的诉讼风险；(2)代表客户寻找适当的境外诉讼律师，参加诉讼，提出诉讼请求、策划诉讼方案、参加庭审和上诉、执行法庭判决；(3)与外国诉讼律师一同，策划处理复杂的诉讼争议，包括当事人之间的反诉与反请求，民事诉讼和刑事诉讼间的转换。

四、中国律师提供涉外法律服务的现状

(一)目前我国律师在我国企业“走出去”进程中的状况

我国律师在我国企业“走出去”进程中参与的广度和深度逐渐提高。最初我国企业走出去时，仅仅依靠企业经营管理人员进行商务谈判与风险控制，投资阶段基本没有律师参与，当问题出现后，律师才在特定阶段有限度参与。如在相关协议基本确定的情况下，委托律师进行法律风险分析，或协议已经签订后在履行中出现法律问题，才聘请律师解决。近年来，随着我国企业在风险防范与法律治理方面不断完善，也充分认识到律师的重要性，从启动项目到实施项目交易，律师参与的方面不断扩大。但我国律师在我国企业“走出去”进程中发挥的作用，还不尽如人意。

目前我国企业在“走出去”过程中，有以下三种法律服务的模式：(1)企业仅委托目标项目当地律师事务所，为企业提供法律服务；(2)企业委托一家国际化的律师事务所担任牵头顾问，同时结合当地的律师事务所，共同提供法律服务；(3)委托一家有丰富境外投资经验的中国律师事务所担任牵头顾问，同时结合国际律师事务所和当地的律师事务所，组成律师团队为企业提供法律服务。但在实践中，选择第三种法律服务模式的少之又少，据了解，几乎近90%的我国企业的境外投资与并购活动，从交易结构设计、谈判及交易文件起草等各项核心工作都被境外律师所掌控，中国律师常常被排

斥在外，或其作用被严重忽略。

虽然我国律师在诸多方面已在为我国企业“走出去”提供法律服务，但因我国律师涉外能力不够、经验不足，我国律师经常提供较低端的法律服务，在重大复杂问题上，我国企业仍然高薪聘请境外律师。一些对外投资和并购项目的失败，不仅凸显出中国律师对外法律服务的滞后，而且体现了中国律师防控风险能力较弱，我国的法律服务行业整体水平较低，行业分工不够细致，对很多新兴行业，缺乏针对性的开拓与研究。

（二）我国律师尚不能满足我国企业“走出去”法律需求的原因分析

第一，律师自身因素。境外法律业务的专业性和复杂性要求律师有较高的水平，而我国律师具备境外专业法律水平者较少。很多律师不具备熟练使用外语工作的能力，不能充分理解外国法律语言和外国法，专业知识不够，外国生活经历或服务经验欠缺，不能与境外同行进行有效沟通，难以满足企业“走出去”的需求。

第二，中国律师境外服务网络尚未成形。主要表现在：（1）缺乏境内、境外整体合作的会计师、投资家、服务中介、专家学者顾问，服务网络没有形成；（2）和外国律师事务所合作网络没有形成或者合作形式大于内容，合作沟通临时、随意性较大，缺乏战略合作具体规划和措施；（3）虽然中国大陆律师事务所开始在境外设立分支机构，编织国际法律服务网络，但均处于起步阶段。

第三，外国律师事务所凭借优厚的待遇，“挖走”了大批中国顶尖的律师人才，抢占了我国企业境外法律服务“大蛋糕”。

第四，我国企业负责人法律意识不高，没有充分意识到律师的重要性及如何合理使用律师法律服务，政府的扶持亦显不足。

（三）中国律师提高服务质量的对策

为防范我国企业“走出去”可能遇到的政治风险和法律风险，我国律师应不断提高服务质量和水平，应从以下几点着手：

第一，律师方面。我国律师应主动采取行动，提高自身各方面素质，积极参与国际竞争与合作。为此，首先，要不断加强对国际法和外国法的学习，以及会计、金融、管理、计算机等方面的学习。其次，我国律师在提高法律业务能力的同时，应拓宽自己的业务能力范围，熟悉涉外和跨国业务。最后，要提高语言能力，参与国际律师培训和业务研讨会。

第二,律师事务所方面。首先,我国律师事务所应调整战略观念,树立现代市场观念、竞争观念、效益观念、信息观念、人才观念、信誉观念、服务观念和主动观念等。其次,律师事务所应积极实践“走出去”战略,并注意在目标国的本土化。最后,律师事务所应向规模化、专业化、网络化方向发展,形成国内外服务网络。

第三,法学教育和人才培养方面。首先,应对我国法学教育重新定位,将我国法学教育定位于素质教育与职业教育结合、通才教育与专才教育结合,培养多层次、高素质的复合型法律人才;其次,加强法学教育中的职业训练,注重对法律人才综合素质的培养和教育模式的创新;最后,我国法学教育应注重培养学生应对法律服务全球化的相关技能,加强外语培训,注重培养团队协作精神。

第四,我国企业的重视。企业“走出去”过程中应当重视我国律师的作用,委托律师参与项目的各个阶段中,同时加强企业法律顾问与律师的交流和沟通。

第五,加大中央与地方政府支持。政府应当推动相关法律法规和政策的制定和修改,扶持国内律师事务所在境外设立分所,推荐具备经验的涉外律师进入国际机构。

总之,我国企业“走出去”过程中,律师扮演着越来越重要的角色,虽然目前我国律师提供的法律服务尚不能满足企业“走出去”的需求,但经过多方的共同努力,推动法律服务行业向规模化、专业化、品牌化、产业化和信息化方向发展,提供高水平的法律服务,为我国企业走出去保驾护航。

第三节　中国律师与境外律师的合作

一、我国涉外领域中外律师合作的背景

中国正以前所未有的发展速度在政治外交、经济往来等方面飞速前进,与国际间的商务交往日渐频繁。一些跨国性的贸易纠纷、投资纠纷、知识产权纠纷、婚姻财产纠纷、劳动纠纷等纷至沓来。随着区域经济一体化、世界经济一体化进程的日益加快,中国公民和企业、外国来华公民和企业对法律服务的需求将保持稳定增长,我国律师行业面临着国际化挑战。但与国际

知名律所相比，我们不得不承认国内的律师人才储备、律所业务拓展等方面还有很大差距。

经济全球化，使不同国家之间的商业交易增多，为降低交易风险，保障预期利益，需要法律保障服务全球化，而且全球化过程中产生了大量全球统一规则，使消费者权益保护、环境保护、知识产权保护全球化，这就需要律师具有全球意识，既精通本国法律文化又熟知外国法律文化。在涉外领域，对高端律师人才的需求日益迫切。所谓高端的法律人才，不仅需要具备良好的语言沟通能力，而且需要具备处理国际业务的专业能力。我国现有的法学教育培养模式和现有的涉外法律人才的知识结构都面临着法律全球化的严峻挑战，在处理国际事务和贸易纠纷时缺乏既精通法律又精通英语的高尖端法律人才，我国涉外法律行业发展的步伐和法律全球化进程还有一定距离。到目前为止，中国现有律师近 14 万人，律师事务所 1 万多家，国内律师业务发展势头良好。但形成对比的是，在我国从事涉外事务的涉外律师事务所却数量不足，且所从事的涉外业务单一，远远不能满足国际化市场的需求。

国内多数涉外律师事务所在承接、处理涉外事务能力方面与国际律师事务所还存在差距。中国境内很多律师没有经过系统的涉外业务知识学习和培训，接触涉外案件的机会少，面对涉外案件不知如何操作，无法进行基本的涉外法律文书起草，难以阅读涉外案件卷宗等。中国律师事务所在涉外业务的管理上，缺乏相应的法律业务专业化分工，业务水准难以保证。目前中国律师事务所普遍规模小、综合实力弱、技术含量低。如果全面开放法律服务市场，中国律师就会在竞争者中处于劣势，退守到以诉讼为主的单一法律服务市场中。而且，随着客户消费水平和意识的不断提高，低端市场的业务范围和生存空间将被来自于高端市场的竞争者不断打压而逐步缩小。

造成目前这种状况的原因在于我国恢复律师行业时间并不长，从 1979 年 12 月司法部宣布恢复律师制度至今也就三十多年的历史，而且事务所从事的业务都是国内传统业务。而世界上许多西方发达国家，律师业发展有着上百年的历史，专业化程度和业务管理水平较高。三十多年的律师业发展主要是以一般民事纠纷的处理，以及国内企业的法律需求为主导，法律市场对国际化需求缺乏了解，国际化发展带来的律师业发展机遇仅仅少数律师可以享受到。同时，国内律师往往缺乏国际间同行学习交流的机会，处在相对封闭的执业环境中，对涉外案件处理很难准确把握。

二、中国律师与境外律师加强合作的必要性

我国法律服务市场的进一步开放与发展对法律服务的要求越来越高。目前我国的律师事务所在跨国融资活动、公司兼并收购、国际贸易等高端涉外业务方面严重缺乏操作经验，竞争能力差，储备人才短缺，单独应对市场开放显的力不从心，而造成这一劣势的原因一时间无法消除，与境外律师合作是进一步发展的必然选择。中国律师在这方面的不足，并不意味着外国律师事务所已经在中国法律市场上占有绝对优势地位。法律业务以人为本，外国律师短时间很难精通中国法律和文化背景，而丰富的本土化资源正是国内律所不可替代的独特优势。中国律师熟知中国社会经济和历史，熟悉中国的法律环境和司法制度，与政府部门和企业管理层有着丰富的人际关系。更为重要的是，中国律师与中国客户有的共同文化背景，奠定了对法律服务提供者信赖的天然基础，这是外国律师难以在短期内达到或者取代的。中外律师事务所有相互合作的巨大空间，通过律所间横向合作，使资源互补成为可能性和必然性。

很多外国律师事务所有着上百年的历史，在漫长的成长过程中已经具备了相当丰富的专业经验，尤其是在国际法律服务领域有着得天独厚的优势。例如，英国冼基利律师事务所以处理海事、商事、国际海运法律事务见长；美国戴维斯律师事务所和英国高伟绅律师事务所都以提供国际金融方面法律业务为特长；加拿大宝扬律师事务所则擅长国际贸易与投资。国际性律所依据其得天独厚的品牌优势，能够获得很多跨国企业的客户，使与其合作的国内律所或律师有机会接触到不少国际性商事交易和案件，迅速拓展业务范围，提高业务水平。国内律所利用自己的本土优势，已经开始积极展开与外国律所的合作。目前国内领先的律师事务所，如君合、金杜、中伦文德、通力和锦天城等都有与外国事务所成功合作的范例。

三、中外律师合作模式

（一）国内市场合作

我国现行法律对外资律所的执业范围有诸多限制，外资律师事务所与中国律所进行合资合作为法律所禁止。根据我国《律师法》和《外国律师事

务所驻华代表机构管理条例》，外国律师事务所、外国其他组织或者个人不得以咨询公司或者其他名义在中国境内从事法律服务活动，其业务范围主要是向当事人提供该外国律师事务所律师已获准从事律师执业业务的国家法律的咨询，以及有关国际条约、国际惯例的咨询；接受当事人或者中国律师事务所的委托，办理在该外国律师事务所律师已获准从事律师执业业务的国家的法律事务；代表外国当事人，委托中国律师事务所办理中国法律事务；通过订立合同与中国律师事务所保持长期的委托关系办理法律事务；提供有关中国法律环境影响的信息。此外，境外律所还不得聘用中国执业律师，聘用的辅助人员也不得为当事人提供法律服务。这样的限制直接造成了国内律师与境外律师合作交流的障碍。一些外国律师事务所也通过“打擦边球”等多种形式来从事与中国法律相关的法律服务。

2007 年 9 月，全球十大律师所之一的英国路伟律师事务所（2010 年路伟国际律师事务所同美国霍金豪森国际律师事务所合并为霍金路伟律所）联合国内 9 个主要经济中心城市的律所组建了中世律所联盟，这也是中国第一个跨国律师事务所联盟。中世联盟的首批成员从中国 GDP 排名在前的城市中选出，包括上海锦天城、广州广大、青岛德衡、深圳华商、天津四方君汇、重庆索通、杭州天册、沈阳同方、武汉得伟君尚律师事务所，这 9 家地区性律所的市场规模、制度、文化等均列其所在城市和地区前茅。目前，中世律所联盟已发展了 20 家律所会员，各成员主要位于北京、成都、重庆、广州、杭州、青岛、上海、深圳、沈阳、天津、武汉和厦门等地。中世律所联盟成立的初衷在于借鉴国外律所管理经验，提升了国内律所的经营管理水平。随着联盟缔造逐级推进，促动中资律所间相互并购，在境外开设分支机构，甚至使并购外资律所成为可能。它的成立标志着中国律师在国际合作的进程中迈出了第一步。

中世律所联盟这种结构较为松散，除此之外，一些合作关系更为紧密的合作联盟也已出现。2007 年，上海元达律师事务所同美国 McDermott Will & Emery LLP 结成了战略联盟。McDermott 与元达的结盟并不属于合并，更不是他们在上海设的分支机构，而是两家律师事务所将共享客户但不分享利润，因为合并与分成是我国法律所禁止的。根据公开报道，双方根据合作协议共享客户，并相互提供各自特长领域的技术支持。对于双方合作的成果，元达律师事务所曾在其官网表示：“这一战略联盟使得双方从根本上整合如一家律师事务所。”

2012 年 3 月，国内知名的金杜律师事务所同澳大利亚万盛国际律师事务所（Mallesons Stephen Jaques）结成了紧密联盟，此联盟的成立，不仅是我国律师事务所与国际一流律师事务所的结盟，也是第一个总部设在亚太地区的跨地区法律服务网络，标志着中国律师行业“走出去”迈出了历史性的一步。结盟后的金杜所，仍是一家独立的中国律师事务所，亚洲依然是其业务的重点，该所将通过自身的专业技能、对本地区的理解、对我国法律司法实践的丰富经验，结合国际联盟中所具有的丰富的跨境交易的经验和行业特长，对本地区的经济发展提供进一步强有力的支持，协助本地区公司积极应对各种商业挑战。联盟内部的 1800 名律师都能够“一站式”地提供包括我国大陆、我国香港地区、澳大利亚及英国跨司法区的法律服务，协助客户更好地完成跨境交易。2013 年 7 月，金杜所又同国际律师事务所 SJ Berwin 结成全球法律同盟。与 SJ Berwin 的联盟将更加巩固金杜未来作为全球性律师事务所的地位。

事实证明，加强中外事务所的合作，既是中国经济跨国界发展对法律服务的要求，也是为中外客户提供全方位、多层次优质法律服务的主要保障，更是中国律师获得长足发展的必然过程。仅靠限制性的保护反而不利于中国律师业竞争力的提高，会弱化他们在国际市场上的竞争力。

正是基于律所合作给中国律师带来的发展前景以及法律全球化的大趋势，中国法律服务市场对外开放迈出了新步伐。2014 年 1 月 27 日，司法部作出批复，批准同意上海市司法局提出的《关于在中国（上海）自由贸易试验区探索密切中外律师事务所业务合作方式和机制试点工作方案》和广东省司法厅提出的《关于在广东省开展内地律师事务所与港澳律师事务所合伙联营试点的工作方案》、《关于在广东省开展内地律师事务向香港律师事务所驻粤代表机构派驻内地律师担任内地法律顾问试点工作方案》。

这三项新的开放措施意味着中外双方律所可以签订协议、互派顾问开展业务合作，这有助于拓展中外律师事务所以及内地与港澳律师业开展业务合作的渠道，提升合作水平，通过资源整合、优势互补、密切合作，更好地面向客户提供跨境法律服务。同时，有利于中国与外国律师事务所、内地与港澳律师事务所之间相互学习借鉴，共同提升律师服务专业水准和国际业务竞争能力，更好地服务于我国对外开放。业内人士认为，这一趋势将可能辐射全国的法律市场。

（二）本土律所国际化发展

本土律所国际化是指国内律所通过各种方式，在境外设立分支机构或商业存在，与外国律师事务所进行交流与合作，积极拓展境外客户和业务，律所的业务、人员以及管理也应进行相应的调整，以适应跨境运作的需要。中国律所的国际化最早起源于1993年。当年君合律师事务所周晓琳律师取得了纽约律师执照，君合随后在纽约开设分所。截至2013年，共有40多家中国律所在西方国家设立分支机构。中国律所真正开始国际化布局是在2008年以后全面开始的。而中伦文德律师事务所早在2006年就率先在英国伦敦设立了有限公司形式的律师事务所（非代表处），成为最早开展英国本土法律业务的中国律师事务所。办公地址设立在伦敦金融区内的中伦文德事务所已成为区内最有影响的中资律师事务所。在此基础上，2012年中伦文德律师事务所北京总部与英国DKLM律师事务所签订紧密合作协议，双方本着务实合作精神，在更加具体的业务合作方面达成共识，使中伦文德律师事务所在提供中英跨境法律服务方面，走在中国同行的前列。

目前，在中国企业“走出去”的进程中，中国本土律所扮演的主要角色仍是中国企业的国内法律顾问。国际律师事务所凭借其熟悉母国法律法规、丰富的全球并购经验、庞大的全球网络与广泛的行业资历，在中国企业的海外资本市场融资、银团贷款、兼并收购等大型跨境交易中，占据更重要地位。尽管中国本土律所开展了一些海外业务，但真正能够承担起中国企业海外并购业务咨询，并提供高质量的投资法律风险评估服务的国内律所依然屈指可数。另外，在当前的国际业务和海外交易中，包括央企在内的大型中国企业，大多更倾向于雇用国际知名的法律顾问。在此背景下，中国本土律所海外布局既是全球化大环境下的战略选择，也是法律行业国际竞争所致。按照中国入世时签署的有关协议规定，2016年以后，中国的法律服务业将全面向国外开放，也就是说，任何国籍的人都有资格参加中国的司法考试，通过后便可成为中国的执业律师。随着中国企业“走出去”，中国律所要想做大，就必须在海外广泛布局。实现这一目标需要加大与境外律所的全球化合作。

中国政府鼓励企业扩大海外投资，跨国公司也将继续致力于对中国市场的开拓，这些客户所需要的法律服务，往往涉及多个国家和地区的法律，仅靠中国律师或是外国律师都不能很好地完成，双方的合作是大势所趋。在未来，中国法律从业者将会有巨大的国内外市场，需要进一步创新与境外律师的合作模式，使中国律师的服务能够在国际上得到更广泛的认可和接受。与境外律师加强合作，成为中国律师不断提高自身专业素质、学习跨国业务经验的一条捷径。

第四节　中国律师的增值服务和各类资源配置服务

一、律师增值服务和各类资源配置服务的基本概念

（一）律师增值服务

增值服务（Value - added services）是指服务提供者为客户带来或提供的核心或传统业务范围以外，由服务提供者建议或提出的、派生或关联于核心或传统业务的、能给客户带来附加价值的服务，是对固有服务的合理延伸。律师“受人之托，忠人之事”，一般主要是完成委托人交办的法律事务，在业务的承办范围上较为被动。然而，由于律师和委托人的关系建立在委托人对律师充分信任和依赖的基础上，在充分了解当事人委托目的和相关事实后，律师也会基于自己的经验和专业性判断，向客户提出延展服务的内容，通常这些服务不是救济性的，而是能够扩大客户在商业活动中的盈利空间，实现客户所追求价值（通常是商业价值）的额外增加，构成律师增值服务的内涵。

律师的法律服务类型正发生变化，法律服务业也有“存量”与“增量”之分，存量即风险控制，以合法性、合规性、既有利益的可保障性为重点。律师的职能主要体现于防范风险。而增量即增值服务，以优选方案、创设方案为重点，为企业创造增值效益。律师的增值服务不同于其他行业，由于法律服务的个性化，在所谓“增值服务产品”开发上，无法形成较为标准化的服务产品。律师本人对增值服务的理解以及不同事务所管理水平的差异，也导致了律师提供增值服务能力的明显差距。

（二）律师资源配置服务

资源配置（Resource allocation）是指对相对稀缺或双盲的资源，经过用

途和功效的比较,在人的干预和运作下,所进行的相互选择和组合。资源是指社会经济活动中人力、物力和财力的总和,是社会经济发展的基本条件。在社会经济发展的过程中,相对于人们的需求而言,资源总是表现出相对的稀缺性,不同资源间一直在以寻找最优组合为靶向,以便用最少的资源耗费,获取最佳的效益。在经济学中,资源有狭义和广义之分。狭义资源是指自然资源;广义资源是指经济资源或生产要素,包括自然资源、劳动力和资本等。在任何社会,人的需求作为一种欲望都是无止境的,而用来满足人们需求的资源确实有限的,因此,资源具有稀缺性。资源配置合理与否,对一个国家经济发展的成败有着极其重要的影响。一般来说,资源如果能够得到相对合理的配置,经济效益就显著提高,经济就能充满活力;否则,经济效益就明显低下,经济发展就会受到阻碍。

律师在社会经济生活中的参与度日益提高,律师的身影出现在不同经济活动中,并发挥着越来越重要的作用。在参与客户的商业实务中,律师熟悉不同的行业,逐渐了解不同行业的特征以及行业发展的现状。在服务客户的过程中,通过不断了解和分析不同客户及所从事业务,逐步成为商业资源信息和渠道的获知者,这些资源既包括经济学上的狭义资源,也包括广义资源。对商业资源信息和渠道的掌握以及对行业和客户商业需求的知晓,加之对服务不同行业的法律专业知识和经验,使律师有可能成为虽不实际拥有各类资源,但可对资源的合理配置起到至关关键作用的核心参与者。律师在资源配置活动中的实质作用仍是提供服务,只不过其服务内容已经超越了法律服务本身,是一种法律服务为基础的综合服务。这是当今经济社会高速发展下,律师服务的必然产物。

(三)律师增值服务和资源配置服务的相同点和不同点

律师增值服务和资源配置服务的相同点主要表现在均发生在经济领域和商业行为中,服务主体以企业法人为主。我们不认同在任何可能涉及公平、正义问题上以及司法裁判活动中的任何所谓律师增值服务和资源配置服务。律师增值服务和资源配置服务的合法性是这两类服务的相同法律基准。律师增值服务和资源配置服务均应是伴随法律服务而提供的附加服务,离开了法律专业性,有可能成为其他中介服务,不属律师服务的范畴。有时,这两类服务还可能会产生混同现象,一项服务既是律师增值服务,又是资源配置服务。另外,律师增值服务和资源配置服务的一个重要共同特征就是有价性，都以服务接受者获取价值和收益作为衡量的标准。

律师增值服务和资源配置服务的不同点主要表现为：律师增值服务是一项核心或固有法律服务之外的派生性服务，是核心或固有服务的合理延伸，与核心或固有服务具有逻辑的因果和顺序的先后关系，这种服务是从客户获取服务价值的继续增长角度着眼。而律师资源配置服务则是律师利用自己所掌握的资源信息与渠道，发挥自己在各类资源拥有人之间的中介和桥接作用，当然这种中介和桥接不是简单的"拼缝"，而是律师在分析行业需要和法律研究后所做的资源最优组合和运用，是从社会资源的合理配置角度着眼。

二、律师增值服务和各类资源配置服务提出的背景

经济全球化已是现代世界经济不可逆转的发展趋势。加入 WTO 以来，我国对外开放进程不断深化，我国企业在国际贸易和境外投资中涉猎的范围和商业活动的规模也在迅速扩大。在 2000 年中国政府开始实施"走出去"战略的时候，中国企业的对外直接投资只有 6.2 亿美元，而到 2012 年年末，中国大陆的 2 万多家投资者在全球 180 多个国家和地区设立的境外企业有 22000 多家，形成的境外直接投资存量已经超过 5400 亿美元，境外企业形成的海外资产总额已经达到 20000 亿美元。2012 年，中国首次跻身世界第三大对外直接投资国。同时，中国企业也越来越多地融入国际资本市场。鉴于境外较宽松的上市条件，中国企业尤其是处在成长过程尚未发展成熟的中小民营企业，很多选择到海外上市。

从传统意义上讲，律师是国家和社会民主法制不可或缺的一部分，不是一般意义上的服务性行业，商业性不是律师业的本质属性。但是面对激烈商业竞争的大环境，很多法律界人士提出我国律师业商业化、规模化甚至产业化的发展方向。科华律师事务所主任李凌燕博士曾在"WTO 与中国法律服务市场研讨会"上指出："律师及律师服务是一种市场资源，遵循市场配置资源的规律实行产业化经营，是律师事务所必然的发展方向。"石献智先生在"律师角色转换与社会责任"一文中也说，"在当今整个社会产业结构中，律师业已经发展成为一个独立的产业力量，在国家和社会的运行中，发挥着不可替代的作用"，"律师行业也已经在很大程度上参与了国民经济生产，拥有了相当数量的专业人员，具备了一定的产业规模，出现了要求律师行业产

业化的强烈呼声”。在外部商业竞争及业内同行竞争的背景下，律师仅局限于传统业务，已经不能满足客户商业和自身发展的需要。客户在法律服务消费上的升级，不仅体现在服务量的增大，更体现在对服务内容深度和广度上的要求。律师增值服务和资源配置服务正是应对法律服务接受者的对这种迫切且实际的要求而日益受到律师界的广泛关注和践行的。对于律师来讲，律师增值服务和资源配置服务也是律师为了提升自身服务品质以及在激烈的行业竞争中立于不败之地的不二选择。

三、律师增值服务和各类资源配置服务的基本内容

（一）律师增值服务的基本内容

公司在社会经济活动中起主导作用，它对我们生活有深远影响。公司是律师增值法律服务的主要对象。在公司不同的发展阶段，律师都通过自己的专业判断，为其提供增值法律服务。

（1）在公司设立过程中，律师在协助公司办理有关设立手续及准备相关文件时，还就有关出资者责任、出资方式、公司设立法律效力等提供法律咨询服务。在起草公司章程、股东间出资协议等内部文件时，指导企业办理出资资产评估和资产过户事宜。对公司业务可能涉及环保、土地、工商等法律问题，提出法律建议，并可协助公司建立制度化、规范化的运行模式。资金永远是公司重要的生产要素，律师可以在融资方面为公司提供增值服务。积极研究各种新型、合法的融资方式，协助公司适时进入资本市场，妥善处置涉及企业担保、资金链断裂等方面的问题，为公司发展提供坚实的资金保障。

（2）在开拓市场过程中，律师可在公司增强质量、品牌和营销意识、改善售后服务、提高市场占有率等方面提供增值法律服务，并对公司尝试连锁经营、特许经营、电子商务等现代经营方式和新型业态进行合法性论证和法律风险提示。协助开展对外投资，为投资项目的实现提供合法性审查、法律风险评估等全方位的法律服务，认真做好公司在收购、兼并、联营等工作中的法律服务。研究国家促进产业发展的政策措施，培育公司新的利润增长点。

（3）在劳动关系方面，帮助公司建立完善员工招聘、劳动保障、劳务派遣、工资集体协商等制度，指导企业依法订立和履行劳动合同，按规定为职工缴纳各类保险金，加强安全生产制度建设，依法妥善解决公司与职工矛盾

纠纷。

(4)在完善公司法人治理结构方面,按照公司法的有关要求,规范公司股东会、董事会、监事会和经营管理者的权责,健全公司高级管理人员的聘任制度和激励机制,完善权力机构、决策机构、监督机构和经营管理者之间的制衡机制,建立有效的公司法人治理结构。

(5)在知识产权方面,为公司创新发展提供法律增值服务,引导公司重视知识产权的保护,建立有效的专利、专有技术、商标、著作权、商业秘密等保护制度,大力开发自主知识产权和自主品牌,不断提高产品质量档次,提高企业的核心竞争力和可持续发展能力。

(6)在公司改制重整重组中,协助公司制订实施重组方案,处理好产权登记、资产统计、清产核资、资产评估、产权转让、资产重组及人员调整中的各项法律问题;帮助陷入债务危机的企业在法律的架构下,实施债务重组、产业整合,帮助企业化危为机,走出困境,使股东、债权人、职工等实现各自利益的最大化,帮助企业获得重生。

(7)在公司风险防控方面,按照事前防范、事中控制和事后补救各阶段的不同要求,帮助公司构建涉及重大投资决策、重要经营活动、重大资产处置等方面的法律风险控制体系和预警机制,增强企业抵御市场风险的能力。充分发挥公司法律顾问在参与重大经营管理决策方面的参谋助手作用,切实加强企业在合同管理、资产重组、诉讼仲裁等重点领域和重点环节的法律风险管理,避免和减少企业损失。

(二)律师各类资源配置服务的基本内容

由于可配置资源种类繁多,无法就具体资源进行表述。以下按资源配置方式的不同,来简述律师进行资源配置服务的基本内容。

(1)相同产业上、下游之间的资源配置服务:长期服务于某一产业,使律师对同一产业的上、下游企业和业务都日益熟悉,在不断地具体化法律服务方面,律师有可能根据自己掌握的商业信息和判断,结合同一产业的法律和监管要求,在相同产业的上、下游之间,提供有效资源配置服务。

(2)不同产业间的资源配置服务:由于律师服务覆盖不同产业,随着对不同产业的理解和熟悉,在获知来自不同产业的需求后,律师有可能根据自己的商业和法律判断,将不同产业的资源以整合,为客户提供不同产业间的资源配置服务。

(3)资金提供方与资金需求方之间的资源配置服务:资金提供方与资金需求方可以股权、债权、融资租赁以及不同种类复合等多种方式,形成相互间的资金供需关系。由于长期为资本市场和金融领域参与者提供法律服务,使律师逐渐了解了市场和资金需求情况,熟悉有关投资和金融法律法规,掌握各种交易模式,最终使律师有机会为资金提供方与资金需求方提供双方寻觅和欲求的资源配置服务。

(4)重要资产买卖双方之间的资源配置服务:重要资产的具体种类很多,既包括具体的物,也包括知识产权、股权、债权等无形资产,但其共同特征应是绝对金额巨大,或对于所有者或者购买者来说,相对占其全部资产的比重较大。对于这种买卖的供需关系,律师可以为重要资产买卖双方提供商业信息交换、法律架构设计以及资产最优组合等“一揽子”资源配置服务。

(5)对提供不同专业服务的资源配置服务:发达商业社会是离不开专业服务提供的。所谓专业服务,是指由机构或个人应用某些专业知识和专门知识或者特有的实践经验来为客户或消费者提供某一领域的特殊服务。它是知识和科技含量很高的服务,是少数专业人士提供的特殊服务。根据世界贸易组织的分类,专业服务归入职业服务的范畴,主要包括法律服务、会计、审计和簿记服务、税收服务、咨询服务、管理服务、与计算机相关联的服务、生产技术服务、工程设计服务、集中工程服务、风景建筑服务、城市规划服务、旅游机构服务、公共关系服务、广告设计和媒体代理服务、人才猎头服务、市场调查服务以及其他专业服务。律师在为客户提供具体法律服务时,可根据客户需求的范围和特征,整合其他专业服务提供者,对不同专业服务提供资源配置服务。

参考文献

一、中文部分

(一)著作

1. 蔡元培:《蔡元培文集》,浙江教育出版社1997年版。
2. 范剑虹主编:《国际投资法导读》,浙江大学出版社2000年版。
3. 何力:《中国海外投资战略与法律对策》,对外经济贸易大学出版社2009年版。
4. 姜浩:《美国联邦公司税法制度研究》,中国政法大学出版社2003年版。
5. 李恒光、王雁等:《成功中介必读——制度创新与中介组织教育》,石油工业出版社2002年版。
6. 梁咏:《中国投资者海外投资法律保障与风险防范》,法律出版社2010年版。
7. 吕凤太:《社会中介组织》,学林出版社1998年版。
8. 史晓丽、祁欢主编:《国际投资法》,中国政法大学出版社2005年版。
9. 宋光华:《市场中介组织》,经济管理出版社1997年版。
10. 苏丽萍:《对外直接投资:理论、实践和中国的战略选择》,厦门大学出版社2006年版。
11. 孙南申:《国际投资法》,人民大学出版社2008年版。
12. 王雨本主编:《WTO之外的国际经济组织》,人民法院出版社2002年版。
13. 徐萍:《跨国战略——中国企业境外投资法律与实务》,法律出版社2013年版。
14. 杨丽艳:《区域经济一体化法律制度研究》法律出版社2004年版。
15. 余劲松:《国际投资法》,法律出版社1997年版。
16. 余劲松主编:《国际投资法》,法律出版社2005年版。
17. 郑琳编著:《国际税法学》,北京师范大学出版社2012年版。
18. 中国国际税收研究会编:《中国居民企业对外投资与劳务税收研究报告》,中国税务出版社2012年版。

(二)译著

1.[美]鲁文·S.阿维-约纳著:《国际法视角下的跨国征税:国际税收体系分析》,熊伟译,法律出版社2008年版。

2.[美]曼昆著:《经济学原理》(第三版),梁小民译,清华大学出版社2006年版。

3.[美]泰勒·考恩著:《创造性破坏》,王志毅译,上海人民出版社2007年版。

4.[美]约瑟夫·奈著:《美国霸权的困惑:为什么美国不能独断专行》,郑志国等译,世界知识出版社2002年版。

(三)文章

1.《南方报业集团并购美〈新闻周刊〉为何失败》,载香港《太阳报》2014年7月。

2.保罗·理查森:《从贝塔斯曼中国故事学什么》,载《出版商务周报》2008年7月15日。

3.陈波、荣飞琼:《中国对外直接投资的战略选择》,载《统计研究》2008年第8期。

4.程璐:《论双边投资协定对ICSID管辖权的影响》,载《商业时代》2011年第6期。

5.辛柏春、张毫:《论国际投资保护中的法律冲突与协调》,载《学术交流》2001年第2期。

6.方荀:《90年代以来中国在BITS中接受ICSID管辖的研究及评价》,载《法制与社会》2010年第27期。

7.顾微微、张异和:《多边投资条约下的外国投资准入自由化研究》,载《政法学刊》2006年第3期。

8.韩骏伟:《我国文化产品“走出去”》,载《马克思主义与现实》2006年第5期。

9.何艳梅:《联合国贸发会议与多边贸易体制》,载《法治论丛》2006年第21卷第6期。

10.江小涓、杜玲:《对外投资理论及其对中国的借鉴意义》,载《经济研究参考》2002年第73期。

11.姜波、刘成军:《汲取美国实践经验,发展我国海运经营》,载《国际经济合作》2002年第4期。

12.刘芬:《结伴并购是个不错的选择》,载《中国国土资源报》2010年6月17日。

13.刘辉群、卢进勇:《WTO多边投资规则对中国企业“走出去”的影响》,载《世界贸易组织动态与研究》第17卷第6期。

14.刘浪:《三一重工总裁向文波:收购“大象”很划算　工程机械行业国际化“提速”》,载《第一财经日报》2012年2月3日。

15.刘晓红、周祺:《我国建立临时仲裁利弊分析和时机选择》,载《南京社会科学》2012年第9期。

16.卢进勇:《中国双边及区域投资制度安排:特点、作用及建议》,载《亚太经济》2013年第1期。

17.陆娅楠:《警惕装备制造业“空壳化”》,载《人民日报》2013年12月23日。

18. 缪立平:《长河出版社:“两头在外”走出去》,载《出版参考》2006 年第 27 期。
19. 任殿顺、龚曙光:《打造出版湘军上市媒阀》,载《出版人》2009 年第 5 期。
20. 宋珧:《论双边投资条约对国际投资法的发展:中国视角》,载《江苏行政学院学报》2005 年第 6 期。
21. 孙南申:《WTO 体制下国际投资法的趋势与发展》,载《当代法学》2005 年第 19 卷第 1 期。
22. 田丽丽:《出版集团 2012 各“亮剑”什么》,载《中国图书商报》2012 年 2 月 28 日。
23. 王路江:《中国大学教育与中国文化传播》,载《中国文化研究》2005 年第 2 期。
24. 王宁宁:《万达并购 AMC 文化产业出海:今年收入或达 200 亿元》,载《财经》2012 年 10 月 10 日。
25. 王壹平:《关于海外建筑项目风险管控的探讨》,载《铁路工程造价管理》2013 年 5 月。
26. 王宇:《加强风险管理,保障对外投资安全》,载《中国对外投资合作发展报告》(2011 ~ 2012)
27. 魏志梅、刘建:《中国境外所得税制的回顾、借鉴与展望》,载《税务研究》2011 年第 7 期。
28. 冼国明、严冰:《全球国际直接投资的发展趋势与前景》,载《国际经济合作》2007 年第 1 期。
29. 肖芳:《〈里斯本条约〉与欧盟成员国国际投资保护协定的欧洲化》,载《欧洲研究》2011 年第 3 期。
30. 熊慧贞:《中国企业境外投资发展现》,载《经济研究导刊》2011 年第 25 期。
31. 熊洁敏:《我国对外直接投资的产业、区位与模式》,载《当代经济》2007 年第 4 期。
32. 杨小川:《中国企业海外投资的几个问题》,载《对外经贸实务》2006 年第 4 期。
33. 叶小文:《新丝绸之路:两大文明的再度交汇》,载《人民日报》2014 年 3 月 27 日第 21 版。
34. 张楠:《从迪士尼电影〈花木兰〉看美国文化霸权》,载《时代报告》(学术版)2011 年第 11 期。
35. 中国社会科学院世界经济与政治研究所:《2013 年第 3 季度中国对外投资报告》,2013 年 1 ~ 2 月。
36. 钟慧:《构建境外投资外汇支持机制问题探讨》,载《金融经济》2013 年第 24 期。

(四)学位论文

1. 窦春源:《〈里斯本条约〉框架下欧盟 FDI 政策变化的法律研究》,中国政法大学 2013 年硕士毕业论文。
2. 陆蓉:《中国—东盟自由贸易区有关投资的法律问题研究》,广西师范大学 2008 年硕士学位论文。
3. 辛宪章:《国际投资争端解决机制研究》,东北财经大学2013年博士毕业论文。
(五)网络文献
1. 蔡倩茹:《中国海外投资 善其身方可济沧海》,载和讯网:http://news. hexun. com/2011-03-28/128283550. html,最后访问日期:2011年3月28日。
2. 杨倩雯:《平安 vs. 比利时 意义远超案件结果本身》,载《第一财经日报》:http://www. yicai. com/news/2012/11/2277423. html,最后访问日期:2015年5月15日。
3.《中国共产党第十八次全国代表大会上的报告》,载人民网:http://cpc. people. com. cn/n/2012/1118/c64094-19612151-4. html,最后访问日期:2012年11月29日。
4.《中国共产党第十六次全国代表大会上的报告》,载人民网:http://cpc. people. com. cn/GB/64162/64168/64569/65444/4429120. html,最后访问日期:2015年4月28日。
5.《中国共产党第十七次全国代表大会上的报告》,载人民网:http://cpc. people. com. cn/GB/64093/67507/6429847. html,最后访问日期:2015年4月28日。
6. 德勤:《中国装备制造业海外拓展新阶段》,载德勤网:http://www2. deloitte. com/cn/zh/pages/manufacturing/articles/new-stage-for-overseas-expansion-of-china-equipment-manufacturing-industry. html,最后访问日期:2015年4月20日。

二、外文部分
(一)著作
1. Aron Brohes, Selected Essays - World Bank, ICSID and other Subjects of Public and Private International Law, Kluwer Academic, 1995, p. 250.
2. R. Rayfuse (ed.), ICSID Reports, Crotius Publications, 1993, Vol. 1, p. 28.
(二)杂志文章
Peter Kenevan and Andrew Winden, “Flexible Free Trade: the ASAEN Free Trade Area”, Harv Intl Lj34 HVILJ 224, 1993.

后记

《“一带一路”下中国企业走出去的法律保障》一书终于与读者见面了，我感到心里像一块石头落了地，有些轻松的感觉。回想起参与我国诸多企业走出去的法律业务，不禁有很多感慨。

从2000年开始我们律师事务所担任国内某家大型银行的A级高保密级律师，主要参与中国大中型企业向境外投资和兼并业务的金融法律服务。我们所参与的业务涉及全世界170多个国家和地区。其中，既有哈萨克斯坦、乌兹别克斯坦、吉尔吉斯斯坦、土库曼斯坦等处于“丝绸之路经济带”上的国家，同时也涵盖了相当一部分符合“21世纪海上丝绸之路经济带”战略的地处东南亚（如缅甸、马来西亚、越南、巴基斯坦等）、中东（如伊朗）、欧洲（如希腊、法国、英国、意大利等）和美洲（如委内瑞拉、阿根廷、巴西等）的国家。初期时仅限中国的央企或国企，以后又涉及了合资企业和大型私企，再后来还涉及了境外的外国企业。开始时国际投资业务仅涉及国内的银团贷款，以后又涉及了国际银团贷款。可以说，我们有意无意中参与了“一带一路”的开拓史，并真正有机会接触到相关的法律实务。

我们在参与企业国际投资的过程中发现许多问题，有的是中国立法方面的，有的是国家外汇方面的，有的涉及税务问题，还有的涉及国际贸易的问题和国际习惯问题。总之，我国企业到境外投资的时间不长、经验不足，法律观念也不强，经常会遇到许多意想不到的各种问题。于是我们想在国内举办一些研讨会，主要讨论一些有关中国企业境外投资会遇到的各类问题和解决方案。2007年我们和英国伦敦交易所在北京举办了中国企业投资英国的法律论坛。2009年我们联合一些国际知名律师事务所和会计师事务所在北京联合举办中国企业走出去高峰论坛。我们的想法很朴素，我们就想让更多的中国企业能够多了解去境外投资应该具备哪些法律知识。2013 年我们又和英国 DKLM 律师事务所在北京举办投资英国的高峰论坛。2014 年我们和沙特律师事务所、英国律师事务所共同在北京和西安分别举办中国企业到沙特和英国投资的高峰论坛。这些有关中国企业走出去到境外投资的研讨会在中国企业界产生了一定的影响，或多或少地推动了中国企业走出去的脚步。

在数十年协助中国各类企业到境外各国进行投资和兼并收购过程中，我们的律师积累了丰富的经验，同时也增长了许多知识。我们感到作为中国律师，在当前中国经济谋求转型和“一带一路”战略的大背景下，我们有义务、有责任去为中国企业走出去做些什么。

于是就组织我们的律师编写一本能够帮助中国企业到境外投资的工具书。在编写本书之前，我们翻阅了有关该类书籍，发现以往出版的该类书籍大都是按国别写每一个国家的法律和投资环境，主要是介绍东道国的具体情况和法律情况，所以我们应该与别的作者有所不同。我们的主要目的是帮助中国企业和公民能够顺利地在境外投资和兼并收购，那么就要分析中国企业和公民到境外投资所面临的各类问题以及造成这些问题的原因，并给他们提出解决方案和建议。

最终，《“一带一路”下中国企业走出去的法律保障》一书就问世了。我组织编写了这本书的目录和写作大纲并负责全面审稿校对，李铮律师撰写了第一章和第十三章；李云海律师撰写了第二章；张海军律师撰写了第三章；连晶律师撰写了第四章；黄敏律师撰写了第五章和第九章；武坚律师撰写了第六章；姚正旺律师撰写了第七章；朱登凯律师撰写了第八章；王芳律师撰写了第十章；林威律师撰写了第十一章；田磊律师撰写了第十二章；刘健君律师撰写了第十四章。

由于各位笔者都是专职律师，平常要忙于案头工作，他们都是在百忙之中抽出休息时间撰写各自负责的章节，因此无论是内容还是文字难免会出现一些问题，所以希望各位读者能够见谅，并能够给我们提出宝贵的批评意见。

北京市中伦文德律师事务所
陈文　律师
2015 年 8 月 18 日

图书在版编目(CIP)数据

“一带一路”下中国企业走出去的法律保障/陈文主编. —北京:法律出版社,2015.9(2020.7 重印)
ISBN 978-7-5118-8525-8

Ⅰ. ①一… Ⅱ. ①陈… Ⅲ. ①企业法—研究—中国 Ⅳ. ①D922.291.914

中国版本图书馆 CIP 数据核字(2015)第 237933 号

“一带一路”下中国企业走出去的法律保障
“YIDAI YILU”XIA ZHONGGUO QIYE ZOUCHUQU DE FALÜ BAOZHANG

陈 文 主编

策划编辑 程 岳
责任编辑 程 岳
装帧设计 汪奇峰

出版 法律出版社
总发行 中国法律图书有限公司
经销 新华书店
印刷 北京虎彩文化传播有限公司
责任印制 胡晓雅

编辑统筹 司法实务出版分社
开本 710 毫米×1000 毫米 1/16
印张 22.75
字数 345 千
版本 2015 年 12 月第 1 版
印次 2020 年 7 月第 2 次印刷

法律出版社/北京市丰台区莲花池西里 7 号(100073)
网址/www.lawpress.com.cn
投稿邮箱/info@lawpress.com.cn
举报维权邮箱/jbwq@lawpress.com.cn
销售热线/400-660-8393
咨询电话/010-63939796

中国法律图书有限公司/北京市丰台区莲花池西里 7 号(100073)
全国各地中法图分、子公司销售电话:
统一销售客服/400-660-8393/6393
第一法律书店/010-83938432/8433 西安分公司/029-85330678 重庆分公司/023-67453036
上海分公司/021-62071639/1636 深圳分公司/0755-83072995

书号:ISBN 978-7-5118-8525-8 **定价**:56.00 元